プリント形式のリアル過去問で本番の臨場感！

愛知県

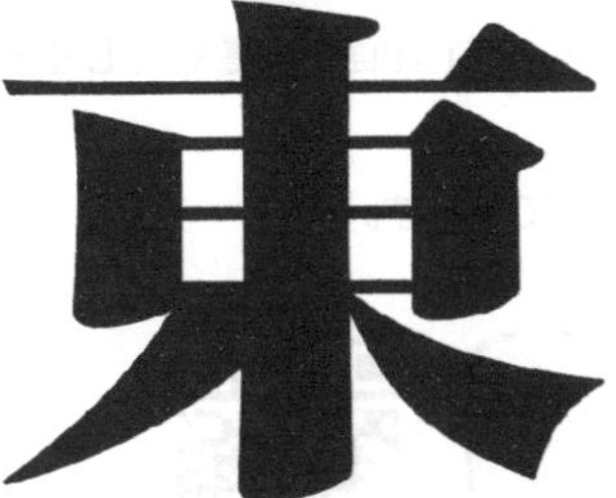

東海高等学校

2025年春受験用

解答集

本書は，実物をなるべくそのままに，プリント形式で年度ごとに収録しています。
問題用紙を教科別に分けて使うことができるので，本番さながらの演習ができます。

■ 収録内容

・解答集(この冊子です)

書籍ＩＤ番号，この問題集の使い方，最新年度実物データ，リアル過去問の活用，
解答例と解説，ご使用にあたってのお願い・ご注意，お問い合わせ

・2024(令和６)年度 ～ 2020(令和２)年度　学力検査問題

・リスニング問題音声《オンラインで聴く》　詳しくは次のページをご覧ください。

○は収録あり　年度	'24	'23	'22	'21	'20	
■ 問題収録	○	○	○	○	○	
■ 解答用紙(書き込み式)	○	○	○	○	○	
■ 配点						
■ 英語リスニング音声・原稿	○	○	○	○	○	

全教科に解説があります

注)国語問題文非掲載:2024年度の一

問題文の非掲載につきまして

著作権上の都合により，本書に収録している過去入試問題の本文の一部を掲載しておりません。ご不便をおかけし，誠に申し訳ございません。

本文の一部を掲載できなかったことによる国語の演習不足を補うため，論説文および小説文の演習問題のダウンロード付録があります。弊社ウェブサイトから書籍ＩＤ番号を入力してご利用ください。

なお，問題の量，形式，難易度などの傾向が，実際の入試問題と一致しない場合があります。

JN131853

教英出版

■ 書籍ＩＤ番号

リスニング問題の音声は，教英出版ウェブサイトの「ご購入者様のページ」画面で，書籍ＩＤ番号を入力してご利用ください。

入試に役立つダウンロード付録や学校情報なども随時更新して掲載しています。

書籍ＩＤ番号 112321  

（有効期限：2025年9月30日まで）

【入試に役立つダウンロード付録】
「ラストチェックテスト(標準／ハイレベル)」
「高校合格への道」

【リスニング問題音声】
オンラインで問題の音声を聴くことができます。
有効期限までは無料で何度でも聴くことができます。

■ この問題集の使い方

年度ごとにプリント形式で収録しています。針を外して教科ごとに分けて使用します。①片側，②中央のどちらかでとじてありますので，下図を参考に，問題用紙と解答用紙に分けて準備をしましょう（解答用紙がない場合もあります)。

針を外すときは，けがをしないように十分注意してください。また，針を外すと紛失しやすくなりますので気をつけましょう。

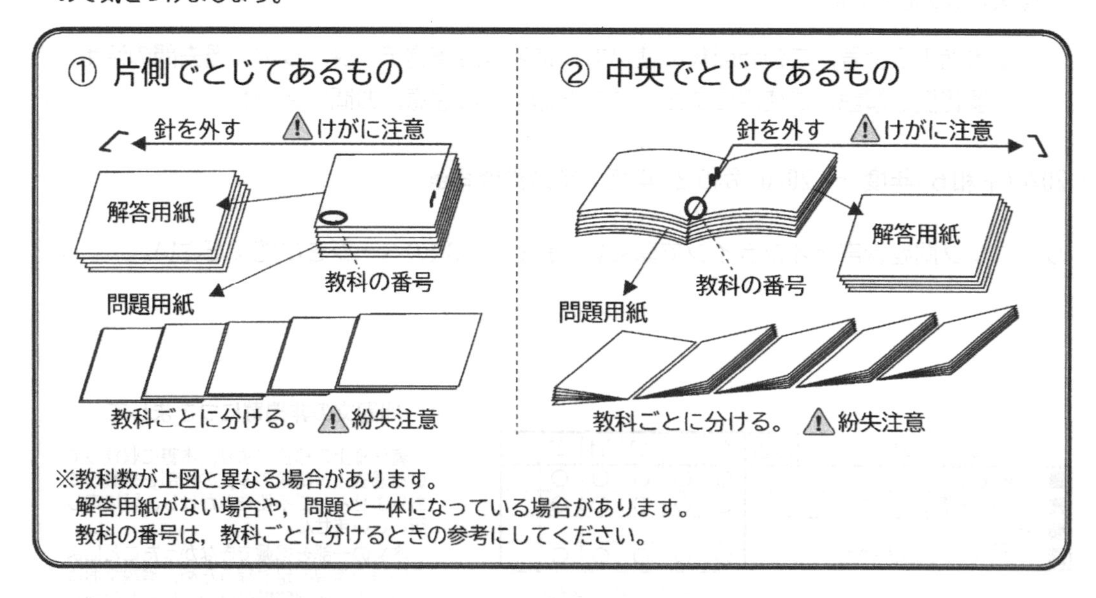

■ 最新年度 実物データ

実物をなるべくそのままに編集していますが，収録の都合上，実際の試験問題とは異なる場合があります。実物のサイズ，様式は右表で確認してください。

問題用紙	８Ｋ(Ｂ４より少し大きいサイズ)プリント(書込み式)
解答用紙	英：８Ｋ片面プリント

リアル過去問の活用

～リアル過去問なら入試本番で力を発揮することができる～

本番を体験しよう！

問題用紙の形式（縦向き / 横向き），問題の配置や余白など，実物に近い紙面構成なので本番の臨場感が味わえます。まずはパラパラとめくって眺めてみてください。「これが志望校の入試問題なんだ！」と思えば入試に向けて気持ちが高まることでしょう。

入試を知ろう！

同じ教科の過去数年分の問題紙面を並べて，見比べてみましょう。

① 問題の量

毎年同じ大問数か，年によって違うのか，また全体の問題量はどのくらいか知っておきましょう。どのくらいのスピードで解けば時間内に終わるのか，大問ひとつにかけられる時間を計算してみましょう。

② 出題分野

よく出題されている分野とそうでない分野を見つけましょう。同じような問題が過去にも出題されていることに気がつくはずです。

③ 出題順序

得意な分野が毎年同じ大問番号で出題されていると分かれば，本番で取りこぼさないように先回りして解答することができるでしょう。

④ 解答方法

記述式か選択式か（マークシートか），見ておきましょう。記述式なら，単位まで書く必要があるかどうか，文字数はどのくらいかなど，細かいところまでチェックしておきましょう。計算過程を書く必要があるかどうかも重要です。

⑤ 問題の難易度

必ず正解したい基本問題，条件や指示の読み間違いといったケアレスミスに気をつけたい問題，後回しにしたほうがいい問題などをチェックしておきましょう。

問題を解こう！

志望校の入試傾向をつかんだら，問題を何度も解いていきましょう。ほかにも問題文の独特な言いまわしや，その学校独自の答え方を発見できることもあるでしょう。オリンピックや環境問題など，話題になった出来事を毎年出題する学校だと分かれば，日頃のニュースの見かたも変わってきます。

こうして志望校の入試傾向を知り対策を立てることこそが，過去問を解く最大の理由なのです。

実力を知ろう！

過去問を解くにあたって，得点はそれほど重要ではありません。大切なのは，志望校の過去問演習を通して，苦手な教科，苦手な分野を知ることです。苦手な教科，分野が分かったら，教科書や参考書に戻って重点的に学習する時間をつくりましょう。今の自分の実力を知れば，入試本番までの勉強の道すじが見えてきます。

試験に慣れよう！

入試では時間配分も重要です。本番で時間が足りなくなってあわてないように，リアル過去問で実戦演習をして，時間配分や出題パターンに慣れておきましょう。教科ごとに気持ちを切り替える練習もしておきましょう。

心を整えよう！

入試は誰でも緊張するものです。入試前日になったら，演習をやり尽くしたリアル過去問の表紙を眺めてみましょう。問題の内容を見る必要はもうありません。どんな形式だったかな？受験番号や氏名はどこに書くのかな？…ほんの少し見ておくだけでも，志望校の入試に向けて心の準備が整うことでしょう。

そして入試本番では，見慣れた問題紙面が緊張した心を落ち着かせてくれるはずです。

※まれに入試形式を変更する学校もありますが，条件はほかの受験生も同じです。心を整えてあせらずに問題に取りかかりましょう。

東海高等学校

《国　語》

一　問1．a．謀略　b．強　c．促　d．妥当　e．一糸　問2．A．1　F．5
問3．孤独感からの解放　問4．5　問5．4　問6．日本の社会では集団の「秩序」を優先する考え方が優先されやすい。／教師にとっては、相手が従順な方がラクで仕事がやりやすい。　問7．2

二　問1．a．4　b．1　c．3　問2．5　問3．2　問4．祈禱のために男性が村を一周する間女性に会ってはいけないから。　問5．ご存じ　問6．幼い頃から言い聞かされた「女は汚れている」という考えをまったく意に介さない様子。　問7．4　問8．1

《数　学》

1　ア．192000　イ．4点，5点，6点，7点

2　ウ．$\frac{7}{18}$　エ．$\frac{5}{12}$

3　オ．2　カ．$25-\sqrt{37}$　キ．$25+\sqrt{37}$　ク．$74-2\sqrt{37}$

4　ケ．$\frac{7\sqrt{3}}{3}$　コ．$\frac{7\sqrt{6}}{3}$　サ．$\frac{7\sqrt{2}}{2}$

5　シ．$\frac{32\sqrt{2}}{3}$　ス．$3\sqrt{2}$　セ．$\frac{5\sqrt{2}}{3}$

《英　語》

1　問1．1．84　2．1939年1月1日　3．3　4．3　5．4
問2．6．E　7．A　8．C　9．B　10．F

2　問1．1．with　2．like　3．that　4．sat　5．sang　6．playing　7．in　8．built　9．put
問2．A．only　B．other

3　⑴a city that is famous for its local dishes such as *misokatsu*　⑵How long have you been waiting for the bus
⑶I would say “sorry” to the friend　⑷After that, you will be able to be friends again

4　問1．①but I liked seeing my name　②The girls were more excited than the boys　④trying to think of something interesting to say　問2．入賞者が会いにいくことになる作家は，実際はヘンショー氏ではなく，バジャー氏であるということ。　問3．⑴キ　⑵ア　⑶ウ　⑷カ　問4．A．エ　B．キ　C．ア　問5．作品を出した生徒たちは，現役の作家が自分たちの作品を読むとは思っていなかったが，作家のバジャー氏は実際作品を読み，しかも，リーの作品の題名を覚えていたから。　問6．ア，エ，オ

《理　科》

1　(1)[酵素名／分解する物質]　[ペプシン／タンパク質]，[リパーゼ／脂肪]

(2)試薬名…ヨウ素液　結果…色の変化がない〔別解〕試薬名…ベネジクト液　結果…青色から赤褐色に変化する

(3)気体を容器に集め，近づけた線香の火が大きくなるか確認する。

(4)酵素ごとに反応する物質が決まっている性質。

(5)だ液によって過酸化水素が分解される。

2　(1)×　(2)○

3　(1) 4℃の液体…ウ　100℃の水蒸気…カ　(2)ア，エ　(3)2.9

(4)①$2CuO+C \rightarrow 2Cu+CO_2$　②$NaHCO_3+HCl \rightarrow NaCl+H_2O+CO_2$　(5)右グラフ

(6)①A．H_2　B．O_2　C．Cl_2　②陽極　③Ⅰ．ア　Ⅱ．エ　④1：2

3(5)のグラフ

4　(1)あ．ア　い．イ　う．$\frac{AL}{A+L}$　(2) $\frac{(F+D)L}{F+D+L}$　(3)19

5　(1) $\frac{L}{3}$　(2)右グラフ　(3)$(1-\frac{2H}{L})U$

6　(1)右図　(2)凝灰岩　(3)かぎ層　(4)ア，イ，エ　(5)キ

7　(1)①カ　②イ　③エ　(2)54　(3)ウ

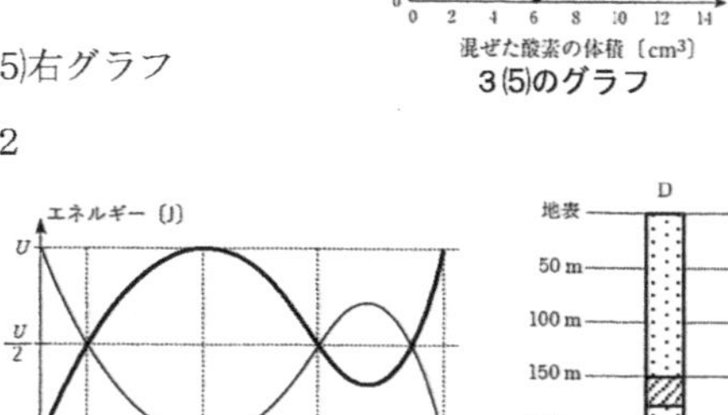

5(2)のグラフ

《社　会》

Ⅰ　問1．d　問2．4　問3．1　問4．3　問5．4　問6．A．①　C．⑦　E．④　G．⑤　I．⑥

Ⅱ　問1．水力…②　地熱…⑤　問2．原油…サウジアラビア　石炭…オーストラリア　問3．メタンハイドレート

Ⅲ　問1．ウ　問2．イ　問3．縦割り行政　問4．朝鮮戦争　問5．ア　問6．集団安全保障

Ⅳ　問1．プラザ合意　問2．ヘルプマーク　問3．エ　問4．オーバーツーリズム

Ⅴ　問1．学徒出陣　問2．藩校　問3．足利学校　問4．イ　問5．津田梅子　問6．ア　問7．臣民　問8．志賀潔　問9．漢書(地理志)　問10．異国船打払令

Ⅵ　問1．エ　問2．ウ　問3．ウ　問4．ア　問5．エ

Ⅶ　問1．ウ　問2．イ　問3．都市…イェルサレム　宗教…ユダヤ教／イスラム教　問4．社会契約論　問5．ウ→ア→エ→イ　問6．a．茶　b．アヘン　問7．ア　問8．マルクス

《2024　国語　解説》

一　著作権上の都合により文章を掲載しておりませんので、解説も掲載しておりません。ご不便をおかけし、誠に申し訳ございません。

二　問2　4行後に「小湊雛子です。今よりずっとおさない自分の声が、唐突に耳の奥で響いた」とある。ここから、しばらく「小学二年の二学期の始業式の日」の回想が続く。この日、雛子は新しいクラスメイトたちの前で嘘をついた。「いい子だから」と言われた後に、昔嘘をついた時のことを思い出したということは、雛は、自分は嘘をつくような人間であり、天が言うような「いい子」ではないと思っていると推測できる。よって、5が適する。

問3　2行後から始まる段落の内容から、「ミナ」と名乗った理由が読み取れる。「東京にいた頃、友だちができなかった」ことや、空想の世界で自分は「ミナ」と呼ばれていて、それは、「幼稚園に通っていた頃に読んだ、外国の絵本の主人公の名前だった」ことなどから、2が適する。

問4　二重傍線部ⓒの3～4行後に「ゴキトウ(＝ご祈禱(きとう))する時は女の人に会(お)うたらいかんことになっとるけん、あの人たちがぐるっと村を一周するあいだ村の女の人はずっと家の中から出られんと」とある。「母」はこのことを知っていたので、雛子を外に出したくなかったのである。

問5　「神さま。ここにいるわたしを[　　]ですか」という部分は、「父」の「神さまはみんなのことを知ってるはずだから」という言葉を受けている。「神さま」に敬意を表すために、「知ってる」を尊敬語にして、「ご存じですか」と尋ねている。

問6　「平べったい」や、直前の「看板の文字を読み上げるような」という表現から、「女は汚(けが)れている」という考えに対して、あまり感情が動かないことが読み取れる。後にあるように、天は「女は汚れてない～女は、なんも汚くない」と考えていて、幼い頃から繰り返し言い聞かされてきたはずの「女は汚れている」という考えを、まったく気にしていないのである。

問7　天は、周囲の大人から繰り返し言い聞かされてきたはずの「女は汚れている」という考えを、まったく気にせず、「女は汚れてない～女は、なんも汚くない」「浮立(ふりゅう)とかクソだよ」と自分の考えをしっかりと言う。天は、周囲の常識にとらわれず、自分の意思をはっきりと示すことのできる人物である。一方、雛子は、天から「いい子」だと言われていることから、天とは反対に、自分の考えをはっきりと主張せず、周囲に同調する人物だと考えられる。傍線部Ⓔの前後の、「わたしをひどく怯ませたその言葉を、あなたは丸めたゴミでも捨てるみたいにあっさりと退けた」「あなたはいつだって、わたしを苦しくさせるから」という表現から、雛子は、自分の意思をあまりはっきりと示すことができる天のことをうらやみながらも、自分は天のようになれないことを自覚していて、そのことで苦しんでいることがわかる。つまり、現在の自分のありように不満を抱き、苦しんでいるのである。こうしたことから、雛子は、天を嫌いになることで、望ましくない自分のありようから逃れたいと思っていると考えられる。よって、4が適する。

問8　1．二重傍線部ⓑを含む段落とその次の段落に、雛子がクラスメイトたちから受けた仕打ちが列挙され、雛子の心から余裕が失われる様子が描かれている。また、こうした描写の直後に、「同じクラスにいた天が教室でどんなふうに過ごしていたかは覚えていない。視界に入っていなかったのだ」と書かれていることから、雛子の心から余裕が失われたことと、しばらく天の存在に気付かなかったことが自然につながる。よって、1は適する。

2．「浮立の神秘性が強調されている」は誤り。「だだっぴろい空間には～なにひとつ」という表現は、雛子が呆然とする様子を強調している。　3．「浮立の荘厳さに戸惑ってしまった」は誤り。カタカナ語の表記は、雛子がそれらの語の意味や内容を理解できていないことを表している。　4．「徐々に方言を用いなくなる経過が説明されている」は誤り。　5．長い回想部分が挿入されているため、「時間の流れに沿って自然に描き出す」は誤り。

《2024　数学　解説》

1 (1)　与式＝(2024＋1976)(2024－1976)＝4000×48＝**192000**

(2)　**【解き方】7人の合計点は5×7＝35(点)，最頻値は7点のみ，中央値は，7÷2＝3.5より，大きさ順に4番目の値である。7点の人が2人とすると，他の5人の得点は全て異なり考えにくいので，7点の人が3人として，和が一定になるように具体的に数を変えていく。**

平均点が5点だから，まずは7人の得点を「5，5，5，⑤，5，5，5」とする(中央値は○で囲む)。ここから7点の人を3人にすると，例えば「3，3，4，④，7，7，7」となり，これは条件に合う。

中央値が3点の場合，7点が最頻値となるためには，7点の人を2人とする必要があり，小さい方から1番目から4番目の値は0，1，2，3となる。このとき，最大値は35－(0＋1＋2＋3＋7＋7)＝15(点)となり，条件に合わない。これは中央値が2点以下の場合も同様である。

中央値が5点，6点，7点の場合はそれぞれ，「2，3，4，⑤，7，7，7」，「1，3，4，⑥，7，7，7」，「0，3，4，⑦，7，7，7」とすれば条件に合う。

中央値が8点の場合，8点，9点，10点のいずれかが2人いるので，「7，7，7，⑧，8，9，10」のように7点が3人いる必要があるが，明らかに条件に合わない。これは中央値が9点以上の場合も同様である。

以上より，中央値のとりうる値は**4点，5点，6点，7点**である。

2 (1)　**【解き方】c＝0のとき，ax－b＝0よりx＝$\frac{b}{a}$だから，$\frac{b}{a}$が整数となればよい。**

aがbの約数になる場合を表にまとめると，右表の○印の14通りある。2回のサイコロの目の出方は全部で6×6＝36(通り)だから，求める確率は，$\frac{14}{36}$＝$\mathbf{\frac{7}{18}}$である。

a＼b	1	2	3	4	5	6
1	○	○	○	○	○	○
2		○		○		○
3			○			○
4				○		
5					○	
6						○

(2)　**【解き方】c＝18のとき，ax－b＝18より，x＝$\frac{b+18}{a}$だから，$\frac{b+18}{a}$が整数となればよい。(1)と同様に表にまとめて考える。**

$\frac{b+18}{a}$が整数となるのは，(1)の表の色つき部分の15通りある。よって，求める確率は，$\frac{15}{36}$＝$\mathbf{\frac{5}{12}}$である。

3 (1)　M，Nはそれぞれ放物線y＝ax^2上の点だから，M(3，9a)，N(4，16a)と表せる。

2点のy座標の差について，16a－9a＝14よりa＝**2**となる。

(2)　**【解き方】MNの中点をAとする。このとき，円の半径はAMであり，y軸と円の交点をB(0，b)とすると，AB＝AMより，AB^2＝AM^{2}が成り立つので，これをbについての方程式として解く。**

(1)より，M(3，18)，N(4，32)である。

Aの座標は，$(\frac{(\text{MとNの}x\text{座標の和})}{2}, \frac{(\text{MとNのy座標の和})}{2})=(\frac{3+4}{2}, \frac{18+32}{2})=(\frac{7}{2}, 25)$

よって，AM^2＝$(\frac{7}{2}-3)^2+(25-18)^2=\frac{197}{4}$，AB^2＝$(0-\frac{7}{2})^2+(b-25)^2=\frac{49}{4}+(b-25)^2$となるから，

AB^2＝AM^{2}より，$\frac{49}{4}+(b-25)^2=\frac{197}{4}$　　$(b-25)^2=37$　　これを解くと，b＝25±$\sqrt{37}$となる。

したがって，ア＝**25－$\sqrt{37}$**，イ＝**25＋$\sqrt{37}$**

(3) **【解き方】L，Pを通り直線MNに平行な直線をそれぞれ直線s，直線tとする。△PMNと△LMNで底辺をそれぞれMNとしたときの高さの比が1：2だから，直線MNから直線sまでの距離と，直線tまでの距離の比が1：2なので，右図のQとRの中点がLになる。**

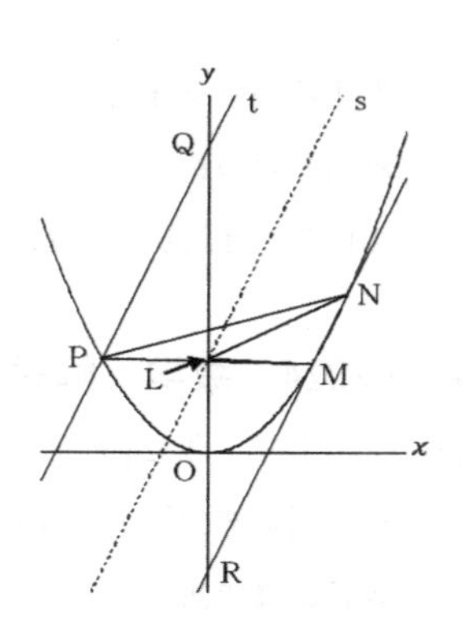

直線MNの傾きは，$\frac{32-18}{4-3}=14$だから，直線MNの式を$y=14x+c$とおき，Mの座標を代入すると，$18=14\times3+c$より$c=-24$となる。よって，直線MNの式は$y=14x-24$なので，R(0，−24)である。Qのy座標をqとおくと，3点Q，L，Rのy座標について，$\frac{q+(-24)}{2}=25-\sqrt{37}$が成り立つから，これを解くと$q=74-2\sqrt{37}$となるので，求めるQのy座標は

$74-2\sqrt{37}$である。

4 (1) **【解き方】図1のように補助線を引く。△OAB≡△OBCだから，∠OBA＝∠OBC＝60°÷2＝30°なので，△OBDは3辺の長さの比が1：2：$\sqrt{3}$の直角三角形である。**

図1

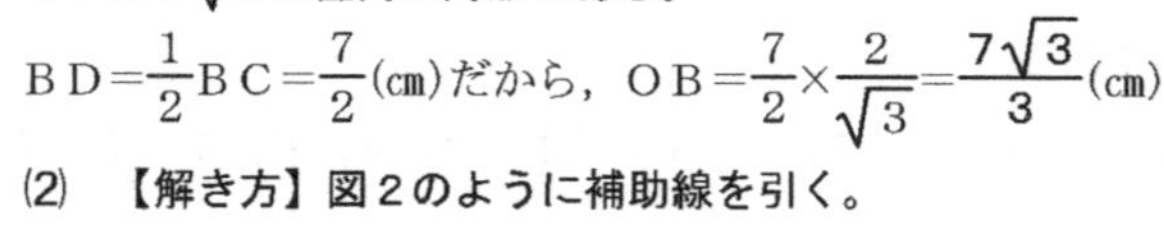

$BD=\frac{1}{2}BC=\frac{7}{2}$(cm)だから，$OB=\frac{7}{2}\times\frac{2}{\sqrt{3}}=\mathbf{\frac{7\sqrt{3}}{3}}$(cm)

(2) **【解き方】図2のように補助線を引く。**

図2

∠CAE＝60°−15°＝45°だから，△AECは直角二等辺三角形である。

よって，$EC=\frac{1}{\sqrt{2}}AC=\frac{7\sqrt{2}}{2}$(cm)

$\overset{\frown}{AC}$に対する円周角が等しいので，∠EPC＝∠ABC＝60°

△ECPは3辺の長さの比が1：2：$\sqrt{3}$の直角三角形だから，

$CP=\frac{2}{\sqrt{3}}EC=\frac{2}{\sqrt{3}}\times\frac{7\sqrt{2}}{2}=\mathbf{\frac{7\sqrt{6}}{3}}$(cm)

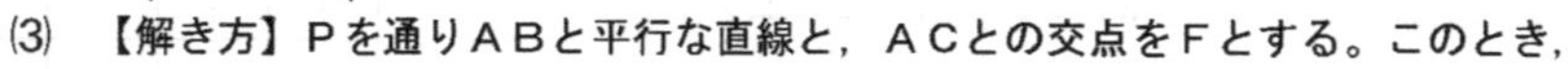

(3) **【解き方】Pを通りABと平行な直線と，ACとの交点をFとする。このとき，△ABF＝△ABP＝$\frac{1}{2}$△ABCだから，AF：AC＝1：2より，FはACの中点である。**

AB//FGより，△ABC∽△FGCで，相似比はAC：FC＝2：1である。

よって，△FGCは1辺の長さが$7\times\frac{1}{2}=\frac{7}{2}$(cm)の正三角形なので，$GC=\frac{7}{2}$cm，

∠PGC＝180°−∠FGC＝180°−60°＝120°となる。

したがって，△BPC∽△PGCだから，BC：PC＝PC：GC

$7:PC=PC:\frac{7}{2}$　　$PC^2=\frac{49}{2}$　　$PC=\pm\frac{7\sqrt{2}}{2}$　　$PC>0$より，

$PC=\mathbf{\frac{7\sqrt{2}}{2}}$cmである。

図3

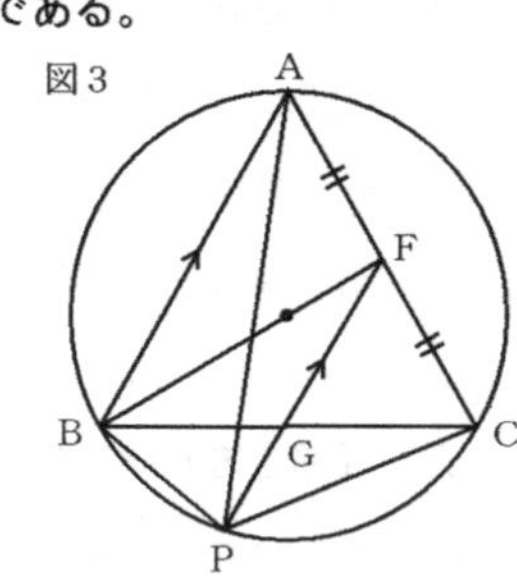

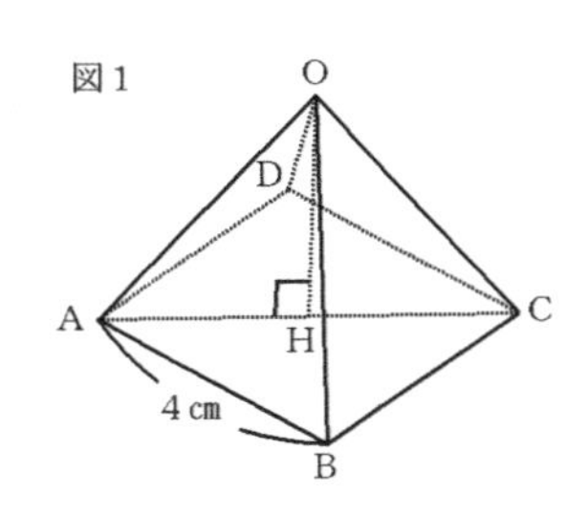

5 (1) 図1で，△ABDと△OACは合同な直角二等辺三角形だから，△OAHも直角二等辺三角形である。$\text{OH}=\text{AH}=\frac{1}{2}\text{AC}=\frac{1}{2}\times\sqrt{2}\text{AB}=2\sqrt{2}$(cm)なので，正四角すいO－ABCDの体積は，$\frac{1}{3}\times4\times4\times2\sqrt{2}=\frac{32\sqrt{2}}{3}$(cm³)

(2) **【解き方】△QRSは図2のようになる。このとき，正四角すいO－ABCDを上から見ると，図3のようになり，3点S，Q，Rは一直線上にあるように見える。よって，四角形SRBCは長方形だから，SR＝CB＝4cmとわかる。**

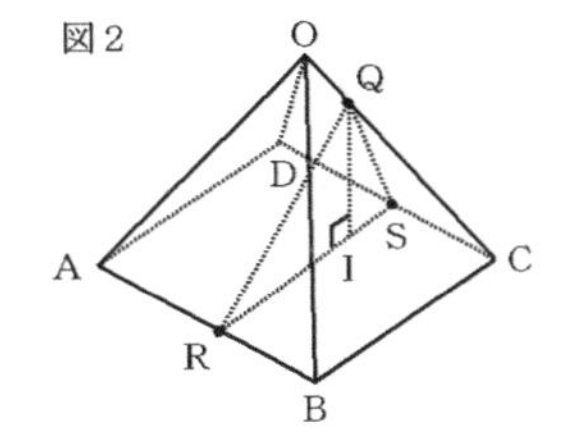

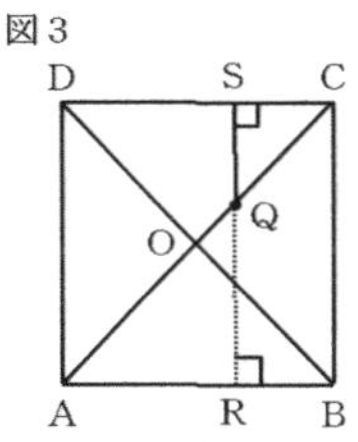

(1)の△OHCと△QICは相似で，相似比はOC：QC＝4：(4－1)＝4：3だから，$\text{QI}=\frac{3}{4}\text{OH}=\frac{3\sqrt{2}}{2}$(cm)

よって，$\triangle\text{QRS}=\frac{1}{2}\times4\times\frac{3\sqrt{2}}{2}=\mathbf{3\sqrt{2}}$ (cm²)

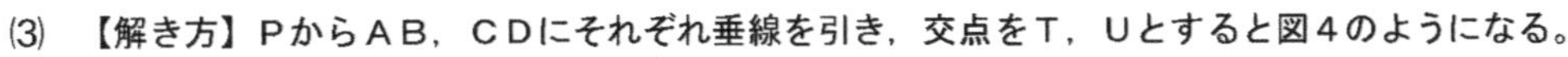

(3) **【解き方】PからAB，CDにそれぞれ垂線を引き，交点をT，Uとすると図4のようになる。**

(四角すいO－ABQPの体積)＝(四角すいO－ABCDの体積)－(四角すいP－ATUD)－(四角すいQ－RBCSの体積)－(三角柱PTU－QRSの体積)で求める。

△QSCは3辺の長さの比が1：2：$\sqrt{3}$の直角三角形だから，

$\text{SC}=\frac{1}{2}\text{QC}=\frac{3}{2}$(cm)である。よって，

(四角すいQ－RBCSの体積)$=\frac{1}{3}\times4\times\frac{3}{2}\times\frac{3\sqrt{2}}{2}=3\sqrt{2}$ (cm³)

図の対称性より，(四角すいP－ATUDの体積)＝

(四角すいQ－RBCSの体積)$=3\sqrt{2}$ (cm³)

$\text{TR}=4-\frac{3}{2}\times2=1$ (cm)だから，

(三角柱PTU－QRSの体積)$=3\sqrt{2}\times1=3\sqrt{2}$ (cm³)

以上より，四角すいO－ABQPの体積は，

$\frac{32\sqrt{2}}{3}-3\sqrt{2}-3\sqrt{2}-3\sqrt{2}=\mathbf{\frac{5\sqrt{2}}{3}}$ (cm³)

《2024 英語 解説》

1 【放送文の要約】参照。

問1 **1**．質問「彼が亡くなった時，彼は何歳でしたか？」…85 歳の誕生日の直前に病死したから，84 歳である。 **2**．質問「彼はいつ生まれましたか？」…1939 年の1月1日。 **3**．「彼には何人の兄弟がいましたか？」…先に疎開した2人の兄と後に合流した弟の，合計3人。 **4**．「彼のアルバムの中で 1000 万枚以上売れたのはどれですか？」…13 枚のアルバムのうち，3枚目のアルバム。 **5**．「彼は何回結婚しましたか？」…40 歳前の3回とそれ以降の1回，合計4回。

問2 **6**．B(ボブ)の3回目の発言より，EのTom's House（トムズ・ハウス）が適切。 **7**．Bの6回目の発言より，AのElephant（エレファント）が適切。 **8**．Bの5回目の発言より，CのOne Day, One Dog（ワン・デイ，ワン・ドッグ）が適切。 **9**．Bの8回目の発言より，BのFirst Mountain（ファースト・マウンテン）が適切。 **10**．AとBのそれぞれ5回目の発言より，FのUnder the Rainbow（アンダー・ザ・レインボー）が適切。

【放送文の要約】

問１

世界で最も人気のあるロックシンガーの一人であるロバート・ジョーンズが，短い闘病生活の末に亡くなった。1彼は 2023 年のクリスマスにニューヨークで亡くなったが，それは 85 歳の誕生日のちょうど１週間前のことだった。彼の幼少期は苦労の連続だった。2 1939 年１月１日ロンドンで生まれてから間もなく街は毎日のように爆撃されていたからだ。3彼と２人の兄は爆弾から逃れるためにウェールズに疎開した。彼らは後に姉や弟と合流した。

彼はウェールズで歌うことを学んだ。18 歳の誕生日に彼はファーストアルバムをリリースした。アルバムはあまり売れなかったがライブショーの人気は高まる一方だった。２年後にはセカンドアルバムが発売され，前よりは売れた。だが，4彼を一躍世界的に有名にしたのは次のアルバム（＝３枚目のアルバム）だった。それは 1000 万枚以上売れた初のソロアルバムだった。彼の 13 枚のアルバムのうち，これほど売れたのはこの１枚だけだった。

彼は歌手としては成功したが，私生活はさらに苦労の連続だった。5彼は 40 歳になる前に３回結婚したが，どの結婚生活も１年足らずで終わった。そして 1988 年，彼は最愛の女性ザラ・マジッドと出会った。彼らは 1992 年にバルバドスで結婚し，３人の子どもをもうけた。残念なことに，そのうちの２人は 2009 年に交通事故で亡くなった。

今月，ロバート・ジョーンズの特別コンサートが開催される。それはロバートの 85 歳の誕生日を祝うために開催されるはずであったが，今となっては彼を追悼する会となるだろう。

問２

Ａ：ボブ，何してるの？

Ｂ：今晩何を見ようか，決めかねているところ。僕は Webflix が大好きだけど，選択肢がありすぎてさ。何かおすすめはある？

Ａ：『スモール・フィッシュ』はどう？あのコメディアン，ジョニー・ネバダが出演しているから面白いはずだ。

Ｂ：『スモール。フィッシュ』はコメディじゃないと思うけどな。強豪ラグビーチームに加わったマイナーラグビーチームのスター選手と彼の試練を描いたものだよ。

Ａ：ああ，その通りだ。あまり面白そうじゃないね。

Ｂ：6E『トムズ・ハウス』はどう？ここに「プロビンゴプレイヤーのくすっと笑える話」とあるよ。デイブが言うには，今年見た中で最高のコメディなんだって。

Ａ：面白そうだね。どのくらい時間がかかるかな？夜更かしはできないんだ。明日は仕事があるから。

Ｂ：116 分だ。悪くないよ。それにビンゴは大好きだし！

Ａ：うーん，ひょっとしたら『トムズ・ハウス』っていうのはあれだな…で，『ワン・デイ，ワン・ドッグ』はどうかな？僕は動物のアニメが大好きなんだ。ほら，君も知っているだろ，10F『アンダー・ザ・レインボー』という森に住む野生のネコを描いたアニメーションは素晴らしかったね。

Ｂ：そうだね，10F『アンダー・ザ・レインボー』は素晴らしいアニメーションだったけど，8C『ワン・デイ，ワン・ドッグ』は動物を題材にしたものじゃないよ，シュウ。それはニューヨークのトラックでファストフードを売るドキュメンタリーなんだ。面白くなさそうだし，３時間近くあるし。

Ａ：３時間だって？ほぼ１日ってこと？ジャズミュージシャンを描いた『エレファント』を見られちゃうよ。面白いって聞いたけど。

Ｂ：それは僕から聞いたことだよね？7A僕は先週それを見たから！面白いには面白いけど，『エレファント』という題名どおりだ。なんたって 153 分という大作映画だから。

A：すまない，君が見に行ったことを忘れていたよ。君がそんなに長く映画館で座っていたなんて信じられないけど。

B：ええと，『ファースト・マウンテン』を見たかったんだけど，チケットが残ってなかったんだ。でも『エレファント』を十分楽しんだよ。

A：『ファースト・マウンテン』はどうかな？よく知らないけど。

B：9B『ファースト・マウンテン』？それはホラー映画だ。本当に怖いそうだよ。だけどまだ Webflix にはないよ。すごく見たいけど，今晩は見られないね。

A：ああ，そうだね。結論はビンゴのコメディってことだね。今から見ようよ。そうしたら早く寝られる。

2 【本文の要約】参照。

問2 care about ~は「～を気遣う／～に関心がある」，selfish は「利己的な／自分本位の」という意味だから，「彼は自分のことにしか関心がなく，他の人々を気遣うことがなかった」という文にする。He cared only about himself, and not about other people.が適切。

【本文の要約】

毎日放課後になると，子どもたちは巨人の庭に遊びに行きました。それは柔らかな緑の芝が1生えた(＝with)，大きな美しい庭でした。至る所に綺麗な花がたくさんあり，さながら星2のよう(＝like)でした。春にはピンクと白の小さな花を咲かせる3関係代名詞(＝that)12 本の桃の木々がありました。秋になると，その木々にはおいしくて甘い桃がたくさんなりました。鳥たちが木々に4留まり(＝sat)心地良く5鳴く(＝sang)ので，子どもたちは鳥たちのさえずりに耳を傾けるために時々6遊ぶ(＝playing)のをやめました。

「私たちはここにいることができてとても幸せだね!」と彼らは言い合っていました。

ある日，巨人が戻ってきました。7年前，彼は友人のコーンウォールの人食い鬼を訪ねましたが，7年も経った後ではもう話すことがありませんでした。彼は自分の城に戻ることにしました。彼が家に帰ると，庭で6遊んでいる(＝playing)子どもたちに気付きました。

「おまえはここで何をしているんだ?」と7怒り狂った声で(＝in a very angry voice)叫ぶと，子どもたちは逃げ出しました。

「私の庭は私だけの庭だ」と巨人は言いました。「それは誰にでもわかることだし，私だけがそこで遊べるんだ」それで，彼はその周りに大きな壁を8造り(＝built)，9看板を立てました(＝put up a sign)。

彼はとてもわがままな巨人でした。

3 指定された語数を守り，適切な内容を書くこと。

(1) (例文)Nagoya is a city that is famous for its local dishes such as *misokatsu*.「名古屋は味噌カツのようなその地元の料理で有名な都市です」 ・be famous for ～「～で有名な」 ・such as ～「～のような」

(2) How long have you been waiting for the bus? :「どれくらいの間～しているのか？」は現在完了進行形〈have/has been ～ing〉で表す。 ・wait for ～「～を待つ」

(3) If I were you「もし僕が君なら」から始まる文だから，仮定法過去〈If＋S(主語)＋were(過去形)，S'＋would(過去形)＋動詞の原形〉「もし(主語)が～だったら，…だろう」で表す。(例文) If I were you, I would say “sorry” to the friend.「もし僕が君なら，その友だちに『ごめんね』と言うよ」

(4) (例文)After that, you will be able to be friends again.「その後，君たちは再び友達になれるよ」 ・be friends「友達になる」

4 【本文の要約】参照。

問1 ❶ ・like ～ing「～することが好きだ」 ❷直後の文より，「女子」が「男子」より興奮していたことを読み取って答える。 ❹過去進行形の文。something など，-thing で終わる代名詞に形容詞をつけるときは，〈something＋形容詞＋to＋動詞の原形〉で表す。　・think of ～「～を思いつく」

問２　前文と下線部❸直後の because 以下より，リーが喜んだ理由を考える。前文より，リーは賞をもらうことより，賞を逃したことで憧れの作家ヘンショー氏に会えなくなったことを落胆していた。ところが受賞者が会えるのはヘンショー氏ではなくアンジェラ・バジャー氏であることを知って，リーは喜んだ。

問３　(4)は「人」の直後の関係代名詞だから，カ who が適切。

問５　直後の文から，その理由を読み取って答える。

【本文の要約】

３月26日(月)

今日は僕の人生で最高の日じゃなかった。クラスで図書館に行った時に僕は文芸誌に気付いた。僕はニーリー先生が文芸誌を配るのが待ち切れなかった。ようやくそれを手に入れて最初のページを開いた時，僕は自分が１位になれなかったのを知った。ページをめくってみても，２位や３位どころか４位にもなれなかった。それで他のページをめくって，特別賞とその下を見た。

『パパの連結トレーラーでの一日』

リー・Ｍ・ボッツ

そこには僕の作品タイトル，すぐ下には僕の名前が印刷されていた。僕は１位になれなかったから落胆した訳じゃない。謎の有名作家に会えないことにとてもがっかりしたんだ。でも印刷された僕の名前を見るのは気分が良かったけど。

問２ニーリー先生は，受賞者と昼食をとる有名作家がアンジェラ・バジャー氏だと発表した。男子より女子の方が興奮していた。それはアンジェラ・バジャー氏が専ら大足や吹き出物に悩む女の子のことを書いていたからだ。僕はそれでも彼女に会いたいと思った。彼女は現役の作家だし，会ったことがない作家だったから。問２（受賞者と昼食をとる有名作家が）ヘンショウ氏でないのが嬉しい。だって彼に会えなかったなら，心底落ち込んじゃうもの。

３月30日(金)

今日はエキサイティングな一日だった。２時間目の授業中にニーリー先生は僕を呼び出して「アンジェラ・バジャー氏とランチに行きませんか？」と聞いてきた。僕は「いいです，でも，(1)キどうしてですか（＝why）？」と聞いた。

ニーリー先生は，受賞した女の子の詩が本からコピーされたものであることを教師たちが発見し，オリジナルではないという理由から彼女は行けないのだと説明した。それからニーリー先生は，「アンジェラ・バジャー氏のところに行きたいかしら？」と聞いた。もちろん行きたいさ！

ニーリー先生はママに電話をかけて許可を求めた。それからニーリー先生は僕たちを車でホリデイ・インに送ってくれた。そこでは他校の受賞者や司書たちが待っていた。アンジェラ・バジャー氏が到着すると，みんなで食堂に入った。多分司書で１番偉い人と思われる一人が受賞者に，長いテーブルに着くよう言った。アンジェラ・バジャー氏が中央に座り，何人かの女の子たちが彼女の横に座ろうと押し合っていた。僕は彼女の向かい側に座った。司書で１番偉い人はサラダバーからランチを選べることを説明した。

〈一部省略〉

僕はフォークで皿の豆を追いかけまわしながら，相変わらずバジャー氏に話す何か面白いことを思い付こうとしていた。話をしているのは何人かの女の子たちだけだった。彼女たちはバジャー氏に(2)アどんなに（＝how）自分たちが彼女のような本を書きたいかを話していた。

バジャー氏は恥ずかしがり屋の子たちにも話をさせようとしたが，僕は相変わらず大足や吹き出物の女の子のことを書いた本の著者である女性に何も話しかけられずにいた。やっとバジャー氏が僕を真っ直ぐに見つめて，「あなたは文芸誌に何を書いたの？」と聞いてきた。

僕は顔が赤らむのを感じながら，「Aエトラックに乗ったことを書いただけです」と答えた。

「あら!」とバジャー氏は声を上げた。「じゃあ，あなたが『パパの連結式トレーラーでの一日』の作家なのね！」

みんなが静まり返った。問5僕たちの誰一人として現役の作家が自分たちの作品を読むなんて思いもよらなかったのに，彼女はそれを読むだけではなく，僕の作品のタイトルさえ覚えていたんだ。

「Bキ僕は特別賞をもらっただけです」と僕は答えたが，彼女が僕を作家と呼んだことを考えていた。*現役の作家が僕のことを作家って呼んでくれた。*

「それがどうしたというの？」とバジャー氏が尋ねた。「審査員の意見が一致しないだけの話よ。私は『パパの連結式トレーラーでの一日』が気に入ったわ。問6アそれは一人の少年が自分の知っていること，思い入れの強いことを正直に書いた作品だから。問6エあなたは私に，後ろに何トンものブドウを積んで急な坂道を下るのがどんな感じかを感じさせてくれたわ」

「Cアでも僕はそれをストーリーにできませんでした」と僕は言った。僕はすごく勇気を出したんだ。

「それを誰が気にするというの?」とバジャー氏は言った。「物語を書く能力は後からついてくるものよ。あなたがもっと長く生きて，もっと理解が深まる(3)ウとき（＝when）に。『パパの連結式トレーラーでの一日』は，あなたの年齢の男の子向けの素晴らしい作品だったわ。問6オあなたは自分らしく書いたし，誰かの真似をしようとはしなかった。これは優れた作家の１つの資質なのよ。それを持ち続けなさい」

僕は，アンジェラ・バジャー氏のような本を書きたいと言っていた少女たちが当惑した表情で見合っていることに気付いた。

僕は「どうも，ありがとうございます」と言うのが精一杯だった。

帰りの車の中では，誰もがバジャー氏についてあれこれ話していた。僕は話をしたくなかった。ただ考えていたかったんだ。現役の作家が僕を作家と呼んでくれた。現役の作家が僕に言ってくれた，「それを持ち続けなさい」ということを。

《2024　理科　解説》

1 (1) ペプシンは胃液に含まれる消化酵素，リパーゼはすい液に含まれる消化酵素である。

(2) ヨウ素液はデンプンに反応して青紫色になり，ベネジクト液は加熱すると麦芽糖などに反応して赤褐色の沈殿ができる。

(3) 酸素はものを燃やすはたらきがある。

(5) 対照実験とは，調べたい条件のみを変えて行う実験である。ある条件だけを変えて行った実験の結果に違いがあるとき，その違いは変えた条件によるものだと判断できる。

2 (1) ア×…コケ植物は維管束をもたず，葉・茎・根の区別もない。　イ×…遺伝子の組み合わせがＡａのものをかけ合わせたとき，子の遺伝子の組み合わせはＡＡ，Ａａ，ａａのいずれかとなる。つまり，子の遺伝子の組み合わせがＡａであるとき，親の遺伝子の組み合わせがＡａとＡａである可能性がある。

3 (1) 密度は体積(1㎤)あたりの質量だから，同じ質量の水の体積比は密度の逆比になる。よって，0℃の氷と4℃の液体の水の体積比は 1.00：0.92 になるから，4℃の液体の水の体積は0℃の氷の$\frac{0.92}{1.00}$＝0.92(倍)である。また，0℃の氷と 100℃の水蒸気の体積比は 0.00060：0.92 になるから，100℃の水蒸気の体積は0℃の氷の$\frac{0.92}{0.00060}$＝1533.3…(倍)である。

(2)　ア×…酸性雨とはpHが 5.6 以下の雨水のことである。中性のpH 7 ではなくpH 5.6 が基準になるのは，大気中の二酸化炭素が十分に溶けこんだ雨水のpHが 5.6 だからである。　エ×…オゾン層は雲ができる対流圏より上空にある。また，オゾン層の破壊の主な原因はフロンなどの化学物質である。

(3)　25℃における塩化ナトリウムの飽和水溶液の，水溶液と溶媒(塩化ナトリウム)の質量比は(100＋36)：36＝34：9である。得られた飽和水溶液は 100＋32＝132(g)だから，これに含まれる塩化ナトリウムは $132\times\frac{9}{34}=\frac{594}{17}$(g)である。よって，もとの塩化ナトリウム水溶液 100gに溶けていた塩化ナトリウムは$\frac{594}{17}-32=\frac{50}{17}$(g)だから，〔質量パーセント濃度(%)＝$\frac{溶質の質量(g)}{水溶液の質量(g)}\times100$〕より，$\frac{50}{17}\div100\times100=2.94\cdots\rightarrow2.9$%である。

(4)　化学反応式の矢印の前後では，原子の組み合わせは変わるが，原子の種類と数は変わらないことに注意する。①酸化銅〔CuO〕に炭素〔C〕を混合して加熱すると，酸化銅が還元されて銅〔Cu〕になり，炭素が酸化されて二酸化炭素〔CO_2〕になる。原子の種類と数に注意して係数をつけると〔$2CuO+C\rightarrow2Cu+CO_2$〕となる。　②炭酸水素ナトリウム〔$NaHCO_3$〕に塩酸〔HCl〕を加えると，塩化ナトリウム〔NaCl〕と水〔H_2O〕と二酸化炭素〔CO_2〕ができる〔$NaHCO_3+HCl\rightarrow NaCl+H_2O+CO_2$〕。

(5)　水素と酸素が反応して水ができるときの化学反応式は〔$2H_2+O_2\rightarrow2H_2O$〕である。気体の体積は気体分子の数に比例するから，水ができるときの水素と酸素の体積の比は2：1とわかる。よって，水素 12 cm³と酸素6cm³がちょうど反応するから，混ぜた酸素の体積が0cm³から6cm³までは，反応後に残った気体(水素)の体積が一定の割合で減少し，混ぜた酸素の体積が6cm³から 14 cm³では，反応後に残った気体(酸素)の体積は混ぜた酸素の体積が6cm³より多くなった分増加する(混ぜた酸素の体積が 14 cm³のときは残った気体の体積は 14－6＝8(cm³)になる)。

(6)①②　Ⅰ(水の電気分解)では，陽極から酸素〔O_2〕，陰極から水素〔H_2〕が発生し，Ⅱでは，陽極から塩素〔Cl_2〕，陰極から水素〔H_2〕が発生する。これより，Aが水素，Bが酸素，Cが塩素である。　③　BTB溶液は酸性で黄色，中性で緑色，アルカリ性で青色を示す。電気分解をする前，Ⅰ(水酸化ナトリウム水溶液)は青色，Ⅱ(塩化ナトリウム水溶液)は緑色を示す。電気分解をすると，ⅠとⅡの陰極では，水分子が電子を受けとり水素と水酸化物イオンになる反応が起きる〔$2H_2O+2e^-\rightarrow H_2+2OH^-$〕($e^-$は電子を表す)。したがって，陰極付近の水溶液では，アルカリ性かどうかを決める物質のOH^-が多くなるから，BTB溶液の色は青色になる。よって，Ⅰは青色のままで，Ⅱは緑色から青色に変化する。　④　Ⅰでは酸素(B)と水素(A)が体積比1：2の割合で発生し，Ⅱでは塩素(C)と水素(A)が体積比1：1＝2：2の割合で発生する。よって，水素(A)がⅠとⅡで同じ体積発生したとき，BとCの体積比は1：2となる。

4　(1)　物体がPにあるときとQにあるときについて，図1に作図すると右図のようになる。これより，物体をPからQに移動させると，凸レンズの焦点距離は大きくなり，スクリーン上に映る像の大きさは小さくなるとわかる。また，レンズの中心からQまでの距離がAcmだから，レンズの公式より，$\frac{1}{A}+\frac{1}{L}=\frac{1}{f_1}$が成り立ち，$f_1=\frac{AL}{A+L}$(cm)となる。

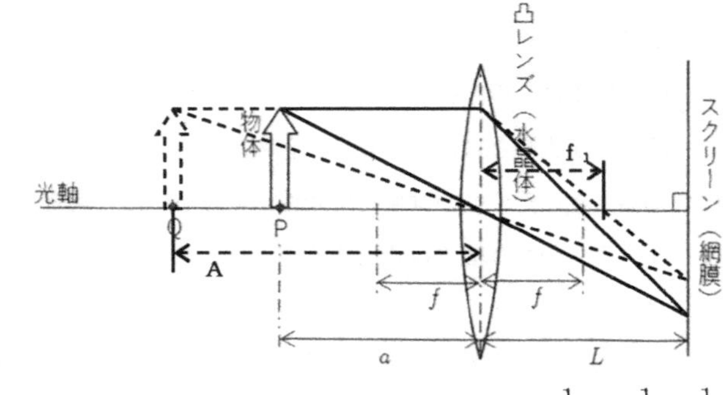

(2)　Rから光が伝わってきたと考えるから，レンズの公式において a＝F＋Dとなる。よって，$\frac{1}{F+D}+\frac{1}{L}=\frac{1}{f_1}$が成り立ち，$f_1=\frac{(F+D)L}{F+D+L}$(cm)となる。

(3)　(1)と(2)において，凸レンズの焦点距離がf_1で等しいから，光軸上の点QとRは同じ位置であると考えられる。これより，A＝F＋Dが成り立つから，20＝F＋1.0 となり，F＝19(cm)である。

5 (1) 空気抵抗や摩擦を無視するとき，位置エネルギーと運動エネルギーの和である力学的エネルギーは一定になる。位置エネルギーが運動エネルギーの2倍になるとき，これらの比は2：1である。このとき，物体がもつ位置エネルギーは，物体がAにあるときの$\frac{2}{2+1}=\frac{2}{3}$(倍)の大きさである。物体がもつ位置エネルギーと物体の基準面からの高さは比例するから，物体の位置(高さ)はAの高さ($\frac{L}{2}$m)の$\frac{2}{3}$倍の$\frac{L}{3}$mである。

(2) 力学的エネルギーが一定だから，運動エネルギーの変化の様子は，位置エネルギーの変化の様子を表したグラフを上下逆にすればよい。

(3) 運動エネルギーが最小になるとき，位置エネルギーは最大になり，このとき物体はC(高さHm)にある。したがって，Cでの位置エネルギーは$U\times(H\div\frac{L}{2})=\frac{2HU}{L}$(J)と表せる。力学的エネルギーはAでの位置エネルギーに等しくUJだから，運動エネルギーが最小になるCでの運動エネルギーは$U-\frac{2HU}{L}=(1-\frac{2H}{L})U$(J)と表せる。

6 (1) Yの上面の標高に着目する。Aは 800(地点の標高) − 150(地表からの深さ) ＝650(m)，Bは 750−200＝550(m)，Cは 750−100＝650(m)だから，AとCより，東西方向に地層の傾きはないことがわかる。よって，DのYの上面の標高はBと等しく550mだから，地表からの深さは700−550＝150(m)である。

(5) ブナは温帯のやや寒冷な地域に生息するため，ブナの化石が見つかった地層が堆積した当時の環境も同じようであったと考えられる。このように地層が堆積した当時の環境を推測できる化石を示相化石という。また，これに対し，地層が堆積した時代を推定できる化石を示準化石という。

7 (1) ①液状化現象は，地震の揺れによって地盤が液体のようになる現象である。 ②高潮は強い低気圧によって，海面が上昇する現象である。 ③津波は，地震や火山活動により海底の地形が急に変わることで起きる，非常に大きな波である。

(2) AにP波が届いたのは地震発生から$\frac{12}{6}=2$(秒後)だから，Bに緊急地震速報が伝えられたのは地震発生から2＋1＝3(秒後)である。したがって，BでS波が観測されたのは地震発生から3＋15＝18(秒後)だから，Bの震源からの距離は3×18＝54(km)である。

(3) ウ×…洪水に対するハザードマップには，浸水のおそれがある範囲や浸水の度合いなどを予測したものがかかれている。

《2024 社会 解説》

I 問1 d 一番右側に見える九州を通る経線は東経130度線だから，bとdを通る経線が東経90度線である。赤道は，東南アジアのマレー半島沖やインドネシアのスマトラ島やカリマンタン島を通る。

問2 4 多い順にインド(A)，インドネシア(G)，バングラデシュ(C)，フィリピン(I)の4か国。

問3 1 インド西部のパキスタンとの国境沿いに砂漠気候がみられる。

問4 3 バングラデシュ(C・91%)，マレーシア(F・64%)，インドネシア(G・87%)の3か国。

問5 4 原加盟国は，タイ(E)，マレーシア(F)，インドネシア(G)，フィリピン(I)，シンガポール。

問6 A＝① C＝⑦ E＝④ G＝⑤ I＝⑥ 輸出額が最も多く上位にダイヤモンドがある①がインドである。世界に流通するダイヤの約9割がインドで加工される。バングラデシュは，「世界の縫製工場」と呼ばれるほど衣類の輸出量が多い。②はベトナム，③はマレーシア，⑧はミャンマー，⑨はスリランカ。

Ⅱ 問１　水力＝②　地熱＝⑤　　愛知県に多い①は火力，富山県に多い②は水力，青森県に多い③は風力，福井県に多い④は原子力，大分県に多い⑤は地熱である。

問２　原油＝サウジアラビア　石炭＝オーストラリア　　原油は，サウジアラビア・アラブ首長国連邦・クウェート・カタールなどから輸入している。石炭は，オーストラリア・インドネシア・ロシア・カナダなどから輸入している。

問３　メタンハイドレート　　日本近海のメタンハイドレートの分布地域は，右図参照。

メタンハイドレートの分布

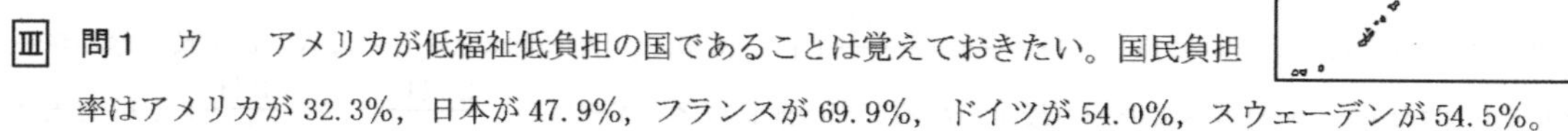

Ⅲ 問１　ウ　　アメリカが低福祉低負担の国であることは覚えておきたい。国民負担率はアメリカが 32.3%，日本が 47.9%，フランスが 69.9%，ドイツが 54.0%，スウェーデンが 54.5%。

問２　イ　　事業主にセクハラ防止対策を義務づけた法令は，男女雇用機会均等法である。

問３　縦割り行政　　上下(同一省庁内)の連絡はスムーズに行えるが，横(省庁や部署間)のつながりが欠け，効率が悪くなる状態を縦割り行政と表現する。

問４　朝鮮戦争　　1950 年，ソ連の支援を受けた北朝鮮が北緯 38 度線を越えて南下したことをきっかけに朝鮮戦争が始まり，1953 年に休戦協定が結ばれた。開戦後，ＧＨＱの指令によって日本では警察予備隊が組織され，その後，保安隊を経て 1954 年に自衛隊が組織された。

問５　ア　　戦争に巻き込まれたり，宗教・人種・国籍・政治的意見等を理由として迫害されたりして，生命の危険を脅かされ，故郷を離れて国外に逃れなければならない人々が難民とされる。

問６　集団安全保障　　右図において，同じ枠組みの中にあるＡ～Ｇまでの国の中で，Ａ国がＢ国に攻撃を加えた際，Ｃ～Ｇ国はまとまってＡ国に制裁を加える考えを集団安全保障という。

Ａ　攻撃　Ｂ
制裁
Ｃ　Ｄ　Ｅ　Ｆ　Ｇ

Ⅳ 問１　プラザ合意　　主に日本の対米貿易黒字を削減するため，先進国が為替相場に協調介入して，国際収支の不均衡を是正しようとする取り組みをプラザ合意という。これによって，合意前は１ドル＝230 円程度であったが，１年程度で１ドル＝150 円台まで円高が進んだ。

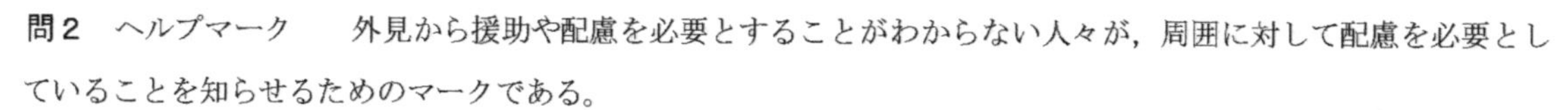

問２　ヘルプマーク　　外見から援助や配慮を必要とすることがわからない人々が，周囲に対して配慮を必要としていることを知らせるためのマークである。

問３　エ　　公企業には，水道やガスなどの地方公営企業，大学入試センターや造幣局などの独立行政法人，その他国立大学法人などがある。

問４　オーバーツーリズム　　観光客が集中することで，地元住民の生活や自然環境などに影響が出ることをオーバーツーリズムという。

Ⅴ 問１　学徒出陣　　兵力不足を補うために，それまで徴兵を猶予されていた文科系大学生や旧制専門学校生が軍に動員され，短期間の教育を受け，将校や下士官として最前線に送り込まれた。

問２　藩校　　会津藩の日新館，長州藩の明倫館，佐賀藩や水戸藩の弘道館などが広く知られている。藩校で教育を受けた子弟は，藩政改革で活躍し，財政の立て直しや軍事力の強化を進めた。藩政改革に成功した藩は，力を蓄え，後に幕末の政治を動かすことになった。

問３　足利学校　　室町時代から戦国時代にかけて，足利学校は関東の最高学府に位置づけられた。

問４　イ　　日米修好通商条約では，横浜(神奈川)・箱館・新潟・神戸(兵庫)・長崎の５港が開かれた。

問５　津田梅子　　岩倉使節団とともに海外に渡った留学生の中には５人の少女が加わっていた。

問６　ア　　イ．誤り。憲法案は，枢密院での非公開の審議を経て，天皇が国民に与える形で発布された。

ウ．誤り。内閣制度は大日本帝国憲法発布より前に創設された。エ．誤り。言論・集会・出版などの表現の自由も法律の範囲内で認められた。

問7　臣民　　君主に支配された人々を臣民と表現する。大日本帝国憲法下では，天皇・皇族以外を臣民とした。

問8　志賀潔　　志賀潔は，宮城県出身の細菌学者で，北里柴三郎に師事した。

問9　漢書(地理志)　　『漢書』地理志→『後漢書』東夷伝→『魏志』倭人伝→『宋書』倭国伝の順に日本の記述がある。

問10　異国船打払令　　江戸幕府は，異国船打払令を薪水給与令に改めた。

Ⅵ　**問1**　エ　　①誤り。大型動物を打製石器でとらえていた時代は旧石器時代である。②誤り。三内丸山遺跡は，縄文時代を代表する遺跡である。

問2　ウ　　①誤り。壬申の乱に勝利して即位したのは天武天皇である。②正しい。

問3　ウ　　①誤り。平等院鳳凰堂を建てたのは，藤原道長の子の藤原頼通である。②正しい。

問5　エ　　①誤り。「甲州法度之次第」は甲斐国の武田氏の分国法である。朝倉氏の分国法は「朝倉孝景条々」である。②誤り。太閤検地では，生産高は石高で表された。

Ⅶ　**問1**　ウ　　直前の「歴史学的に研究して明らかにすることは，その虚構性を暴き，偏見から我々を解放することを可能とし，社会を変革する行動を起こす原動力となる」を言いかえたものを選ぶ。

問2　イ　　ナイティンゲールは，クリミア戦争に従軍した看護師である。

問3　都市＝イェルサレム　宗教＝ユダヤ教・イスラム教　　イェルサレムには，ユダヤ教の「嘆きの壁」，イスラム教の「岩のドーム」，キリスト教の「聖墳墓教会」などがある。

問5　ウ→ア→エ→イ　　バスティーユ牢獄襲撃→人権宣言の流れと，ナポレオンの即位→フランスのヨーロッパ支配→ロシア遠征の失敗によるフランス帝国崩壊の始まりの流れを覚えておきたい。

問6　a＝茶　b＝アヘン　　イギリス・インド・清の三角貿易については右図参照。

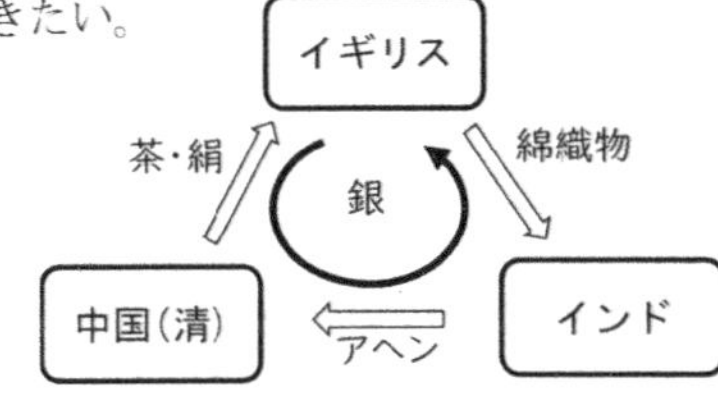

問7　ア　　1850年代，インドを支配していたのはイギリスである。

問8　マルクス　　マルクスは，資本主義は必ず行き詰まり，労働者階級の団結によって社会主義社会が実現できると説いた。

2023 解答例
令和5年度

東海高等学校

《国　語》

一　問1．a．氾濫　b．鍛　c．任　d．間欠　e．検索　問2．4　問3．2　問4．5

問5．無知であることによって大きなリスクを負っているのではないかということに後から気づくということ。

問6．1　問7．誤訳　問8．3

二　問1．a．2　b．3　c．5　問2．母が、僕の　問3．1　問4．4　問5．自分の問いに母は笑っただけで何も答えなかったこと。　問6．我が家には余裕がないはずなのに、母がひとりで施設に入ることを決めたと考えた　問7．2　問8．3

《数　学》

1　ア．$\frac{\sqrt{7}\pm\sqrt{15}}{4}$　イ．16　ウ．90　エ．60

2　オ．6　カ．8　キ．88　ク．1012

3　ケ．$\frac{\sqrt{2}}{4}$

証明…A$(2, \sqrt{2})$，B$(-4, 4\sqrt{2})$である。$OA^2=4+2=6$　$OB^2=16+32=48$　$AB^2=36+18=54$

$OA^2+OB^2=AB^2$が成り立つので三平方の定理の逆より $\angle AOB=90°$　よって△OABは直角三角形である。

コ．$5\sqrt{2}$

4　サ．$\sqrt{3}-\frac{\pi}{2}$　シ．$1+2\sqrt{2}+\sqrt{3}$　ス．$(2+\sqrt{6})\pi$

5　セ．$2\sqrt{2}$　ソ．$\frac{8\sqrt{5}}{3}$　タ．$\frac{16\sqrt{2}}{9}$

《英　語》

1　問1．1．60　2．320000　3．9　4．10　5．440　問2．6．D　7．E　8．F　9．C　10．A

2　①why don't we take them to see it　②the zoo is too large to see everything in　③I know a restaurant that serves delicious *misokatsu*　④I'll ask her what gifts are popular with　⑤am looking forward to walking around with them

3　1．called　2．made　3．saw　4．shining　5．brought　6．protect　7．happened
8．became

4　問1．父が毎朝かぶる帽子の内側に強力接着剤をつけ，かぶったときに取れなくした。　問2．it made him look cool　問3．anything　問4．イ　問5．私がわざとこの帽子を頭に貼り付けるほど愚かだと思っているのか。　問6．ア　問7．もし強力接着剤が指に塗られたら，子どもはみなすぐに鼻をほじるのをやめるだろう。
問8．how stupid he looked　問9．エ　問10．洗っても取ることができない茶色い部分があった。
問11．エ　問12．㋒　問13．ア，カ

《理　科》

1　(1)昇華　(2)アンモニア…①×　②○　③×　塩素…①○　②○　③○　二酸化硫黄…①×　②○　③○
(3)$2CO+O_2 \rightarrow 2CO_2$　(4)4　(5)ア．32　イ．$\frac{4}{3}V$　ウ．$20+\frac{4}{3}V$　エ．V　オ．100

2　(1)ア，イ　(2)ウ

3　(1)①ひげ根　②平行脈　(2)胚珠が子房につつまれている植物　(3)ア，エ　(4)歯　(5)有性生殖によって異なる遺伝子の組合せをもつ個体が生じる。これを短いライフサイクルでおこなうことで，同じ時間でより多様な個体をつくることができる。

4　(1)自転周期…エ　公転周期…エ　(2)イ　(3)ウ　(4)0.79　(5)名称…天王星　説明…エ

5　(1)ア　(2)×　(3)○　(4)イ

6　ア．$\frac{V^2}{r}$　イ．小さい　ウ．$\frac{rV^2}{(R+r)^2}$　エ．$\frac{x}{(1+x)^2}$　オ．$x+\frac{1}{x}$　カ．$\frac{V^2}{4R}$　キ．R
ク．大きい　ケ．$\frac{1}{2}$

《社　会》

Ⅰ　問1．ア．H　イ．O　ウ．J　エ．M　オ．P　カ．F　キ．E　ク．I　問2．D，L，O
問3．I，S　問4．B　問5．G　問6．APEC　問7．③

Ⅱ　問1．A．奈良　C．栃木　問2．1．淀　2．高崎　問3．山梨

Ⅲ　問1．ア，エ　問2．エ　問3．Ⅰ．30　Ⅱ．4　問4．B→A→C→D　問5．ウ　問6．自白

Ⅳ　問1．世界銀行　問2．アセスメント　問3．EPA　問4．希少性

Ⅴ　問1．イ　問2．エ　問3．横浜　問4．イ　問5．ティグリス／ユーフラテス　問6．甲骨
問7．エ　問8．中大兄　問9．⑨清少納言　⑪松尾芭蕉　問10．ア　問11．イエズス　問12．太陽
問13．ウ

Ⅵ　問1．エ　問2．ウ　問3．(1)東学　(2)ウ　問4．ビスマルク　問5．イ　問6．冷戦
問7．アボリジニ　問8．ウ→イ→ア　問9．メスチソ

《2023　国語　解説》

一　問２　最後から２段落目に、「情報の生産者側での取捨選択が行われる主因は、翻訳の唯一の手段であった人間の翻訳者にかかるコスト（費用と時間）が高いことである」とある。よって、４が適する。

問３　傍線部Ｂの直前に、「大量生産時代の画一性は時流を外れ、ニーズは各人各様で万人に共通な選択基準の存在は幻想にすぎないことから、選択的翻訳はデメリットが目立」つとある。つまり、情報の生産者が受け手のニーズに合わない選択的翻訳を行って画一的な情報を一方的に流し、「情報の９割を捨てている」ことで「新聞離れ・テレビ離れが加速している」のである。よって、２が適する。

問４　「葦（よし）の髄から天井を覗（のぞ）く」とは、細い葦の茎の管を通して天井を覗いただけで天井全体を見たと思い込むような愚かさから、浅い知識や狭い見識に基づいて大きな問題を判断しようとすることを例えたことわざである。直後にあるように、「情報は暗黙のうちに巧妙に統制されている」。そのような部分的な情報しか得られない消費者が全体の状況を把握することは不可能である。よって、５が適する。

問５　傍線部Ｄの「恐怖」は、「自分が無知であること」の恐怖である。筆者は、新型コロナウイルス感染症に関するニュース記事を例に、「外電の 10 分の１の情報しか日本に入ってこないこと、つまり『葦の髄から天井を覗く』状況になっていることが、大きなリスクになっている」と主張している。「知らないことが多すぎる」ために大きなリスクを背負っていることに後から気づかされて「怯（おび）える」ということをまとめる。

問６　ファイザーのワクチンについて、「一般的な注射器だと１瓶あたりの接種回数が６回から５回に減ること」が「しっかり伝わってい」なかったことで、事前に「対策を打て」なかった。また、「ロシアのワクチンが世界各国で広がっていることが日本に広く伝わること」がなかったり、「中国のワクチンに関する報道もなされなかった」りした結果、「日本は間欠的にワクチン不足に悩まされ続けた」。よって、１が適する。「翻訳に時間がかかりすぎた」のではなく「日本で大きく取り上げられることはなかった」からなので、２は適さない。「報道が欧米のワクチンに集中し」ていたからであり、「ワクチン情報の一部が誤っていた」わけではないので、３は適さない。エボラ出血熱は「未知の感染症」ではないので、４は適さない。ワクチンを「多様な方法で確保する戦略について議論はなされ」ておらず、「二転三転して」いたわけではないので、５は適さない。

問７　２段落目に「自動翻訳に誤訳があることを読者が織り込めば」「誤訳があっても困らないように」とあり、自動翻訳の欠点は「誤訳」があることだとわかる。

問８　筆者は「『葦の髄から天井を覗く』ような状態から情報の消費者を解放するには自動翻訳の利用しかない」という趣旨のことを繰り返し主張している。全ての肢に内容的に明確な間違いはないので、消去法ではなくあくまで筆者の主張に最も近い肢を選ぶ。文章の後半に、「ＶＵＣＡの中で、世界から取り残されないためには、全ての日本人が多言語の情報を最小遅延で受信する手段の確保が喫緊の課題であ」るとあり、その手段としては、誤訳はあるが「自動翻訳」を使うことが挙げられる。また、情報を発信する際には、「ＡＩ技術に基づく新しい自動翻訳こそが最適の道具」であるともある。よって、３が最も筆者の主張に近い。

二　問２　「僕」が母の仕事の依頼に「喜んで応じ」、「はりきっていた」のは、傍線部Ａの３段落前にあるように「母が、僕の生き方を認めてくれたようで嬉（うれ）しかった」からである。

問３　東京から伊豆まで、新幹線や特急に乗って移動する二時間近くの間、母は「いかにも言葉少なだった」。「僕」は、その時の母の沈黙を振り返り、傍線部Ｂの直後にあるように「距離に換算される沈黙という考え方は、きっと正しいのだと思う。なぜなら、その一五六・八キロを辿(たど)る間に、母のそれは、ゆっくりと変質していったであろうから。そして、母がその時、何を思っていたのかという僕の想像は、どんな一瞬にも辿り着けないのだった」と感じている。つまり母の思いがどのように変わっていったのか、全く想像がつかないと感じているのである。よって、1が適する。

問4　崇徳院(すとくいん)の「瀬を早み岩にせかるる滝川のわれても末に逢(あ)はむとぞ思ふ」という短歌は、「川の瀬の流れが早く、岩にせき止められた急流が二つに分かれてもまた一つになるように、あなたと別れてもいつかはきっと再会しようと思う」という歌意である。母はこの歌を踏まえて「その通りね」と言っている。「僕」が「誰か、再会したい人がいるの？」と訊ねていることも参考になる。よって、4が適する。

問5　ここでの「会話の一往復」とは、「『誰か、再会したい人がいるの？』と、僕は訊ねたが、母は笑って何も答えなかった」という、直前のやりとりを指す。この会話は前後との関係がなく孤立している。

問6　「お母さん、もう十分生きたから、そろそろって思ってるの。」という言葉を聞いた「僕」は、「母が、施設に入る決心をしたのではないかと考えた」。金銭的に「そんな余裕はないはずだった」ので、「僕」は相談もなく施設に入ることを決めたと思い、母に「当惑しつつ、少し腹を立てた」のである。

問7　「お母さん、富田(とみた)先生と相談して、”自由死”の認可を貰(もら)ってきたの」という言葉を聞いて、「僕は、動けなくなってしまった。何か言おうにも口が開かず、呼吸さえ止まっていた。苦しさからようやく一息吐き出すと、心臓が、棒で殴られた犬のように喚(わめ)き出した」とあるように、「僕」はかなり動揺している。よって、2が適する。

問8　母の「困惑したような、許しを請うような微笑み」を浮かべた顔は、「既に決断し、相手をどう説得するか、様々に想像しながら、時間を掛けて準備してきた人の顔」であった。母は「どうして？」と問いかけてくる息子に困惑しながらも、”自由死”を選んだ意思を変えるつもりはなく、息子に「じっくり考え」た上での決断を受け入れてほしいと思っている。よって、3が正しい。

《2023　数学　解説》

1　(1)　与式より，$2x^2-\sqrt{7}x-1=0$

2次方程式の解の公式より，$x=\dfrac{-(-\sqrt{7})\pm\sqrt{(-\sqrt{7})^2-4\times2\times(-1)}}{2\times2}=\dfrac{\sqrt{7}\pm\sqrt{15}}{4}$

(2)　**【解き方】$a=2\sqrt{13}-4=\sqrt{52}-4$で，$7<\sqrt{52}<8$だから，$\sqrt{52}$の整数部分は7である。したがって，$b=7-4=3$だから，$c=a-3=2\sqrt{13}-4-3=2\sqrt{13}-7$**

与式に$a=2\sqrt{13}-4$，$b=3$，$c=2\sqrt{13}-7$を代入すると，

$(2\sqrt{13}-4+3\times3+1)(2\sqrt{13}-7+1)=(2\sqrt{13}+6)(2\sqrt{13}-6)=52-36=$**16**

(3)　**【解き方】15÷2＝7余り1，7÷2＝3余り1だから，データを小さい順に，3個，①1個，3個，②1個，3個，③1個，3個に分ける。①が第1四分位数，②が中央値，③が第3四分位数である。**

平均値が2点減少したので，修正後の合計点は修正前より2×15＝30(点)低いから，いずれかのデータを30点下げればよい。箱ひげ図を見ると，変化したのは第3四分位数だけである。③が第3四分位数だから，大きい方から4番目かそれより上のデータのいずれかを，第3四分位数以外が変わらないように30点下げればよい。

よって，**90**点を**60**点に変えるとよい。

2 (1) **【解き方】(2)で参考にするためにも，15を1～15で割った場合をすべて表にまとめるとよい。**

右表のようになるから，商は15，7，5，3，2，1の**6種類**ある。

割る数	1	2	3	4	5	6	7	8	9	10	11	12	13	14	15
商	15	7	5	3	3	2	2	1	1	1	1	1	1	1	1
余り	0	1	0	3	0	3	1	7	6	5	4	3	2	1	0

余りについては，8で割った後は7から0までの連続する整数になっている。割る数が8より小さいときに余りが7より大きくなることはないから，余りは7から0までの**8種類**ある。

(2) **【解き方】余りについては(1)を参考に考えればすぐに求められる。商についてはかなり難しく，同じ商が連続して現れるところに注目する。**

割る数を1から1ずつ大きくしていくとき，商が2から1に変化するのは，2023÷2＝1011余り1より，割る数が1011から1012に変わるところである。したがって，割る数が1012から2023までのときに現れる余りがすべての種類だから，余りは2023－1012＋1＝**1012(種類)**ある。

割る数を1から1ずつ大きくしていくと，商はどんどん小さくなっていくが，小さくなる幅はだんだんと縮んでいく(2023÷1＝2023，2023÷2＝1011余り1，2023÷3＝674余り1，2023÷4＝505余り3……)。そして小さくなる幅がやがて1になり，どこかで初めて連続する商が現れる。連続する商が現れたあとは，商としてそれ以下の整数が連続して1まで現れる。したがって，連続する商が現れるところを探す。

割る数がaのときの商をm，余りをnとし，a＋1で割ったときの商もmで，これが初めて連続する商が現れるところだとする。このときの余りの数の変化を(1)の表も参考に考える。aで割ったときの余りnから，商mに1ずつ分配してa＋1をm個作ると，n－mが余るので，a＋1で割ったときの余りはn－mである(表1参照)。したがって，m＜nであり，n＜aだから，m＜n＜aとなる。割る数を1から大きくしていくと，しばらくは割る数より商の方が大きいので，初めて商の方が小さくなるときを考える。このとき割る数と商はかなり近い数のはずなので，2023に近い平方数を探すと，44^2＝1936，45^2＝2025が見つかる。44×45＝1980だから，2023＝45×44＋43である。つまり，割る数が45になったとき初めて割る数が商より大きくなるが，余りが商より小さいのでaは45ではない。45以上の数で割ったときをまとめると表2のようになるので，a＝46とわかる。

表1

割る数	a	a＋1
商	m	m
余り	n	n－m

表2

割る数	45	46	47	…
商	44	43	43	…
余り	43	45	2	…

よって，商は43から1までの連続する整数と，割る数が1から45までのときに現れる45個の数だから，全部で，43＋45＝**88(種類)**

3 (1) **【解き方】$y=tx^2$のグラフの上にx座標がmとnの2点があるとき，この2点を通る直線の切片は－mntで求められることを利用する。**

直線ABとy軸との交点をCとすると，△OABの面積について，

$\frac{1}{2}$×OC×(AとBのx座標の差)＝$6\sqrt{2}$　$\frac{1}{2}$×OC×{2－(－4)}＝$6\sqrt{2}$　OC＝$2\sqrt{2}$

したがって，C(0，$2\sqrt{2}$)である。

A，Bのx座標より直線ABの切片は，－2×(－4)×a＝8aと表せるから，8a＝$2\sqrt{2}$より，a＝$\frac{\sqrt{2}}{4}$

(2) 三平方の定理を利用して，座標平面上の2点間の距離の2乗は，(x座標の差)^2＋(y座標の差)^{2}で求められることを利用する。

(3) **【解き方】(2)より４点Ｏ，Ａ，Ｂ，ＰはＡＢを直径とする円周上にある。円の中心をＭとすると，△ＯＭＰはＭＯ＝ＭＰの二等辺三角形となる。**

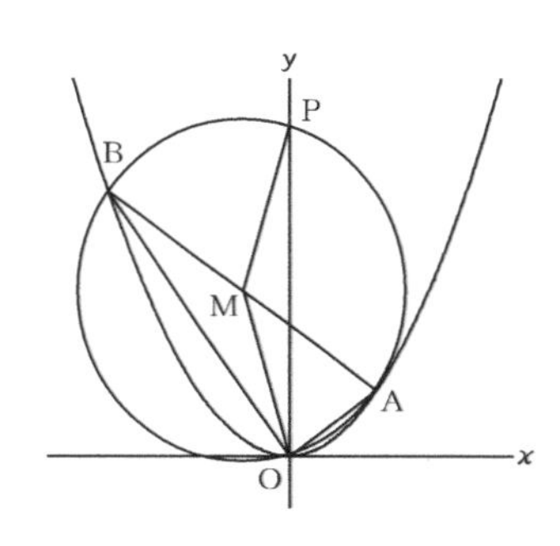

Ａのy座標は$\dfrac{\sqrt{2}}{4}\times 2^2=\sqrt{2}$，Ｂの$y$座標は$\dfrac{\sqrt{2}}{4}\times(-4)^2=4\sqrt{2}$である。

ＭはＡＢの中点だから，Ｍの座標は，

$\left(\dfrac{(\text{AとBの}x\text{座標の和})}{2},\ \dfrac{(\text{AとBの}y\text{座標の和})}{2}\right)=\left(\dfrac{2-4}{2},\ \dfrac{\sqrt{2}+4\sqrt{2}}{2}\right)=$

$\left(-1,\ \dfrac{5\sqrt{2}}{2}\right)$となる。△ＯＭＰが二等辺三角形だから，Ｐの$y$座標はＭの$y$座標の２倍なので，$\dfrac{5\sqrt{2}}{2}\times 2=\mathbf{5\sqrt{2}}$

4 (1) **【解き方】△ＯＰＱは右図のように１辺が１×２＝２(cm)の正三角形となる。**

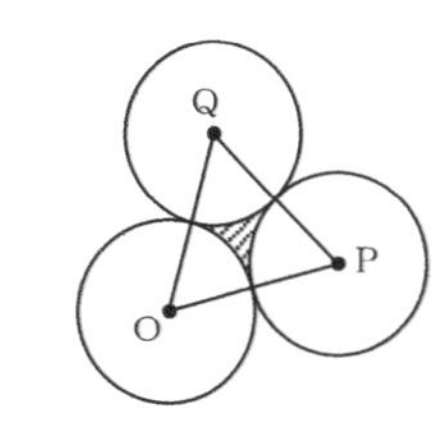

正三角形の１辺の長さと高さの比は$2:\sqrt{3}$だから，正三角形ＯＰＱの高さは，

$2\times\dfrac{\sqrt{3}}{2}=\sqrt{3}$(cm)　　△ＯＰＱ$=\dfrac{1}{2}\times 2\times\sqrt{3}=\sqrt{3}$(cm²)

よって，斜線部分の面積は，$\sqrt{3}-1^2\pi\times\dfrac{60^\circ}{360^\circ}\times 3=\mathbf{\sqrt{3}-\dfrac{\pi}{2}}$(cm²)

(2) **【解き方】四角形ＡＢＣＤが正方形であることから，図全体が直線ＡＣについて線対称であることを利用し，右のように作図する。Ｏ，Ｅ，Ｆは直線ＡＣ上にある。**

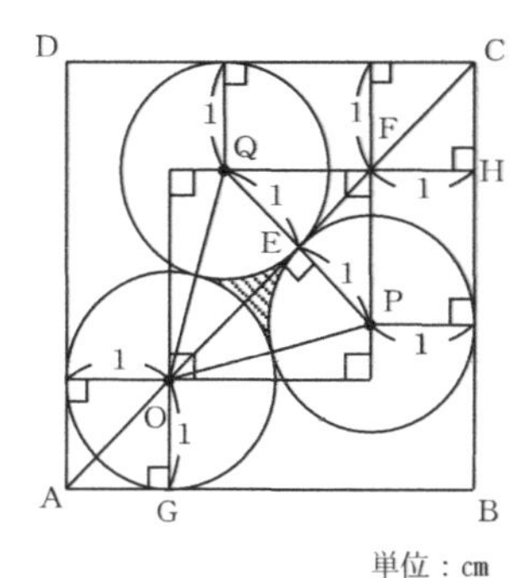

△ＧＡＯと△ＨＦＣは合同な直角二等辺三角形だから，

ＡＯ＝ＦＣ＝$1\times\sqrt{2}=\sqrt{2}$(cm)

(1)より，ＯＥ＝$\sqrt{3}$cm

△ＥＰＦは直角二等辺三角形だから，ＥＦ＝ＥＰ＝１cm

よって，ＡＣ＝ＡＯ＋ＯＥ＋ＥＦ＋ＦＣ＝$\sqrt{2}+\sqrt{3}+1+\sqrt{2}=$

$\mathbf{1+2\sqrt{2}+\sqrt{3}}$(cm)

(3) **【解き方】(2)の図にさらに右のように作図する。Ｉ，Ｋはそれぞれ円Ｏと円Ｐの接点，円Ｏと円Ｑの接点であり，ＪはＡＣとＩＫの交点である。斜線部分のうち，Ａから最も遠い点はＥ，最も近い点はＩ（またはＫ）だから，半径がＡＥの円の面積から半径がＡＩの円の面積を引けばよい。**

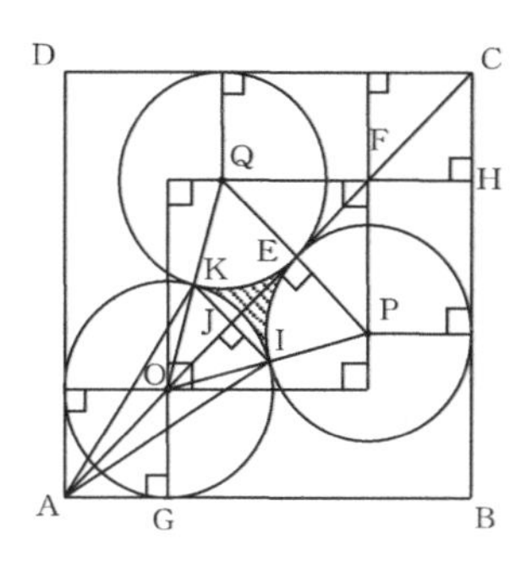

ＡＥ＝ＡＯ＋ＯＥ＝$\sqrt{2}+\sqrt{3}$(cm)

△ＯＪＩ∽△ＯＥＰで相似比はＯＩ：ＯＰ＝１：２だから，

ＯＪ$=\dfrac{1}{2}$ＯＥ$=\dfrac{\sqrt{3}}{2}$(cm)，ＩＪ$=\dfrac{1}{2}$ＰＥ$=\dfrac{1}{2}$(cm)

$AI^2=AJ^2+IJ^2=\left(\sqrt{2}+\dfrac{\sqrt{3}}{2}\right)^2+\left(\dfrac{1}{2}\right)^2=3+\sqrt{6}$

よって，求める面積は，$AE^2\pi-AI^2\pi=(\sqrt{2}+\sqrt{3})^2\pi-(3+\sqrt{6})\pi=\mathbf{(2+\sqrt{6})\pi}$(cm²)

5 (1) △ＢＡＣと△ＯＡＣは３組の辺がそれぞれ等しいから合同なので，△ＯＡＣは二等辺三角形である。

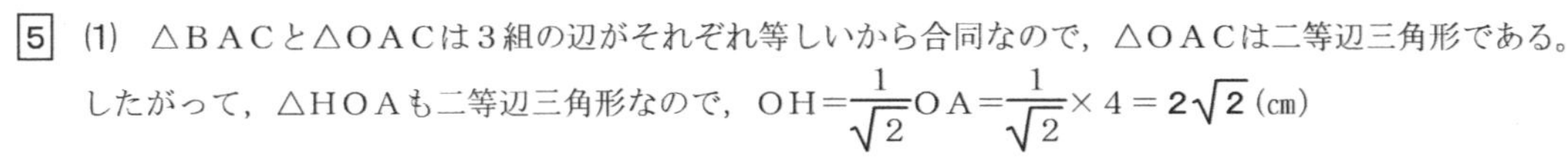

したがって，△ＨＯＡも二等辺三角形なので，ＯＨ$=\dfrac{1}{\sqrt{2}}$ＯＡ$=\dfrac{1}{\sqrt{2}}\times 4=\mathbf{2\sqrt{2}}$(cm)

(2)　**【解き方】切断面とODとの交点をEとすると，MNとBEは垂直に交わるので，四角形BNEMの面積は，$\frac{1}{2}$×MN×BEで求められる。O，B，Dを通る平面上で考える。**

△BACは直角二等辺三角形だから，$AC=\sqrt{2}AB=4\sqrt{2}$ (cm)

△OACにおいて，中点連結定理より，$MN=\frac{1}{2}AC=2\sqrt{2}$ (cm)

MNとOHは互いの中点で交わり，その交点をFとする。

平面OBDと切り口が交わる線は右図のBEである。

$OF=FH=\frac{1}{2}OH=\frac{1}{2}\times 2\sqrt{2}=\sqrt{2}$ (cm)，

$BD=AC=4\sqrt{2}$ cm，$BH=\frac{1}{2}BD=2\sqrt{2}$ (cm)

△FHB∽△FGEであり，△FHBにおいて$FH:HB=\sqrt{2}:2\sqrt{2}=1:2$だから，$FG:GE=1:2$

△GOEは直角二等辺三角形だから，GE=GOなので，$FG:GO=1:2$　　$OG=\frac{2}{1+2}OF=\frac{2\sqrt{2}}{3}$ (cm)

△FHB∽△FGEより，$BF:EF=HB:GE=2\sqrt{2}:\frac{2\sqrt{2}}{3}=3:1$

$BE=\frac{3+1}{3}BF=\frac{4}{3}BF$であり，$BF=\sqrt{FH^2+HB^2}=\sqrt{(\sqrt{2})^2+(2\sqrt{2})^2}=\sqrt{10}$ (cm)だから，$BE=\frac{4\sqrt{10}}{3}$ (cm)

よって，切り口の面積は，$\frac{1}{2}\times MN\times BE=\frac{1}{2}\times 2\sqrt{2}\times\frac{4\sqrt{10}}{3}=\mathbf{\frac{8\sqrt{5}}{3}}$ (cm²)

(3)　**【解き方】右の「三角形すいを切断してできる三角形すいの体積の求め方」を利用する。**

体積を求める立体は平面OBDについて対称だから，平面OBDで体積が2等分される。

正四角すいO-ABCDの体積は，

$\frac{1}{3}\times 4^2\times 2\sqrt{2}=\frac{32\sqrt{2}}{3}$ (cm³)

三角すいを切断してできる
三角すいの体積の求め方

左の三角すいP-TUVの体積は，

(三角すいP-QRSの体積)$\times\frac{PT}{PQ}\times\frac{PU}{PR}\times\frac{PV}{PS}$

で求められる。

※三角すい以外の角すいでは成り立たないことがあるので，三角すいだけに使うこと。

したがって，三角すいO-ABDの体積は，$\frac{32\sqrt{2}}{3}\times\frac{1}{2}=\frac{16\sqrt{2}}{3}$ (cm³)

(2)より，$OE:OD=OG:OH=\frac{2\sqrt{2}}{3}:2\sqrt{2}=1:3$だから，三角すいO-BMEの体積は，

(三角すいO-ABDの体積)$\times\frac{OM}{OA}\times\frac{OE}{OD}=\frac{16\sqrt{2}}{3}\times\frac{1}{2}\times\frac{1}{3}=\frac{8\sqrt{2}}{9}$ (cm³)

よって，求める体積は，$\frac{8\sqrt{2}}{9}\times 2=\mathbf{\frac{16\sqrt{2}}{9}}$ (cm³)

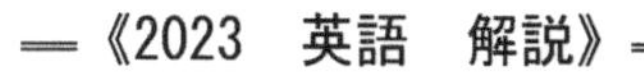

《2023　英語　解説》

1　【放送文の要約】参照。

問1　1．質問「その島の幅は何kmですか？」…60（km）。

2．質問「島には何人が住んでいますか？」…200000（中心の町の住民）＋120000（村の住民）＝320000（人）

3．「現在，島にはホテルがいくつありますか？」…5＋1＋3＝9（つ）

4．「危険なヘビは何種類いますか？」…40種類のうち，危険なヘビはその4分の1だから，10（種類）。

5．「2019年に島を訪れた旅行客は何人ですか？」…220（2018年の旅行者数）×2＝440（人）

問2　6．AとBのそれぞれ8回目の発言より，DのHarry Putterが適切。　　7．Bの9回目の発言より，Eの

Gary Foulks Night が適切。　8．Bの11回目の発言より，FのRed Ghost Ⅲが適切。　9．Bの6回目の発言より，CのNight Lifeが適切。　10．AとBのそれぞれ4回目の発言より，AのThe F Worldが適切。

【放送文の要約】

問1

ペルーの西海岸から約200 km沖合に，Macchindo という神秘的な島を見つけることができる。それはとても小さな島で，長さはたった125 km，1幅は60 kmである。島の住民は多くない。2約200000人が中心の町Mascarina に住み，約120000人が島内にある多くの小さな村に住んでいる。

Macchindo に来る旅行客もいるが，島には空港はなく，船で接岸するのも難しい。

更に，たとえ旅行客がそこに着けたとしても，様々な大問題が彼らを待ち構えている。

その問題の1つは，ホテルがほとんどないことだ。3昨年までは中心の町に5つしかなかったが，昨年5月に大きな新しいホテルの Mascarina Hitlon がオープンし，続いてその年にそれより小さなホテルが3件，開業した。したがって状況は徐々に改善されつつある。

もう1つの問題は，島の多くがいまだにジャングルであることだ。4島には異なる40種類のヘビがいて，その4分の1は人間に危害を与える，と専門家は言う。その上，クモや他の昆虫からの危険もある。しかしながら島には大変美しいところがたくさんあり，天候もたいてい穏やかで温暖なので旅行客数は増加している。52018年の旅行者は220人だけであったが，続く年（＝2019年）のコロナウィルスパンデミック前には，その数は2倍であった。島民は今年の旅行者数がさらに多くなることを期待している。

問2

A：おはよう，マーク。調子はどう？

B：調子はいいよ，ステフ。君は？

A：ああ，いいわよ，でもあなたの助けが必要なの。金曜日に映画に行こうと思っているんだけど，何を見たらいいのかわからないの。あなたはちょっとした映画通だから，アドバイスが欲しんだけど。

B：お安いご用だ。何を迷っているの？

A：これらの映画よ。この中で見たのはある？

B：ちょっと見せて…ああ，実は全部見たことがある。OK，最初の質問だ…誰と見に行くんだ？

A：まだ決まってない。多分，私とジョーの2人かな，でも祖父母が面倒を見られないようなら，子どもたちを連れて行かなければならないかもしれない。10このアニメ，「The F World」を考えているんだけど。これはどう？

B：なるほど。子どもたちを連れて行くなら，10「The F World」はやめとけよ。それはテレビのシリーズものをベースにしたアニメなんだ。面白いけど，ストーリーが子ども向けじゃないよ。暴言や暴力が多いんだ。

A：へぇ，そうなの。「Dog Day Mourning」はどう？

B：「Dog Day Mourning」だって？それはペットの犬の奇妙なストーリーだよ。飼い主が事故死した後，その犬は徐々に幼い女の子になるんだ。

A：犬が徐々に女の子になる？それはちょっと怖いね。

B：そうだね，9でも「Night Life」ほど，怖くないよ。

A：「Night Life」？それはどういう話？

B：夜，地面から物体が現われて，人々を攻撃し始める話さ。

Ａ：本当に？そりゃとても怖そうね。6何かいいコメディはないの？

Ｂ：6そうだね，「Harry Putter」があるよ。それはプロゴルファーになりたい一人の若者の話なんだ。でもある日彼は自転車に乗って横道に入っていくと，途方もない魔法の世界にいることに気付くんだ。それなら君を笑わせるし，とても興奮もさせるよ。唯一の問題は長いってことかな。約140分の長編なんだ。

Ａ：うーん，「Harry Putter」は長いわ，でも「Gary Foulks Night」はさらに長いようね。あなたは見たことある？

Ｂ：7ああ，「Gary Foulks Night」はコメディのように思えるけど，ホワイトハウスを破壊する計画についてのアクション映画なんだ。しかも実話に基づいているんだよ。

Ａ：ああ，そうね，Gary Foulksのことは聞き覚えがある。

Ｂ：長い映画だけど，アクション満載だし，音楽も素晴らしいよ。

Ａ：その音楽は「Red Ghost」の新作映画よりいいの？「Red Ghost」シリーズはいつも音楽が素晴らしいけど。

Ｂ：ああ，僕もそう思う。8「Red Ghost Ⅲ」については先の２作ほどの出来じゃない。わかっていると思うけど，僕は女性に偏見を持っている訳じゃないよ。でもRed Ghost役を演じたSally Summerが適役じゃないっていうだけなんだ。彼女はコメディ女優でアクション女優じゃないね。

Ａ：そうね，主役を彼女にするのは選択ミスだと思うな。ＯＫ，私たちは良さそうな映画を３つ，選ぶことができたわ。後はベビーシッターとJoが何を見たいかにかかっている。助言してくれてありがとう！

2 【本文の要約】参照。

① whyと文末の?より，相手に何かを提案するときの表現，Why don't we ~?「～するのはどうですか？」が適切。

② 直後の文，We won't have much time....とlarge，to，tooより，午後の時間だけで500種以上の動物を「全て見るには動物園は広すぎる」という英文が適切。　・too … to～「～するには…すぎる／…すぎて～できない」

③ 空所❸直後のthereがrestaurantを指すことから，「おいしい味噌カツを出すレストランを知っている」が適切。

④ 直前の文とask，whatより，「どんな土産(みやげ)が海外の旅行者に人気があるかを聞いてみる」（間接疑問文）が適切。

⑤ ・look forward to ~ing「～することを楽しみにする」

【本文の要約】

先生Ａ：国際交流プログラムでは，シンガポールから招待した生徒たちと名古屋で一日を過ごす予定です。街を楽しむ十分な時間があります。彼らと何をするつもりか，話し合ってください。

生徒Ａ：そうですね，名古屋というと，最初に思いついたのは名古屋城です。名古屋のシンボルですから。特に金鯱はとても有名です。だから①それを見に彼らを連れて行くのはどうでしょうか？城の頂上にある金鯱に感動するでしょう。

生徒Ｂ：いいアイデアです！それと東山動物園に行くことを提案します。500種を超える動物がいるからきっと楽しんでくれると思います。

生徒Ａ：それもいいですが，心配なのは，午後だけで②全部を見てまわるには動物園は広すぎることです。名古屋城を訪れた後だとあまり時間がないでしょう。

生徒Ｂ：そうかもしれませんね。彼らをどこか昼食に連れて行く必要がありますし，味噌カツのような地元の料理に興味を持つかもしれません。③僕はおいしい味噌カツを出してくれるレストランを知っています。彼らをそこに連れて行きましょう。

生徒Ｃ：ああ，僕はもうお腹が空いてきました。彼らは家族にお土産も買いたいと思います。母が市の旅行案内所で働いているので，海外の旅行客に④人気のお土産を聞いてみます。

生徒Ａ：それは助かりますね。僕は⑤彼らと同行するのが楽しみです。

生徒Ｃ：僕もです。

3 【本文の要約】参照。

2 ・make one's way「(苦労して) 進む」

【本文の要約】

たいそう昔に，竹取の翁と皆が1呼ぶ(＝called)，一人の男がいた。毎日，彼は野山に2分け入り(＝made his way)，様々な製品を作るために竹を集めていた。彼の名は讃岐の造(みやつこ)といった。ある日彼は，竹の間に，幹の根元が光を放つ一本の竹に気付いた。たいそう不思議に思ってよく見ようと近づくと，光はくぼんだ幹の中で4輝いている(＝shining)ことが3わかった(＝saw)。目を凝らして見ると，そこには10㎝ほどの背丈の愛らしい女の子がいることに気付いた。

翁は言った。「私が朝な夕なに見守っている竹林のここにあなたがいたからあなたを見つけ出せたのです。あなたは私の子どもとなるべきです」

彼は女の子を抱えると，5家に連れて帰った(＝brought her back home)。妻に子どもを渡すと，妻は子育てにいそしんだ。女の子はたいそう美しかったが，まだあまりに小さいので小さな籠に入れて6保護した(＝protect)。

その後，竹取の翁が竹を集めていると，節から節まで黄金が詰まった竹の幹を7頻繁に見つけるようになった(＝it often happened)。そうして彼はだんだん8大金持ちになっていった(＝became very rich)。

4 【本文の要約】参照。

問１ 第１～３段落より，父親が毎日かぶる帽子の内側に強力接着剤をつけて，父親が知らずにかぶったときに取れなくなる，という仕返しをしたことを読み取り，40字以内の日本語にまとめる。

問２ it は「帽子」を指す。「それ（その帽子）が彼をかっこうよく見せる」という文にする。過去の文だから，make を made にすること。 ・make＋人＋動詞の原形「(人)を～のようにする」

問３ 最初の（A）は「Wormwood 氏は何も気付かずに」，次の（A）は前の文を受けて「Superglue（強力接着剤）以外（何か他のもの）は考えられない」という文が自然だから，anything が適切。

問４ play around with ～は「～をもてあそぶ／～でふざける」，nasty stuff like that は「強力接着剤のような不快なもの」という意味。また，下線部❷の直後の文より，Wormwood 夫人は帽子に羽根を付けようとした夫が強力接着剤を正しく使わなかったのでは，と思っている。それで夫人が「そんなことをしてはいけないと教えているのだ」と夫をなじっていることが読み取れるから，イが適切。

問５ glue＋A(目的語)＋to ～「A を～に接着剤でつける」，on purpose は「わざと」という意味。「私がわざと this thing（＝この帽子）を自分の頭に接着剤で貼り付けるほど愚かだと思っているのか？」という意味の日本語にする。

問６ Serves him right.は That serves him right.「それは彼が招いたことだ／当然の報いだ」の省略形。また，下線部❹の直後の２文より，Wormwood 氏がア「自業自得だ」と思っていることが読み取れる。

問７ 下線部❹の前にあるマチルダの話と下線部❹の直後の２文より，stop doing it は「それをする（＝鼻をほじる）のをやめる」という意味。強力接着剤を指に塗れば鼻をほじるのをやめる，という日本語にする。

問８ how を使った感嘆文が thought の直後に入り，「～と思った」となる。

問９ That's quite enough from you.は「もうたくさんだ。（これ以上，余計なことを言うな)」という意味。

問10 pieces of brown stuff は「茶色い部分＝（帽子の切れ端)」の意味。「洗っても落ちない茶色い部分が残ってしまった」という内容の日本語にする。 ・even if ～「たとえ～でも」

問11 最初の it は形式主語で to 以下を表し，次の it は直前の文の a great exercise「大事(おおごと)／大それたいたずら」を指す。下線部❸は，「マチルダが仕掛けた大それたいたずらが父親に lifelong lesson（＝生涯にわたる教訓）を与えたと思うのは期待しすぎだ」という意味だから，エが適切。

問 12　㋒以外の it は全て「帽子」を指す。㋒の it は前文の shower を指す。

問 13　ア○「マチルダは賢かったので一人でスタンドから帽子を取った」…第 1 段落の内容と一致。

イ「Wormwood 氏の従業員は，Wormwood 氏が一日中帽子をかぶっているので×映画スターだと思った」

ウ「マチルダが両親に話した少年は，×彼の習慣のせいでみんなに笑われた」

エ「Wormwood 夫人は，×夫がいつもごたごたを起こすので説明書を読むように，と言った」

オ「×マチルダが先日，Wormwood 夫人が鼻をほじっているのを見た時，Wormwood 夫人は顔を赤らめた」

カ○「物語の最後では，Wormwood 氏の頭に帽子の切れ端が張り付いているので彼は馬鹿げて見えた」

【本文の要約】

翌朝，父親が車庫に行く直前に，マチルダはクローゼットに忍び込んで，父親が仕事の日にかぶる帽子を取ってきた。問 13 アスタンドから帽子を取るために，彼女はつま先立ちでステッキを使ってできる限り背伸びをしなければならなかったが，彼女はうまくやりおおせた。その帽子はバンドに羽が縫い付けてある（タイプの）帽子にすぎなかったが，Wormwood 氏はとても自慢していた。彼は①それが自分をかっこうよく見せる(＝it made him look cool)と思っていた。とりわけ格子柄のジャケットと緑のネクタイをつけて帽子を斜めにかぶった時は。

マチルダは片方の手に帽子を，もう片方の手に細身のチューブの Superglue（強力接着剤）を持ち，注意深く帽子の内側バンド全体にのりを塗った。それから細心の注意を払い，ステッキを使って帽子をスタンドに戻した。

Wormwood 氏は，帽子をかぶった時はA少しも気づかなかった(＝didn't notice anything)が，車庫に着く頃には帽子がとれなくなっていた。Superglue はとても強力な製品で，あまりに強力なので引っ張りすぎると皮膚を剥がしてしまう。Wormwood 氏は頭皮を剥がされたくなかったので，その日一日中，帽子をかぶっていなければならなかった。面目を保つために彼は愛想よくふるまい，従業員が Wormwood 氏は映画スターのように帽子を 1 日中かぶり続けたいのだろう，と思うことを願っていた。

夕方，帰宅しても，彼はまだ帽子を脱ぐことができなかった。妻は「馬鹿なことはしないでちょうだい」と言った。「ここに来て。帽子をとってあげるわ」

彼女は帽子を力いっぱい引っ張った。Wormwood 氏は「おお！」と悲鳴をあげた。「やめろ！離してくれ！お前は私の頭皮を半分，剥がす気か！」

マチルダはいつもの椅子に座って，興味深げに見守っていた。

「どうしたの，パパ？」と彼女は言った。「突然，頭が大きくなったか，何か？」

父親は深い疑いの目で娘を見たが，何も言わなかった。Wormwood 夫人は彼に，「Superglue に間違いないわ。A他のものはありえない(＝It couldn't be anything else.)。強力接着剤のような不快なもので遊んではいけないと，あなたに教えてくれているのよ。あなたは帽子にもう 1 つ羽根をつけようとしたんでしょ」

「私はそんなものに触っていない！」と Wormwood 氏は大声を上げた。彼は振り返ると，無邪気に彼を見ているマチルダを凝視した。

Wormwood 夫人は彼に言った。「危険なものを使う前にはラベルを読むべきだわ。ラベルの指示には常に従うことね」

「何だと？」と Wormwood 氏は叫んだ。「❸私がわざとこの帽子を頭に貼り付けるほど愚かだと思っているのか？」

マチルダは言った。「この先の男の子が，指に Superglue がついたことを知らずに，その指を鼻に突っ込んだの」

Wormwood 氏は跳び上がった。「それで彼はどうなったんだ？」と聞いた。

「指が鼻の中にくっついちゃったの」とマチルダは言った。「それで1週間，そのままでいなければならなかったの。みんなが彼に「鼻をほじるのをやめなさい」と言い続けたけど，彼にはどうすることもできなかった。彼はお馬鹿さんのように見えたわ」

「❹自業自得だ」と Wormwood 氏が言った。「彼は最初からそこに指を突っ込むべきじゃなかったんだ。悪い習慣だね。❺もし強力接着剤が指に塗られたら，子どもはみなすぐに鼻をほじるのをやめるだろう」

マチルダが「大人もそれをするでしょ，ママ。昨日，ママが台所でそうするのを見たもん」と言うと，Wormwood 夫人は「余計なことを言うんじゃないよ（That's quite enough from you)」と言って，顔を赤らめた。

Wormwood 氏はテレビの前で夕食の間，帽子をかぶったままでいなければならなかった。彼は滑稽に見えた，それで彼はとても静かにしていた。

彼はベッドに上がると，再度，帽子を脱ごうと試みた。妻も取ろうとした。だが，上手くいかなかった。「どうやってシャワーを浴びればいいんだ？」と彼は聞いた。

「シャワーを浴びるなんてできないでしょ？」と妻は彼に言った。その後，紫色のストライプのパジャマ姿で帽子をかぶって寝室を歩き回る痩せた夫を見守っている時，彼女はこう思った。❻何て馬鹿げて見えるのかしら（how stupid he looked）

Wormwood 氏は，頭に永続する帽子をかぶりながら眠らなければならないという最悪の事態を想定した。ぐっすり眠るなんて不可能だった。「もう心配するのはおやめなさい」と妻は彼に言った。「朝には簡単に脱げると思うわ」

しかし朝になっても事態は変わらなかった。それで Wormwood 夫人はハサミを取り出すと，彼の頭にあるものを切っていった。少しずつ，最初はトップ，次にへりを。内側のバンドが両サイドと後ろの髪に貼り付いたままだったので，彼女は地肌ぎりぎりまで髪を切らなくてはならなかった。頭の周りに髪のない白い輪が出来上がった。おまけに正面には❼洗っても取ることができない茶色い部分（＝帽子の切れ端）があった。

朝食の席でマチルダは彼に言った。「問13 カパパ，頭についた切れ端をとらなきゃ。みんな，シラミがわいたと思うよ」

「黙れ！」と父親は大声を出した。「口を閉じておけ，いいな！」

振り返ってみれば，それは大事（おおごと）だった。だが，❽そのことが父親に生涯にわたる教訓を与えた，と思うのは期待しすぎというものだった。

《2023　理科　解説》

1 (4) (3)の化学反応式より，反応する一酸化炭素と酸素，得られる二酸化炭素の体積比は，2：1：2である。つまり，反応する一酸化炭素と得られる二酸化炭素の体積は等しいから，混合気体Ⅰを再度燃焼させたときに減少した4Lは反応した酸素の分であり，このとき，一酸化炭素8Lが二酸化炭素8Lになったことがわかる。また，一酸化炭素と二酸化炭素の化学式より，同じ体積に含まれる炭素原子の数は等しいから，最初に燃焼させたときに酸素と反応して一酸化炭素になった炭素の質量は，8Lの二酸化炭素に含まれる炭素の質量と等しい。12gの炭素から24Lの二酸化炭素ができるから，8Lの二酸化炭素に含まれる炭素は$12\times\frac{8}{24}=4$(g)である。

(5) ア．12gの炭素から44gの二酸化炭素が得られるから，このとき結びついた酸素は44－12＝32(g)である。また，〔$C+O_2 \rightarrow CO_2$〕より，反応する酸素と得られる二酸化炭素の体積は等しいから，32gの酸素の体積は24Lだとわかる。　イ．24Lの質量が32gだから，V(L)の質量は$32\times\frac{V}{24}=\frac{4}{3}V$(g)である。　ウ．質量保存の法則より，混合気体Ⅱの質量は，最初に加えた炭素20gと酸素$\frac{4}{3}V$(g)の和と等しい。　エ．ア解説の通り，反応する酸素と得られる二酸化炭素の体積は等しいから，混合気体Ⅱに含まれる二酸化炭素と酸素の体積の和は，最初に加えた酸素の体積と等しい。　オ．イ～エより，混合気体ⅡはV（L）の質量が$20+\frac{4}{3}V$（g），酸素はV（L）の質量が$\frac{4}{3}V$（g）である。よって，$20+\frac{4}{3}V=\frac{4}{3}V\times1.15$が成り立ち，V＝100となる。

2　⑴　ウ×…塩酸と水酸化ナトリウム水溶液が過不足なく反応すると塩化ナトリウム水溶液ができる〔$HCl+NaOH\rightarrow NaCl+H_2O$〕。塩化ナトリウム水溶液の電気分解では，陰極から水素が，陽極から塩素が発生する。

⑵　ア，イ×…塩化水素の電離は〔$HCl\rightarrow H^++Cl^-$〕，硫酸の電離は〔$H_2SO_4\rightarrow 2H^++SO_4^{2-}$〕と表せる。つまり，塩酸中には水素イオンと塩化物イオンが数の比１：１で存在し，硫酸中には水素イオンと硫酸イオンが数の比２：１で存在する。ここでは，塩酸10mL中の水素イオンの数と硫酸10mL中の水素イオンの数が等しかったということだから，塩化物イオンの数は硫酸イオンの数の２倍であり，塩酸中の総イオン数は硫酸中の総イオン数の$\frac{2+2}{2+1}=\frac{4}{3}$（倍）である。

3　⑷　草食動物では，草をかみ切るための門歯や草をすりつぶすための臼歯が発達している。

4　⑴　月の自転周期と公転周期が同じであるため，地球から月の裏側を見ることができない。

⑵　明け方に見ることができる月を有明の月といい，満月から新月までの月だから，南の空で右側が欠けて見えるアかイである。また，東の地平線付近にある太陽を見た状態から，振り返って月を見ているので，月は西の空にあると考えられる。太陽と月がこのような位置関係になるのは満月のころだから，イが正答となる。

⑶　ア×，ウ○…皆既月食は，太陽，地球，月の順に一直線上に並ぶ満月のときに，満月が地球の影に完全に入ることで起こる現象である。なお，太陽，月，地球の順に一直線上に並ぶ新月のときに，太陽が新月によって隠される現象は日食である。　イ×…火星が赤く見えるのは，表面が酸化鉄を含んだ砂や岩石でおおわれているためである。これに対し，皆既月食が赤銅色に見えるのは，太陽光の中の赤色の光が地球の大気で屈折して月に届くためである。　エ×…地球から見た月と月から見た地球の形は，光っている部分と暗くなっている部分を入れかえた関係になっている。つまり，皆既月食のときの月は満月だから，月から地球を見ても地球の光っている部分は見えない。

⑷　球の体積は半径の３乗に比例するので，半径が４分の１とすると，体積は64分の１である。〔密度＝$\frac{質量}{体積}$〕より，密度は質量に比例し，体積に反比例するから，月の密度は地球の密度の$\frac{1}{81}\div\frac{1}{64}=0.790\cdots\rightarrow0.79$倍である。

⑸　太陽に近い順に，水星，金星，地球，火星，木星，土星，天王星，海王星となる。アは金星，イは土星，ウは海王星の説明である。

5　⑴　イ×…地球の公転は１か月で約30度，自転は２時間で約30度であり，公転によって動いて見える方向と，自転によって動いて見える方向は同じである。よって，１か月後の２時間前に観測すると，同じ恒星をほぼ同じ場所に見ることができる。

⑵　ア×…地層の厚さと堆積期間に比例関係はない。　イ×…地層の堆積した年代を知る手がかりとなる化石は示準化石であり，示相化石は地層の堆積した当時の環境を知る手がかりとなる化石である。

⑷　ア×…震度は０，１，２，３，４，５弱，５強，６弱，６強，７の10段階に分けられている。

6　ア．電熱線に流れる電流は，〔電流（A）＝$\frac{電圧(V)}{抵抗(\Omega)}$〕より，$\frac{V}{r}$（A）である。よって，〔電力（W）＝電圧（V）×電流（A）〕より，$V\times\frac{V}{r}=\frac{V^2}{r}$（W）となる。　イ．電圧が一定であれば，抵抗値が小さいほど電熱線に流れる電流は大きくなり，消費電力は大きくなる。　ウ．回路全体の抵抗値は$R+r$（Ω）だから，電熱線を流れる電流は$\frac{V}{R+r}$（A）である。また，〔電圧（V）＝抵抗（Ω）×電流（A）〕より，電熱線にかかる電圧は$r\times\frac{V}{R+r}=\frac{rV}{R+r}$（V）である。よって，Pは$\frac{rV}{R+r}\times\frac{V}{R+r}=\frac{rV^2}{(R+r)^2}$（W）である。　エ．［エ］の後ろにRが残っていることに着目すると，$x=\frac{r}{R}$を$r=xR$とし，これをウに代入すればよい。よって，$\frac{xRV^2}{(R+xR)^2}=\frac{x\times RV^2}{(1+x)^2\times R^2}=\frac{x}{(1+x)^2}\times\frac{V^2}{R}$（W）となる。　オ．エの分母を展開して$\frac{x}{1+2x+x^2}$とし，分子と分母のそれぞれを$x$で割ると，分子は１となり，分母は$\frac{1+2x+x^2}{x}=2+x+\frac{1}{x}$となる。　カ．オは分母に含まれる値だから，オが小さくなるほどPが大きくなるということである。オが最小値の2になるとき，Pは$\frac{1}{2+2}\times\frac{V^2}{R}=\frac{V^2}{4R}$(W)となる。　キ．オが2になるのは，$x+\frac{1}{x}=2$より，$x=1$のときである。このとき，$1=\frac{r}{R}$となるから，r＝Rである。　ク，ケ．電熱線と電熱線以外の部分を図2のように2つの抵抗と考えて直列つなぎにした場合，それぞれの抵抗に同じ大きさの電流を流すために電源の電圧が抵抗値の比に分かれてかかり，2つの抵抗の消費電力の比は抵抗値の比と同じになる。つまり，r＝Rのときは抵抗値の比が1：1だから，消費電力の比も1：1になり，電熱線での消費電力は回路全体での消費電力の$\frac{1}{1+1}=\frac{1}{2}$になる。

《2023　社会　解説》

I　問1(1)　ア＝H　イ＝O　ケベック州は，カナダ東部の州で，フランス語が公用語になっていることで知られる。

(2)　ウ＝J　エ＝M　メッカとボスポラス海峡の位置は右図を参照。ボスポラス海峡の東西に領土をもつトルコは，ヨーロッパ州とアジア州にまたがる国である。　(3)　オ＝P　カ＝F　ブラジルは，1960年に首都がリオデジャネイロからブラジリアに移された。カはジャカルタからインドネシアと判断する。

(4)　キ＝E　ク＝I　ブッダガヤはインド北東部に位置する。第二次世界大戦後に南北に分断された国には，ベトナムと朝鮮がある。このうち，キリスト教徒の割合が多いのは大韓民国(キリスト教徒55.1%，仏教徒42.9%)である。

問2　D，L，O　イギリスは2020年にEUを離脱した。2023年7月現在のEU加盟国は27か国である。

問3　I，S　韓国とは竹島において，ロシアとは北方領土(択捉島・国後島・色丹島・歯舞群島)において，領土問題が起きている。尖閣諸島については，わが国固有の領土であり，現在日本が国有化しているため，領土問題は発生していない。

問4　B　南アメリカ大陸の南端のアルゼンチンと，アフリカ大陸の南端の南アフリカ共和国を比較する。南アフリカ共和国の南端は南緯40度未満であるが，アルゼンチンの南端は南緯50度を超える。

問5　G　ロンドンは本初子午線が通るから，ロンドンの対蹠点は経度180度の経線が通る。また，ロンドンの緯度はおよそ北緯51度だから，ロンドンの対蹠点の緯度は南緯51度になる。つまり，南半球で日付変更線に近い国を選べばよいから，オーストラリアが最も適当である。

問6　APEC　アジア太平洋経済協力の略称である。オーストラリアの提唱で1989年に発足した。

問7　③　この4か国を比較した場合，ブラジルは石炭の産出量が少ない。①は中国，②はロシア，④はインド。

II　問1　A＝奈良　C＝栃木　A．大都市圏(大阪)へのベッドタウン，吉野杉などから奈良県と判断する。C．日光国立公園，日光の社寺から栃木県である。Bは滋賀県，Dは群馬県。

問2　1＝淀　2＝高崎　1．琵琶湖から流れる河川は，滋賀県では瀬田川，京都府では宇治川，大阪府では淀川と呼ばれ，大阪湾に注ぐ。2．群馬県の人口は，高崎市＞前橋市＞太田市の順に多い(2021年1月)。

問3　山梨　残りの内陸県は，山梨県・長野県・岐阜県・埼玉県である。人口が多いHは，政令指定都市のさいたま市をもつ埼玉県である。面積の広いEとFは長野県(E)と岐阜県(F)だから，面積が狭く人口も少ないGが山梨県である。

III　問1　ア，エ　ア．正しい。文民とは，職業軍人でない人物などをさし，自衛隊の最高指揮監督権をもつ内閣総理大臣は文民でなければならない。これをシビリアンコントロール(文民統制)という。イ．誤り。内閣総理大臣は参議院議員でもなれる。ウ．誤り。内閣総理大臣は，国会が指名し，天皇が任命する。エ．正しい。国務大臣の任免権は内閣総理大臣にある。

問２　エ　　子どもの権利条約には４つの原則「命を守られ成長できること」「子どもにとって最もよいこと」「意見を表明し参加できること」「差別のないこと」があるが，エはどれにもあてはまらない。

問３　Ⅰ＝30　Ⅱ＝４　　参議院議員と都道府県知事は満 30 歳以上，衆議院議員と地方議会議員，市町村長は満 25 歳以上で立候補できる。

問４　B→A→C→D　　B(1954 年)→A(1962 年)→C(1968 年)→D(1991 年)　　ＮＰＴ…核拡散防止条約または核兵器不拡散条約。ＳＴＡＲＴ…戦略兵器削減条約。米ソは，1970 年代にＳＡＬＴ(戦略兵器制限交渉)を行い，1980 年代に目標を上げ，削減交渉を行った。

問５　ウ　　(租税負担＋社会保障負担)÷(国民所得)を国民負担率という。令和５年度の国民負担率は 46.8%となる見通しが政府から発表された。

問６　自白　　日本国憲法第 38 条の第３項である。第１項では黙秘権，第２項では拷問や長期の抑留または拘禁後の自白は証拠とならないことが規定されている。

Ⅳ　**問１**　世界銀行　　日本政府は，世界銀行に１億ドルの借款を申し入れ，8000 万ドルの融資を受けることに成功した。この提案をしたのは，当時の大蔵大臣の佐藤栄作であったと言われている。

問２　アセスメント　　環境アセスメントは，環境影響評価と訳される。

問３　ＥＰＡ　　ＥＰＡは経済連携協定の略称であり，ＦＴＡ(自由貿易協定)との違いに注意したい。

問４　希少性　　人の限りない欲求(＝需要)に対して，消費することのできる資源に限りがある(＝供給に限りがある)と考えれば，希少性が導ける。

Ⅴ　**問１**　イ　　国際連盟の本部はスイスのジュネーブにあった。国際連合の本部はアメリカのニューヨークにある。

問２　エ　　生麦事件が起きたことで，薩英戦争に発展した。この戦争で欧米の力を知った薩摩藩は，攘夷は不可能と考え，それまでの攘夷運動から倒幕運動に切り替えた。

問４　イ　　明治時代末の第五次小学校令により，義務教育が小学校の６年間となった。

問６　甲骨　　亀の甲羅や牛の骨に刻んだ文字で，漢字のもととなった。

問７　エ　　飛鳥文化は，それまでの古墳文化に，新しく百済や高句麗，中国の南北朝時代の文化の影響が加わっている。

問８　中大兄　　中大兄皇子は，中臣鎌足らとともに蘇我氏を滅ぼし，大化の改新と呼ばれる政治改革を進めた。白村江の戦いに敗れた後，都を難波宮から近江大津宮に移し，そこで天智天皇として即位した。

問10　ア　　絵巻物には，絵の部分と詞書の部分があり，詞書は縦に書かれているから，右から左によむようになっている。

問11　イエズス　　イエズス会は耶蘇会でもよい。イエズス会は，フランシスコ・サビエルやイグナティウス・ロヨラらによって結成された男子修道会である。

問12　太陽　　1872(明治５)年の 12 月に，旧暦(太陰太陽暦)を廃して太陽暦を採用した。

問13　ウ　　沖縄返還協定が 1971 年に調印され，1972 年に返還が実現した。アは 1960 年，イは 1956 年，エは 1987 年。

Ⅵ　**問１**　エ　　アジア・アフリカ会議(ＡＡ会議・バンドン会議)は 1955 年に開かれた。アは 1964 年，イは 1967 年，ウは 1965 年，オは 1967 年。

問2　ウ　　ローマ帝国は，はじめキリスト教を弾圧したが，キリスト教が下層民から広がり，ローマの市民・上層民にも広がりを見せると，4 世紀前半にローマ帝国のコンスタンティヌス帝は，キリスト教を公認した。

問3(1)　東学　　日清戦争のきっかけとなった東学党の乱は甲午農民戦争とも呼ぶ。　(2)　ウ　　下関条約で，清は朝鮮の独立を認めたのであって，日本による領有を認めたわけではない。

問4　ビスマルク　　プロイセン王国のビスマルク首相が，諸国をまとめ，隣接するオーストリアやフランスとの戦争に勝利して，ドイツ帝国をつくった。

問5　イ　　宣戦布告のないまま，日中戦争は拡大していった。

問6　冷戦　　アメリカのブッシュ大統領とソ連のゴルバチョフ書記長が，マルタ島で冷戦の終結を宣言した。

問8　ウ→イ→ア　　ウ(1912 年)→イ(1915 年)→ア(1919 年)

2022 解答例 令和4年度 東海高等学校

《国 語》

一 問1．a．変貌 b．発揮 c．腐 d．様相 e．食傷 問2．X．鼻 Z．白日 問3．1
問4．2 問5．共感するものが変わると、たちまち既存の集団同一性を共有しなくなることがあるから。
〔別解〕集団内の価値観から外れると、仲間だった人間がとたんに敵に見えるようになるから。 問6．3
問7．間違いを犯した人を、社会正義の下に公衆の面前に引っ張り出して不特定多数で攻撃するのは、個人的な制裁だ 問8．4，8

二 問1．a．5 b．5 c．3 問2．脳の一部が常に自分の日本語を監視している 問3．4 問4．5
問5．いつか日本の言葉と文化の全体像をものにしようという情熱。 問6．複雑でちぐはぐな自分自身を無理に理解しようとしないで、そのまま受け入れることが重要だと気づいたから。 問7．1 問8．2

《数 学》

1 ア．$3\sqrt{5}$ イ．$-2\sqrt{7}$

2 ウ．842.5 エ．507

3 オ．7 カ．$(\frac{2}{5}, -\frac{1}{45})$

4 キ．$2\sqrt{3}$ ク．$\frac{2}{3}$ ケ．4

5 コ．$\frac{9\sqrt{3}-2\pi}{4}$ サ．$\sqrt{33}$

6 シ．$3\sqrt{6}$ ス．$12+6\sqrt{3}$ セ．$4+2\sqrt{3}$

《英 語》

1 問1．1．ライオン 2．リンゴ 3．月 4．砂漠 5．馬 問2．6．163 7．178 8．4 9．月

2 ①We must remember to wear a mask ②it is important to keep the windows open ③We should wash our hands carefully with soap ④our gym doesn't have enough space for all the students ⑤we should not believe all the information we get from the Internet

3 ①heard ②explaining ③put ④read ⑤having ⑥remember

4 問1．①than ②what 問2．③ウ ⑤オ ⑮コ 問3．④ノーマンは「絵を描くことは，私が生計を立てるためにできることかもしれない」と思い始めた。 ⑥年を取るにつれて，ノーマンは芸術家になるという夢を実現する決心をした。 ⑬イラストレーターは鉛筆やクレヨンで絵を描き，また色塗りもする。 ⑭ノーマンは美術学校の授業をとても真剣に受けたので，同級生は彼を「執事」と呼んだ。 問4．⑦With the money he made ⑧felt too tired to make the journey ⑩was how well he could draw ⑫as much as he could about 問5．⑨ス ⑪タ 問6．ト，ナ

《理　科》

1　(1)C，B，A，D　(2)アとイ…イ　アとエ…同じ　ウとエ…エ　ウとオ…同じ

2　(1)Q　(2)Q　(3)P　(4)Q　(5)P

3　(1)化学　(2)熱　(3)運動　(4)電気

4　(1)ウ　(2)エ　(3)6：9：8／Fe_2O_3　(4)4　(5)4：1　(6)327

5　(1)(あ)青色　(い)黄色　(2)$2NaHCO_3 \rightarrow Na_2CO_3 + CO_2 + H_2O$　(3)X．Cl_2　Y．H_2

(4)B．塩化銅　C．炭酸水素ナトリウム

6　(1)進化　(2)相同器官　(3)ア，カ　(4)(a)(A)有　(B)消費　(C)無　(D)分解

(b)①ある1㎡の区画を1カ所だけ掘って　②ランダムな複数の区画を合計1㎡掘って

7　(1)$\frac{t}{T+t}$倍　(2)月と同じ大きさに見えるようにする／距離…100ｒｄ　(3)$\frac{180D}{(90-\theta)\pi}$　(4)イ

8　(1)(a)イ　(b)ア，イ，ウ　(2)(a)イ，エ　(b)直径…小さい　密度…大きい　衛星の数…少ない

《社　会》

Ⅰ　問1．(1)F　(2)E　(3)H　(4)B　問2．A，C／メキシコ　問3．B，3　問4．D／ウラル

問5．［首都名／位置］ A．［ワシントン／エ］ D．［モスクワ／ア］ G．［ブラジリア／シ］

Ⅱ　問1．最上　問2．A．カドミウム　B．信濃　問3．(2)→(3)→(1)　問4．福島

Ⅲ　問1．ア　問2．エ　問3．ア　問4．ア　問5．エ　問6．ウ

Ⅳ　問1．A．クレジット　B．デジタルデバイド　問2．カルテル　問3．逆進性

Ⅴ　問1．徳川家光　問2．オランダ風説書　問3．(朝鮮)通信使　問4．ウ　問5．蔵屋敷　問6．イ

Ⅵ　問1．ア　問2．ウ　問3．イ　問4．ウ　問5．ア

Ⅶ　問1．イ，ア，ウ　問2．ウ，ア，イ　問3．ア，イ，ウ　問4．ウ，イ，ア

Ⅷ　問1．ウ　問2．マゼラン　問3．ア　問4．エ　問5．エ，カ　問6．イ，エ，ア，ウ

問7．A．16　B．ルター　C．ジュネーブ　D．エチオピア

東海高等学校

←解答例は前のページにありますので，そちらをご覧ください。

《2022　国語　解説》

一　問２Ｘ　「鼻で笑う」とは、相手を見下して、馬鹿にするように笑うという意味。　Ｚ　「白日(はくじつ)の下(もと)にさらす」とは、隠れていたものを明るみに出すという意味。ここでは加害者の個人情報をネット上で公開することを表す。

問３　「自分の芝」とは、自分の家の芝生のことであり、自分の持っているものを象徴的に表した言葉。「デコレーション」は、装飾という意味。「自分の芝をデコレーションする」とは、自分自身や自分の持ち物を飾るということである。ここでは、「現代の繋(つな)がりすぎとも言えるくらい繋がっている世界」について話をしているので、ツイッターやインスタグラムといったSNSで、自分の持ち物や暮らしぶりなどを飾る(大げさに書いたり嘘をついたりする)ことを表していると考えられる。１は、「他人の所有物にけちを付ける」の部分が適当でなく、これが正解。

問４　直前の段落の内容を読み取る。「繋がっていく」とは、内には優しい「コミュニティなる内集団」で「自分の居場所」を見つけたと感じること。「分断していく」とは「外集団」に対して「ネガティブな感情を表すこと」。具体的には、「外集団のメンバーの苦しみにはシャーデンフロイデ(～喜びやうれしさ)を感じ、幸せには舌打ちをする」ことを表している。また、少し後に、外集団へのネガティブな感情や価値観は内集団で共感を生み、結束を強める可能性があり、共感の度合いが極めて高まると、外集団には攻撃的になると書かれている。このこともまた繋がることと分断することにあたる。よって、２が適する。

問５　「おっかない」は「恐ろしい」という意味。筆者は、「デモ活動をしていたSEALDsとの絡み」で、「新しい集団同一性」が「古い集団同一性とすぐに置き換わる」のを目の当たりにした。そして、このようにあまりにも簡単に集団同一性が変化したことと、彼らから敵視され、批判されたことに対して「おっかない」と感じている。このことをより具体的に説明すると、以下のようになる。SEALDsの人たちと筆者は「実に多くの同一性を共有して」いたにも関わらず、共感するものが変わったことで、「それらは軽々と凌駕(りょうが)されて」しまった、つまりあっという間に既存の集団同一性を共有しなくなった。さらに、彼らは筆者のことを、新しい「突出した価値観から外れている」存在だと見なし、「永井さんは案外右派で～戦争肯定派なんですね」と批判した。こうしたことに対して「おっかない」と感じている。

問６　直前に、「集団同一性なんてものは、コロコロと変わりうるものなのです」とある。また、３段落前にも「コミュニティの時代においてそのリスクは常に存在しています」とあり、同様のことが書かれている。筆者は「集団同一性」の変わりやすさと、時としてそれが過激で攻撃的な行動につながることについて指摘を繰り返していて、そのことを「おっかない」と感じている。したがって、筆者は、こうした事例を紹介した上で、その危うさをよく理解し自覚しておく必要があると、警鐘を鳴らしていると考えられる。よって、３が適する。

問７　「社会的」とは、集団を作って共同で生活しようとする人間の態度をいい、２行前の「リンチ」とは、個人的な制裁のこと。ここでは、「社会的」と「個人的」は反対の概念だと言える。筆者が「社会的なものとは決して思え」ず、個人的な制裁と同じだと述べているのは、「何か間違いを見つけたら、公衆の面前に引っ張り出して、みんなで大いにボコボコにする」こと、つまり、間違いを犯した人を、公衆の面前に引っ張り出して、集団で攻撃することである。

問８　４．「車にひかれて娘を失った」という事例は、本文では取り上げておらず、「共感というものが～関係なく作用する」という部分も、本文の内容と合わない。　８．全体的に本文の内容と合わない。よって、４と８が正解。

二　問１ａ　「窮する」は、「困窮」という熟語からも連想されるように、困りきってしまうという意味。よって、５が適する。　ｂ　「ぎこちない」は、不慣れなために動作などがたどたどしいという意味。よって、５が適する。
ｃ　「白々しい」は、興ざめな、嘘であることが透けて見えるといった意味。よって、３が適する。

問２　「他人の言葉のように」とは、自分から自然に出た言葉ではないようにということ。筆者は、自分が発する言葉を、少し距離を置いて考えながら聞いている。後にあるように、筆者は、脳の一部が「常に自分の日本語を監視している」と感じている。これは、脳の一部が、自分の言葉を、少し距離を置いてチェックしているということ。

問３　富田先生は、「一つ一つの単語を」電子辞書で引くという「手作業に没頭している」「きみ」を見て、「そっと笑った」あとアドバイスをした。富田先生は、大変な作業を一生懸命行い、苦労している留学生を見て、いじらしく感じたと考えられる。よって、４が適する。１の「微笑ましさを覚えた」、２の「おかしさを感じた」、３の「小気味よさを感じた」は、この状況に合う心情だとは考えにくい。５の「影ながら励まそうと思った」は、アドバイスをするという行動と合わない。

問４　「きみ」が笑いそうになったのは、「明らかに新築の」ホテルであるにも関わらず、「壁の後ろから間接照明が漏れて薄暗い雰囲気を醸（かも）し出し」、「琴の録音」を流していたから、つまり、「京都らしさを演じ」ていたからである。よって、５が適する。

問５　「若々しい情熱」の具体例の一つは、同じ段落の「英語を頼りにせず、必死に日本語を喋ろうと努力していたのに～侮辱されたような気持ちになった」ことである。ただし、この部分は具体的すぎるので、「きみが初めて自分の言葉と文化の外へ出て、海外に渡った」頃、つまり若かった頃に望んでいた「いつかこちらの言葉と文化の全体像をものにすること」という部分を使ってまとめる。

問６　「それ」とは、「途中までしか印刷されていない」「残りの文字は～手で書かれた」「継ぎ接（は）ぎの名前」を指している。これが象徴するものは、今の「きみ」自身である。若かった頃は「いつかこちらの言葉と文化の全体像をものにすることを望んで」いたが、「現実はずっと複雑で、ちぐはぐなもの」だと気付き、今の「きみ」はそうした情熱を失った。「継ぎ接ぎの名前」を見ても「違和感はない」というのは、「複雑で、ちぐはぐな」自分自身をありのままに受け入れたということである。これは、【文章Ⅱ】の内容に照らして考えると、「自分自身が言葉によって成り立っている曖昧な存在であることを受け入れ」たということになる。

問７　「きみ」は、「本質的な会話のできない同僚」「英語で話しかけてくる日本人」「浅い文化論を披露する外国人教師たち」に「うんざり」している。「本を読む時にだけ」「感じている」のは、これとは反対の感情なので、１の「解放」が適する。

問８　直後に、「私たちは言語によって、己をある程度まとまった形に定義してしまう」とある。しかし、【文章Ⅱ】の最後の段落の内容と、「言葉にするということは、言葉にできないものを削（そ）ぎ落とすということでもある」より、人間は、言葉にできない部分をもつ曖昧な存在であることがわかる。傍線部Ｇの「これ」が指すものは、直前にあるように「自分自身が言葉によって成り立っている曖昧な存在であることを受け入れること」であり、下線部をふまえれば、「重大な受容」と言えるのである。よって、２が適する。

《2022　数学　解説》

1　$\frac{1}{\sqrt{5}}x+\frac{1}{\sqrt{7}}y=1$ より，$\frac{\sqrt{5}}{5}x+\frac{\sqrt{7}}{7}y=1$　　$7\sqrt{5}x+5\sqrt{7}y=35$…①　　$\sqrt{5}x+\sqrt{7}y=1$…②

①－②×５でyを消去すると，$7\sqrt{5}x-5\sqrt{5}x=35-5$　　$2\sqrt{5}x=30$　　$x=\frac{30}{2\sqrt{5}}=3\sqrt{5}$

②に$x=3\sqrt{5}$を代入すると，$\sqrt{5}\times3\sqrt{5}+\sqrt{7}y=1$　　$\sqrt{7}y=-14$　　$y=-\frac{14}{\sqrt{7}}=-2\sqrt{7}$

2 **【解き方】** **2022＝２×３×337より，2022の正の約数を小さい順で並べると，１，２，３，６，337，674，1011，2022となる。**

第３四分位数は，約数のうち大きい方半分の，337，674，1011，2022の中央値だから，(674＋1011)÷２＝842.5

平均は，(１＋２＋３＋６＋337＋674＋1011＋2022)÷８＝507

3 (1) **【解き方】** **３つの正方形の面積が等しいので，その１辺の長さはすべて等しい。正方形の１辺の長さをｐとすると，Ｃ，Ｆ，Ｉのx座標はそれぞれ，x＝ｐ，x＝２ｐ，x＝３ｐと表せる。Ｃ，Ｆ，Ｉのy座標の差から，ｐとａの値を求める。**

$y=ax^2$にx＝ｐを代入すると$y=ap^2$，$y=x^2$にx＝２ｐを代入すると$y=(2p)^2=4p^2$，$y=\frac{1}{9}x^2$にx＝３ｐを代入すると$y=\frac{1}{9}\times(3p)^2=p^2$となるので，$C(p,\ ap^2)$，$F(2p,\ 4p^2)$，$I(3p,\ p^2)$と表せる。

ＦとＩのy座標の差はｐだから，$4p^2-p^2=p$　　$3p^2-p=0$　　$3p(p-\frac{1}{3})=0$　　$p=0,\ \frac{1}{3}$

$p>0$より，$p=\frac{1}{3}$　　よって，正方形の１辺の長さは$\frac{1}{3}$である。

ＣとＦのy座標の差は$\frac{1}{3}$だから，$a\times(\frac{1}{3})^2-4\times(\frac{1}{3})^2=\frac{1}{3}$　　$\frac{1}{9}a-\frac{4}{9}=\frac{1}{3}$　　$\frac{1}{9}a=\frac{7}{9}$　　$a=7$

(2) **【解き方】** **㋐Ｐを通り直線ＢＪに平行な直線とy軸との交点をＱとして，Ｑの座標→Ｐの座標，の順で求める。その際，高さの等しい三角形の底辺の長さの比は，面積比に等しいことを利用する。**

四角形ＡＢＩＪは平行四辺形なので，(四角形ＡＢＩＪの面積)＝２△ＡＢＪ

よって，△ＰＢＪ＝２△ＡＢＪとなる。

(1)より，$C(\frac{1}{3},\ \frac{7}{9})$，$F(\frac{2}{3},\ \frac{4}{9})$，$I(1,\ \frac{1}{9})$だから，$B(0,\ \frac{7}{9})$とわかる。

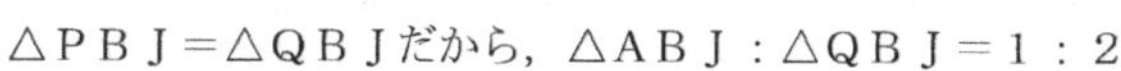
直線ＢＪの傾きは$(\frac{4}{9}-\frac{7}{9})\div(1-0)=-\frac{1}{3}$なので，㋐の式は$y=-\frac{1}{3}x+b$と表せる。

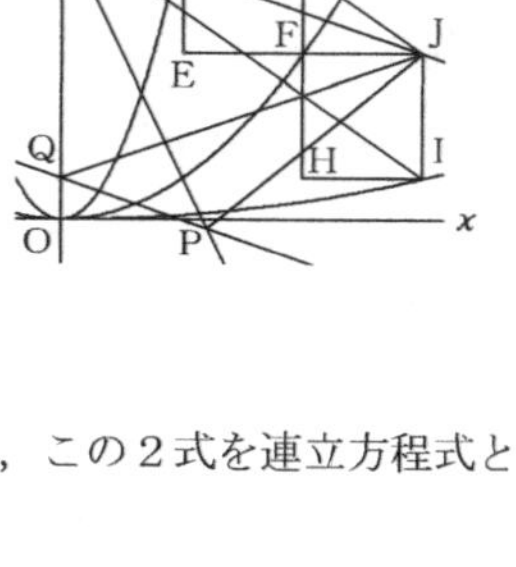

△ＰＢＪ＝△ＱＢＪだから，△ＡＢＪ：△ＱＢＪ＝１：２

よって，ＡＢ：ＢＱ＝１：２だから，$BQ=2\times\frac{1}{3}=\frac{2}{3}$

(Ｑのy座標)＝(Ｂのy座標)－ＢＱ＝$\frac{7}{9}-\frac{2}{3}=\frac{1}{9}$だから，$Q(0,\ \frac{1}{9})$

㋐はＱを通るので，$b=\frac{1}{9}$となるから，㋐の式は$y=-\frac{1}{3}x+\frac{1}{9}$である。

ＰはＢを通り傾きが－２である直線$y=-2x+\frac{7}{9}$と直線$y=-\frac{1}{3}x+\frac{1}{9}$との交点だから，この２式を連立方程式として解くことで，$P(\frac{2}{5},\ -\frac{1}{45})$とわかる。

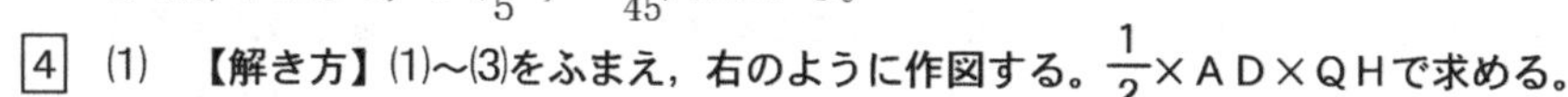
4 (1) **【解き方】** **(1)～(3)をふまえ，右のように作図する。$\frac{1}{2}$×ＡＤ×ＱＨで求める。**

△ＡＢＧは３辺の長さの比が$1:2:\sqrt{3}$の直角三角形だから，$BG=\frac{\sqrt{3}}{2}AB=3\sqrt{3}$(cm)

△ＰＢＣ＝$\frac{1}{2}$×ＢＣ×ＰＲだから，$8\sqrt{3}=\frac{1}{2}\times6\times PR$より，$PR=\frac{8\sqrt{3}}{3}$cm

よって，$QH=BG-PR=3\sqrt{3}-\frac{8\sqrt{3}}{3}=\frac{\sqrt{3}}{3}$(cm)　　また，ＡＤ＝２×６＝12(cm)

よって，$\triangle PDA=\frac{1}{2}\times12\times\frac{\sqrt{3}}{3}=2\sqrt{3}$(cm²)

(2) 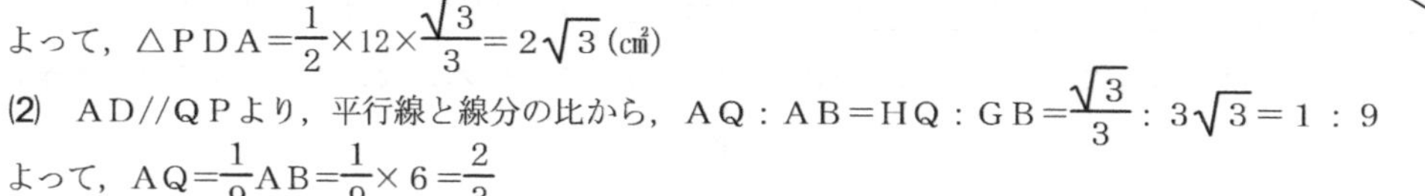
ＡＤ//ＱＰより，平行線と線分の比から，$AQ:AB=HQ:GB=\frac{\sqrt{3}}{3}:3\sqrt{3}=1:9$

よって，$AQ=\frac{1}{9}AB=\frac{1}{9}\times6=\frac{2}{3}$

(3) **【解き方】** **ＢＲ＝ＡＨ＋ＱＰ－ＡＧで求める。ＱＰ⊥ＢＧより，△ＡＢＰ＝$\frac{1}{2}$×ＱＰ×ＢＧで求められる。**

$AG=\frac{1}{2}AB=3$(cm)であり，ＱＨ//ＢＧより，ＡＨ：ＡＧ＝ＡＱ：ＡＢ＝１：９だから，$AH=\frac{1}{9}AG=\frac{1}{3}$(cm)

△ＡＢＰの面積について，$10\sqrt{3}=\frac{1}{2}\times PQ\times3\sqrt{3}$より，$PQ=\frac{20}{3}$cm　　よって，$BR=\frac{1}{3}+\frac{20}{3}-3=4$(cm)

5 (1) **【解き方】円Cの中心をO，円C′の中心をO′として，右のように作図する。**

△OAU＋(おうぎ形OBUの面積)－(半円O′の面積)で求める。

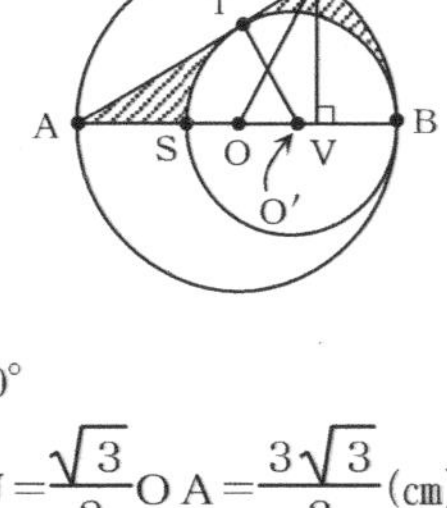

円Cの半径は$OA=\frac{1}{2}\times 6=3$ (cm)である。

$O'T=2$ cm，$O'A=6-2=4$ (cm)より，△AO′Tは3辺の長さの比が

$1:2:\sqrt{3}$の直角三角形となるので，$\angle OAU=30°$

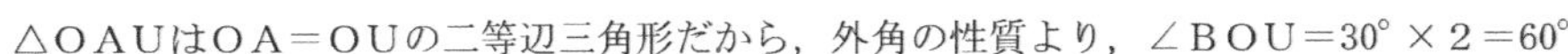

△OAUはOA＝OUの二等辺三角形だから，外角の性質より，$\angle BOU=30°\times 2=60°$

よって，△OUVは3辺の長さの比が$1:2:\sqrt{3}$の直角三角形だから，$UV=\frac{\sqrt{3}}{2}OU=\frac{\sqrt{3}}{2}OA=\frac{3\sqrt{3}}{2}$ (cm)

求める面積は，$\frac{1}{2}\times OA\times UV+OA^2\pi\times\frac{60°}{360°}-O'B^2\pi\times\frac{1}{2}=\frac{1}{2}\times 3\times\frac{3\sqrt{3}}{2}+3^2\pi\times\frac{1}{6}-2^2\pi\times\frac{1}{2}=$

$\frac{9\sqrt{3}-2\pi}{4}$ (cm²)

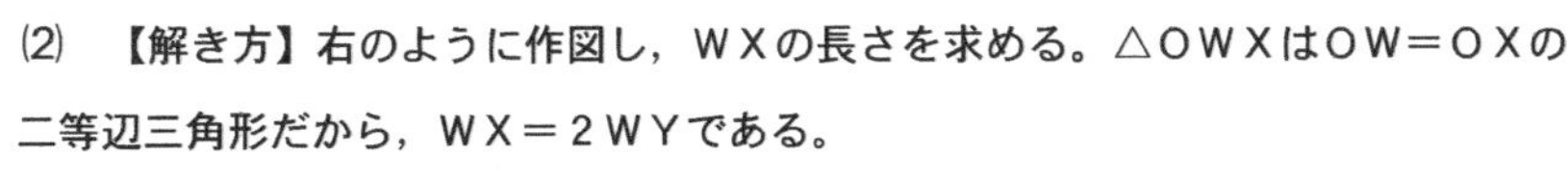

(2) **【解き方】右のように作図し，WXの長さを求める。△OWXはOW＝OXの**

二等辺三角形だから，WX＝2WYである。

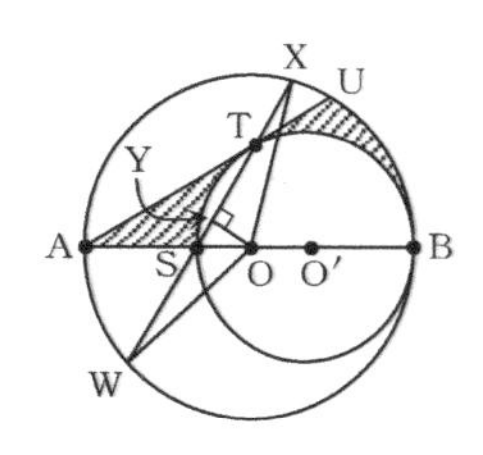

△O′STは1辺の長さが2cmの正三角形だから，$\angle O'ST=60°$

$AS=6-2\times 2=2$ (cm)　　$OS=OA-AS=3-2=1$ (cm)で，

△OSYは3辺の長さの比が$1:2:\sqrt{3}$の直角三角形だから，

$OY=\frac{\sqrt{3}}{2}OS=\frac{\sqrt{3}}{2}$ (cm)　　また，$OW=OA=3$ cm

△OWYについて，三平方の定理より，$WY=\sqrt{OW^2-OY^2}=\sqrt{3^2-(\frac{\sqrt{3}}{2})^2}=\sqrt{\frac{33}{4}}=\frac{\sqrt{33}}{2}$ (cm)

よって，求める長さは，$2\times\frac{\sqrt{33}}{2}=\sqrt{33}$ (cm)

6 (1) **【解き方】右のように作図し，正四角すいOABCDの体積から，4つの**

四面体の体積をひいて求める。

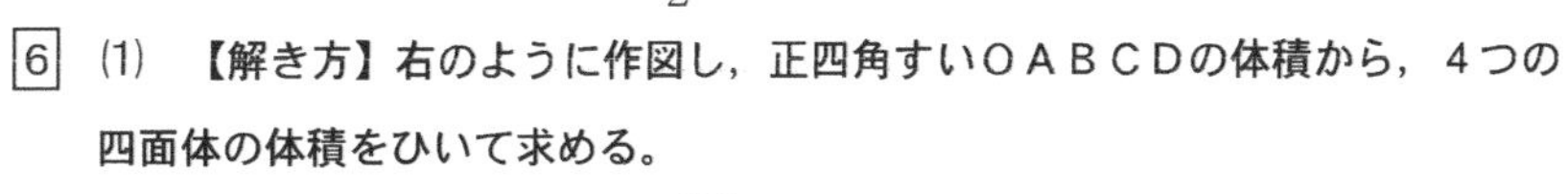

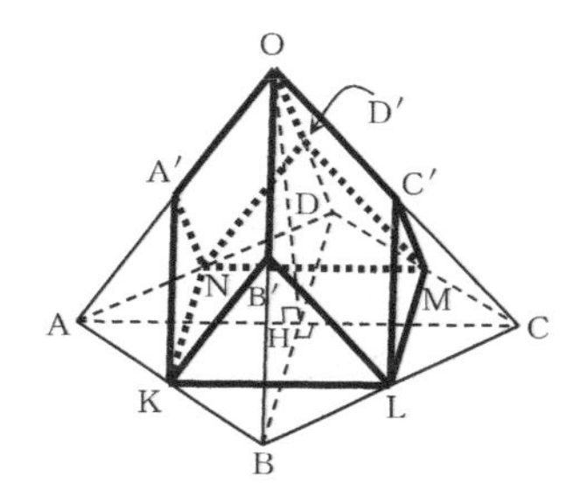

正方形ABCDの面積は，$(2\sqrt{3})^2=12$ (cm²)

△OACと△BACは3辺がそれぞれ等しいので，△OAC≡△BAC

これより，OH＝BHとわかる。正方形の対角線の長さは$\sqrt{2}AB=2\sqrt{6}$ (cm)

で，正方形の対角線はそれぞれの中点で垂直に交わることから，$OH=BH=$

$\frac{2\sqrt{6}}{2}=\sqrt{6}$ (cm)

正四角すいOABCDの体積は，$\frac{1}{3}\times 12\times\sqrt{6}=4\sqrt{6}$ (cm³)

よって，四面体OABDの体積は，$4\sqrt{6}\div 2=2\sqrt{6}$ (cm³)

四面体OABDと四面体A′AKNは相似であり，相似比が$OA:A'A=2:1$だから，体積比は$2^3:1^3=$

$8:1$である。よって，四面体A′AKNの体積は$2\sqrt{6}\times\frac{1}{8}=\frac{\sqrt{6}}{4}$ (cm³)

他の3つの四面体の体積も同様に$\frac{\sqrt{6}}{4}$cm³とわかるので，求める体積は，$4\sqrt{6}-\frac{\sqrt{6}}{4}\times 4=3\sqrt{6}$ (cm³)

(2) **【解き方】それぞれの面の面積について考える。**

△ABCについて，中点連結定理より，$KL=\frac{1}{2}AC=AH=\sqrt{6}$ (cm)

四角形KLMNは正方形であり，1辺の長さが$KL=\sqrt{6}$ cmだから，面積は，$(\sqrt{6})^2=6$ (cm²)

面OABについて，右のように作図する。中点連結定理より，$A'B'=\frac{1}{2}AB=\sqrt{3}$ (cm)

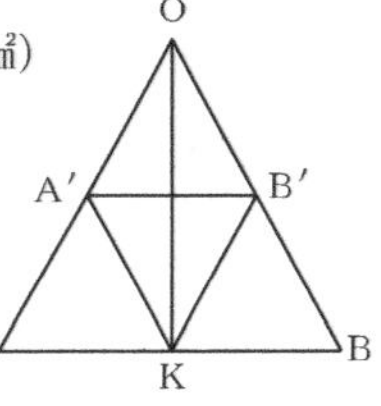

△AOKは3辺の長さの比が$1:2:\sqrt{3}$の直角三角形だから，$OK=\frac{\sqrt{3}}{2}OA=3$ (cm)

四角形$OA'KB'$はひし形だから，面積は，$\frac{1}{2}\times A'B'\times OK=\frac{1}{2}\times\sqrt{3}\times 3=\frac{3\sqrt{3}}{2}$(㎠)

同様に，四角形$OB'LC'$，$OC'MD'$，$OD'NA'$の面積もそれぞれ$\frac{3\sqrt{3}}{2}$㎠である。

$\triangle OAC=\frac{1}{2}\times AC\times OH=\frac{1}{2}\times 2\sqrt{6}\times\sqrt{6}=6$(㎠)

$\triangle OAC$と$\triangle B'KL$は相似であり，相似比が２：１だから，面積比は$2^2:1^2=4:1$である。

よって，$\triangle B'KL=\frac{1}{4}\triangle OAC=\frac{3}{2}$(㎠)　　同様に，$\triangle C'LM=\triangle D'MN=\triangle A'NK=\frac{3}{2}$㎠

以上より，求める表面積は，$6+\frac{3\sqrt{3}}{2}\times 4+\frac{3}{2}\times 4=12+6\sqrt{3}$(㎠)

⑶　**【解き方】PQ＋QR＋RS＋ST＋TUが最小となるとき，展開図上で６点P，Q，R，S，T，Uは一直線上にある。⑵より，立体Xの各面は正方形，ひし形，直角二等辺三角形になっていることをふまえて考える。**

面$OD'NA'$，面$A'NK$，面$KLMN$，面$C'LM$，面$OB'LC'$の展開図について，右のように作図する。$PD'=1$cm

$\angle A'OD'=60°$より，$\triangle OA'D'$は正三角形だから，

$\angle ND'V=180°-60°-60°=60°$

$\triangle D'NV$は３辺の長さの比が$1:2:\sqrt{3}$の直角三角形だから，

$D'V=\frac{1}{2}D'N=\frac{\sqrt{3}}{2}$(cm)　　同様にして，$VW=LY=\frac{\sqrt{3}}{2}$cm

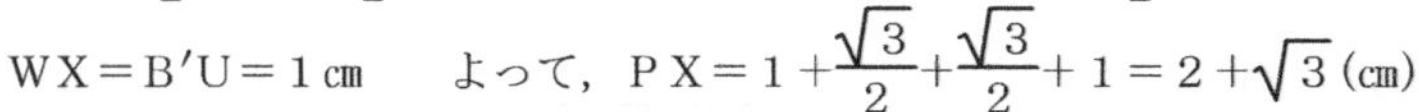
$WX=B'U=1$cm　　よって，$PX=1+\frac{\sqrt{3}}{2}+\frac{\sqrt{3}}{2}+1=2+\sqrt{3}$(cm)

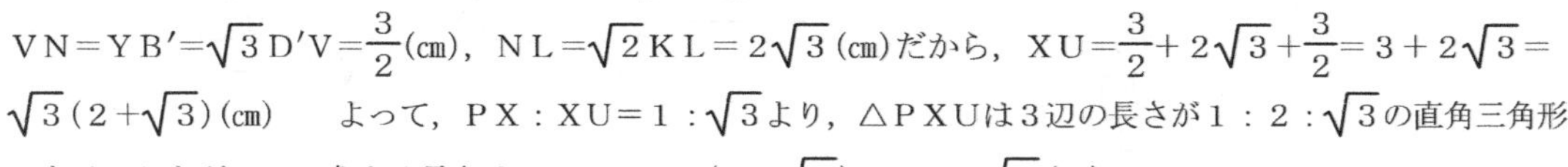
$VN=YB'=\sqrt{3}D'V=\frac{3}{2}$(cm)，$NL=\sqrt{2}KL=2\sqrt{3}$(cm)だから，$XU=\frac{3}{2}+2\sqrt{3}+\frac{3}{2}=3+2\sqrt{3}=\sqrt{3}(2+\sqrt{3})$(cm)　　よって，$PX:XU=1:\sqrt{3}$より，$\triangle PXU$は３辺の長さが$1:2:\sqrt{3}$の直角三角形

である。したがって，求める長さは，$2PX=2(2+\sqrt{3})=4+2\sqrt{3}$(cm)

《2022　英語　解説》

1　【放送文の要約】参照。

問２　会話Ａ　6　ボブの２回目の発言より，ボブの父の身長は183 cmで，３回目の発言より，母の身長は父より20 cm低いので，183－20＝163(cm)である。　**7**　ボブの２回目の発言より，妹は母よりも15 cm高く，３回目の発言より，妹とボブは同じ背の高さだから，163＋15＝178(cm)となる。

会話Ｂ　8　ブライアンの２回目の発言より最初に３回，４回目の発言より最後に１回行うので，合計４回である。
9　ブライアンの２～４回目の発言より，東京(３日滞在)→京都(２日滞在)→大阪(３日滞在)のあとに福岡で演奏するので，９日目である。初日が日曜日だから９日目は月曜日である。

【放送文の要約】

問１

１　この動物は，百獣の王と呼ばれることもあります。大型の猫の一種です。彼らは主にアフリカに住んでいます。色は薄茶色で，オスは首まわりに茶色の毛がたくさんあります。彼らは非常に強く，偉大なハンターです。

２　この果物は，多くの国で人気があります。それは木に実をつくり，ふつう秋に収穫できます。それぞれの果実はふつう，テニスボールより少し大きいです。それらは硬く，色は緑色または赤色です。アメリカではそれらをパイにして焼くのが好きです。

３　これは，私たちが夜空を見たときに見られます。大きくて明るいボールのように見えることもあれば，小さくて円の一部のように見えることもあります。日本のこの地域では，晴れた冬の夜に最も明るく見えます。

4　これは，水がほとんどまたはまったくないため，植物が育たない地域です。ふつう，砂しかない暑くて乾燥した場所です。最大の地域は北アフリカにありますが，中国やオーストラリアにも大きなものがあります。

5　これらは，遠く離れた場所に人や物を運ぶために使われていたため，かつて日本で非常に重宝された４本足の大型動物です。これらの動物は非常に速く走ることができ，現在でも，多くの人々が特別な競技場に行って，これらの動物がトラックを走り回るのを観戦するのが好きです。

問２

会話Ａ　アラン：やあボブ。うわー，君は背が高くなったね。今や君のお父さんよりも背が高いんじゃない？

ボブ　：いや，まだだよ。父はまだ僕の家族の中で一番背が高いよ。6彼の身長は 183 センチなんだ。

アラン：うん，それは本当に背が高いね。そして，家族で一番背が低いのは誰？

ボブ　：最近は母だよ。6彼女は父より 20 センチ低いんだ。7妹は 14 歳までは母より背が低かったけど，今では母より 15 センチ背が高いんだ。

アラン：うわー，彼女は本当に成長しているね。そして，君と妹のどちらが背が高いの？

ボブ　：いい質問だね。前回測ったときは，7どちらも同じ身長だったよ。

会話Ｂ　ジェーン：あなたはいつもスマートフォンを見ているわね，ブライアン。何を調べているの？

ブライアン：僕のお気に入りのバンドのツイッターだよ。彼らは来週から日本へのショートツアーを始めるんだ。

ジェーン　：本当に？彼らはどこで演奏するの？

ブライアン：8彼らのツアーは日曜日の東京コンサートツアーから始まり，次の２晩もそこで演奏するんだ。僕は２日目の月曜日に見に行く予定だよ。

ジェーン　：彼らは東京のあとにどこへ行くの？

ブライアン：そうだね，東京でのコンサートのあと，彼らは京都へ行くよ。京都では１晩オフを取り，その翌晩にそこで４回目のコンサートを行うんだ。

ジェーン　：そのあと彼らはどこへ行くの？

ブライアン：大阪だよ…彼らはそこで２晩演奏し，その後，１晩オフを取るよ。その翌晩，福岡で演奏し，8そのあと彼らは東京に戻って最後のコンサートを行うよ。僕もそのコンサートに行きたいな…それは素晴らしいものになるよ。

2　【本文の要約】参照。

①　・remember to ～「忘れずに～する」　・wear a mask「マスクを着用する」

②　〈it is… to～〉「～するのは…だ」の文。it(＝形式主語)は to 以下を指す。　・keep＋もの＋状態「(もの)を(状態)のままにする」

③　「石けんを使って」を英語にするときは，前置詞の with を用いて with soap とする。　・wash one's hands「手を洗う」

④　「体育館にスペースがある」という文にするときは Our gym has enough space のように動詞 have を使う。

⑤　「インターネットから得られる情報」のようにうしろから名詞を修飾するときは，目的格の関係代名詞 which または that(省略可)を使う。「すべての○○を～するべきではない」の部分は部分否定〈not ～ all＋○○〉を使う。

【本文の要約】

先生　：今日は私たちの日常生活の中で新型コロナウイルス感染症から身を守る方法について話し合います。まず，外出するときに重要なことがあります。みなさんはそれが何かわかりますか？

生徒Ａ：①忘れずにマスクを着用しなければなりません。

先生　：その通りです。食事のときだけは外してください。次に，私たちの教室について考えてみましょう。いつも新鮮な空気がたくさんあることを確認しなければなりません。どうすればそれができますか？

生徒Ｂ：②窓を開けておくことが大切だと思います。

先生　：その通りです。そうすれば，換気をすることができます。次に，昼食時に移りましょう。食事をする前に何をすべきですか？

生徒Ｃ：③私たちは石けんを使って丁寧に手を洗うべきです。

先生　：そうです。そして，手を乾かすためにきれいなタオルを使用することを忘れないでください。また，体育館では通常，大規模な集会や式典がありますが，今年度はすべて中止になりました。なぜかわかりますか？

生徒Ｄ：お互いに近づきすぎてはいけませんが，④体育館にはすべての生徒が十分距離をとるだけのスペースがありません。

先生　：その通りです。残念ながら，私たちの体育館は小さすぎます。最後に，インターネット上には新型コロナウイルスやその他のことに関する情報がたくさんあります。しかし，いくつかの情報は真実ではありません。だから⑤インターネット上のすべての情報を信じるべきではありません。みなさん，安全で健康に過ごしましょう。

3　【本文の要約】参照。

【本文の要約】

ファーガソンに旅行する前に，アリシア，パトリッセ，オパールはすでに①声を上げていました（＝making their voices heard）。オパールはソーシャルメディアのアカウントを開設しました。彼女はツイッターのユーザーに，なぜ黒人の命が大切なのか②を説明している（＝explaining）話を共有するよう働きかけました。アリシアは抗議の標識を作り，地元の靴屋の窓にそれら③を掲示しました（＝put）。パトリッセはビバリーヒルズのロデオドライブを#BlackLivesMatter④と読める（＝read）プラカードを持って行進しました。彼女は買い物をしたり昼食⑤をとったり（＝having）している人々に対して，警察の暴力によって奪われた黒人の⑥冥福を祈る（＝remember）ために，黙とうを捧げるよううながしました。

4　【本文の要約】参照。

問１①　直前の比較級 older より，than が入る。　②　直後の how they acted「それらがどのように行動したか」より，間接疑問文で疑問詞が入ると考えられる。「それらが何に似ているか」となるように what を入れる。

・look like ～「～に似ている」

問２③　were often left「よく放っておかれた」，look after themselves「自分たちの世話をする／自分のことは自分でやる」より，ウが適切。　⑤　２文前にノーマンは黒板に絵を描くことを許可されたことから，it は「ノーマンが黒板に描いた絵」を指している。オが適切。　・appreciate「価値を認める」　⑮　文末の them は同じ文の very strict habits「厳格な習慣」を指している。コが適切。　・let＋人＋動詞の原形「（人）に（許して）～させる」　・draw＋人＋away from＋もの「（人）を（もの）から引き離す」

問３④　this は３文前の drawing「絵を描くこと」を指している。関係代名詞(＝that)と語句がうしろから something を修飾する文。　・for a living「生計を立てるために」　⑥　最初の As は接続詞で，「～するにつれて」と訳すとよい。　・make up one's mind「決心する」　・realize one's dream「夢を実現する」　⑬　主語のTheyは直前の文のillustrators「イラストレーター」を指している。　・～ as well「～も」　⑭　so … that＋主語＋動詞「とても…なので～」の文。　・call A B「AをBと呼ぶ」

問4⑦　with「～で／～を使って」は手段を表す。moneyの直後に関係代名詞(which/that)が省略された形。

⑧　too … to ～「～するには…すぎる／…すぎて～できない」の文。　⑩　All anyone cared about「誰もが気にするすべてのこと」とhow well he could draw「彼がどれほど上手に描くことができるか」という名詞節をbe動詞のwasでつなぐ。　⑫　as … as one can「できる限り…」を使う。直後に名詞のdrawing「描画」があることから，最後にaboutがくる。

問6　チ「12歳のとき，ノーマンはニューヨーク市を出て×田舎の農場に引っ越しました。×この経験は後にイラストレーターとしての彼のキャリアに役立ちました」　ツ「ノーマンの兄，ジャービスは運動能力があり，スポーツが得意だったので，×彼は弟を気にかけず，いつもゲームをしていました」　テ「ノーマンの母はしばしば健康状態が思わしくなく，父はいつも彼女を看病しなければなりませんでした。×それで子どもの頃，ノーマンは父と一緒に過ごすことはできませんでした」　ト○「1906年，ノーマンがニューヨーク市の美術学校に通っていたとき，いくつかの異なる公共交通機関を利用して4時間かかりました」　ナ○「アート・スチューデント・リーグでは，ノーマンは勤勉な生徒でしたが，規則正しい生活を守ろうとし，夜遅くまでは作業しませんでした」　ニ「ハワード・パイルは本や雑誌で面白いキャラクターを描き，×ノーマンはこのクラスメートが彼の年代の最高のイラストレーターのひとりであると思いました」

【本文の要約】

ノーマン・パーシバル・ロックウェルは，1894年2月3日にニューヨーク市で生まれました。彼はナンシー・ヒル・ロックウェルとジャービス・ウェアリング・ロックウェルの2番目の子でした。彼らの長男でノーマンの兄であるジャービスは，ノーマン①よりも(＝than)1歳半年上でした。ノーマンが生まれたとき，ロックウェル家はマンハッタンのアッパー・ウエスト・サイドにある褐色砂岩の建物の5階に住んでいました。

ロックウェル家の近所の子どもたちは，鬼ごっこやタッチフットボールといった遊びをして多くの時間を過ごしました。ジャービスは運動能力があり，スポーツが得意でした。彼はいつもチームのメンバーに選ばれていました。しかし，ノーマンは痩せていて弱々しく，チームのメンバーに選ばれることはありませんでした。幸いなことに，ノーマンは他のことが得意でした。彼は絵を描くことができたのです。

ロックウェル家は閑静で治安のよい場所にありました。夜になると，ノーマンの父親は雑誌から絵のコピーをスケッチすることがありました。ノーマンはよく座って彼を見つめ，父が描いたものを真似ようとしました。父は夜になると家族に読み聞かせをすることもありました。父が読んでいるとき，ノーマンは物語の登場人物を描きました。ノーマンは②それらが何に似ていて(＝what they look like)，どのように行動するかを想像しようとしました。彼が読んだ本の中には，イギリスの有名な作家チャールズ・ディケンズの作品がありました。

ノーマンの母は病気がちで，ベッドで寝込むことが多くなりました。それでノーマンとジャービスは③ゥたいてい自分のことは自分でやらなければなりませんでした。ノーマンの父はいつも病気の妻を心配し，看病していました。しかし，彼は息子たちをあまり気にかけていませんでした。このため，ノーマンは必ずしも家庭での愛情を感じておらず，時にとても孤独を感じていました。そのような感情はノーマンの人生でずっと胸の内にありました。

それでもノーマンには絵がありました。彼はスケッチをしている間，喜びと幸せを感じることができました。そして彼はそれが得意でした。④ノーマンは「絵を描くことは僕が生計を立てるためにできることかもしれない」と思い始めました。

ノーマンの８年生の先生は，彼の才能を見抜きました。先生は彼のレポートに絵を入れるよう勧めました。ノーマンはこれが大好きでした。彼は歴史のレポートに兵士と幌馬車を描き，理科のレポートにクマ，ライオン，ゾウを描きました。先生は，黒板に絵を描くことさえ許可してくれました。他の生徒はノーマンの作品に感銘を受けました。そして，人々が⑤オノーマンが黒板に描いた絵を高く評価したとき，ノーマンは誇りに思い，興奮しました。

毎年夏，ロックウェル家は田舎で過ごすためにニューヨーク市を離れました。それはノーマンとジャービスにとって大きな変化でした。田舎では，彼らは池で泳いだり，湖で釣りをしたり，カエルを探したりしました。ノーマンは都会から離れるこのひとときが大好きでした。彼は新鮮な空気，緑の草，そして平穏と静けさが大好きでした。さらに，彼は通りで襲撃されることを心配する必要はありませんでした。これらの夏の思い出は晩年，イラストレーターとしての彼のキャリアにおいて大きな役割を果たしました。

⑥年を取るにつれて，ノーマンは芸術家になるという夢を実現する決心をしました。彼はそれを成し遂げるための最良の方法は美術学校に行くことだと決めました。両親はノーマンの選択を心から支持したわけではありませんでしたが，ノーマンを止めませんでした。ノーマンは学費を稼ぐためにアルバイトをしました。稼いだお金で，ノーマンはニューヨークの美術学校の授業を受講することができました。そこでしばらく過ごしてから，彼は国立デザインアカデミーに転校しました。

1906 年，ノーマンが 12 歳のとき，ロックウェル家はニューヨーク市からママロネックという近隣の地域に引っ越しました。問６トノーマンは週に２回，ニューヨーク市で行われる授業を受けるために，バス，電車，地下鉄を利用して通いました。片道２時間かかりました。ノーマンはしばしばあまりの疲れに，もう通うことができないと感じました。しかし，彼は心から芸術家になりたいと思っていて，そのために必要なことでした。⑨ス加えて(＝Besides)，ノーマンは授業が大好きでした。周りにいるのはノーマンと同じことに興味を持っている生徒たちでした。ノーマンが背が高くて細く，スパゲッティのような腕をしていることなど，もはや問題ではありませんでした。誰もが気にするのは，ノーマンがどれほど上手く絵を描くことができるかということでした。

しかし，ノーマンはすぐにこのスケジュールについていけないことを悟りました。ママロネックの高校に通い，アルバイトをし，ニューヨーク市で芸術の授業を受けるのは大変でした。⑪タそれで(＝So)ノーマンは２年生の終わりに高校を中退しました。彼はアート・スチューデント・リーグという美術学校に１日中通うことにしました。それは国内で最も有名な美術学校のひとつでした。⑪タそれで(＝So)，17 歳のとき，ノーマンはニューヨーク市に戻りました。

ノーマンは 1911 年 10 月にアート・スチューデント・リーグで授業を受け始めました。そこからの３年間，描画とイラストについてできる限り多くを学びました。毎日，ノーマンと他の生徒たちは紙の束と木炭を持って部屋に詰め込まれました。ノーマンとクラスメートたちはモデルをスケッチし，人間の体の形を研究しました。

アート・スチューデント・リーグは，ハワード・パイルら，芸術を学ぶ生徒たちのグループによって創設されました。彼は 1800 年代の終わりの「イラストの黄金時代」における最も有名なイラストレーターのひとりでした。ノーマンはハワード・パイルをこれまでで最も偉大なイラストレーターのひとりだと思いました。イラストレーターとは，美術館や画廊ではなく，本や雑誌，時にはカレンダーやグリーティングカードに作品を載せる芸術家です。⑬イラストレーターは鉛筆やクレヨンで絵を描き，また色塗りもします。ノーマンは，これらのイラストレーターが行った仕事を賞賛しました。彼らの絵では，登場人物が生き生きとしていて，まるで自分が絵の中にいるような感覚になるのでした。ノーマンは，イラストレーターとは「偉大な伝統を受け継ぐ職業であり，自分が誇りに思える職業である」と感じました。

⑭ノーマンは美術学校での授業をとても真剣に受けたので，クラスメートは彼を「執事」と呼びました。他の生徒たちはよく，ニューヨーク市の名所，音楽，夜遊びを楽しむために出かけました。多くの生徒たちは，気が向いたときに創作活動をしており，それは夜中の場合もありました。しかし，問6ナノーマンは決して昼食を抜くことはなく，徹夜で作業をすることもありませんでした。彼は厳格な習慣を持っていて，⑮コそれらから逸脱することは決してありませんでした。

《2022　理科　解説》

1 (1) 回路全体の抵抗が小さいものほど大きな電流が流れる。豆電球1個の抵抗を1とすると，回路全体の抵抗は，Aが1＋1＝2，Bが1＋0.5＝1.5，Cが$\frac{2\times 1}{2+1}=\frac{2}{3}$，Dが1＋1＋1＝3である。よって，C＞B＞A＞Dとなる。

(2) 流れる電流が大きいものほど明るく光る。電源の電圧を1とし，(1)解説の抵抗の値を用いると，流れる電流は，アが$\frac{1}{2}$，イが$\frac{1}{1.5}=\frac{2}{3}$，ウが$\frac{2}{3}\div 2=\frac{1}{3}$，エが$\frac{1}{2}$，オが$\frac{1}{3}$である。よって，イ＞ア＝エ＞ウ＝オとなる。

2 「Bがばねから受ける力」と「BがAから受ける力」のように，同じBという物体に対して，それぞれ異なる物体からはたらく，一直線上にある同じ大きさで逆向きの2力は，つり合いの関係にある。これに対し，「BがAから受ける力」と「AがBから受ける力」のように，AとBが互いに及ぼし合っている，一直線上にある同じ大きさで逆向きの2力は，作用・反作用の関係である。

4 (1) ウ〇…青銅は銅とスズの合金である。銅の融点は約1085℃であるが，スズを混ぜることで融点を低くすることができる(スズが含まれる割合によって融点は異なる)。なお，鉄の融点は約1538℃で，加工するにはより強い火力が必要になる。

(2) アはカリウム，イは銀，ウはアルミニウム，オはケイ素，カは亜鉛の元素記号である。

(3) 鉄原子が1と2と3の最小公倍数である6個になるときの酸素原子の数を求める。つまり，6FeOには1×6＝6(個)，$3Fe_2O_3$には3×3＝9(個)，$2Fe_3O_4$には4×2＝8(個)の酸素原子が含まれるから，6：9：8となる。最も酸化されているのは，この比の数値が最も大きいFe_2O_3である。

(4) $2CuFeS_2$＋(x)O_2＋(y)SiO_2→Cu_2S＋(z)$FeSiO_3$＋(w)SO_2とする。反応の前後で原子の種類と数は等しいから，Feに着目すると(z)は2，Sに着目すると(w)は3があてはまる。さらに，Siに着目すると(z)が2であれば，(y)も2になる。以上より，反応後のOの数は3×2＋2×3＝12だから，(x)には(12－2×2)÷2＝4があてはまる。

(5) SO_2に含まれる硫黄と酸素の質量比が1：1だから，硫黄原子と酸素原子の質量比は，1：(1÷2)＝2：1であり，銅原子と酸素原子の質量比が4：1だから，銅原子と硫黄原子の質量比は，4：2＝2：1である。よって，Cu_2S中の銅と硫黄の質量比は，(2×2)：(1×1)＝4：1である。

(6) 鉄原子と銅原子の質量比が7：8，銅原子と硫黄原子の質量比が2：1だから，鉄原子と銅原子と硫黄原子の質量比は，7：8：4である。よって，$CuFeS_2$に含まれる銅の質量の割合は，$\frac{8}{8+7+4\times 2}=\frac{8}{23}$だから，920gの$CuFeS_2$に含まれる銅の質量は$920\times\frac{8}{23}=320$(g)であり，これが98％となる粗銅の質量は320÷0.98＝326.5…→327gである。

5 8種類のイオンの化学式に含まれる原子を考えたとき，発生する可能性のある気体は，酸素，水素，塩素，二酸化炭素のいずれかである。よって，iiのように，発生した気体が水溶液を白く濁らせたときの組み合わせは，二酸化炭素と石灰水だから，Ｅはカルシウムイオンと水酸化物イオンが結合した水酸化カルシウムである。また，ⅳのような反応が起こるのは，Ｃがナトリウムイオンと炭酸水素イオンが結合した炭酸水素ナトリウム，Ｄがナトリウムイオンと炭酸イオンが結合した炭酸ナトリウムのときである〔$2NaHCO_3 \rightarrow Na_2CO_3 + CO_2 + H_2O$〕。よって，ⅱでＣやＤの水溶液と反応して二酸化炭素が発生したから，Ａは水素イオンと塩化物イオンが結合した塩化水素であり，ⅲではＣやＤに含まれるナトリウムにより，黄色の炎色反応を示す。さらに，ⅵでは，Ａの水溶液(塩酸)の電気分解により，陽極からは塩素〔Cl_2〕，陰極からは水素〔H_2〕が発生する。よって，Ｂは，青色の原因となる銅イオンを含み，その水溶液を電気分解したときには陽極から塩素が発生するから，銅イオンと塩化物イオンが結合した塩化銅である。

6　⑶　ア×…ＤＮＡは，リン酸，糖，塩基からなる物質である。　オ×…父親の１個の細胞に含まれるＤＮＡの半分の量が，精子１個に含まれる。

⑷⒜　ミミズは，生産者がつくり出した有機物をとりこむ消費者であるが，消費者のうち，生物の死がいやふんなどの有機物を無機物に分解する生物を分解者という。　⒝　調べたある１㎡の区画にミミズが他よりも多く，または少なく存在している可能性があるから，掘る場所は１ヵ所に集中しない方がよい。

7　⑴　月の一部が地球の影に入る直前から月の全てが地球の影に入るまでの時間(ｔ)を月の直径，月の全てが地球の影に入ってから月の全てが地球の影から出てくるまでの時間(Ｔ＋ｔ)を地球の直径と考えればよい。地球の直径をＴとしないように注意しよう。

⑵　見た目の大きさが同じになったとき，Ｃ君から月までの距離と月の半径の比が，Ｃ君から円までの距離と円の半径の比と等しくなる。よって，(Ｃ君と月の距離)：ｒ＝ｄ：0.01が成り立ち，(Ｃ君と月の距離)＝100ｒｄ(ｍ)となる。

⑶　∠ＥＳＭ＝180－90－θ＝90－θ(度)，ＳＥを半径とする円の円周は(２×ＳＥ×π)㎞だから，中心角と弧の関係に着目すると，(２×ＳＥ×π)：Ｄ＝360：(90－θ)が成り立ち，{２ＳＥπ×(90－θ)}＝360Ｄ　$SE=\frac{180D}{(90-\theta)\pi}$(㎞)となる。

⑷　イ×…太陽の活動が強まっているときに黒点の数が多くなる。

8　⑴⒜　イ○…太陽光が地面にあたるときの角度が垂直に近いほど，一定面積あたりの地面が受け取る太陽のエネルギーが大きくなる。夏は太陽の高度が高く，太陽光が地面にあたるときの角度が大きくなる。　⒝　夏至の日には，北緯66.6度の地点から北の地域では，太陽が一日中沈まない白夜になる。つまり，北緯66.6度に近い地点ほど，昼の時間が長くなるということである。

⑵⒜　内惑星である水星と金星を観測できるのは，明け方の東の空か，夕方の西の空である。

《2022　社会　解説》

Ⅰ　問１　⑴Ｆ　⑵Ｅ　⑶Ｈ　⑷Ｂ　Ａ＝アメリカ合衆国　Ｂ＝オーストラリア　Ｃ＝カナダ　Ｄ＝ロシア　Ｅ＝中国　Ｆ＝アルゼンチン　Ｇ＝ブラジル　Ｈ＝インドである。⑴はパンパからアルゼンチンと判断する。⑵は都市部と内陸の農村部の経済格差が広がっていること，西部大開発から中国と判断する。⑶は数学の教育水準の高さ，英語を話せる技術者，時差を活かしたソフトウェアの開発からインドと判断する。インドのベンガルールでは，アメリカとの時差を利用して，ＩＣＴ関連のソフトウェアの開発を引き継ぐため，仕事が途切れない。⑷は内陸部が乾燥帯，東岸や南岸に人口が集中していることからオーストラリアと判断する。オーストラリアの首都キャンベラは，シドニーとメルボルンの間にある。

問2　A，C，メキシコ　　アメリカ合衆国，カナダ，メキシコが結んでいたＮＡＦＴＡ(北米自由貿易協定)は，現在ＵＳＭＣＡ(アメリカ・メキシコ・カナダ協定)に発展している。

問3　B／3　　オーストラリアの人口密度は，2550÷769＝3.3…(人／㎢)である。

問4　D／ウラル山脈　　アジアとヨーロッパにまたがる国として，ロシアとトルコが考えられる。

問5　A＝ワシントンD.C.／エ　　D＝モスクワ／ア　　G＝ブラジリア／シ　　ワシントンD.C.の位置は北緯38度・西経77度，モスクワの位置は北緯55度・東経37度，ブラジリアの位置は南緯15度・西経47度。

Ⅱ　⑴は富山県，⑵は山形県，⑶新潟県

問1　最上川　　日本三大急流は，最上川(山形県)・富士川(山梨県・静岡県)・球磨川(熊本県)。上流域の盆地＝山形盆地ではさくらんぼ(おうとう)の栽培がさかんで，下流域の平野＝庄内平野では稲作がさかんである。

問2　A＝カドミウム　B＝信濃　⑴は神通川，⑶は信濃川である。

問3　⑵→⑶→⑴　　北から順に最上川‐信濃川‐神通川の順になる。

問4　福島県　　最上川の流れる山形県が隣接する県は，秋田県，新潟県，福島県，宮城県の４県である。このうち，政令指定都市(人口 70 万以上の都市)があるのは宮城県仙台市と新潟県新潟市だから，アが宮城県，イが新潟県とわかる。残った福島県と秋田県を比べた場合，秋田県は稲作がさかんで，福島県は秋田県より工業が発達しているから，米の割合が高いウが秋田県，製造品出荷額等の多いエが福島県と判断する。

Ⅲ　**問1**　ア　　アメリカ独立宣言やフランス人権宣言では，すべての人に生まれながらにして自由で平等である権利があることが宣言されている。

問2　エ　　政党交付金は，企業や団体などからの献金を制限する代償として，国から政党に交付される資金。

問3　ア　　日本国憲法第38条に「何人も，自己に不利益な供述を強要されない」と保障されている。

問4　ア　　「７歳未満」が誤り。介護育児休業法では，１歳未満の子について，育児休業が認められている。

問5　エ　　ＧＤＰ(国内総生産)は，「国内で生産されたモノ・サービスの付加価値の合計額」，ＧＮＩ(国民総所得)は，「ＧＤＰに国外からの所得の純受取を加算したもの」である。

問6　ウ　　国政調査権は，国会が国の政治について調査する権利である。

Ⅳ　**問1**　A＝クレジット　B＝デジタルデバイド　　A．クレジットカードによる決済は，代金後払い型である。B．デジタル＝機械による情報　デバイド＝格差

問2　カルテル　　カルテルは，公正取引委員会が運用する独占禁止法によって禁止されている。

問3　逆進性　　消費税はすべての人が同じ税率で負担するため，所得の低い人ほど，所得に占める税の負担率が高くなる。これを逆進性という。所得が多いほど高い税率を適用する累進課税と対照的な機能である。

Ⅴ　**問1**　徳川家光　　徳川家光が，武家諸法度(寛永令)に初めて参勤交代を追加した。大名と将軍の主従関係の確認の目的をもち，大名は領地と江戸に１年おきに住んで，将軍と江戸城の警備をした。

問2　オランダ風説書　　江戸幕府は，キリスト教を布教しない中国・オランダとだけ貿易を許し，海外の情報を集めた，オランダ風説書や唐船風説書を提出させ，その情報を独占しようとした。

問3　通信使　　朝鮮通信使でもよい。通信使が江戸に向かう道中の各藩は，幕府から通信使をもてなすよう命じられた。岡山県に伝わる唐子踊りは，通信使の様子を表したものといわれている。

問4　ウ　　惣年寄は，町奉行の下で政令の伝達をする町役人である。

問5　蔵屋敷　　蔵屋敷の立ち並ぶ大阪の街は，全国から米や産物が集まるため，「天下の台所」と呼ばれた。

問6　イ　　永楽通宝は室町時代に流通した明銭。和同開珎は奈良時代に流通した貨幣。天正大判は，安土桃山時

代に豊臣秀吉がつくらせた貨幣。

Ⅵ　問１　ア　　大和政権は百済や伽耶諸国と結んで，高句麗や新羅と対立した。

問２　ウ　　『古今和歌集』を編纂したのは，藤原定家ではなく，紀貫之・紀友則・壬生忠岑らである。

問３　イ　　赤松氏は管領になったことはない。赤松氏は，室町幕府の第６代将軍である足利義教を暗殺したことで知られている。管領は，細川氏・斯波氏・山名氏・畠山氏から選ばれた。

問４　ウ　　ルソーの「社会契約論」を翻訳したのは，東洋のルソーと呼ばれた中江兆民である。

問５　ア　　足尾銅山鉱毒事件に尽力した衆議院議員は，渋沢栄一ではなく田中正造である。渋沢栄一は，第一国立銀行・東京証券取引所などや500以上の企業の設立に尽力した，日本資本主義の父と呼ばれた実業家である。

Ⅶ　問１　イ→ア→ウ　　イ(飛鳥時代)→ア(奈良時代)→ウ(平安時代)

問２　ウ→ア→イ　　ウ(承久の乱・1221年)→ア(御成敗式目・1232年)→イ(永仁の徳政令・1297年)

問３　ア→イ→ウ　　ア(五・一五事件・1932年)→イ(国連連盟脱退通告・1933年)→ウ(二・二六事件・1936年)

問４　ウ→イ→ア　　ウ(東京裁判・1946年)→イ(日米安全保障条約・1951年)→ア(日ソ共同宣言・1956年)

Ⅷ　問１　ウ　　スイスは，フランス・ドイツ・イタリア・オーストリア・リヒテンシュタインと国境を接している。

問２　マゼラン　　スペインの支援を受けたポルトガル人のマゼランは，航海の途中フィリピンで命を落としたが，1522年に率いていた艦隊が世界一周に成功した。

問３　ア　　山田長政は，シャム(タイ)のアユタヤにあった日本町の長。

問４　エ　　ア．「マルクス」が誤り。三権分立はモンテスキューが唱えた。イ．フランス革命は1789年，アメリカ独立戦争は1776年だから，アメリカ独立戦争はフランス革命の影響を受けない。ウ．権利章典は，イギリスで起きた名誉革命で成立したもので，国王の権限を議会が制限できるものであった。

問５　エ，カ　　ラクスマンの根室来航は1792年，シベリア出兵は1918年である。アメリカ南北戦争は1861年，太平天国の乱は1851年，ペリー来航は1853年，インド大反乱は1857年。

問６　イ→エ→ア→ウ　　イ(1950年)→エ(1955年)→ア(1962年)→ウ(1973年)

問７　Ａ＝16　Ｂ＝ルター　Ｃ＝ジュネーブ　Ｄ＝エチオピア　　宗教改革は，1716年，贖宥状(免罪符)を販売するローマ教会を，ルターが批判したことで始まった。ルターは教皇や教会の権威を否定し，聖書だけが信仰のよりどころであると唱えた。スイスで活動したカルバンは，予定説を唱え，労働に励むことが信仰につながるとしたため，北部の商工業者に支持された。1935年，ムッソリーニ政権下のイタリアは，国際連盟の経済制裁を受けながらも，エチオピア侵攻を進め，翌年併合した。

2021 解答例 令和３年度　東海高等学校

《国　語》

一　問１．a．企業　b．貢献　c．寛容　d．介助　e．妄想　問２．X．３　Y．１
問３．(ⅰ)社会の分断を肯定する効果。　(ⅱ)人との違いを尊重すると、互いに干渉しないようになりうるから。
問４．５　問５．一人の人のなかの無限の可能性　問６．４　問７．普遍的な問いが問いなおされたり、共通の価値が見えてきたりして、社会の中で異質な他者同士が協調して生きていく道が開けてくる

二　問１．a．３　b．１　c．２　問２．A．流行感冒への感染　F．別れのつらさ　問３．５　問４．４
問５．３　問６．２　問７．１　問８．「私」の大事な娘のことばかりずっと気にかけていて、呼ばれていると思えばすぐさま駆けつけたところ。

《数　学》

1　ア．$\frac{-3\pm\sqrt{65}}{4}$　イ．３，４，５，６，７，７，10

2　ウ．76　エ．５，27，85

3　オ．$2\sqrt{3}$　カ．$(-\frac{\sqrt{3}}{6}, \frac{1}{2})$

4　キ．$\sqrt{5}$　ク．$\frac{1}{2}$　ケ．$\frac{\sqrt{5}}{2}$　コ．$\sqrt{2}$

5　サ．$2\sqrt{2}$　シ．$\sqrt{3}$　ス．$3+2\sqrt{3}$

6　セ．$\frac{256\sqrt{2}}{3}$　ソ．$12\sqrt{11}$　タ．$32\sqrt{2}$

《英　語》

1　問１．１．秋　２．ホテル　３．テニス　４．川　５．コウモリ　問２．①３　②19　③６，11　④５

2　A．named　B．started　C．allowed　D．blew　E．Suddenly　F．came　G．Amazingly

3　(A)(例文)it for keeping our legs warm in the winter　(B)(例文)switch it on and put our legs under the blanket
(C)(例文)people don't have a kotatsu these days　(D)(例文)we usually use an air conditioner to keep cool

4　問１．A．オ　B．キ　C．エ　D．ウ　E．カ　F．イ　問２．ジヤが裕福な老人に引き取られ，キノの家族と離れて暮らすこと。　問３．しかし，キノが朝目覚めたとき，(キノは)ジヤとジヤが下さなければならなかった決断のことを思い出した。　問４．ウ　問５．１番目…キ　４番目…ア　６番目…エ　問６．エ
問７．津波で家族を失った悲しみのあまりこれまで泣くことすらできなかったジヤが，今日，それ以来はじめて泣くことができたこと。　問８．ア，エ

《理　科》

1　問１．(1)12　(2)0.7　(3)0.8　　問２．(1)100　(2)100　(3)10.1　(4)１　(5)①大きく　②大きく　③小さく　④小さく
(6)9.9　(7)1000

2　(1)チョウ石／セキエイ　　(2)エ　　(3)組織名…斑状組織　①(マグマだまりなどで)ゆっくりと冷やされて
②(地表付近で)急に冷やされて　　(4)エ

3　(1)[実験／考察]　「常温」…[２，４／必要]　「空気」…[　／不明]　「光」…[　／不明]
「水」…[１，２／必要]　「養分」…[２／不必要]　　(2)ウ　　(3)レタスの種子を湿った脱脂綿の上におき，光があたる状態で10℃以下の低温を維持する。

4　(1)58.3　　(2)74.3　　(3)82.1

5　(1)オ　　(2)原子番号…13　中性子数…14
(3)$2Al+6HCl \rightarrow 2AlCl_3+3H_2$　　(4)$\frac{4}{3}$　　(5)右グラフ
(6)右グラフ

6　(1)12，５，10　　(2)8.0　　(3)32　　(4)エ　　(5)36，４

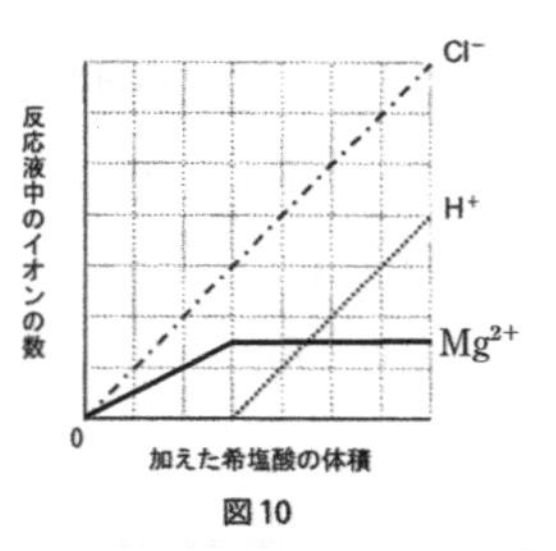

図10
5(5)のグラフ

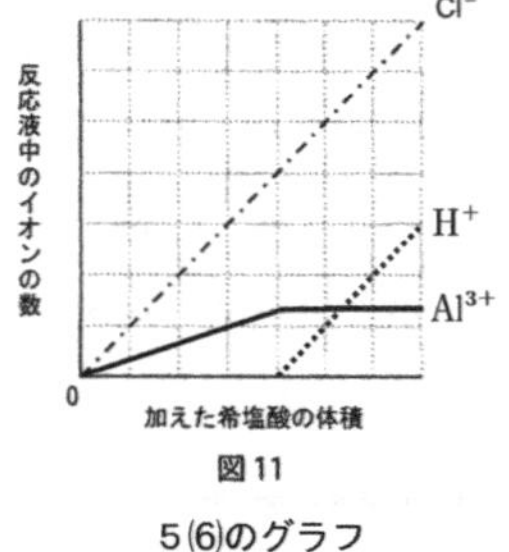

図11
5(6)のグラフ

《社　会》

Ⅰ　問１．Ｆ／インドネシア　　問２．Ｇ／ナイジェリア　　問３．Ｈ／バングラデシュ　　問４．Ｃ，Ｅ
問５．Ａ，Ｂ，Ｃ

Ⅱ　問１．⑤　　問２．Ｄ．う　Ｆ．か　　問３．記号…Ｄ／西岸海洋性　　問４．Ａ，Ｆ

Ⅲ　問１．天竜　　問２．(1)牧ノ原　(2)諏訪　　問３．Ｃ→Ａ→Ｂ　　問４．長野

Ⅳ　問１．公共の福祉　　問２．イ　　問３．ユニバーサルデザイン　　問４．アイヌ文化振興法　　問５．ア
問６．ＲＣＥＰ　　問７．公聴

Ⅴ　問１．社会保険料　　問２．地方分権一括法　　問３．ウ

Ⅵ　問１．①1890　④大正デモクラシー　⑦大政翼賛会　　問２．エ　　問３．秩父事件　　問４．ア
問５．リットン　　問６．イ　　問７．国家総動員法

Ⅶ　問１．ア　　問２．×　　問３．○　　問４．○　　問５．×　　問６．イ

Ⅷ　問１．ａ．イェルサレム〔別解〕エルサレム　ｂ．ヴェネツィア／ヴェネチア／ベネチア のうち1つ
問２．ア，エ　　問３．アテネ　　問４．イ　　問５．エ　　問６．教皇〔別解〕法王　　問７．元
問８．イギリス　　問９．ユダヤ

東海高等学校

←解答例は前のページにありますので，そちらをご覧ください。

《2021　国語　解説》

一　**問3**(ⅰ)　傍線部Aは、「『多様性』という言葉そのものは～多様性を尊重するわけでは」なく、「むしろ逆の効果すら持ちうる」とつながる。これより、「逆の効果」とは、「多様性を尊重する」の逆ということを念頭において読み進める。4段落の「現実の日本で進んでいるのは、多様性の尊重とは真逆の、分断の進行です」と6段落の「『多様性』という言葉は、こうした分断を肯定する言葉になっているのかもしれない」が手がかりとなる。

(ⅱ)　6段落で「多様性を象徴する言葉としてよく引き合いに出される『みんなちがって、みんないい』という」詩を例に挙げて、「一歩間違えば、『みんなやり方が違うのだから、それぞれの領分を守って、お互い干渉しないようにしよう』というメッセージになりかねません」と指摘し、7段落で「多様性は不干渉と表裏一体になっており」、「『多様性』という言葉に寄りかかりすぎると、それは単に人々がバラバラである現状を肯定するための免罪符のようなものになってしまいます」と述べている。これが「逆の効果すら持ちうる」理由である。

問4　直後の段落に「相対主義の決まり文句『他人のことに口を出すべからず』は、それゆえ、反社会的な態度となる。思考を停止させるだけではない。社会全体が関わってくる問題の場合には、そこにおいてどれほど意見が異なっていようとも、なお理を尽くして、お互いを尊重しつつ、なんとかして協調していけるよう道を探らねばならないのに、この決まり文句によって、そこから目をそらしてしまうのだ」と説明されている。よってこれに合致する5が適する。

問5　16段落の「つまりそのチラシ(15段落)がうたっているのは、人と人のあいだにある多様性ではなくて、一人の人の中にある多様性なのでした。あるいはむしろ『無限性』と言ったほうがよいかもしれない」は、20段落の「人と人のあいだの多様性を強調することは、むしろこうした一人の人のなかの無限の可能性を見えにくくしてしまう危険性を持っています」と意味がつながっていることを手がかりにする。

問6　21段落を丁寧に読む。問5で確認したように、一人の人のなかには無限の可能性があり、それは「目の前にいるこの人には、必ず自分には見えていない側面がある」と言える。そういう前提で人と接する必要がある。それは「配慮というよりむしろ敬意の問題」である。これと合致する4が正解。

問7　「そうすることで、［　　　　］のです」の「そうすること」とは、1～2行前の「一人ひとり異なる状況を具体的に捉え、それに『創造的に向き合うこと』」である。これは11段落の「不確実な状況に創造的に向き合うことで」とほぼ同じなので、その後の「普遍的な問いが問いなおされる～異なる複数の立場のあいだにも、実は共通の価値があることが見えてくる～異なるさまざまな立場をつなげていくことである」をまとめればよい。

二　問２Ａ　看護婦は前に何を済ましていたのかを考える。他の人たちは「うつってしまって」、「健康なのは」この看護婦と石だけになったとあることから、流行感冒に感染することだとわかる。　　Ｆ　傍線部Ｆは直接的には、直前にある「永い間一緒に暮らした者と別れる或る気持ち」を指す。解答する時には「或る気持ち」を具体的に言い換えることが必要である。この後に続く内容も参考にすると、「つらさ」や「悲しみ」がそれにあたる。

問３　傍線部Ｂの「これ」が指示するのは、直前の一文である。一つは流行感冒にかからないように「あれほどにやかましくいっておきながら」、「私」自身が感染して家に持ち込み、家族「皆にうつし」たこと、もう一つは、芝居に出かけたために「暇を出すとさえいわれた石だけが家の者では無事で皆の世話をしている」ことである。この内容をまとめた５が適する。４は紛らわしいが、「仕事も与えないで」という部分が本文にはない。

問４　石の、「(芝居を見るために)うそをつく初めの単純な気持ち」と「(家族が感染し)困っているからできるだけ働こうという気持ち」は、「別々のところから出たものではない」という流れ。この前の部分の「私達(たち)が困っている、だから石はできるだけ働いたのだ。それに過ぎない」と、「長いこと楽しみにしていた芝居がある、どうしてもそれが見たい、うそをついて出かけた」を参照。困っている人のために働くのも、芝居を見るために嘘をついたのも、石の純粋な情熱によるもので、根底は同じだというのである。それをまとめた４が適する。

問５　傍線部Ｄの「現金(過ぎる)」は、「目先の利害によって、態度や主張をがらりと変えること」を意味する。流行感冒の感染拡大が懸念されるなか、芝居を見に出かけたために、「私」の石に対する印象は良いものではなかった。しかし、家中が流行感冒で苦しむ中で、一生懸命働く石の姿を見て、その評価をがらりと良いものへ変えたということ。その内容をまとめた３が正答である。１、２は、どちらも後半部分が本文にはない。４は「肝心なときに～石なのだと」ときみと比べている点が本文と合わない。５の「自分の人を見る目のなさ」についての言及は本文にない。

問６　直前にある、石に結婚の話が持ち込まれた経緯を読み取る。石の結婚話は石の家族から持ち込まれたものであり、石自身は「先の男がどういう人か恐らく少しも知らずにいるのではないか」とある。また、直後でも、「結婚して初めて、この家だったのかと思ったというようなのがある」という例として、「私の家の隣の若い方のかみさん」の話を紹介している。これらから、２が適する。

問７　傍線部Ｇにある「それ」は、直前の「私」の言葉「左枝子がほんとうにかわいかったは少し欲目かな。そうさえしていればこっちの機嫌はいいからね」を指している。よって１が適する。「欲目」は、物事を自分の都合の良いように、実際以上に評価してみること。ひいき目。下線部は「石が左枝子を本当にかわいいと思っていたというのは、石をひいきして見すぎかな」ということ。

問８　設問にある「(★印の段落以降)」の内容をまとめることに注意する。その中で、「私」が好ましく思っている、石の行動や考えを二点まとめる。一つは「これはぜひ来いというはがきだ」と思って「早速飛んできた」こと、もう一つは「帰ったらお嬢様のことばかり考えている」ことである。

1 (1) 与式より，$3(x+2)^2-5(x+1)(x+2)=-5$　　$3(x^2+4x+4)-5(x^2+3x+2)=-5$

$3x^2+12x+12-5x^2-15x-10+5=0$　　$-2x^2-3x+7=0$　　$2x^2+3x-7=0$

２次方程式の解の公式を利用すると，$x=\frac{-3\pm\sqrt{3^2-4\times2\times(-7)}}{2\times2}=\frac{-3\pm\sqrt{65}}{4}$

(2)　**【解き方】中央値が６点であることから，大きさの順に並べたときの４番目の得点は６点である。最頻値が７点の１つのみであったことから，７点は少なくとも２人いる。**

大きさの順に並べたとき，a，b，c，6，7，7，(a＋7)になったとして，a，b，cの組を考える。

a＋b＋c＋7＋7＋(a＋7)＝6×6＝36(点)になれば，平均点が６点になる。

a＋7は７点以上10点以下だから，aには０から３の整数が考えられる。２a＋b＋c＝15として，aの値から考えていく。

a＝0のとき，b＋c＝15を満たす６以下のb，cはない。

a≠0だから７点は２人なので，最頻値が７点だけという条件から，７点以外の点数は１人ずつしかいない。

a＝1のとき，b＋c＝13を満たす５以下のb，cはない。

a＝2のとき，b＋c＝11を満たす５以下のb，cはない。

a＝3のとき，b＋c＝9を満たす５以下のb，cは(4，5)であり，これは条件に合う。

よって，a＋7＝10より，求める数は，3，4，5，6，7，7，10である。

2 (1)　**【解き方】$\sqrt{171a}=3\sqrt{19a}$になるから，$\sqrt{171a}$の値が整数となるような自然数aは，nを自然数として，$a=19n^2$と表せる。**

小さいものから２番目の数は，$a=19n^2$にn＝2を代入して，$a=19\times2^2=76$

(2)　**【解き方】$\sqrt{171+b^2}=m$(mは自然数)とすると，$171+b^2=m^2$が成り立つので，$m^2-b^2=171$となるm，bを考える。**

$m^2-b^2=171$より，$(m-b)(m+b)=3^2\times19$　　171を２数の積で表すと，1×171，3×57，9×19

m－b＜m＋bだから，(m－b，m＋b)の組として，(1，171)(3，57)(9，19)の３つが考えられる。

m－b＝1，m＋b＝171を解くと，m＝86，b＝85　　m－b＝3，m＋b＝57を解くと，m＝30，b＝27

m－b＝9，m＋b＝19を解くと，m＝14，b＝5　　よって，b＝5，27，85

3 (1)　**【解き方】右のように作図すると，∠COD＝90°で，∠AOC＝∠BOC＝$\frac{1}{2}$∠AOB＝30°だから，∠AOD＝90°－30°＝60°になる。**

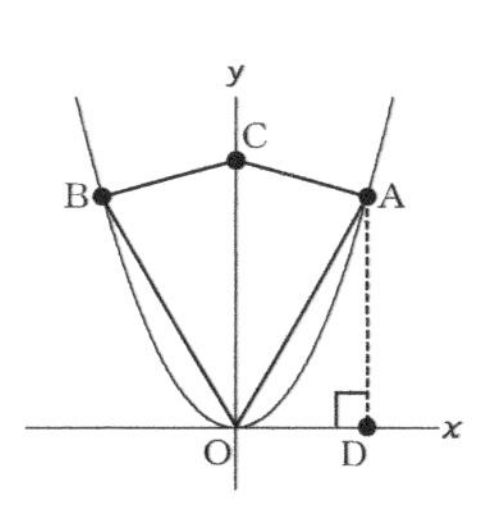

右図の△OADは，OA＝1，∠AOD＝60°の直角三角形だから，

OD：OA：AD＝1：2：$\sqrt{3}$より，$OD=\frac{1}{2}OA=\frac{1}{2}$，

$AD=\sqrt{3}OD=\frac{\sqrt{3}}{2}$になり，A$(\frac{1}{2}，\frac{\sqrt{3}}{2})$

$y=ax^2$に$x=\frac{1}{2}$，$y=\frac{\sqrt{3}}{2}$を代入すると，$\frac{\sqrt{3}}{2}=\frac{1}{4}a$　　$a=2\sqrt{3}$

(2)　**【解き方】(1)の解説図で，△OAC≡△OBCだから，△OACの面積は四角形OACBの面積の半分である。よって，Cを通りOAに平行な直線を引き，OBとの交点を求めればよい。**

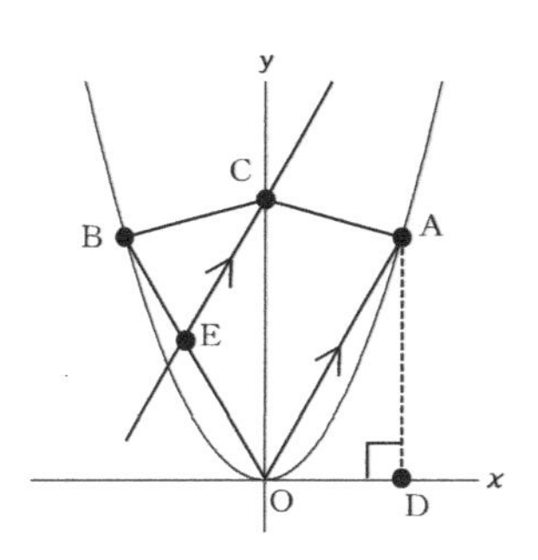

(1)の解説図で，$\frac{AD}{OD}=\sqrt{3}$だから，OAの傾きは$\sqrt{3}$である。

Cを通りOAに平行な直線の式は，$y=\sqrt{3}x+1$である。

直線OBの式は，$y=-\sqrt{3}x$だから，$y=-\sqrt{3}x$と$y=\sqrt{3}x+1$を連立

させると，$-\sqrt{3}x=\sqrt{3}x+1$　　$-2\sqrt{3}x=1$　　$x=-\frac{\sqrt{3}}{6}$

$y=-\sqrt{3}\times(-\frac{\sqrt{3}}{6})=\frac{1}{2}$　　よって，求める座標は，$(-\frac{\sqrt{3}}{6},\ \frac{1}{2})$

4 ⑴　**【解き方】△ＥＢＣは直角三角形だから，三平方の定理を使って，ＥＣの長さを求めることができる。**

ＢＥ＝１，ＢＣ＝３より，直角三角形ＥＢＣで三平方の定理を使うと，$EC=\sqrt{1^2+3^2}=\sqrt{10}$

正方形の１辺と対角線の長さの比は$1:\sqrt{2}$だから，$CF:EC=1:\sqrt{2}$　　$CF:\sqrt{10}=1:\sqrt{2}$

$\sqrt{2}CF=\sqrt{10}$　　$CF=\sqrt{5}$

⑵　**【解き方】ＢＰ＝xとして，△ＥＢＰ∽△ＣＦＰを利用する。**

ＢＰ＝xとおくと，ＣＰ＝$3-x$である。また，△ＥＢＰ∽△ＣＦＰで，相似比は$EB:CF=1:\sqrt{5}$だから，

$FP=\sqrt{5}BP=\sqrt{5}x$，$EP=\frac{1}{\sqrt{5}}CP=\frac{1}{\sqrt{5}}(3-x)$である。

ＦＰ＋ＥＰ＝ＥＦより，$\sqrt{5}x+\frac{1}{\sqrt{5}}(3-x)=\sqrt{5}$　　$5x+3-x=5$　　$4x=2$　　$x=\frac{1}{2}$

よって，$BP=\frac{1}{2}$，$EP=\frac{1}{\sqrt{5}}(3-\frac{1}{2})=\frac{\sqrt{5}}{2}$

⑶　**【解き方】⑵より，ＥＰ＝ＦＰがわかったので，右のように作図すると，**

△ＥＢＰ≡△ＦＨＰになる。

$HP=BP=\frac{1}{2}$より，$BH=\frac{1}{2}+\frac{1}{2}=1$，ＨＦ＝ＢＥ＝１だから，

△ＢＨＦは，ＢＨ＝ＨＦ＝１の直角二等辺三角形になる。

よって，$BF=\sqrt{2}HF=\sqrt{2}\times1=\sqrt{2}$

5 ⑴　**【解き方】右のように作図すると，同じ弧に対する円周角と中心角の性質から，**

∠ＡＯＤ＝２∠ＡＢＤ＝２×45°＝90°になる。

△ＡＯＤは，ＯＡ＝ＯＤ＝２㎝，∠ＡＯＤ＝90°の直角三角形だから，

$AD=\sqrt{2}OA=2\sqrt{2}$（㎝）

⑵　**【解き方】右のように作図すると，ＣＢ//ＡＰより，錯角は等しいから，**

∠ＡＢＣ＝∠ＰＡＢ＝75°で，∠ＣＢＤ＝75°－45°＝30°になる。

また，∠ＡＯＤ＝∠ＰＡＯ＝90°より，錯角が等しいので，ＤＯ//ＡＰになるので，

△ＢＣＯ＝△ＢＣＤである。

ＤＯ//ＣＢより，錯角は等しく，∠ＯＤＢ＝∠ＣＢＤ＝30°

△ＯＢＤは，∠ＯＢＤ＝∠ＯＤＢ＝30°の二等辺三角形である。

∠ＯＢＣ＝∠ＯＢＤ＋∠ＣＢＤ＝30°＋30°＝60°より，△ＢＣＯはＯＢ＝ＯＣ＝２㎝，∠ＯＣＢ＝∠ＯＢＣ＝60°の二等辺三角形，つまり正三角形になる。正三角形の１辺の長さと高さの比は$2:\sqrt{3}$だから，１辺の長さが２㎝の正三角形の高さは$\sqrt{3}$㎝になるので，$\triangle BCD=\triangle BCO=\frac{1}{2}\times2\times\sqrt{3}=\sqrt{3}$（㎠）

⑶　**【解き方】△ＢＣＤの面積は⑵で求めたので，△ＡＢＤの面積を求めればよい。**

そのために，右のように作図すると，△ＢＤＨは直角二等辺三角形，△ＡＤＨは，

内角の大きさが30°，60°，90°の直角三角形になる。

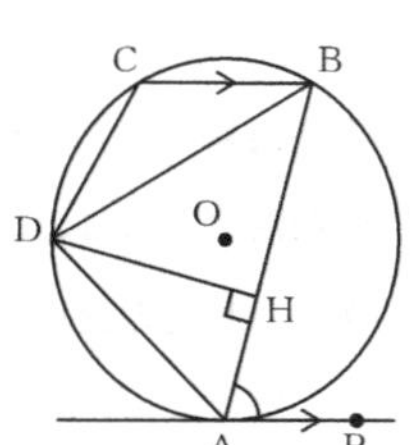

△ＡＤＨにおいて，$AH:AD:DH=1:2:\sqrt{3}$で，$AD=2\sqrt{2}$㎝だから，

$AH=\frac{1}{2}AD=\sqrt{2}$（㎝），$DH=\sqrt{3}AH=\sqrt{6}$（㎝）

△ＢＤＨにおいて，$BH=DH=\sqrt{6}$㎝だから，△ＡＢＤ＝△ＡＤＨ＋△ＢＤＨ＝

$\frac{1}{2}\times\sqrt{2}\times\sqrt{6}+\frac{1}{2}\times\sqrt{6}\times\sqrt{6}=\sqrt{3}+3$（㎠）

よって，四角形ＡＢＣＤの面積は，$\triangle BCD+\triangle ABD=\sqrt{3}+(\sqrt{3}+3)=3+2\sqrt{3}$（cm²）

6 (1) **【解き方】右のように作図する。**

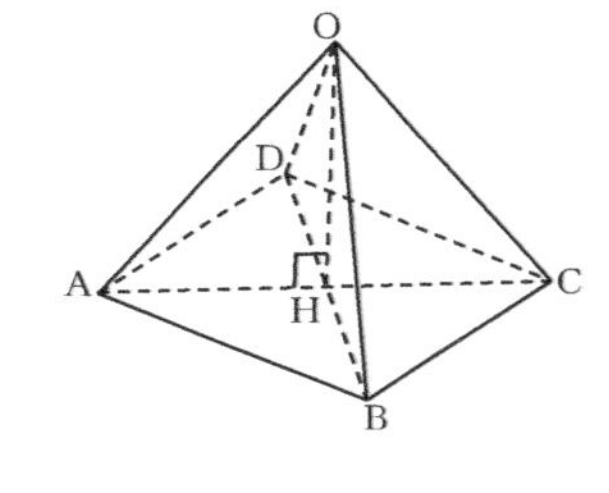

△ＡＢＣは直角二等辺三角形だから，$AC=\sqrt{2}AB=8\sqrt{2}$（cm）

ＨはＡＣの中点だから，$AH=\frac{1}{2}AC=4\sqrt{2}$（cm）

直角三角形ＡＯＨで，三平方の定理を利用すると，

$OH=\sqrt{AO^2-AH^2}=\sqrt{8^2-(4\sqrt{2})^2}=\sqrt{32}=4\sqrt{2}$（cm）

よって，正四角錐ＯＡＢＣＤの体積は，$\frac{1}{3}\times 8^2\times 4\sqrt{2}=\frac{256\sqrt{2}}{3}$（cm³）

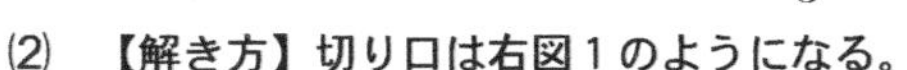

(2) **【解き方】切り口は右図１のようになる。**

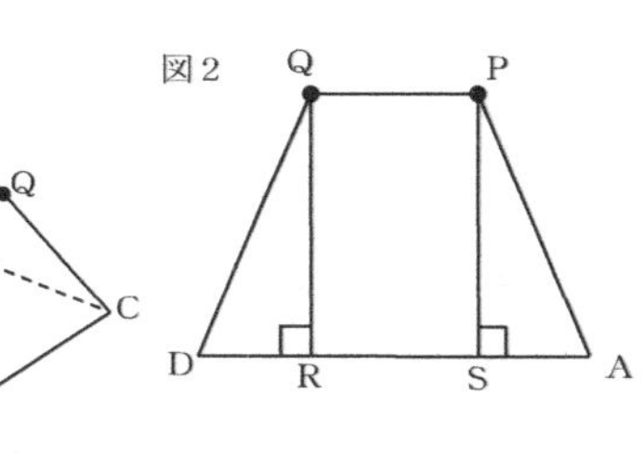

△ＯＢＣにおいて，中点連結定理が成り立つから，

$PQ=\frac{1}{2}BC=4$（cm）

△ＯＡＢは正三角形だから，$OP:AO:AP=$

$1:2:\sqrt{3}$より，$OP=\frac{1}{2}OB=4$（cm），

$AP=\sqrt{3}OP=4\sqrt{3}$（cm）

$DQ=AP=4\sqrt{3}$cmになるので，四角形ＡＰＱＤは，図２のような等脚台形になる。

図２において，$SR=PQ=4$cmだから，$AS+DR=8-4=4$（cm）

$\triangle APS\equiv\triangle DQR$だから，$AS=DR$になるので，$AS=4\times\frac{1}{2}=2$（cm）

直角三角形ＡＰＳで三平方の定理を使うと，$PS=\sqrt{AP^2-AS^2}=\sqrt{(4\sqrt{3})^2-2^2}=\sqrt{44}=2\sqrt{11}$（cm）

よって，切り口の面積は，$\frac{1}{2}\times(4+8)\times 2\sqrt{11}=12\sqrt{11}$（cm²）

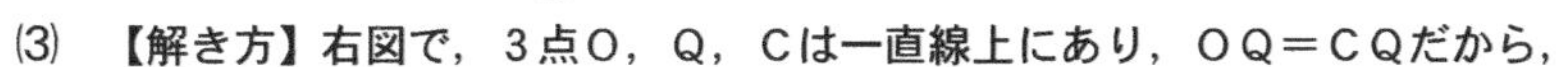

(3) **【解き方】右図で，３点Ｏ，Ｑ，Ｃは一直線上にあり，ＯＱ＝ＣＱだから，**
四角錐ＯＡＰＱＤと四角錐ＣＡＰＱＤは，切り口を底面としたときの高さが
等しくなるので，体積も等しくなる。

三角錐ＰＡＢＣにおいて，△ＡＢＣを底面としたときの高さは，

正四角錐ＯＡＢＣＤの高さの半分になるから$2\sqrt{2}$cmであり，

体積は，$\frac{1}{3}\times(\frac{1}{2}\times 8\times 8)\times 2\sqrt{2}=\frac{64\sqrt{2}}{3}$（cm³）である。

よって，四角錐ＯＡＰＱＤと四角錐ＣＡＰＱＤの体積の和は，$\frac{256\sqrt{2}}{3}-\frac{64\sqrt{2}}{3}=64\sqrt{2}$（cm³）になるから，

求める体積は，$64\sqrt{2}\times\frac{1}{2}=32\sqrt{2}$（cm³）

《2021　英語　解説》

1 問１　【放送文の要約】参照。

【放送文の要約】

１　これは，１年の中で，木の葉が色を変え始め，地面に落ち始める時期です。日本では多くの人が美しい葉の色を見るのを楽しんでいます。数ヶ月の暑い夏の後，この時期の涼しい気候は大歓迎です。

２　部屋がたくさんある大きな建物です。お金を払えば部屋に１泊以上泊まれます。通常，到着時にフロントでチェックインする必要があり，部屋の鍵が渡されます。チェックアウト時に鍵を返却します。

３　このスポーツは多くの国で人気があります。２人または４人の選手で行います。屋内でも屋外でもプレイできます。選手は，ある種のラケットを使用して，低いネット上で小さなボールを打たなければなりません。ボールの色は通常黄色です。

4　日本にはこれらのものがたくさんあります。それらは通常山で始まり，海で終わります。日本で最も長いものは300キロメートル以上の長さです。そこには魚や他の生き物が住んでいます。特に大雨のときに，危険です。

5　日本や他の国に生息する小動物です。ねずみとほぼ同じ大きさで，色は黒です。鳥ではありませんが，大きな羽があって飛べます！しかし，通常，夜，またはちょうど日が暮れていくときだけ飛びます。小さな虫を食べます。

問2　【放送文の要約】参照。

①　火曜日から金曜日までだから，３泊である。　②　３月９日が火曜日だから，その週の金曜日は３月12日で，次の週の金曜日は３月19日である。　③　北海道(札幌)に行くのは６月12日である。　④　３月，５月，８月，10月，11月の合計５回である。

【放送文の要約】

Ａ：今年はほとんどここ名古屋で過ごしたいと思っていましたが，2021年にはたくさん動き回ることになりそうです。安全を確保できればと思います。

Ｂ：はい，来月は数日間，東京に行きますよね？

Ａ：そうです。①，④3月9日火曜日の昼食時までに東京に行き，金曜日の午後までそこを離れられないでしょう。そして②次の金曜日に大阪での会議に行かなければなりませんが，それは日帰りです。

Ｂ：そして５月にまた東京に行かなければなりませんね？

Ａ：はい，そうです。④5月に２週間滞在する必要があります。そして戻ってきたらすぐに北海道に行く準備をしなければなりません。

Ｂ：ああ，そうです。③あなたは6月12日に札幌での大きな会議に参加する予定ですね？

Ａ：はい，午前9時からなので，前日からそこにいなければなりません。（ため息）ありがたいことにそれ以降は８月までどこにも行かずに済みます。

Ｂ：８月はどこに行くのですか？

Ａ：④もう２週間，東京に戻らなくてはなりません。そして，秋の間にもう２回東京に行かなくてはなりません。

Ｂ：本当ですか？

Ａ：はい，10月と11月に出席しなければならない会議があります。

Ｂ：でも，お正月は名古屋で過ごせるのではありませんか？

Ａ：いいえ，そのつもりはありません。今年は両親と一緒に大阪でお正月を過ごします。

Ｂ：何てことでしょう。あなたは本当に忙しい生活を送っていますね。

2　【本文の要約】参照。

A　・〇〇＋named（過去分詞）～「～という名の〇〇」

B　・start a fire「出火する」（過去形 started にする）

C　・allow＋もの＋to～「(もの)が～するのを許す」（過去形 allowed にする）

D　・blow～「～を吹き動かす」（過去形 blew にする）

E　・suddenly「突然」（文頭だから Suddenly にする）

F　・rain comes「雨が降る」（過去形 came にする）

G　・amazingly「驚くべきことに」（文頭だから Amazingly にする）

【本文の要約】

シカゴ大火

シカゴで史上最悪の災害は1871年10月8日の日曜日に，とある農場の建物から始まった。オレアリーという名の女性が牛の搾乳をしていた際，牛がランタンを蹴り倒したために出火した。街が壊滅的被害を受けた原因は杜撰な作戦の数々と乾燥した気候だと言われている。消防士たちが繁華街の消火をしているさなか，風によって川の対岸に火が燃え移った。突如，その街の川の両岸が火に包まれた！消防士たちにはこの火を消すのに十分な人員も道具も不足していた。ようやく雨が降った火曜日までシカゴは燃え続け，そして鎮火した。最終的に，1頭の牛のせいで，2000エーカーの土地と18000の建物が消失した。驚くべきことに，オレアリー家は無事だった！

3 条件を守り，例文のような，自然な対話文を考えればよい。

オーウェン：わぁ，すごく素敵な部屋だね！…でもこの中の1つは今まで見たことがないよ。これはテーブルなの？

タケシ　　：これはふつうのテーブルのように見えて，実は違うんだよ。こたつと呼ばれているよ。

オーウェン：何に使うの？

タケシ　　：A(例文)冬に脚を温かく保つために使うよ。

オーウェン：そうなの？じゃあどうやって使うか教えてくれる？

タケシ　　：これを使うときは，B(例文)スイッチを入れて毛布の下に脚を入れるんだ。

オーウェン：でも，立ち上がって移動したら温かさを感じないだろうね。

タケシ　　：うん，その通りだよ。それが理由で最近ではC(例文)こたつを所有しない人が多いよ。

オーウェン：実は，僕は日本の冬がこんなに寒いとは知らなかったよ。でも，ここ名古屋では1年中こたつが必要というわけではないよね？

タケシ　　：もちろん，そんなことはないよ。夏に暖房は全く必要ないよ。それどころか，夏はすごく暑いから D(例文)涼しくしておくためにいつもエアコンを使うんだ。

4 【本文の要約】参照。

問2 第1段落のキノの父親の発言から，オールド・ジェントルマンの申し出の内容を読み取り，まとめる。

問3 最初の2つのheは「キノ」，最後のheはジヤを指す。

the choice he had to make は〈(which/that[省略された関係代名詞]) he had to make[語句]〉が後ろからchoice[名詞]を修飾する形。

問4 「彼の新たな根をおろす」は，家族を失ったジヤがキノの家の一員として定住するという意味だから，ウが適切。

問5 May I be there when you talk to him?の順になる。　・when＋主語＋動詞「～するとき」

問6 earthには「地」という意味もある。

問7 下線部⑤を含むキノの父親の発言の，Until now ～「これまで～」，と But today ～「しかし今日～」の部分に着目し，キノの変化をまとめる。

問8 ア○「オールド・ジェントルマンがキノの父親と話す前，ジヤはキノの家族の一員になる予定だった」

イ「キノの父親は，オールド・ジェントルマンの親切な申し出について×キノがジヤに話しに行くべきだと思った」

ウ×「ジヤが朝食を食べるために起床した時，×キノと父親は一緒に農場で働いていた」

エ○「キノは，ジヤが(彼らのもとを)離れ，オールド・ジェントルマンと城で暮らすことを選ぶだろうと確信していた」

オ×「ジヤはオールド・ジェントルマンの申し出を聞いて彼と暮らすことに決めた。そして，それはキノを悲しませた」…本文にない内容。

カ「キノは×仕事を終えたあとでジヤと話したり遊んだりしたかったので，農場で働いた」

【本文の要約】

ジヤは小さな漁村で家族と暮らしていましたが，村を襲った大津波によって家族を失いました。彼の友人であるキノとその家族は農民で，山のふもとの自宅にジヤを連れてきました。ある日，オールド・ジェントルマンとして知られる男性が彼らのもとを訪ねてきました。その男性はキノの家の近くの城に住む裕福な人物でした。

「私たちはジヤの利益を考えなくては」とキノの父親は言った。そして彼はオールド・ジェントルマンの方を向いた。「ご親切にもジヤにこのような提案をしてくださってありがとうございます。問8ア私は彼を自分自身の息子として受け入れるつもりでした。なにしろ彼は両親を亡くしたのですから。しかし私はただの貧しい農夫です。あなたの家くらい大きな家に住んでいるふりはできませんし，ジヤを良い学校に行かせることもできません。明日ジヤが起きたら，私は彼に，あなたの親切な申し出について話してみます。そしてジヤ本人が決めることでしょう」

「いいでしょう」とオールド・ジェントルマンは言った。「しかし，ジヤに私のところに来て自分で言わせるようにしてください。そうすれば彼がどのように感じているかがわかりますから」

「もちろんです」とキノの父親は誇らしげに言った。「ジヤに自分で言わせます」

キノは，ジヤが自分の家を出て城に住むかもしれないと考えると Aオ悲し（＝unhappy） かった。「もしジヤが出て行ってしまったら，ぼくには兄弟がいなくなるんだね」彼は父親にそう言った。

「キノ，そんなに自分勝手なことを言ってはいけないよ」と父親が言った。「ジヤは自分自身で決断しなければいけないんだ。ジヤを説得するなんてことは Bキ間違って（＝wrong） いるよ。キノ，お前はジヤにこの事柄について話してはいけない。ジヤが起きたら私が話すから」

父親がとても厳格な態度だったので，キノは何もできず，彼は悲しい気持ちで床に着いた。彼は，掛け布団をひっぱりながら，一晩中眠れないだろうと思っていたが，すぐに眠ってしまった。まだ子どもだったし， Cエ疲れて（＝tired） いたのだ。

しかし，キノが朝目覚めた時，キノはジヤとジヤが下さなければならなかった決断のことを思い出した。キノは起き上がると顔を洗い，着替えて，布団をたたんでタンスにしまった。父親はすでに畑に出ていて，そこにキノがやってきて父親に気付いた。天気のいい朝で，霧が海を覆っていたので海面は見えなかった。

「ジヤはもう起きた？」キノは，朝のあいさつを交わしたあとで，そう父親に尋ねた。

「いや，でもそのうち起きるだろう」父親は答えた。彼はキャベツ畑の雑草を丁寧に抜いていて，キノはかがんで父親を手伝った。

「お父さんは，オールド・ジェントルマンのことを今日ジヤに言わなくてはいけないの？」キノは尋ねた。

「ジヤが起きたらすぐに言わなくてはいけない」父親は答えた。「ジヤがこのことを家のことのように考え始めたら公平ではなくなるからな。ジヤは今日決断を下すべきなんだ。ジヤが新しい生活に慣れる前に」

「お父さんが話すとき，僕もそばにいていい？」次にキノはこう尋ねた。

「いや，だめだ」父親は答えた。「私が一人で，オールド・ジェントルマンみたいな裕福な人が彼に与えることができるあらゆる利益と，我々のような貧しい者が与えることができるものがいかに Dウわずか（＝little） であるかということを，ジヤに言うよ」

キノは涙を抑えることができなかった。父親はとてもつらいのだろう，と彼は思った。問8エ「でもジヤは行きたがるに決まっているよ！」彼は泣き叫んだ。

「それなら彼は行くべきだ」父親が言った。

彼らは家の中に入り朝食をとったが，キノはほんの少ししか食べられなかった。朝食の後，彼は畑に戻った。遊びたくなかったからだ。父親は家の中に残り，ジヤが起きてくるのを待った。

長いことキノは一人，畑で働いた。Eカ暖かい（＝warm）涙が目から④エ地面（＝earth/ground）に落ちた。しかし彼は呼ばれるまでそこにいようと決めていたので，働くのをやめなかった。そして太陽がてっぺんに来た時，父親の声が聞こえた。彼はすぐに立ち上がると棚田の間の小道を下って戸口に着いた。そこには父親がジヤと一緒に立っていた。ジヤの顔は青ざめて，目は真っ赤だった。キノはジヤが泣いているのに驚いた。

「ジヤ，泣いてもいいんだよ」キノの父親は優しく言った。「今までお前は生きている心地さえしなかっただろうから，泣くことさえできなかった。お前はあまりにも傷ついたんだ。でも今日からまた生きていくんだ。だから泣いていいんだよ。その方がいいのさ。思う存分涙を流すといい」

それから彼はキノの方を向いた。「私はジヤにお城の中を見るまで決めてはいけない，と言った。私は彼にオールド・ジェントルマンが家として与えるものすべてを見てほしいのだ。ジヤ，我々の家がどんなか，わかるね。このたった４つの部屋と台所，このちっぽけな農場，そして食べていくためにいかにFイ懸命に（＝hard）働かなければいけないかということを」

《2021　理科　解説》

1　問１(1)　図２より，電圧が10Ｖのときの電流は約0.85Ａだから，〔抵抗(Ω)＝$\frac{\text{電圧(V)}}{\text{電流(A)}}$〕より，$\frac{10}{0.85}$＝11.7…→12Ωとなる。　(2)　図３では，電源の電圧10ＶがＡとＢに等しく分かれて５Ｖずつかかる。図２より，電圧が５Ｖのときの電流は約0.65Ａ→0.7Ａである。　(3)　Ｃにかかる電圧と，ＤとＥの並列部分にかかる電圧の和が10Ｖになることと，Ｃに流れる電流がＤとＥに流れる電流の和になることの２つの条件を同時に満たす場合を考える。図２に着目して，例えば，Ｃにかかる電圧を６Ｖとすると，Ｃには約0.7Ａの電流が流れる。このとき，ＤとＥの並列部分には10－６＝４(Ｖ)の電圧がかかり，ＤとＥのそれぞれに約0.6Ａの電流が流れることになる(ＤとＥに流れる電流の和が約1.2Ａになる)から，２つの条件を同時に満たしていない。このように考えていくと，Ｃにかかる電圧が８Ｖのとき，Ｃには約0.8Ａの電流が流れ，ＤとＥの並列部分には10－８＝２(Ｖ)の電圧がかかり，ＤとＥのそれぞれに約0.4Ａの電流が流れる(ＤとＥに流れる電流の和が約0.8Ａになる)から，２つの条件を同時に満たす。

問２(1)　大気圧が10.0Ｎ/㎠だから，10㎠のピストンが大気から受ける力は10.0×10＝100(Ｎ)であり，これとつり合っているピストンが水から受ける力も100Ｎである。　(2)　おもりを載せたことにより，ピストンは10×10＝100(㎤)の水を押しのけたことになる。したがって，おもりの質量は100㎤の水の質量と同じ100ｇである。

(3)　100ｇのおもりにはたらく重力は１Ｎだから，おもりによる圧力は〔圧力(Ｎ/㎠)＝$\frac{\text{力(N)}}{\text{面積(㎠)}}$〕より，$\frac{1}{10}$＝0.1(Ｎ/㎠)である。したがって，これと大気圧の合計である0.1＋10＝10.1(Ｎ/㎠)が円筒内の水面がピストンから受ける圧力である。　(4)　円筒内の水面が10㎝下がるときの水面にはたらく力は図６のときと同じだから，(3)解説より，１Ｎである。　(5)　①③空気を圧縮すると，体積は小さくなるが質量は変化しないので，〔密度＝$\frac{\text{質量}}{\text{体積}}$〕より，密度が大きくなる。これに対し，ストロー内の空気を吸うと，空気が膨張して(体積が大きくなって)，密度が小さくなる。　(6)　(3)より，円筒内の水面が受ける圧力が図５より0.1Ｎ/㎠大きくなると水面が10㎝下降するので，水面が10㎝上昇するのは円筒内の水面が受ける圧力が図５より0.1Ｎ/㎠小さくなるときである。したがって，図９の円筒内の水面が気体から受ける圧力は10－0.1＝9.9(Ｎ/㎠)である。　(7)　吸い上げる高さの限界は，円筒内の水面が気体から受ける圧力が図５より10Ｎ/㎠小さくなる(０Ｎ/㎠になる)ときである。(6)より，圧力が0.1Ｎ/㎠小さくなると水面が10㎝上昇するから，10Ｎ/㎠小さくなると水面は10×$\frac{10}{0.1}$＝1000(㎝)上昇する。

2　(2)　エ○…無色鉱物の割合が大きいと，マグマの粘性が強く，ドーム形の火山になる。有色鉱物の割合が大きいと，マグマの粘性が弱く，たて状の火山になる。とくにカンラン石を含むマグマの粘性は弱い。

(3) マグマが地下深くでゆっくり冷やされると大きな結晶(斑晶)になり，マグマが地表付近で急に冷やされると石基ができる。

(4) エ○…日本付近では，海洋プレートが大陸プレートの下に沈み込む。このとき，大陸プレートが海洋プレートに引きずり込まれ，大陸プレートに生じたゆがみによって地下の岩石が一気にくずれたり，大陸プレートが元に戻ろうとしてはね返ったりすることで地震が発生する。また，沈み込んだ海洋プレートは一定の深さに達すると一部がとけてマグマができる。

3 (1) 不足している条件は，１が水と養分，２が養分，３が常温と光と養分，４が常温と養分，５が常温と空気と養分であり，発芽したのが２だけであることから考える。２が発芽したから養分は不必要であること，１と２の対照実験から水が必要であること，２と４の対照実験から常温が必要であることはわかるが，空気と光については対照実験になっているものがないので不明である。

(2) ア×…実験の時期を変えると，ベランダでの気温が変わってしまう。　イ×…植物によって発芽の条件が異なるので，トウモロコシの種子ではレタスの種子の発芽条件を調べることはできない。　エ×…考察は実験結果をもとにするものである。

(3) 不足している条件は，６が養分，７が常温と光と養分，８が常温と養分であり，発芽したのが８だけであることから考える。６と８の対照実験から10℃以下の低温が必要であること，７と８の対照実験から光が必要であることがわかる。また，空気と水については不明だから，発芽した８の条件に合わせるべきである。

4 (1) 温度が同じであれば，飽和水溶液の質量パーセント濃度は水溶液の質量にかかわらず一定である。したがって，ここでは，80℃の水100ｇにX140ｇを溶かしたときの質量パーセント濃度を求めればよい。
〔質量パーセント濃度(%)$=\frac{\text{溶質の質量(g)}}{\text{溶液の質量(g)}}\times100$〕より，$\frac{140}{100+140}\times100=58.33\cdots\rightarrow58.3$%となる。

(2) 水が100ｇの飽和水溶液と比べる。水が100ｇのとき，Xは80℃で140ｇ，20℃で10ｇまで溶けるから，水が100ｇ(Xが140ｇ)の飽和水溶液では140－10＝130(ｇ)の結晶が得られる。実験Ⅰでは，Xが80ｇの飽和水溶液を用いたから，得られる結晶は$130\times\frac{80}{140}=74.28\cdots\rightarrow74.3$ｇである。

(3) (2)より，実験Ⅰで20℃になったときに溶けているXは$80-(130\times\frac{80}{140})=\frac{40}{7}$(ｇ)であり，水の量が同じ実験Ⅱでも同様である。したがって，実験ⅡのXの質量は，20℃になったときに得られた60ｇと20℃になったときに溶けている$\frac{40}{7}$ｇの合計の$60+\frac{40}{7}=\frac{460}{7}$(ｇ)であり，Xの純度は$(\frac{460}{7}\div80)\times100=82.14\cdots\rightarrow82.1$%である。

5 (1) オ○…電気的に中性であれば，陽子と電子の数は等しい。また，同位体が存在することから，同じ原子でも中性子の数が異なる場合がある。

(2) アルミニウムイオン〔Al^{3+}〕は，そのイオン式からAl原子が電子を３個失ったものだとわかる。したがって，Al原子の電子の数は図の10個より３個多い13個(陽子も13個)であり，その数が原子番号と等しい。同様に考えると，Mg原子の電子の数は12個(陽子も12個)である。ここで，Al原子の中性子の数をx個とすると，Mg原子の中性子の数は$(x-2)$個であり，陽子と中性子の数の合計は，Mg原子が$(12+x-2)$個，Al原子が$(13+x)$個となる。この数の比が原子の質量比と等しいから，$(12+x-2):(13+x)=8:9$が成り立ち，$x=14$(個)となる。

(3) 塩酸中には水素イオンと塩化物イオンが存在する〔$HCl\rightarrow H^{+}+Cl^{-}$〕。これをAlに加えると，Alが電子を３個失って$Al^{3+}$となり，１個の$Al^{3+}$が３個の$Cl^{-}$と結びつくことで$AlCl_3$ができる。ここで，$w$～$z$を係数として化学反応式に表すと，$wAl+xHCl\rightarrow yAlCl_3+zH_2$となる。反応の前後で原子の種類と数は変化しないから，Alに着目すると$w:y=1:1$，Hに着目すると$x:z=2:1$，Clに着目すると$x:y=3:1$となる。xの比の数値を２と３の最小公倍数である6にすると，$w:x:y:z$＝２：６：２：３となる。

(4) それぞれの化学反応式に着目する。原子の質量比がMg：Al＝８：９であることから，水素分子が１個発生したときに反応したMgの質量を⑧とすると，水素分子が３個発生したときに反応した2Alの質量は⑨×２＝⑱であり，水素分子を１個発生させるためのMgとAlの質量の比は，⑧：$\frac{⑱}{3}$＝４：３である。したがって，同じ質量の金属が反応して発生する水素分子の数の比はこの逆比のMg：Al＝３：４であり，Alを溶かしたときに発生した水素の体積は，Mgのときの$\frac{4}{3}$倍である。

(5) Mgがあるときには，加えた塩酸中のH^+がMgから電子を受け取って気体となって発生するので，H^+の数は増えない。したがって，H^+の数が増え始めるのは，MgがすべてMg^{2+}になったときであり，Mg^{2+}の数はそれ以上増えない。また，$MgCl_2$より，過不足なく反応したときのMg^{2+}とCl^-の数の比は１：２である。

(6) (4)より，発生した水素の体積が$\frac{4}{3}$倍になるということは，過不足なく反応する塩酸の体積も$\frac{4}{3}$倍になるということである。したがって，H^+の数が増え始めるのは，図10の３目盛りのときの$\frac{4}{3}$倍の４目盛りのときであり，$AlCl_3$より，過不足なく反応したときのAl^{3+}とCl^-の数の比は１：３である。

6 (1) ＡとＣの震源からの距離の差(16km)と主要動の始まった時刻の差(４秒)から，Ｓ波の伝わる速さは$\frac{16}{4}$＝４(km/ｓ)である。したがって，地震発生時刻は，Ａ(震源から40km)で主要動が始まった12時５分20秒の$\frac{40}{4}$＝10(秒前)の12時５分10秒である。

(2) Ｄ＝８Ｔに，Ｄ＝40を代入すると，Ａでの初期微動継続時間Ｔが５秒だとわかる。したがって，Ａで初期微動が始まったのは主要動が始まった12時５分20秒の５秒前の12時５分15秒である。これは地震発生時刻の５秒後だから，Ｐ波の速さは$\frac{40}{5}$＝8.0(km/ｓ)である。

図Ⅰ 震央 A 24km 40km 震源

(3) 図Ⅰ参照。Ａの震源からの距離は40km，震源の深さ(震源から震央までの距離)は24kmだから，三平方の定理より，Ａの震央からの距離は$\sqrt{40^2-24^2}$＝32(km)である。

(4) エ○…震源から震央までの距離は24kmだから，震源でＳ波が発生してから震央にＳ波が到達するまでに$\frac{24}{4}$＝６(秒)かかる。つまり，震央距離０km(＝震央)での時間は０ではないので，イかエのどちらかである。また，震央に近いところでは震央距離が増加する割合に対して震源距離が増加する割合は小さく，震央から遠いところでは震央距離と震源距離がほぼ同じになるので，途中からグラフの傾きが一定になるエが適切である。

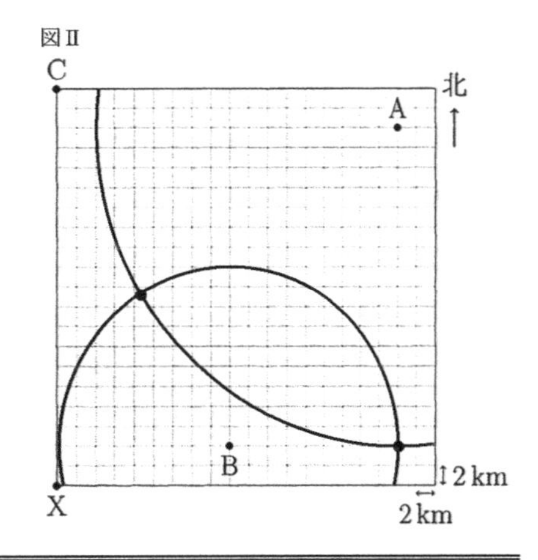

(5) (3)と同様にして震央からの距離を求めると，Ｂは$\sqrt{30^2-24^2}$＝18(km)，Ｃは$\sqrt{56^2-24^2}=\sqrt{2560}$(km)となる。Ａから半径32km，Ｂから半径18kmの円を描くように作図すると図Ⅱのようになるから，震央は２つの交点のどちらかである。さらに，図Ⅱにおいて，Ｃから右下の交点までの距離を求めると，$\sqrt{36^2+36^2}=\sqrt{2592}$(km)となり，$\sqrt{2560}$kmとほぼ一致するから，右下の交点が震央である。

《2021　社会　解説》

Ⅰ 問１　Ｆのインドネシアが正しい。インドネシアは世界で最もイスラム教徒(ムスリム)が多い国である。

問２　Ｇのナイジェリアが正しい。輸出総額の少なさと人口から判断する。

問３　Ｈのバングラデシュが正しい。それぞれの人口密度は，Ａが8.5(人／km²)，Ｂが33.7(人／km²)，Ｃが149.9(人／km²)，Ｄが25.0(人／km²)，Ｅが419.5(人／km²)，Ｆが148.4(人／km²)，Ｇが224.1(人／km²)，Ｈが1098.0(人／km²)である。

問4　CとEが正しい。パキスタンは中国(C)，インド(E)，アフガニスタン，イランと国境を接する。

問5　A，B，Cが正しい。国際連合の常任理事国は，ロシア(A)，アメリカ合衆国(B)，中国(C)，イギリス，フランスの５カ国である。

Ⅱ　問1　⑤が正しい。本初子午線は②－⑤－⑧の線，秋田県八郎潟を通る北緯 40 度線は④－⑤－⑥の線だから，この２つの線が交差する⑤を選ぶ。

問2　Dのフランスは「う」，Fのアルジェリアは「か」である。フランスのトゥールーズに航空機メーカーのエアバス社の組み立て工場があるので，航空機の輸出額が高い。人口最大の「あ」をBのドイツと判断する。「い」はAのイギリス，「え」はEのイタリア，「お」はCのスペイン。

問3　Dの首都パリは西岸海洋性気候である。残りの３つの国の首都は地中海性気候である。

問4　AとFが正しい。イギリスは2020年１月末にＥＵから完全離脱した。

Ⅲ　問1　天竜川が正しい。諏訪湖を水源とする河川は天竜川だけである。

問3　C(天竜川)→A(大井川)→B(富士川)

問4　長野県が正しい。「あ」は神奈川県，「い」は愛知県，「え」は山梨県。

Ⅳ　問1　公共の福祉が正しい。日本国憲法第 13 条には，「すべて国民は個人として尊重される。生命・自由及び幸福追求に対する国民の権利については，公共の福祉に反しない限り，立法その他の国政の上で，最大の尊重を必要とする」とある。

問2　イが正しい。アは 1973 年，ウは 2000 年，エは 2001 年のことである。

問3　ユニバーサルデザインが正しい。「都市や生活環境を設計する考え方」から判断する。バリアフリーやノーマライゼーションと間違えないこと。

問4　アイヌ文化振興法が正しい。この法律が制定されたことで，北海道旧土人保護法が廃止された。

問5　アが誤り。証券取引所では，上場された上場会社の株式だけが売買される。

問6　ＲＣＥＰには，日本・中国・韓国・オーストラリア・ニュージーランドとＡＳＥＡＮ10 カ国が参加している。

Ⅴ　問1　社会保険料が正しい。税金と社会保険料は，支払いを義務付けられている非消費支出であり，所得から非消費支出を差し引いた金額を可処分所得という。

問3　ウが誤り。アルバイトでも条件を満たせば有給休暇は取得できる。

Ⅵ　問1・問2　問1．①1890　④大正デモクラシー　⑦大政翼賛会　　問2．エ　　国会開設・憲法制定に対して，２年後の国会開設を主張する急進派の大隈重信と，徐々に整備していこうとする漸進派の伊藤博文の間で対立していた。そのような中で北海道開拓使官有物払い下げ事件が起き，民権派の政府批判が高まると，大隈重信らの急進派を政府から追い出す代わりに，10 年後の国会開設を約束する「国会開設の勅諭」が発表された。1918 年，米騒動の責任をとって辞任した寺内正毅に代わって原敬が内閣総理大臣に就いた。原内閣は，陸軍大臣・海軍大臣・外務大臣以外の国務大臣を，原敬が総裁を務める立憲政友会の党員から起用したことから，我が国初の本格的な政党内閣と言われた。

問3　秩父事件は，秩父地方の農民が困民党を組織して起こした激化事件。当時，秩父の山村地域は穀物生産が盛んでなく，生糸生産で生計を立てていた。しかし，世界的な不況と松方財政によるデフレーションの影響を受け，国内の生糸価格が大暴落すると，自由党員が生活に困った農民を集め困民党を組織し，借金の据え置き・租税の軽減などを訴えて，高利貸しや役所に対して蜂起した。

問4　アが正しい。二・二六事件では，大蔵大臣の高橋是清，内大臣の斎藤実など歴代の総理大臣が暗殺された。

問5　リットンが正しい。リットン調査団の報告を受けた国際連盟総会で，満州国の分離独立を認めない決議を，42対1の大多数で可決した。その後，日本は国際連盟からの脱退を発表し，国際的に孤立していった。

問6　イが正しい。サラエボ事件は第一次世界大戦のきっかけとなる事件で1914年に起きた。ポーツマス条約は1905年，治安維持法は1925年，関東大震災は1923年である。

問7　国家総動員法は，近衛文麿内閣時に成立した。

Ⅶ **問1**　アだけが正しい。イ．『魏志』倭人伝によると，30余国が存在し，卑弥呼が統率していた。100余国の記述があるのは，『漢書』地理志であり，紀元前1世紀頃の内容である。

問2　両方誤りだから×である。ア．壬申の乱に勝利したのは大友皇子ではなく大海人皇子である。イ．墾田永年私財法では，新たに開墾した土地の永久私有が認められた。三代に渡る私有を認めたのは三世一身の法である。

問5　両方誤りだから×である。ア．大目付は大名の監視をする役職である。イ．松平定信は寛政の改革を行った老中。公事方御定書は，徳川吉宗が享保の改革の中で制定した法。また，徳川吉宗は新井白石の行った正徳の治を批判せず支持した。

問6　イだけが正しい。ア，『南総里見八犬伝』は曲亭馬琴(滝沢馬琴)の作品。鶴屋南北は，『東海道四谷怪談』で知られる歌舞伎狂言の作者。

Ⅷ **問2**　アとエが正しい。小麦は中央アジアを原産とし，ここから世界中に広まった。米は中国南部から東南アジアが原産で，その後東アジアや地中海沿岸，アフリカなどに広まった。オリーブはもともと地中海沿岸が原産である。ブドウは西アジア原産でその後ヨーロッパに広まった。

問3　アテネはアテナイとも発音される。それぞれのポリスは，アクロポリスと呼ばれる小高い丘を中心に形成されていた。パルテノン神殿はアテネのアクロポリスに残る代表的な建築物である。

問4　イが正しい。仏教伝来は6世紀，勘合貿易の開始は15世紀，高麗の朝鮮統一は10世紀。

問5　エが誤り。カーバ神殿があるのはバグダード(イラク)ではなく，メッカ(サウジアラビア)である。

問6　教皇と法王のどちらでもよいが，教皇が正式名称である。

問7　元が正しい。モンゴル帝国の5代皇帝フビライが，南宋を滅ぼし中国を統一し，元を建国した。北京を都とした。

問8　イギリスが正しい。アヘン戦争の講和条約である南京条約によって香港はイギリス領となり，1997年に中国に返還されるまでイギリス統治が続いた。

問9　ユダヤ人が正しい。リトアニアの領事館に赴任していた杉原千畝が，多くのユダヤ人に対してビザを発行し救助したことが知られている。

2020 解答例 令和2年度　東海高等学校

《国　語》

一　問1．A．提唱　B．滞在　C．先見　D．抜本　E．繰　問2．3

問3．自然環境に優しいエネルギーを得ようとして逆に環境破壊を促進する点。　問4．1　問5．5

問6．2　問7．資本主義を前提とした社会から、一部の人間のために多くの弱者が犠牲にならないような社会に移行すること。　問8．5

二　問1．A．3　B．4　C．3　問2．1　問3．5　問4．未開人に誘 ～ ってのほか

問5．アイヌも同じ日本人で、優劣はないという考え方。　問6．和人の言いなりになってしまっては、自分らしさやアイヌとしての誇りが失われてしまうということ。　問7．2　問8．4

《数　学》

1　ア．$\frac{-3\pm\sqrt{57}}{2}$　イ．$\frac{5}{21}$　ウ．$25.65\leqq a<25.75$

2　エ．4　オ．309　カ．120　キ．31

3　ク．$(-6,\ 0)$　ケ．$(-3,\ \frac{9}{2})$　コ．$(\frac{3}{2},\ \frac{9}{2})$

4　サ．2　シ．$\sqrt{10}$　ス．$\frac{2\sqrt{15}}{3}$

5　セ．$\frac{4}{3}$　ソ．2　タ．$\frac{6}{7}$

《英　語》

1　(A)①11　②10，17　③54　④176　⑤2時間30分　⑥4，17　⑦父(親)　⑧40分

(B)①B　②C　③E　④D

2　①doing　②how　③who　④from　⑤like　⑥so　⑦died

3　①it helps me to relax when I'm tired after school　②your eyes get tired and your body becomes weak

③we need to practice things we learned in class

④we don't have enough time to exercise or relax with our friends and family

⑤if we eat too much of it we will become overweight and unhealthy

⑥they don't have time to go shopping or prepare meals after work

4　問1．子どもたちは，バスに乗って自分たちだけで学校に行けるほどもう十分に大きいと思われたのだった。

問2．オ　問3．エ　問4．2番目…ウ　5番目…エ　問5．彼はとても速く走っていたので，自分の手を広げたら，翔び立つことができるだろうと思った。　問6．ピーターが，妹を乗せたバスを追いかけている状況で，それを忘れてついいつもの空想にふけってしまったこと　問7．あ．オ　い．ア　う．カ　問8．ア，カ

《理　科》

1　(1)ア，エ　(2)ア，エ　(3)ア，エ，キ，ク　(4)①(A)低く　(B)膨張　(C)露点　(D)凝結
②水蒸気が雲になるときの凝結核になる。

2　(1)酵素　(2)①アミノ酸　②脂肪酸／モノグリセリド　(3)①可溶性デンプンおよび片栗粉を用いたデンプン溶液を用意し，それぞれ同時に問題文と同様の手順で，実験操作をおこなう。　②ウ

3　(1)$2Ag_2O \rightarrow 4Ag + O_2$　(2)エ，オ　(3)ウ→ア→イ→エ　(4)0.5

4　(1)ウ　(2)18　(3)記号…ア　理由…塩素は水に溶けやすい気体であるため。

5　(1)14：25　(2)12

6　(1)15　(2)1005　(3)カ<ウ=エ=オ　(4)<　理由…Bの方が体積が大きく，受ける浮力も大きい。その浮力と作用反作用の関係にある，水が受ける下向きの力もBの方が大きいから。

7　(1)ウ，キ　(2)(A)放射線　(B)遺伝子

8　Ⅰ．(1)ア　(2)d／小さくなった　Ⅱ．(1)内合　(2)6.1　(3)エ　(4)右図

9　(1)$y-x$　(2)45000　(3)ウ

《社　会》

Ⅰ　問1．②，④　問2．キリマンジャロ　問3．1．ナイル　2．熱帯雨林　問4．ウ
問5．P．アラビア　S．スペイン　問6．a．茶　b．サトウキビ　問7．ウ

Ⅱ　問1．A．知床　C．紀伊　問2．1．輪島　2．シラス　問3．お

Ⅲ　問1．イ　問2．ア　問3．両院協議会　問4．エ　問5．日米地位　問6．ウ

Ⅳ　問1．エ　問2．(1)株主総会　(2)配当　問3．公開市場　問4．エ

Ⅴ　問1．エ　問2．蘇我馬子　問3．壬申　問4．イ　問5．イ　問6．イ　問7．ウ　問8．ウ
問9．執権　問10．エ　問11．後醍醐

Ⅵ　問1．③　問2．③　問3．④　問4．④

Ⅶ　問1．ポリス　問2．ア　問3．イ→ア→ウ→エ　問4．(黒人)奴隷　問5．蒸気機関
問6．ア，ウ，カ　問7．NATO　問8．マカオ　問9．a．イ　b．ア　問10．ポルトガル

東海高等学校

←解答例は前ページにありますので，そちらをご覧ください。

《2020 国語 解説》

一 問2 「人新世」とは、「(人類の)活動が地球のあり方を変えている」ことを表し、「人類が地球全体に及ぼす影響の大きさを強調するため」の概念である。そして「人類を駆り立てているのが、資本主義システムであることは間違いない」とある。つまり、「資本新世」という概念は、地球のあり方を変えるほどの影響を及ぼす人間の活動の原動力が資本主義システムであることを表している。よって、3が適する。1と2は、人間の活動が地球に影響を与えていることに触れていないので、適さない。4は、資本主義のシステムに触れていないので適さない。5は、「良い影響を及ぼして人々の生活を一変させた」が適さない。

問3 バイオマスは、環境に優しいとされるエネルギー資源である。しかし、バイオマスを生産するために森林を伐採すれば、環境破壊につながる。このように、環境を守ろうとして環境破壊を進めてしまうことを本末転倒だといっている。

問4 2～5は、生産や消費を減らすものであり、大量生産・大量消費の「資本主義的なロジック」にあてはまらない。1は、電気消費量を減らすことにはつながるとしても、白熱球をＬＥＤ球に交換することが大量生産・大量消費にあてはまる。よって、1が適する。

問5 プランＢとは、代替プランのこと。「プランＢの惑星は存在しない」とは、地球の代わりの惑星は存在しないということである。そのため、環境を守り、「将来の世代へ地球を残す」必要があり、それが「現代の世代の責任なのである」。よって、5が適する。

問6 傍線部⑤は、「資本主義を自明視した結果」起こることである。同じ段落に、「私たちはどういった形で自然との関係を再構築し、どのような生活をより望ましいものと見なすべきなのか～こうした問い自体が、資本主義を自明視する理論的枠組みからは出てこない」とある。つまり、傍線部⑤は、こうした問いや問題が軽視され、過小評価されるということを意味する。よって、2が適する。

問7 直前の2段落にあるように、「資本主義を自明視」し、「既存の『帝国的生活様式』を維持」するならば、「大洪水よ、我が横を流れよ！」ということになり、「一部の人間だけが生き残るために、多くの人々が犠牲になる」ようなことが起きる。そうならないような社会に移行するのが、「公正な移行」である。

問8 筆者は、気候変動対策を技術的な問題に還元することや、「資本主義を自明視」することに基づく政策を批判している。また、「私たちはどういった形で自然との関係を再構築し、どのような生活をより望ましいものと見なすべきなのか」という問いに答える必要があると考えている。そして、最後の段落で、「誰も取り残されないような民主主義的な移行」を可能とするために、哲学が普遍的な倫理を展開し、擁護する必要があると述べている。よって、5が適する。

二 問2 あらすじにあるように、樺太(カラフト)島の先住民のアイヌは、日本政府が結んだ条約によって北海道に移住させられ、暮らしも和人にならって「文明化」していったが、チコビローは「文明」を幻想だと考えている。また、文章中にあるように、チコビローは、自分たちの故郷を「勝手にロシアにくれてやった」日本という国家に対しても不満を抱いている。日本という国家に対して不満があるにもかかわらず、謝辞を、しかもアイヌ語ではなく日本語で話さなければならないことへの思いを、傍線部①は表している。よって、1が適する。

問3 琴(トンコリ)を弾くことをきっぱりと拒否していたキサラスイが、急に態度を変えたのは、直前の永山の発言を聞いたからである。永山の発言は、アイヌを差別し侮辱するものであり、キサラスイはそのことに怒りを覚え、アイヌの誇りを守るために演奏することにしたのである。よって、５が適する。１は「自分の腕前を馬鹿にしている」「何とか見返してやろう」が誤り。キサラスイは、アイヌへの差別や侮辱に対して抗議しようとしている。

問４　少し後で「踊りをやめよ」と怒鳴った後の永山の発言に着目する。永山はアイヌを、未開人で、「我らによって教化善導され、改良されるべき」存在だと考えている。そのため、アイヌとともに踊ろうと立ち上がった西郷に対し、アイヌに「誘われて踊るなど、もってのほか」だと思い、「悲鳴に近い声を上げ」たのである。

問５　傍線部⑤の後の永山とのやりとりの中で、西郷は「アイヌも日本の臣民である～差別をつけてはいかん」「身内で争うのはもうよそう」と言っている。ここから、西郷がアイヌも同じ日本人だと考えていることがわかる。だからこそ、アイヌに対して差別感情を持つことなく、踊りの輪に加わったのである。

問６　傍線部⑤の「俺たち」とは、アイヌのこと。問３の解説にあるように、キサラスイはアイヌの誇りを守るために、自分から演奏することにした。その演奏を、和人である永山の言いなりになってやめてしまったら、キサラスイは自分らしさを失い、同時にアイヌの誇りも失われてしまうと、ヤヨマネクフは考えたのである。

問７　４行後に「永山氏も、鹿児島の人らしい」とある。西郷と永山の方言でのやりとりから、二人が身内での争い(＝西南戦争をはじめとする国内での主に日本人同士の争い)により、家族などを失ったことが読み取れる。西郷は故郷の言葉を使うことで、同郷の永山に、身内同士で争うことの悲しみや苦しかった時代を思い出させ、かつての自分たちと似た境遇にあるアイヌの人々の気持ちを理解させようとしたのである。よって、２が適する。

問８　傍線部⑦の「そのなか」とは、直前にある「東京で見た幻想」、つまり「文明」を指している。「足掻いている」というのは、直前の西郷と永山のやりとりにあるように、文明化にともなって身内同士で争い、今は日本という国家の下で日本人(日本国民)としてまとまろうとしていることを指す。また、直後の段落にもこれと同じようなことが書かれている。つまり、「文明」という「幻想」は、西郷や永山、長篠氏、道守先生といった、かつては身内同士で争い、ばらばらだった和人を一つにしようとし、その中で和人たちは、自分たちの文化を捨てて一つになって生きようともがいている(＝「足掻いている」)のである。よって、４が適する。

《2020　数学　解説》

1　(1)　与式の両辺を６倍して，$3(x-2)(x+3)=2(x^2-3)$　　$3(x^2+x-6)=2x^2-6$

$3x^2+3x-18-2x^2+6=0$　　$x^2+3x-12=0$

２次方程式の解の公式を利用すると，$x=\frac{-3\pm\sqrt{3^2-4\times1\times(-12)}}{2\times1}=\frac{-3\pm\sqrt{57}}{2}$

(2)　赤球３個を①，②，③，白球２個を❶，❷，青球２個を⑴，⑵とすると，２個の取り出し方は，(①，②)(①，③)(①，❶)(①，❷)(①，⑴)(①，⑵)(②，③)(②，❶)(②，❷)(②，⑴)(②，⑵)(③，❶)(③，❷)(③，⑴)(③，⑵)(❶，❷)(❶，⑴)(❶，⑵)(❷，⑴)(❷，⑵)(⑴，⑵)の21通りある。これらのうち，同じ色の球を取り出す場合は，下線をつけた５通りあるから，求める確率は，$\frac{5}{21}$

(3)　小数第２位を四捨五入して25.7になる最小値は25.65である。また，小数第２位を四捨五入して25.8になる最小値が25.75であることから，25.65以上25.75未満がaの範囲になる。

2　(1)　５で割ったときの余りは５より小さいから，余りの最大値は４である。

(2)　$3^4=81$を５で割った余りは１，$3^5=243$を５で割った余りは３，$3^6=729$を５で割った余りは４になることから，nの値が１増えるごとに下の段の数は，３→４→２→１を１つの周期とした数が繰り返されているとわかる。123÷４＝30余り３より，下の段には30回の周期が繰り返され，31回目の３，４，２がある。

周期の和は３＋４＋２＋１＝10だから，求める和は，10×30＋３＋４＋２＝309

(3)　下の段の数は，7，9，10，13，17，19，20，…，303，307，309と一の位が7→9→0→3を繰り返していることがわかる。$3^5=243$，$3^6=729$より，$309>3^n$となるnの範囲は，$n \leqq 5$だから，nの値が1から5のときの一の位を考えると，順に3，9，7，1，3となる。したがって，下の段に現れるのは，9，27，243の3つだけである。よって，現れないものは123－3＝120(個)ある。

(4)　3^nの一の位は3→9→7→1を周期として変化する。5の倍数の一の位は0または5になるので，3^n+1が5の倍数になるのは，一の位が9になるときである。123÷4＝30余り3より，一の位が9になるのは，30回の周期の中に1回ずつあり，n＝122のときも一の位が9になるから，全部で31個ある。

3　(1)　点Aの座標をA(t，0)とおくと(t＜0)，AB＝BCであるから，点Cのx座標は－tであり，

C$\left(-t,\ \frac{1}{2}t^2\right)$と表せる。2点A，C間の傾きは，$\dfrac{\frac{1}{2}t^2-0}{-t-t}=-\dfrac{1}{4}t$と表せるので，$-\dfrac{1}{4}t=\dfrac{3}{2}$より，

$t=\dfrac{3}{2}\times(-4)=-6$　　よって，A(－6，0)

(2)　直線ℓの式を求めてから，放物線と直線ℓの交点Dを求める。直線ℓは$y=\dfrac{3}{2}x+b$と表せる。これが点Aを通ることから，$0=\dfrac{3}{2}\times(-6)+b$より，b＝9であり，直線ℓの式は，$y=\dfrac{3}{2}x+9$になる。

$y=\dfrac{1}{2}x^2$と$y=\dfrac{3}{2}x+9$を連立させて，$\dfrac{1}{2}x^2=\dfrac{3}{2}x+9$　　$x^2-3x-18=0$　　$(x-6)(x+3)=0$

$x=6$は点Cのx座標だから，$x=-3$が点Dのx座標である。y座標は，$\dfrac{1}{2}\times(-3)^2=\dfrac{9}{2}$より，D$\left(-3,\ \dfrac{9}{2}\right)$

(3)　右図のように，ODとAEの交点をPとすると，△COD＝△AECだから，△ADP＝△OEPであり，これに△AOPを加えた△AODと△AOEの面積も等しいので，DE//AOである。C(6，18)より，直線OCの式は，$y=3x$であり，点Eのy座標は点Dのy座標と等しく$\dfrac{9}{2}$だから，$\dfrac{9}{2}=3x$より，$x=\dfrac{3}{2}$

よって，E$\left(\dfrac{3}{2},\ \dfrac{9}{2}\right)$

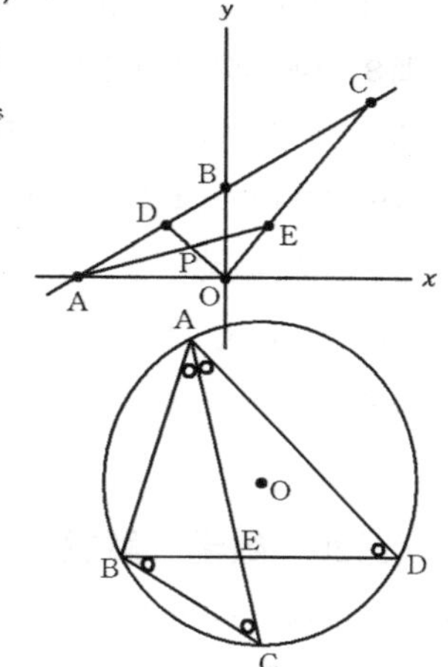

4　(1)　右図のように，B，Cを結ぶ。

$\overset{\frown}{CD}$に対する円周角より，∠CBD＝∠CADである。

また，$\overset{\frown}{AB}$に対する円周角より，∠ACB＝∠ADBである。

仮定より，∠CAD＝$\dfrac{1}{2}$∠BAD＝∠ADBだから，∠CBD＝∠ACB

よって，△EBCはEC＝EBの二等辺三角形だから，EC＝EB＝2

(2)　(1)の解説から，△AEDは二等辺三角形とわかるので，EA＝ED＝3

また，∠BAC＝∠ACBだから，AB＝BCである。したがって，△ABCと△BECは相似な二等辺三角形になる。AB＝BC＝xとおくと，AB：BE＝AC：BCより，$x:2=(3+2):x$　　$x^2=10$

$x=\pm\sqrt{10}$　　$x>0$より，$x=\sqrt{10}$　　よって，AB＝$\sqrt{10}$

(3)　右のように作図し，OBとACの交点をMとする。OA＝OB＝yとおく。

△ABCは，AB＝BC＝$\sqrt{10}$，AC＝3＋2＝5の二等辺三角形だから，

AM＝$\dfrac{1}{2}$AC＝$\dfrac{5}{2}$である。直角三角形ABMにおいて，三平方の定理を使うと，

BM＝$\sqrt{AB^2-AM^2}=\sqrt{(\sqrt{10})^2-\left(\dfrac{5}{2}\right)^2}=\dfrac{\sqrt{15}}{2}$

直角三角形AOMにおいて，三平方の定理を使うと，$OA^2=AM^2+OM^2$が

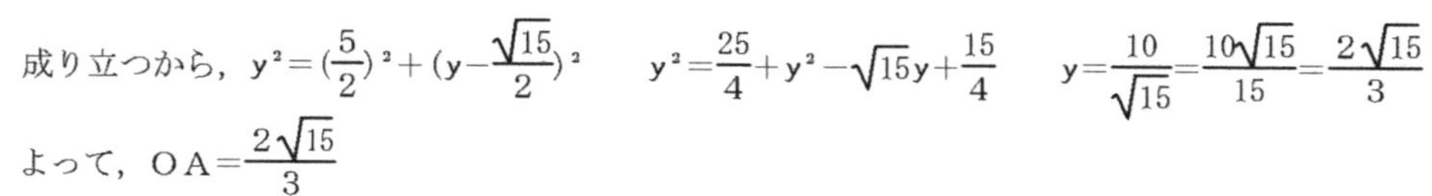

成り立つから，$y^2=\left(\dfrac{5}{2}\right)^2+\left(y-\dfrac{\sqrt{15}}{2}\right)^2$　　$y^2=\dfrac{25}{4}+y^2-\sqrt{15}y+\dfrac{15}{4}$　　$y=\dfrac{10}{\sqrt{15}}=\dfrac{10\sqrt{15}}{15}=\dfrac{2\sqrt{15}}{3}$

よって，OA＝$\dfrac{2\sqrt{15}}{3}$

〔別の解き方〕

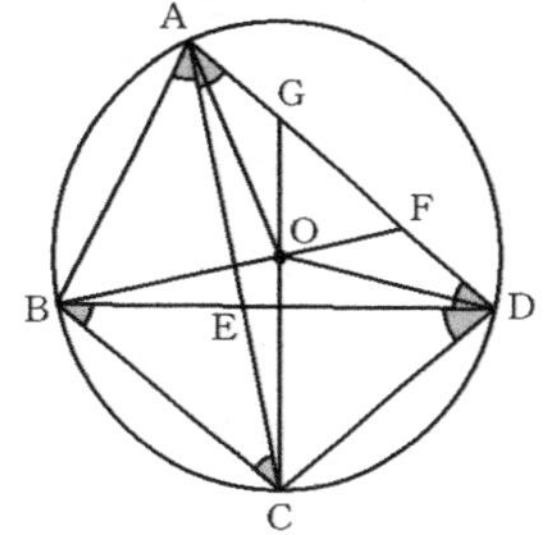
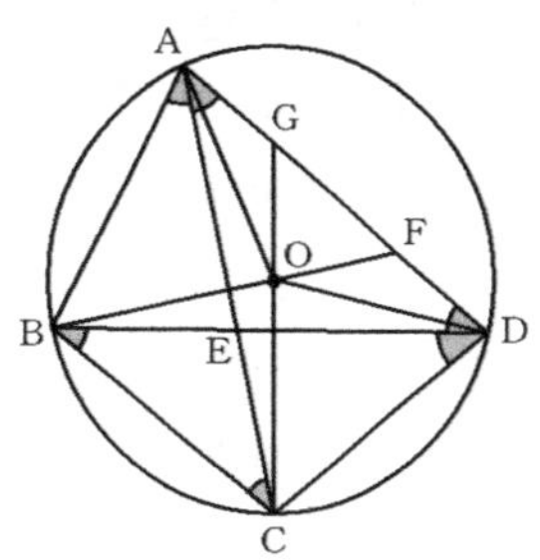
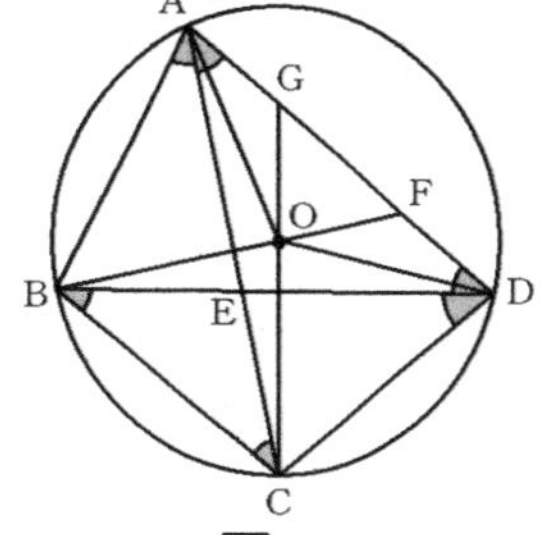
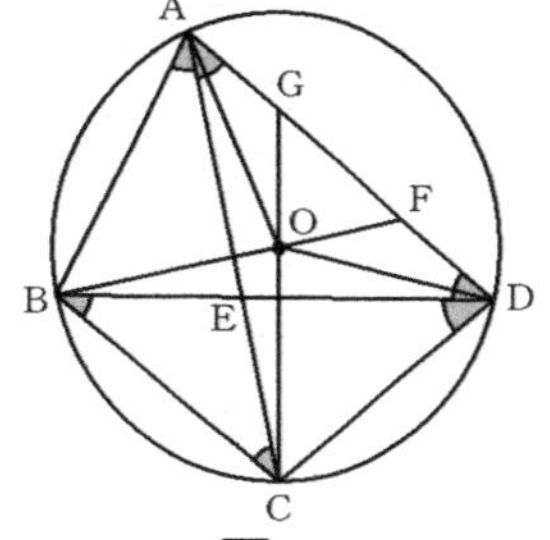

(2)までの解説と円周角の定理から，右図で色をつけた角はすべて大きさが等しいとわかる。円の半径をyとし，三角形の相似を利用してyの方程式を立てる。

中心角は，同じ弧に対する円周角の２倍の大きさだから，∠ＡＯＢ＝２∠ＡＤＢなので，△ＯＡＢ∽△ＡＢＦとわかる。△ＯＡＢは二等辺三角形だから，△ＡＢＦも二等辺三角形なので，$AF=AB=\sqrt{10}$

同様に，△ＯＣＤ∽△ＤＣＧだから，$DG=DC=BC=\sqrt{10}$

△ＥＡＤ∽△ＥＣＢだから，ＡＤ：ＣＢ＝ＥＡ：ＥＣより，$AD:\sqrt{10}=3:2$　　$AD=\dfrac{3\sqrt{10}}{2}$

これより，$GF=AF+DG-AD=\sqrt{10}+\sqrt{10}-\dfrac{3\sqrt{10}}{2}=\dfrac{\sqrt{10}}{2}$

△ＯＧＦ∽△ＯＣＢだから，$OF:OB=GF:CB=\dfrac{\sqrt{10}}{2}:\sqrt{10}=1:2$

したがって，$BF=\dfrac{1+2}{2}OB=\dfrac{3}{2}y$だから，△ＯＡＢ∽△ＡＢＦより，ＯＡ：ＡＢ＝ＡＢ：ＢＦ

$y:\sqrt{10}=\sqrt{10}:\dfrac{3}{2}y$　　$\dfrac{3}{2}y^2=10$　　$y^2=\dfrac{20}{3}$　　$y=\pm\dfrac{2\sqrt{5}}{\sqrt{3}}=\pm\dfrac{2\sqrt{15}}{3}$　　$y>0$より，$y=\dfrac{2\sqrt{15}}{3}$

よって，$OA=\dfrac{2\sqrt{15}}{3}$

5

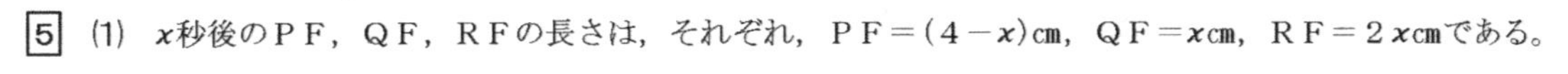
(1)　x秒後のＰＦ，ＱＦ，ＲＦの長さは，それぞれ，$PF=(4-x)$cm，$QF=x$cm，$RF=2x$cmである。

このとき，Ｐ，Ｑ，Ｒは4秒でＦ，Ｇ，Ｂのそれぞれに着くから，$0<x<4$である。

ＰＱ＝ＰＲとなるのは，△ＰＱＦ≡△ＰＲＦのときだから，ＱＦ＝ＲＦのときなので，

$x=2x$より，$x=0$　　$0<x<4$に適さない。

ＰＱ＝ＲＱとなるのは，△ＰＱＦ≡△ＲＱＦのときだから，ＰＦ＝ＲＦのときなので，$4-x=2x$　　$3x=4$　　$x=\dfrac{4}{3}$　　$0<x<4$に適する。

ＰＲ＝ＱＲとなるのは，△ＰＲＦ≡△ＱＲＦのときだから，ＰＦ＝ＱＦのときなので，$4-x=x$　　$2x=4$　　$x=2$　　$0<x<4$に適する。

よって，△ＰＱＲが二等辺三角形になるのは，$\dfrac{4}{3}$秒後と２秒後である。

(2)　１秒後の四面体ＦＰＱＲの体積と△ＰＱＲの面積を求め，そこから高さを逆算すればよい。

１秒後には，$PF=4-1=3$(cm)，$FQ=1$cm，$FR=2\times1=2$(cm)であり，

$PQ=\sqrt{PF^2+FQ^2}=\sqrt{3^2+1^2}=\sqrt{10}$(cm)，$PR=\sqrt{PF^2+FR^2}=\sqrt{3^2+2^2}=\sqrt{13}$(cm)，

$QR=\sqrt{FQ^2+FR^2}=\sqrt{1^2+2^2}=\sqrt{5}$(cm)

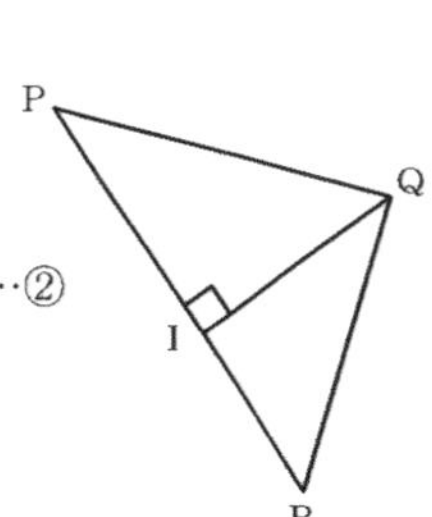

ＰＲ上にＱＩ⊥ＰＲとなる点Ｉをとり，$PI=y$とおくと，QI^2について，

△ＰＩＱにおいて，$QI^2=PQ^2-PI^2=(\sqrt{10})^2-y^2=10-y^2$…①

△ＲＩＱにおいて，$QI^2=QR^2-RI^2=(\sqrt{5})^2-(\sqrt{13}-y)^2=-8+2\sqrt{13}y-y^2$…②

②＝①より，$-8+2\sqrt{13}y-y^2=10-y^2$　　$2\sqrt{13}y=18$　　$y=\dfrac{9}{\sqrt{13}}$(cm)

したがって，$QI=\sqrt{10-\dfrac{81}{13}}=\dfrac{7}{\sqrt{13}}$(cm)

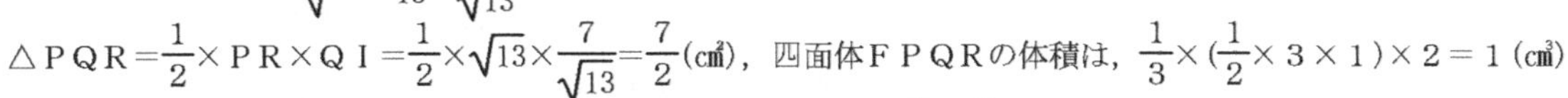
$\triangle PQR=\dfrac{1}{2}\times PR\times QI=\dfrac{1}{2}\times\sqrt{13}\times\dfrac{7}{\sqrt{13}}=\dfrac{7}{2}$(cm²)，四面体ＦＰＱＲの体積は，$\dfrac{1}{3}\times(\dfrac{1}{2}\times3\times1)\times2=1$(cm³)

だから，Ｆから底面ＰＱＲに下ろした垂線の長さをｈとすると，$\dfrac{1}{3}\times\dfrac{7}{2}\times h=1$が成り立つ。

$\dfrac{7}{6}h=1$より，$h=\dfrac{6}{7}$　　よって，求める長さは$\dfrac{6}{7}$cmである。

《2020 英語 解説》

1 (A)【放送文の要約】参照。

① ボブの弟は今度12歳になる→今は11歳。

② ボブの弟の誕生日は10月20日で，ボブの誕生日の3日後→ボブの誕生日は10月17日。

③ ボブの母親は4月に53歳になる→今は52歳。またボブの父親より2歳年下→ボブの父親は54歳。

④ ボブの母親の身長は174㎝で，ボブは2㎝高い→ボブの身長は176㎝。

⑤ ボブの姉の通学時間→two and a half hours＝2時間30分

⑥ ボブの母親の誕生日はボブの誕生日（10月17日）の6か月後（4月）→ボブの母親の誕生日は4月17日。

⑦ 第2段落よりそれぞれの身長は，弟（168㎝），姉（170㎝を超える），母親（174㎝），ボブ（176㎝）である。第2段落最後の文より，ボブの家族で1番背が高いのはボブの父親。

⑧ ボブは7時40分に家を出て8時20分に学校に着く→ボブは学校に行くのに40分かかる。

【放送文の要約】

こんにちは，みなさん。僕の名前はボブです。これから僕の家族について話します。僕は，両親と，姉，弟と暮らしています。①弟は僕より年下で，10月に12歳になります。②弟の誕生日は10月20日です。それは覚えやすい日です。なぜなら僕の誕生日の3日後だからです。⑥母の誕生日も僕にとって覚えやすいです。なぜなら僕の誕生日のちょうど6か月後だからです。③⑥母は4月で53歳になります。母はパパよりちょうど2歳年下です。父のことはパパと呼んでいます。姉は僕よりずっと年上です。彼女はこの間のクリスマスイブに，20歳になりました。

僕の家族はみんな背が高いです。姉は170㎝を超えています！彼女は母に似ています。④母は女性としてはとても背が高く，174㎝あります。でも今では僕は母よりも2㎝高くなりました。弟はすでに168㎝あります！僕は，将来，弟が家族で一番背が高くなるだろうと思っています。母と僕よりは確実に高くなるでしょう。⑦そしていつかパパよりも高くなるかもしれません。

僕の家族はみんな早起きです。僕たちは田舎に住んでいるので，⑧僕が8時20分までに学校に着くためには，家を7時40分に出なければいけません。パパが会社に着くのにかかる時間は1時間を超えます。⑤でも姉はさらに移動距離が長いです。学校に着くのに2時間半かかります。

(B)【放送文の要約】参照。

① 一昨日(＝the day before yesterday)→Bの映画館　② 昨日(＝yesterday)→Cの図書館

③ 明日(＝tomorrow)→Eの動物園　④ 明後日(＝the day after tomorrow)→Dのプール

【放送文の要約】

トム　：やあ，ジェニー。今晩忙しい？僕と「フローズン2」を一緒に見ない？

ジェニー：まあ，ありがとう，トム。でも，今日の午後はおじいちゃんのところに行かなければならないの。まだ入院中なのよ。だから遅くまで家には戻らないと思うわ。それとね，①その映画はおととい両親と一緒に映画館で見たのよ。

トム　：そうなんだね。じゃあ，明日一緒にプールに行くのはどうだい？君は泳ぐのが好きだよね。

ジェニー：行きたいわ，でもごめんなさい，行けないわ。③（明日は）おじやいとこたちと動物園に行くのよ。

トム　：動物園？

ジェニー：②ええ，昨日行く予定だったんだけど，雨が降って。それで私は代わりに図書館に行ったの。

トム　：わかったよ。じゃあ，あさってプールに行くのはどうかな？

ジェニー：④えっと，ママがその日（あさって）は私におじいちゃんのところへ行ってほしいと思っているの。でも，行かなくても大丈夫。だから，プールに行けるわよ。

トム　　：よかった。午前中に（プールへ）行って，その後，昼食を食べよう。

ジェニー：いいわね。じゃあ，あさってね。

2 【本文の要約】参照。

① 直前の woman を修飾する現在分詞。　・do the housework「家事をする」

③ 直前の friends を修飾する関係代名詞(=who)。　④ ・be different from ～「～と異なる」

【本文の要約】

これは，ヨハネス・フェルメールの「牛乳を注ぐ女」です。若く，がっしりとした女性が①家事をしている様子を表しています。フェルメールはオランダのデルフトに生まれました。彼は生涯をそこで暮らし，絵を描きました。フェルメールが②どのように絵を習得したのかはわかっていません。わかっているのは，③画家の友達がたくさんいたこと，しかし彼らの絵画スタイルはフェルメールのものと④異なっていたということです。フェルメールは，父親の⑤ように，生活のために他の人の絵画を売りました。しかしながら，彼自身の作品はとても人気になりました。どの作品も描き終わるのに数か月かかりました。⑥それで，彼は1年に2，3作しか制作できませんでした。それは，妻と11人の子どもを養うのにやっとでした。彼は1675年に突然，⑦亡くなりました。

3 条件を守り，例文のような，自然な対話文を考えればよい。

問1　先生「テレビについて，どう思いますか？」→生徒A「私はテレビを見るのが好きです。なぜなら，①(例文)学校から帰って疲れているとき，くつろぐのに役立つからです」→生徒B「僕はテレビの見過ぎには問題があると思います。テレビを見過ぎると，②(例文)目が疲れるし，身体も弱くなります。僕はスポーツをしたり，友達と出かける方が好きです」

問2　先生「宿題について，どう思いますか？」→生徒A「僕は，③(例文)授業で学んだことを繰り返す必要があるから，先生が宿題を出すと思います」→生徒B「それはそうかもしれないけど，僕は，宿題が多過ぎると，④(例文)運動したり，友達や家族とくつろいだりする十分な時間がとれないと思います」

問3　先生「ファストフードについて，どう思いますか？」→生徒A「僕は，ファストフードはとても身体に悪いと思います。なぜなら，⑤(例文)食べ過ぎると，肥満になったり，健康を害したりするからです」→生徒B「その通りですが，僕は多くの人にとってファストフードは便利だと思います。なぜなら，⑥(例文)仕事の後，買い物に行く時間や，食事を用意する時間がないからです」

4 【本文の要約】参照。

問1　・… enough to ～「～するのに十分…な」

問2　質問「ピーターは両親に何を教えられましたか？」…第2段落より，オ「彼はケイトの世話の仕方とバスの運転手への話し方を教えられた」が適切。　・look after ～「～の世話する」

ア×「彼はケイトを北極に連れて行くとき何をすべきか教えられた」…本文にない内容。　イ「彼はケイトの手を握っていることと，×バスの運転手に自分の名前を言うことを教えられた」　ウ「彼はバスのどこに座るべきかと，×バスの運転手にいつ話しかけるかを教えられた」　エ×「彼はバスに乗っている間，ケイトを気分よくさせるよう言われた」…本文にない内容。

問4　[he has remembered to bring with]の順になる。　・remember to ～「忘れずに～する」

問5　・so … that ～「とても…なので～」

問6　下線部⑥の後に続く3文は，ピーターが自分に言い聞かせている内容。この内容から，「ピーター」が，「妹を乗せたバスを追いかけている状況」にもかかわらず，つい「空想にふけってしまった」ことに対して，“no!”と自らダメ出ししたことを読み取る。

問8　ア○「ピーターとケイトが徒歩で学校に行くのにいつも15分ほどかかる」…第1段落2行目と一致。

イ「ピーターは×彼が学校に何を持って行くべきかについて両親の話を聞くのにうんざりしていた」　ウ×「ケイトはバス停の近くで腹をすかせた狼を見たので涙を浮かべた」…本文にない内容。　エ「ピーターは，×クラスメートに妹といるところを見られたくなかったので，妹をバスに置き去りにした」　オ「ピーターは降りるつもりだったバス停を×見逃してしまった。なぜなら空想にふけっていたからだ」　カ○「ケイトはピーターのミスのことを両親に話さないことに同意した」…最後の2行と一致。

【本文の要約】

10歳の誕生日が過ぎて間もなく，ピーターは7歳の妹のケイトを学校に連れていくよう頼まれた。問8アピーターとケイトは同じ学校に通っていた。歩いて15分，少しバスに乗るほどの距離だった。いつもは2人とも仕事に行く父親と一緒に歩いて行った。しかし今，①子どもたちはバスに乗って自分達だけで学校に行けるほど，もう十分に大きいと思われたのだった。それでピーターがその責任を負うことになった。

学校はたった2つ先のバス停だったが，両親はそれ（＝ルール）について言い続けた。だからあなたはピーターがケイトを北極点にでも連れて行くのだと思ってしまうかもしれない。彼は前の晩，ルールを与えられた。起きると，再び，それを言い聞かされた。そして朝食の間も両親はそれを繰り返した。子どもたちがドアから出ていく時，母親のヴィオラは最後にもう一度，そのルールについて念押しした。みんな僕のことを頭が悪いと思っているに違いない，とピーターは思った。たぶん僕は頭が悪いんだろう。彼はケイトの手をずっと握っていなければならなかった。ケイトを1番近い窓側にして，彼らは一緒に座らなければいけなかった。ピーターはバスの運転手に降りるバス停の名前を大きな声で伝えなければいけなかった。「お願いします」の言葉を忘れずに。

ピーターはこれを母親に繰り返して，ようやく妹とバス停に向かって歩き始めた。彼らはずっと手を握っていた。実際これは［あ］オいやではなかった(＝mind)。ケイトのことが好きだったからだ。彼は友達に，女の子の手を握っているところを見られないことだけを願っていた。バスがやって来た。彼らはバスに乗って1階の席に座った。座っているのに手を握っているなんてばかげているし，しかも学校の友達も数人いた。それで2人は手を握るのをやめた。同時に，ピーターは③エ誇らしい(＝proud)気持ちになった。彼はどこであれ妹の面倒を見ることができると思った。妹は自分に頼り切っていいのだ。2人きりで，山の峠で腹を空かせた狼の一群に出会ったとしても，彼は何をするべきか正確にわかっていた。彼は急に動いたりしないように注意を払い，大きな岩を背にするまでケイトとその場を離れるのだ。そうすれば狼が彼らを取り囲むことはできない。

ピーターは空想を始めた。彼は，忘れずに持ってきた2つの大事なもの，狩猟用のナイフとマッチの箱をポケットから取り出す。彼はナイフを草の上に置き，狼の攻撃に備える。狼が更に近づいてきた。とても腹を空かせている。ケイトは涙を浮かべている。ピーターは狩猟用ナイフを握り，そして…

ばかばかしい！こんな空想は危険だ。注意しないとバス停を見逃すかもしれない。バスは動いていなかった。学校に通う子どもたちがバスを降りていた。ピーターは急に立ち上がると，ドアまで走り，バスから飛び降りた。30mほど通りを歩いてから，彼は何かを忘れていることに気付いた。スクールバッグ？違う！妹だ！彼はしばらく動けなかった。そこに立ちすくんでバスを見ていた。「戻って」彼はか細い声で言った。「戻ってよ」

学校の友達の1人がやって来て，ピーターの肩を叩いた。

「やあ，どうしたんだい？幽霊でも見たのかい？」

ピーターの声は遠くの方から聞こえてくるようだった。「ああ，別に。何でもないよ。バスに忘れ物をしちゃってさ」

そして彼は走り出した。バスはすでに150m先にいて，次のバス停に向かってゆっくり走り始めていた。ピーターはもっと速く走った。⑤彼はとても速く走っていたので，自分の手を広げたら，翔び立つことができるだろうと思った。そうすれば木々の上を飛ぶことができて，そして…問6いいや，だめだ！また空想にふけっている場合ではない。妹を連れ戻すところだったんだ。今頃，妹は恐怖で泣き叫んでいるだろう。

乗客はすでに何人か降りており，バスは再び動き始めていた。前よりは近づいていた。バスはトラックの後ろをゆっくり走っていた。彼は，もしひたすら走り続けることができれば，そして足のひどい痛みなんて忘れられれば，きっと[い] ア追いつく (=catch up)だろう，と思った。バス停に着いた時，バスはたった50メートル先だった。「速く，速く」と，彼は自分に言いきかせた。

バス停のそばで立っていた1人の子どもが，ピーターが通り過ぎた時に叫んだ。「ねえ，ピーターったらピーター！」

ピーターには振り向くひまなんてなかった。「止まるわけにはいかないんだ」と彼は叫んで走った。

「ピーター！止まって！私よ。ケイトよ！」

彼は，妹の足元の草の上に倒れこんだ。

「さあ，行きましょう。歩いて戻らないと，遅刻するわ。[う] カトラブルに巻き込まれない(=stay out of trouble)つもりなら，私の手を握っていなければならないのでしょ？」とケイトは冷静に言った。

そして彼らは一緒に学校へ歩いて行った。ケイトは約束した。ピーターの土曜日のポケットマネーと引き換えに，家に帰っても，今日の出来事を言わないでいることを。

《2020　理科　解説》

1 (1) ア(シダ植物)とエ(コケ植物)は胞子でふえる。なお，イ，ウ，オは種子でふえる種子植物である。

(2) アはおよそ1～2㎜，イはおよそ0.02㎜，ウはおよそ0.008㎜，エは2㎜以上，オはおよそ0.0001㎜，カは(水分子と考えて)およそ0.00000038㎜，キはおよそ0.001㎜である。

2 (1) 酵素には，はたらきやすい温度がある，はたらく栄養分が決まっている，酵素自体は変化せず少量でくり返しはたらく，などの性質がある。

(3) デンプン溶液以外の条件をすべて同じにして対照実験を行い，片栗粉を用いたデンプン溶液だけで教科書と同じ結果が得られれば，実験ⅰ，ⅱの結果が教科書と異なる結果になった原因が可溶性デンプンにあることが明確になる。

3 (1) 酸化銀〔Ag_2O〕，銀〔Ag〕，酸素〔O_2〕の化学式を正しく表し，反応の前後で原子の種類と数が等しくなるように，それぞれの化学式の係数を決めていけばよい。

(2) 発生した気体は酸素である。　エ×…酸素は空気より少し重い。　オ×…窒素に関する記述である。

(3) ガスバーナーの火を消す前に管を水槽から取り出しておく。管を水槽に入れたまま火を消すと，試験管内の温度が下がって圧力が下がり，水槽の水が試験管に逆流して，試験管が破損するなどの危険性がある。

(4) 銀原子と酸素原子の質量比は27：4だから，酸化銀〔Ag_2O〕中の銀原子と酸素原子の質量比は(27×2)：4＝27：2である。また，酸化銀の密度は7.2g/㎤だから，酸化銀1㎤の質量は7.2gである。したがって，酸化銀7.2g中の酸素の質量は$7.2\times\frac{2}{27+2}=0.49\cdots\to0.5$gである。

4 (1)(3) 水溶液に電流が流れる(電解質である)こと，電気分解によって両極から気体が発生したこと，一方の極で発生した気体が試験管にたまりにくかったことから，この水溶液の溶質は塩化水素だとわかる。塩化水素は水に溶けると水素イオンと塩化物イオンに分かれる〔$HCl\to H^++Cl^-$〕。ここに電流を流すと，陽イオンである水素イオンは陰極側に移動して陰極からは水素が発生し，陰イオンである塩化物イオンは陽極側に移動して陽極からは塩素が発生する。塩素は水に溶けやすいので，発生すると水に溶けてしまい，気体として試験管にたまりにくい。

(2) 塩化物イオン１個に含まれる電子の個数を答えればよい。塩化物イオンは，イオン式からわかる通り，塩素原子が電子を１個受け取ったものである。つまり，電子と陽子の数が等しく，電気的に中性である原子の状態から電子を１個受け取ったのだから，塩化物イオン１個に含まれる電子の個数は17＋１＝18(個)である。

5 (1) 3.2%の水酸化カリウム水溶液250ｇ中に含まれる水酸化カリウムの質量は250×0.032＝８(ｇ)，2.8%の硫酸水溶液250ｇ中に含まれる硫酸の質量は250×0.028＝７(ｇ)であり，これらが過不足なく中和してできた，2.5%の硫酸カリウム水溶液250＋250＝500(ｇ)中に含まれる硫酸カリウムの質量は500×0.025＝12.5(ｇ)である。したがって，硫酸：硫酸カリウム＝７：12.5＝14：25である。

(2) 水100ｇに硫酸カリウム12ｇを溶かすと，112ｇの飽和水溶液ができるから，飽和水溶液の質量が50＋50＝100(ｇ)のとき，溶けている硫酸カリウムの質量は$12\times\frac{100}{112}=\frac{75}{7}$(ｇ)である。(1)より，$\frac{75}{7}$ｇの硫酸カリウムが生じるのに必要な硫酸の質量は$\frac{75}{7}\times\frac{14}{25}=6$(ｇ)だから，ここでは，６ｇの硫酸を含む50ｇの硫酸水溶液の質量パーセント濃度を求めればよい。したがって，$\frac{6}{50}\times100=12$(%)が正答である。

6 (1) 水中にある物体には，物体が押しのけた水にはたらく重力と同じ大きさの浮力がはたらく。イで，Ａの半分(５㎤)を水に沈めたとき，Ａが押しのけた水は５㎤→５ｇだから，ばねばかりはＡがすべて空気中にあるときより５ｇ小さい15ｇを指す。

(2) イのとき，台ばかりには，水を入れたビーカーの重力と，Ａにはたらく浮力の反作用として浮力と同じ大きさの下向きの力がはたらく。したがって，台ばかりは1000＋５＝1005(ｇ)を指す。

(3) ウ～オでは，ビーカーの外から力が加わることなく，球体の質量20ｇがすべて台ばかりにかかるから，台ばかりの目盛りは1000＋20＝1020(ｇ)を指す。これに対し，カでは，Ａにはたらく重力の半分が浮力によって支えられ，残りの半分が棒によって支えられるので，台ばかりにはＡの質量20ｇの半分の10ｇがかかり，台ばかりは1000＋10＝1010(ｇ)を指す。

(4) キでは，エのときに水面から出ている50－20＝30(㎤)を水中に沈めるために，棒で下向きの力を加えている。したがって，Ｂにはたらく浮力(とその反作用)はエのときより30ｇ分増えるので，台ばかりは1020＋30＝1050(ｇ)を指す。カとキで，ＡとＢは同じような状態に見えるが，棒からはたらく力は逆向きになっている。

7 (1) ウは光エネルギーを直接電気エネルギーに変換し，キは化学エネルギーから直接電気エネルギーを取り出す。

8 Ⅰ(1) ア○…日の出の位置が真東よりも北寄りであることから，春分～秋分の間であることがわかり，最初の観察での日の出の位置より３日後の観察での日の出の位置の方がさらに北寄りになっていることから，春分～夏至の間であることがわかる。 (2) 月は地球の周りを北極側から見て反時計回りに公転しているため，同じ時刻に見える月の位置は，だんだん東(図３ではｄの向き)に移動していく(日周運動と逆向きと考えればよい)。また，図３のように，右側が半分より大きく欠けている月は，下弦の月から新月の間の月だから，だんだん欠け方が大きくなっていく(かがやいて見える部分が小さくなっていく)。

Ⅱ(1) 地球も金星も太陽の周りを北極星の方向から見て反時計回りに公転しているが，地球の公転周期よりも金星の公転周期の方が短いため，図４の状態からは，まず金星が地球に追いついて，地球－金星－太陽の順に一直線上に並ぶ(内合)。 (2) 地球と金星が最も近づいたとき(内合のとき)の距離は１－0.72＝0.28，最も離れたとき(外合のとき)の距離は１＋0.72＝1.72なので，$\frac{1.72}{0.28}=6.14\cdots\rightarrow6.1$倍である。 (3)(4) 図４の1.5年後，地球は太陽の周りを1.5周し，金星は太陽の周りを$\frac{1.5}{0.62}=2.41\cdots\rightarrow2.4$周する。このとき，地球から見た金星は，太陽の左側で，太陽よりも離れた位置にあるため，夕方西の空に見えるよいの明星であり，肉眼で見ると，西の地平線に沈んだ太陽の光が右下から当たって左上が少し欠けて見える。したがって，上下左右が逆になる天体望遠鏡下では，右下が少し欠けて見える。

9 (1) 地球の円周tに対する弧ABの距離sの割合は，360°に対するA地点とB地点の緯度の差の割合と等しい。春分の日で考えると，A地点の南中高度がx°であれば，A地点の北緯は(90－x)°，B地点の南中高度がy°であれば，B地点の北緯は(90－y)°であり，A地点とB地点の緯度の差は(90－x)－(90－y)＝y－x(°)と表せる。したがって，s：t＝(y－x)：360が成り立つ。

(2) s：t＝(y－x)：360に，s＝900，x＝63.8，y＝71.0を代入すると，900：t＝(71.0－63.8)：360より，t＝45000(km)となる。

(3) ウ×…(1)で，南中高度を春分の日で考えたが，例えば，夏至の日では〔南中高度＝90－(緯度－23.4)〕で求めることができる。南中高度がx°のA地点の北緯は(113.4－x)°，南中高度がy°のB地点の北緯は(113.4－y)°であり，A地点とB地点の緯度の差は(113.4－x)－(113.4－y)＝y－x(°)で，春分の日で考えたときと同じである。つまり，地軸が23.4°傾いていることは誤差が生じた理由にはならない。

《2020 社会 解説》

Ⅰ 問1 赤道は，アフリカ大陸のビクトリア湖を通るから②，南アメリカ大陸のアマゾン川河口を通るから④を選ぶ。

問2 キリマンジャロ(5895m)は，安定陸塊に位置する成層火山である。

問3 1はナイル，2は熱帯雨林があてはまる。ナイル川の途中にビクトリア湖があり，その上流もナイル川水系とみなすと全長は 6000 km以上になる。赤道直下に年中高温多雨の熱帯雨林気候，その周辺に雨季と乾季があるサバナ気候が広がる。

問4 ウが誤り。ブラジルの首都は，サルバドール→リオデジャネイロ→ブラジリアと移り変わった。

問5 アフリカ北部はアラビア語が公用語である。ブラジルを除く南アフリカ大陸の国々はスペインの支配を受けたためにスペイン語が公用語となっている。

問6(1) Q国はケニアであり，ケニアの輸出品は，茶＞切り花＞野菜と果実＞衣類＞石油製品の順に多い。

(2) R国はブラジルであり，ブラジルではサトウキビ由来のバイオエタノールが生産される。

問7 ウが誤り。人口爆発が続くアフリカの人口は，南アメリカより明らかに多い。2019 年時点での人口は，アフリカが 13 億 800 万人，南アメリカが 6 億 4800 万人。

Ⅱ 問1A 「北海道」「世界自然遺産」から知床半島と判断する。日本で登録されている世界自然遺産は，知床，白神山地，屋久島，小笠原諸島の4か所である。 C 「三重県・奈良県・和歌山県」を含むから紀伊半島と判断する。吉野杉(奈良県)，尾鷲ヒノキ(三重県)は，日本三大人工美林と呼ばれている。

問2 1．石川県の伝統工芸品は，輪島市の輪島塗，金沢市を中心とした加賀友禅，加賀市・金沢市を中心とした九谷焼などが知られている。 2．笠之原台地は，水はけがよいシラス台地なので，かんがい施設を整備することで，茶やサツマイモの栽培，畜産がさかんに行われている。

問3 「お」が正しい。三重県は中京工業地帯に位置するので，他の地域より工業出荷額等が大きくなる。「あ」は人口が多いことから北海道(5道県中唯一政令指定都市がある)，「い」は米の割合の低さから鹿児島県，「う」は米の割合の高さから石川県，「え」は残った奈良県である。

Ⅲ 問1 イが正しい。アは労働組合法である。ウは労働基準法の条文として，「差別的取扱は最小限度にとどめなければならない」の部分が誤り。正しくは「差別的取扱をしてはならない」。エは男女雇用機会均等法である。

問2 アが正しい。イは「国政に関する機能を有する」の部分が誤り。正しくは，「国政に関する機能を有しない」。ウは「内閣」の部分が誤り。正しくは「国会」。エは「国会」の部分が誤り。正しくは「内閣」。

問３　両院協議会は，「内閣総理大臣の指名」「予算の議決」「条約の締結の承認」において，衆議院と参議院が異なる議決をした場合に必ず開かれる。

問４　エが正しい。国土交通省の外局には，気象庁・観光庁・運輸安全委員会・海上保安庁などがある。

問６　ウが正しい。アについて，下級裁判所は，家庭裁判所・簡易裁判所・地方裁判所・高等裁判所がある。イについて，「上告」の部分が誤り。正しくは「控訴」。エについて，「内閣」の部分が誤り。正しくは「国会」。

Ⅳ　問１　エが正しい。アについて，東京オリンピック開催後も好景気は続き，1973 年の第一次石油危機まで高度経済成長が続いた。イについて，石油危機によって，日本だけでなく世界全体が低い経済成長となった。ウについて，高度経済成長期は，1950 年代後半から 1973 年の期間である。

問２(1)　「経営方針や役員の選任」から株主総会を導く。　(2)　「利益の一部を株主に分配」から配当を導く。

問３　公開市場操作は，好景気の場合には，一般銀行に国債を売る「売りオペレーション」で市場に出回る資金を減らし，不景気の場合には，一般銀行の持つ国債を買う「買いオペレーション」で市場に出回る資金を増やす。

問４　エが正しい。中小企業と大企業のおよその割合は，出荷額が 50：50，企業数が 1：99，従業員数が 70：30。

Ⅴ　問１　エが関係ない。「大和政権を率いた大王」に関連するのは古墳時代のもの，銅鐸は弥生時代に関連する。

問２　蘇我馬子は，敏達・用明・崇峻・推古の４代の天皇に仕えた豪族。仏教を重んじた馬子は，対立していた排仏派の物部守屋を倒して，権力を得た。

問３　天智天皇の死後，天智天皇の子である大友皇子と，天智天皇の弟である大海人皇子による後継者争いが壬申の乱である。勝利した大海人皇子が，天武天皇として即位した。

問４　イが誤り。国司には中央の貴族が任じられた。

問５　イが正しい。仏教勢力を政治から遠ざけるために，桓武天皇は都を長岡京へ移した。その後，側近である藤原種継や弟の早良親王の死などが重なり，和気清麻呂の提案によって，平安京への遷都が決まった。

問６　イが正しい。末法思想が広まると，念仏を唱えて阿弥陀仏にすがり，死後に極楽浄土へ生まれ変わることを願う浄土信仰がおこった。藤原頼通も極楽浄土へのあこがれから，阿弥陀堂として平等院鳳凰堂を建てた。

問７　ウが誤り。平清盛が勢力を増したのは，保元の乱や平治の乱である。前九年合戦や後三年合戦は東北地方でおきた内乱である。

問８　ウが誤り。幕府が任ずる守護・地頭と，朝廷が任ずる国司・郡司はまったくの別物であった。

問９　源頼朝の妻である北条政子の父・北条時政が初代執権に就き，以後北条氏が幕府の実権をにぎった。

問10　エが誤り。「西国の武士」が誤り。正しくは「東国の武士」。

問 11　打倒鎌倉幕府を掲げた後醍醐天皇は，一度隠岐に流されたが，楠木正成や足利尊氏らの活躍によって，倒幕に成功し，建武の新政を始めた。しかし，武家政治を否定し，公家や天皇中心の政治を進めたために，新政はわずか２年あまりで崩壊し，奈良の吉野に逃れ，南朝を開いた。

Ⅵ　問１　③が誤り。足利義満が建てたのは金閣，銀閣を建てたのは足利義政。

問２　③が誤り。水野忠邦は大老ではなく老中であった。

問３　④が誤り。張作霖爆殺事件と満州事変に直接の関係はない。満州事変のきっかけは柳条湖事件。

問４　④が誤り。農地改革では，政府が地主から買い上げた土地を小作人に安く売り渡した。

Ⅶ　問１　古代ギリシャには，アテネ・スパルタなどの都市国家（ポリス）が形成され，民主政治が行われた。

問２　アが正しい。帝政ローマと前漢の時代が日本の弥生時代前期と同じころであることは覚えておきたい。

問３　イ（1488 年・ディアス）→ア（1498 年・ガマ）→ウ（1511 年）→エ（1543 年）

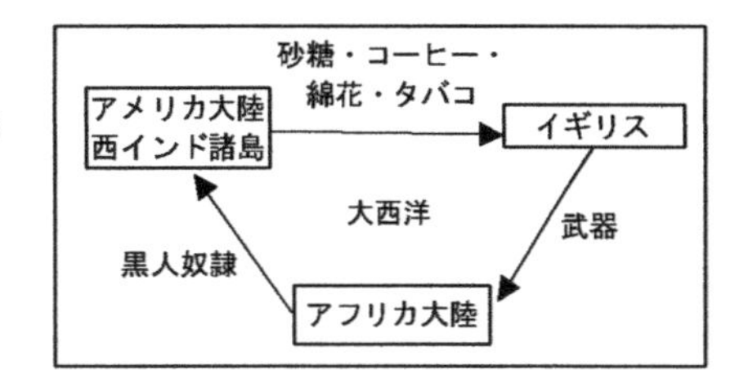

問4　大西洋三角貿易については，右図を参照。

問6　ア，ウ，カが誤り。第二次世界大戦は1939年～1945年。サラエボ事件は1914年，世界恐慌は1929年，ロシア革命は1917年。

問7　ＮＡＴＯ(北大西洋条約機構)に対抗して，ソ連を中心とした東側諸国は，ワルシャワ条約機構を結んだ。

問8　マカオはポルトガルから，香港はイギリスから，中国へと返還された。

問9　ａ＝イ，ｂ＝アである。キリスト教の拡大→イスラム勢力の台頭→レコンキスタ・十字軍の遠征と展開した。

問 10　大航海時代では，コロンブスやマゼランはスペインの援助を受け，ディアスやバスコ・ダ・ガマはポルトガルの援助を受けたことは知っておきたい。

■ ご使用にあたってのお願い・ご注意

（1）問題文等の非掲載

著作権上の都合により，問題文や図表などの一部を掲載できない場合があります。

誠に申し訳ございませんが，ご了承くださいますようお願いいたします。

（2）過去問における時事性

過去問題集は，学習指導要領の改訂や社会状況の変化，新たな発見などにより，現在とは異なる表記や解説になっている場合があります。過去問の特性上，出題当時のままで出版していますので，あらかじめご了承ください。

（3）配点

学校等から配点が公表されている場合は，記載しています。公表されていない場合は，記載していません。

独自の予想配点は，出題者の意図と異なる場合があり，お客様が学習するうえで誤った判断をしてしまう恐れがあるため記載していません。

（4）無断複製等の禁止

購入された個人のお客様が，ご家庭でご自身またはご家族の学習のためにコピーをすることは可能ですが，それ以外の目的でコピー，スキャン，転載（ブログ，ＳＮＳなどでの公開を含みます）などをすることは法律により禁止されています。学校や学習塾などで，児童生徒のためにコピーをして使用することも法律により禁止されています。

ご不明な点や，違法な疑いのある行為を確認された場合は，弊社までご連絡ください。

（5）けがに注意

この問題集は針を外して使用します。針を外すときは，けがをしないように注意してください。また，表紙カバーや問題用紙の端で手指を傷つけないように十分注意してください。

（6）正誤

制作には万全を期しておりますが，万が一誤りなどがございましたら，弊社までご連絡ください。

なお，誤りが判明した場合は，弊社ウェブサイトの「ご購入者様のページ」に掲載しておりますので，そちらもご確認ください。

■ お問い合わせ

解答例，解説，印刷，製本など，問題集発行におけるすべての責任は弊社にあります。

ご不明な点がございましたら，弊社ウェブサイトの「お問い合わせ」フォームよりご連絡ください。迅速に対応いたしますが，営業日の都合で回答に数日を要する場合があります。

ご入力いただいたメールアドレス宛に自動返信メールをお送りしています。自動返信メールが届かない場合は，「よくある質問」の「メールの問い合わせに対し返信がありません。」の項目をご確認ください。

また弊社営業日（平日）は，午前９時から午後５時まで，電話でのお問い合わせも受け付けています。

2025 春

株式会社教英出版
〒422-8054　静岡県静岡市駿河区南安倍３丁目 12-28
TEL　054-288-2131　　FAX　054-288-2133
URL　https://kyoei-syuppan.net/
MAIL siteform@kyoei-syuppan.net

学校別問題集

北海道

①札幌北斗高等学校
②北星学園大学附属高等学校
③東海大学付属札幌高等学校
④立命館慶祥高等学校
⑤北海高等学校
⑥北見藤高等学校
⑦札幌光星高等学校
⑧函館ラ・サール高等学校
⑨札幌大谷高等学校
⑩北海道科学大学高等学校
⑪遺愛女子高等学校
⑫札幌龍谷学園高等学校
⑬札幌日本大学高等学校
⑭札幌第一高等学校
⑮旭川実業高等学校
⑯北海学園札幌高等学校

青森県

①八戸工業大学第二高等学校

宮城県

①聖和学園高等学校(A日程)
②聖和学園高等学校(B日程)
③東北学院高等学校(A日程)
④東北学院高等学校(B日程)
⑤仙台大学附属明成高等学校
⑥仙台城南高等学校
⑦東北学院榴ケ岡高等学校
⑧古川学園高等学校
⑨仙台育英学園高等学校(A日程)
⑩仙台育英学園高等学校(B日程)
⑪聖ウルスラ学院英智高等学校
⑫宮城学院高等学校
⑬東北生活文化大学高等学校
⑭東北高等学校
⑮常盤木学園高等学校
⑯仙台白百合学園高等学校
⑰尚絅学院高等学校(A日程)
⑱尚絅学院高等学校(B日程)

山形県

①日本大学山形高等学校
②惺山高等学校
③東北文教大学山形城北高等学校
④東海大学山形高等学校
⑤山形学院高等学校

福島県

①日本大学東北高等学校

新潟県

①中越高等学校
②新潟第一高等学校
③東京学館新潟高等学校
④日本文理高等学校
⑤新潟青陵高等学校
⑥帝京長岡高等学校
⑦北越高等学校
⑧新潟明訓高等学校

富山県

①高岡第一高等学校
②富山第一高等学校

石川県

①金沢高等学校
②金沢学院大学附属高等学校
③遊学館高等学校
④星稜高等学校
⑤鵬学園高等学校

山梨県

①駿台甲府高等学校
②山梨学院高等学校(特進)
③山梨学院高等学校(進学)
④山梨英和高等学校

岐阜県

①鶯谷高等学校
②富田高等学校
③岐阜東高等学校
④岐阜聖徳学園高等学校
⑤大垣日本大学高等学校
⑥美濃加茂高等学校
⑦済美高等学校

静岡県

①御殿場西高等学校
②知徳高等学校
③日本大学三島高等学校
④沼津中央高等学校
⑤飛龍高等学校
⑥桐陽高等学校
⑦加藤学園高等学校
⑧加藤学園暁秀高等学校
⑨誠恵高等学校
⑩星陵高等学校
⑪静岡県富士見高等学校
⑫清水国際高等学校
⑬静岡サレジオ高等学校
⑭東海大学付属静岡翔洋高等学校
⑮静岡大成高等学校
⑯静岡英和女学院高等学校
⑰城南静岡高等学校
⑱静岡女子高等学校
⑲常葉大学附属常葉高等学校
常葉大学附属橘高等学校
常葉大学附属菊川高等学校
⑳静岡北高等学校
㉑静岡学園高等学校
㉒焼津高等学校
㉓藤枝明誠高等学校
㉔静清高等学校
㉕磐田東高等学校
㉖浜松学院高等学校
㉗浜松修学舎高等学校
㉘浜松開誠館高等学校
㉙浜松学芸高等学校
㉚浜松聖星高等学校
㉛浜松日体高等学校
㉜聖隷クリストファー高等学校
㉝浜松啓陽高等学校
㉞オイスカ浜松国際高等学校

愛知県

①[国立]愛知教育大学附属高等学校
②愛知高等学校
③名古屋経済大学市邨高等学校
④名古屋経済大学高蔵高等学校
⑤名古屋大谷高等学校
⑥享栄高等学校
⑦椙山女学園高等学校
⑧大同大学大同高等学校
⑨日本福祉大学付属高等学校
⑩中京大学附属中京高等学校
⑪至学館高等学校
⑫東海高等学校
⑬名古屋たちばな高等学校
⑭東邦高等学校
⑮名古屋高等学校
⑯名古屋工業高等学校
⑰名古屋葵大学高等学校
(名古屋女子大学高等学校)
⑱中部大学第一高等学校
⑲桜花学園高等学校
⑳愛知工業大学名電高等学校
㉑愛知みずほ大学瑞穂高等学校
㉒名城大学附属高等学校
㉓修文学院高等学校
㉔愛知啓成高等学校
㉕聖カピタニオ女子高等学校
㉖滝高等学校
㉗中部大学春日丘高等学校
㉘清林館高等学校
㉙愛知黎明高等学校
㉚岡崎城西高等学校
㉛人間環境大学附属岡崎高等学校
㉜桜丘高等学校

㉝光ヶ丘女子高等学校
㉞藤ノ花女子高等学校
㉟栄徳高等学校
㊱同朋高等学校
㊲星城高等学校
㊳安城学園高等学校
㊴愛知産業大学三河高等学校
㊵大成高等学校
㊶豊田大谷高等学校
㊷東海学園高等学校
㊸名古屋国際高等学校
㊹啓明学館高等学校
㊺聖霊高等学校
㊻誠信高等学校
㊼誉高等学校
㊽杜若高等学校
㊾菊華高等学校
㊿豊川高等学校

三重県

①暁高等学校(3年制)
②暁高等学校(6年制)
③海星高等学校
④四日市メリノール学院高等学校
⑤鈴鹿高等学校
⑥高田高等学校
⑦三重高等学校
⑧皇學館高等学校
⑨伊勢学園高等学校
⑩津田学園高等学校

滋賀県

①近江高等学校

大阪府

①上宮高等学校
②大阪高等学校
③興國高等学校
④清風高等学校
⑤早稲田大阪高等学校（早稲田摂陵高等学校）
⑥大商学園高等学校
⑦浪速高等学校
⑧大阪夕陽丘学園高等学校
⑨大阪成蹊女子高等学校
⑩四天王寺高等学校
⑪梅花高等学校
⑫追手門学院高等学校
⑬大阪学院大学高等学校
⑭大阪学芸高等学校
⑮常翔学園高等学校
⑯大阪桐蔭高等学校
⑰関西大倉高等学校
⑱近畿大学附属高等学校
⑲金光大阪高等学校
⑳星翔高等学校
㉑阪南大学高等学校
㉒箕面自由学園高等学校
㉓桃山学院高等学校
㉔関西大学北陽高等学校

兵庫県

①雲雀丘学園高等学校
②園田学園高等学校
③関西学院高等部
④灘高等学校
⑤神戸龍谷高等学校
⑥神戸第一高等学校
⑦神港学園高等学校
⑧神戸学院大学附属高等学校
⑨神戸弘陵学園高等学校
⑩彩星工科高等学校
⑪神戸野田高等学校
⑫滝川高等学校
⑬須磨学園高等学校
⑭神戸星城高等学校
⑮啓明学院高等学校
⑯神戸国際大学附属高等学校
⑰滝川第二高等学校
⑱三田松聖高等学校
⑲姫路女学院高等学校
⑳東洋大学附属姫路高等学校
㉑日ノ本学園高等学校
㉒市川高等学校
㉓近畿大学附属豊岡高等学校
㉔夙川高等学校
㉕仁川学院高等学校
㉖育英高等学校

奈良県

①西大和学園高等学校

岡山県

①[県立]岡山朝日高等学校
②清心女子高等学校
③就実高等学校（特別進学コース〈ハイグレード・アドバンス〉）
④就実高等学校（特別進学チャレンジコース・総合進学コース）
⑤岡山白陵高等学校
⑥山陽学園高等学校
⑦関西高等学校
⑧おかやま山陽高等学校
⑨岡山商科大学附属高等学校
⑩倉敷高等学校
⑪岡山学芸館高等学校(1期1日目)
⑫岡山学芸館高等学校(1期2日目)
⑬倉敷翠松高等学校
⑭岡山理科大学附属高等学校
⑮創志学園高等学校
⑯明誠学院高等学校
⑰岡山龍谷高等学校

広島県

①[国立]広島大学附属高等学校
②[国立]広島大学附属福山高等学校
③修道高等学校
④崇徳高等学校
⑤広島修道大学ひろしま協創高等学校
⑥比治山女子高等学校
⑦呉港高等学校
⑧清水ヶ丘高等学校
⑨盈進高等学校
⑩尾道高等学校
⑪如水館高等学校
⑫広島新庄高等学校
⑬広島文教大学附属高等学校
⑭銀河学院高等学校
⑮安田女子高等学校
⑯山陽高等学校
⑰広島工業大学高等学校
⑱広陵高等学校
⑲近畿大学附属広島高等学校福山校
⑳武田高等学校
㉑広島県瀬戸内高等学校(特別進学)
㉒広島県瀬戸内高等学校(一般)
㉓広島国際学院高等学校
㉔近畿大学附属広島高等学校東広島校
㉕広島桜が丘高等学校

山口県

①高水高等学校
②野田学園高等学校
③宇部フロンティア大学付属香川高等学校（普通科〈特進・進学コース〉）
④宇部フロンティア大学付属香川高等学校（生活デザイン・食物調理・保育科）
⑤宇部鴻城高等学校

徳島県

①徳島文理高等学校

香川県

①香川誠陵高等学校
②大手前高松高等学校

愛媛県

①愛光高等学校
②済美高等学校
③FC今治高等学校
④新田高等学校
⑤聖カタリナ学園高等学校

福岡県

①福岡大学附属若葉高等学校
②精華女子高等学校(専願試験)
③精華女子高等学校(前期試験)
④西南学院高等学校
⑤筑紫女学園高等学校
⑥中村学園女子高等学校(専願入試)
⑦中村学園女子高等学校(前期入試)
⑧博多女子高等学校
⑨博多高等学校
⑩東福岡高等学校
⑪福岡大学附属大濠高等学校
⑫自由ケ丘高等学校
⑬常磐高等学校
⑭東筑紫学園高等学校
⑮敬愛高等学校
⑯久留米大学附設高等学校
⑰久留米信愛高等学校
⑱福岡海星女子学院高等学校
⑲誠修高等学校
⑳筑陽学園高等学校(専願入試)
㉑筑陽学園高等学校(前期入試)
㉒真颯館高等学校
㉓筑紫台高等学校
㉔純真高等学校
㉕福岡舞鶴高等学校
㉖折尾愛真高等学校
㉗九州国際大学付属高等学校
㉘祐誠高等学校
㉙西日本短期大学附属高等学校
㉚東海大学付属福岡高等学校
㉛慶成高等学校
㉜高稜高等学校
㉝中村学園三陽高等学校
㉞柳川高等学校
㉟沖学園高等学校
㊱福岡常葉高等学校
㊲九州産業大学付属九州高等学校
㊳近畿大学附属福岡高等学校
㊴大牟田高等学校
㊵久留米学園高等学校
㊶福岡工業大学附属城東高等学校(専願入試)
㊷福岡工業大学附属城東高等学校(前期入試)
㊸八女学院高等学校
㊹星琳高等学校
㊺九州産業大学付属九州産業高等学校
㊻福岡雙葉高等学校

佐賀県

①龍谷高等学校
②佐賀学園高等学校
③佐賀女子短期大学付属佐賀女子高等学校
④弘学館高等学校
⑤東明館高等学校
⑥佐賀清和高等学校
⑦早稲田佐賀高等学校

長崎県

①海星高等学校(奨学生試験)
②海星高等学校(一般入試)
③活水高等学校
④純心女子高等学校
⑤長崎南山高等学校
⑥長崎日本大学高等学校(特別入試)
⑦長崎日本大学高等学校(一次入試)
⑧青雲高等学校
⑨向陽高等学校
⑩創成館高等学校
⑪鎮西学院高等学校

熊本県

①真和高等学校
②九州学院高等学校(奨学生・専願生)
③九州学院高等学校(一般生)
④ルーテル学院高等学校(専願入試・奨学入試)
⑤ルーテル学院高等学校(一般入試)
⑥熊本信愛女学院高等学校
⑦熊本学園大学付属高等学校(奨学生試験・専願生試験)
⑧熊本学園大学付属高等学校(一般生試験)
⑨熊本中央高等学校
⑩尚絅高等学校
⑪文徳高等学校
⑫熊本マリスト学園高等学校
⑬慶誠高等学校

大分県

①大分高等学校

宮崎県

①鵬翔高等学校
②宮崎日本大学高等学校
③宮崎学園高等学校
④日向学院高等学校
⑤宮崎第一高等学校(文理科)
⑥宮崎第一高等学校(普通科・国際マルチメディア科・電気科)

鹿児島県

①鹿児島高等学校
②鹿児島実業高等学校
③樟南高等学校
④れいめい高等学校
⑤ラ・サール高等学校

新刊
もっと過去問シリーズ

愛知県

愛知高等学校
7年分(数学・英語)

中京大学附属中京高等学校
7年分(数学・英語)

東海高等学校
7年分(数学・英語)

名古屋高等学校
7年分(数学・英語)

愛知工業大学名電高等学校
7年分(数学・英語)

名城大学附属高等学校
7年分(数学・英語)

滝高等学校
7年分(数学・英語)

※もっと過去問シリーズは入学試験の実施教科に関わらず、数学と英語のみの収録となります。

教英出版
〒422-8054
静岡県静岡市駿河区南安倍3丁目12−28
TEL 054-288-2131
FAX 054-288-2133
詳しくは教英出版で検索
教英出版 検索
URL https://kyoei-syuppan.net/

（50分）

1

受験番号 200

※100点満点
（配点非公表）

「その1」

令和六年度　東海高等学校入学試験問題　国語　その一

【注意】字数が指定されている場合は、句読点やカッコなども文字として数えること。設問等の都合で表記を改めた箇所がある。

一　次の文章Ⅰ・Ⅱを読んで後の問いに答えなさい。

【文章Ⅰ】

お詫び
著作権上の都合により、文章は掲載しておりません。
ご不便をおかけし、誠に申し訳ございません。
教英出版

お詫び
著作権上の都合により、文章は掲載しておりません。
ご不便をおかけし、誠に申し訳ございません。
教英出版

（山崎　雅弘著『この国の同調圧力』による）

【文章Ⅱ】

お詫び
著作権上の都合により、文章は掲載しておりません。
ご不便をおかけし、誠に申し訳ございません。
教英出版

問1　傍線部ⓐ〜ⓔのカタカナを漢字に改めなさい。

問2　傍線部A「みんな〜同調行為」F「集団の〜服従すること」とあるが、それぞれを表す四字熟語・ことわざとして最適なものを次の中から一つずつ選び、番号を答えなさい。

A＝1　付和雷同　　2　唯々諾々　　3　一蓮托生　　4　優柔不断
　　5　異口同音

F＝1　寄らば大樹の陰　　2　泣く子と地頭には勝てぬ
　　3　出る杭は打たれる　　4　郷に入れば郷に従え
　　5　長い物には巻かれろ

問3　傍線部B「人間は〜ものだ」とあるが、どういう理由からか。本文の内容を踏まえて、端的に表す語句を十字以内で文章Ⅰから抜き出しなさい。

2

令和六年度　東海高等学校入学試験問題　国語　その二

問4　傍線部C「ナチスの『全体主義(権威主義)』を……支持したのか、その理由」についての説明として最適なものを次の中から選びなさい。

1　大きな集団として人々に安心を与える帝国が瓦解し、さらに大恐慌などの経済危機によって生活環境が悪化していた人々にナチスは自由と引き換えに経済的に自立する手段を提供したから。
2　帝国崩壊後自由を謳歌していた人々に経済危機による将来の不安が生じていたが、ナチスは心の奥底に抱え込む孤独感を必要以上に誇張することによって不安をさらに募らせたから。
3　経済危機による将来不安のなか、人間が何をしてもいいという自由によって逆に安心感が失われていた人々からナチスは自由を奪うことで負担感を取り除いたから。
4　帝国から解放され自由を得た人々が大きな責任を伴う自由の重荷に不安を抱えていたが、ナチスは人々に自由の放棄を求めて全体主義の下での「秩序」が持つ一体感を感じさせたから。
5　帝国という大きな集団に帰属する一体感を失って孤独感を抱き、加えて経済危機によって将来の不安が募っていた人々に、ナチスは強大な集団に帰属する安心感を与えたから。

問5　傍線部D「このマゾヒズム〜成功する」とはどういうことか。

1　他への服従を選ぶくらいならむしろ自発的に自己を捨てること。
2　自発的に自己を捨てることよりも他への服従の方を選ぶこと。
3　より積極的な方法で自己を捨てて他へ服従するようになること。
4　自発的な自己の放棄と他への服従が蔓延(まんえん)するようになること。
5　やむをえず結果的に自己を捨てて他への服従をしてしまうこと。

問6　傍線部E「批判的思考力を育てない理由」として、文章IIで挙げられている内容を二つに要約しなさい。

問7　文章I・IIを読んだ後に生徒たちが話し合って出された次の意見の中で、本文の趣旨に合致していないものを一つ選び、番号を答えなさい。

1　国民の大多数が同調圧力に弱く、自発的に「みんな」と同調しようとする状況は、民主主義に価値を認めず、国民全員を自らの支配下に置きたいと思うタイプの政治指導者にとっては大変都合が良い状況だと思うな。
2　民主的な国の指導者は、例えば道徳教育などの名目で教育内容に介入して、自分たちに好都合な、自発的に「みんな」と同調する国民を増やすような「改革」を積極的に行おうとするだろうね。
3　権威主義の抑圧から解放されて「自由」になったはずの第二次大戦後の日本でも、「自由」より全体の秩序を優先する考え方は廃れることなく、社会のあちこちに残って継承されていたようだね。
4　先生の「みんなも我慢しているんだから、お前も我慢しろ」「みんなに禁止しているのに、お前だけ許可するわけにはいかない」という言葉は、明らかに「自由」より秩序優先の考え方に基づくものだね。
5　日本では、「批判」という言葉を「非難」と混同している人が多いんだよ、きっと。だから批判的思考を対象を「否定的」考えだとマイナスイメージで捉えてしまうんじゃないかな。

問1　a　b　c　d　e

問2　A　F

問3

問4

問5

問6

問7

3

令和六年度 東海高等学校入学試験問題 国語 その三

二 次の文章は、寺地はるな『どうしてわたしはあの子じゃないの』の一節である。中学校二年生の小湊雛子(ミナ)は、友人の三島天とともに、地域の伝統芸能である「肘差天衝舞浮立」の練習に向かうところである。以上をふまえ、後の問いに答えなさい。

「今日ぐらい休もうよー」と抵抗する天を引きずるようにして体育館に向かった。

天は新しいTシャツに着替えていた。フリルやファスナーがごてごてと縫いつけられていて、すごく暑そうだ。もちろんそのTシャツも、※1**安藤針**の衣装を真似て天がリメイクしたものだ。

「浮立とかクソだよ」

「そんなこと言わないで」

「ミナがなんて言おうとクソはクソだから」

地面を蹴るようにして、天は歩く。

「ミナは、わたしとは違って[A]いい子だからそういうふうには思わないんだろうけど」

いい子だから。二度繰り返して、天は国道沿いの川に目を転じた。次に言うべき言葉が流れてくると思ってるみたいに、橋を渡り終えるまで見つめ続けた。

小湊雛子です。今よりずっとおさない自分の声が、ⓐ唐突に耳の奥で響いた。山や空や、天の横顔がぐにゃりと歪んで、過去に連れ戻される。小学二年の二学期の始業式の日だった。ふりがなつきで大きく名前が書かれた黒板を背にして、新しいクラスメイトたちの顔を見まわした。

「小湊雛子です。名字がコミナトだから、[B]前の学校ではミナと呼ばれていました。仲良くしてください」

嘘だった。ミナなんて、一度も呼ばれたことはなかった。

自分の名前が好きじゃなかった。雛、だなんて。ずっと大人にならないでほしいと言われているようで。東京にいた頃、友だちができなかった。どうしてだかわからないけど気づいたらいつもひとりだった。いつも空想の世界で遊んでいた。その世界でわたしは「ミナ」と呼ばれていた。幼稚園に通っていた頃に読んだ、外国の絵本の主人公の名前だ。ちょっと生意気で、おしゃれなミナ。小湊だからみんなにそう呼ばれてたと言えばきっと信じてもらえるに違いないと、八歳の私は計算し、嘘をついたのだ。

誰の隣に座ったとか、最初の授業がどんな内容だったとか、もう覚えていない。休み時間になると、女子みんなから取り囲まれた。東京で有名人を見たことがあるかとか、ディズニーランドに行ったことがあるかとか、ⓑ矢継ぎ早に質問された。がんばって答えたし、最初はみんな「へー!」と感心していたけど、徐々に空気が変わりつつあるのを感じていた。わたしの話しかたを真似して、岡本さつきちゃんたちがくすくす笑いだした。岡本さつきちゃんは肌が浅黒くて、歯と白目の部分が際立って白い。笑うとよりその白さが強調された。

天はなぜか、今もわたしのことを「転校してきた時からずっと人気者だった」と思っているらしいが、それはただの記憶違いだ。ずっと女の子たちから遠巻きに見られていた。トイレもひとりで行った。給食を食べる時も、休み時間も、じっと黙っていた。口を開けば「喋り方が違う」と笑われた。その頃長く伸ばしていた髪は、毎朝母の手によって凝ったかたちに編みこまれていた。それをじろじろ見られるのがいやだった。筆箱や、ハンカチや、持ちもののひとつひとつを値踏みするように観察されるのもうっとうしくてたまらなかった。同じクラスにいた天が教室でどんなふうに過ごしていたかは覚えていない。視界に入っていなかったのだ。はじめて言葉を交わしたのは肘差天衝舞浮立の日だった。朝からずっと太鼓の音がしていた。

「今日は、お祭りがあるんだって」

母はそう教えてくれたけど、※2**祖父**ははやくから出かけていて、いなかった。

「[C]連れていってくれとせがむと渋い顔をした。だから目を盗んで、こっそり外に出たのだ。

肘差神社に続く石段をのぼった。

どんな場所かは知っていた。引っ越してきた日の翌日に父と母と三人でお参りしたから。その日、目を閉じて長々と手を合わせていた父に、わたしはいったいなにをお願いしていたのかと訊ねた。

「お願いはしてないよ。挨拶をしていたんだ」

「挨拶?」

「これからよろしくお願いしますって」

神様のことをまるで近所の人みたいに言うんだなと、なんだかおかしかった。わたしがそれを指摘すると父はふっと目を細めた。

「そうかもしれないね。だって神さまはみんなのことを知ってるはずだから」

「わたしのことも?」

「もちろん」

神さま。神さま。心の中で唱えながら、石段をのぼり続けた。神さま。ここにいるわたしを[ ]ですか。それなら、どうかわたしに友だちをください。

石段をのぼりきったところに、子どもが立っていた。髪が短くて、恐竜のイラストが描かれたTシャツを着ていたから男の子だと思った。天は当時、お兄さんのおさがりばかり着せられていた。

お祭りと母は言ったのに、だだっぴろい空間にはなにもなかった。わたあめも、金魚すくいも、なにひとつ。

「お祭りは……?」

「お祭りってなに? 今日はフリュウの日」

フリュウ。はじめて聞く言葉に戸惑う。太鼓の音が近づいてくる。天ははっとしたように、木の陰に向かって歩き出した。あしをずるずる引きずるようにして。よく見ると左足首に包帯が巻かれている。天が振り返ってわたしに向かって手招きした。

「こっち来て」

天はわたしに、そこに隠れるように命じた。背の高い草が生い茂っていたからほんのすこし腰を屈めるだけで済んだ。

「なに?」

「今からゴキトウがはじまる。テンツクマイは子どもの役目で、ゴキトウは大人の男だけ」

「ゴキトウってなに?」

ご祈禱と言ったのだと、今ならわかる。でもその時は外国語みたいに聞こえた。テンツクマイも。

「お祈りのこと」

自分もほんとうはテンツクマイを踊るはずだったが捻挫したのでやらずに済んだと、どこか得意げに顎を上げて、包帯を指さしてみせた。

太鼓の音が大きくなる。白い着物を着た男の人が姿を現した。黄色い紐で、胸の前にくくりつけられた太鼓。同じかっこうの人が十人ほどいただろうか。最後尾の人は吹き流しみたいなものを掲げていたけど、そこに書かれていた文字は難しい漢字ばかりで読めなかった。ⓒ神妙な面持ちで、頭を垂れて神社の奥の暗い建物の中へ入っていく。

夢の中の風景みたいだった。どちらかというと悪夢の部類に入るけど。

「ゴキトウする時は女の人に会うたらいかんことになっとるけん、あの人たちがぐるっと村を一周するあいだ村の女の人はずっと家の中から出られんと。わたしとあんたも隠れとかないかんとよ、わかる?」

その頃の天はまだ方言を使っていた。この子、女の子なんだ。そこではじめてわかった。天はわたしをじっと見て、東京から来たばかりだから知らなかったんだろうという意味のことを言った。いやな感じはしなかった。しかたないよね、というといたわりが滲んでいた。

「わたしのこと知ってるの?」

「同じクラスやけん」

このふしぎな女の子があの息苦しい教室にいたなんて知らなかった。

「ゴキトウする時は、なんで女の人と会っちゃだめなの?」

「あのね、女は汚れているから」

看板の文字を読み上げるような[D]平べったい口調に怯んだ。この子は、大人から繰り返しそう言い聞かされてきたのだ。その言葉の意味を理解するずっと前から。

「わたしたち、ここにいちゃだめなんじゃないの?」

急にこわくなった。見つかったらいったいどうなるのだろう。立ち上がろうとするわたしを、天が押しとどめた。

「いいって」

「でも」

「いいとって、だって」

天は顎を上げて、わたしの目をまっすぐに覗きこんだ。

「汚れてない。汚くない。わたしたちは汚くない。女は、なんも汚くない」

天。今、うんざりしたような顔で隣を歩く天の横顔にこっそり呼びかける。女は汚れている。わたしをひどく怯ませたその言葉を、あなたは丸めたゴミでも捨てるみたいにあっさりと退けた。

[E]天。あなたを嫌いになりたい。あなたはいつだって、わたしを苦しくさせるから。

※1安藤針——天があこがれるミュージシャン。
※2祖父——雛子(ミナ)の父方の祖父で、村会議員をつとめる地域の有力者。

問1 二重傍線部ⓐ「唐突に」、ⓑ「矢継ぎ早に」、ⓒ「神妙な」の意味として最適なものを、それぞれ選択肢1~5から一つ選び、記号で答えなさい。

ⓐ「唐突に」
1 自然に　2 異様に　3 不用意に
4 急に　5 徐々に

ⓑ「矢継ぎ早に」
1 続けざまに　2 一斉に　3 あわただしく
4 真剣に　5 並んで

ⓒ「神妙な」
1 恐怖した　2 落ち着いた　3 かしこまった
4 無感情な　5 おおげさな

令和六年度　東海高等学校入学試験問題　国語　その四

4

問2　傍線部[A]「いい子だから」とあるが、雛子(ミナ)は天のこの言葉についてどのように思ったのか。その説明として最適なものを次の選択肢1～5から一つ選び、記号で答えなさい。

1　自分が浮立の練習に参加するのは決して「いい子」だからではなく、皆がそうするから従っているだけだと思った。
2　普段の言動を意識しているわけではないため、天が自分のことを「いい子」だと認識していたのは意外だと思った。
3　実は自分も浮立の練習に参加するのは面倒だと感じており、天のように「いい子」の枠から外れてみたいと思った。
4　「いい子」でいるために自分は相応の努力と我慢をしており、奔放にふるまう天のことを苦々しい存在だと思った。
5　自分は平気で嘘を言うことができるような人物で、天が思っているような「いい子」だとは言えないのだと思った。

問3　傍線部[B]とあるが、この時、雛子が「ミナ」と名乗ったのはなぜか。その理由の説明として最適なものを次の選択肢1～5から一つ選び、記号で答えなさい。

1　絵本の世界の理想の人物の名を名乗ることで、これまで消極的だった自分を変え、積極的に見られるよう演技をしたから。
2　転校を機に、絵本の世界の理想の人物にあやかり、これまで友だちのできなかった自分が変わっていけたらと願ったから。
3　転校を機に絵本の世界の人物の名で呼ばれていたと嘘をつくことで、「いい子」の殻を破り新たな自分になろうとしたから。
4　誰もが知る絵本の世界の理想的な人物の名を出すことで、皆が自分に興味を持ち、友だちができるだろうと計算したから。
5　絵本に登場する理想的な人物の名で呼ばれることで、友だちのできなかった転校前の辛い記憶を忘れられると思ったから。

問4　傍線部[C]「連れていってくれとせがむと渋い顔をした」とあるが、どうしてか。三〇字以内で答えなさい。

問5　文中の空欄[　　]に入る三字の尊敬語を答えなさい。

問6　傍線部[D]「平べったい口調」から、天のどのような様子が読み取れるか。四〇字以内で答えなさい。

問7　傍線部[E]「天。あなたを嫌いになりたい」と雛子(ミナ)が言うのは、天に対するどのような気持ちからか。その説明として最適なものを次の選択肢1～5から一つ選び、記号で答えなさい。

1　「いい子だから」という言葉で思い出したくない過去を想起させる天のことを敬遠すると同時に、物事に固執しないさっぱりとした天の生き方に強くあこがれ、自分も天のようになりたいと考えるような気持ち。
2　引っ込み思案で周囲とうまく交流することができなかった自分にも分け隔てなく接する天に感謝すると同時に、周囲の感情や地域の風習を無視して我を通そうとする天の生き方に嫌悪感を抱くような気持ち。
3　女性の参加を禁じる伝統文化に敢然と反旗を翻し女性の尊厳を擁護する天を友人として頼もしく思うと同時に、優柔不断な自分と天を比べて劣等感を抱き、自分は天の友人として不相応であると感じるような気持ち。
4　周囲の常識にとらわれず意思をはっきりと示すことができる天のことをうらやむと同時に、自分は天のようにはなれないと感じ、天を嫌いになることで望ましくない自分のありようから逃れたいと思うような気持ち。
5　男女の別や地域の風習に縛られず自分らしく生きる天に好意を抱くと同時に、天のようには生きられない自分を嫌悪し、天とは異なる「いい子」に固執することで何とか自己嫌悪感から逃れたいと祈るような気持ち。

問8　本文の表現とその効果の説明として最適なものを次の選択肢1～5から一つ選び、記号で答えなさい。

1　転校後に雛子(ミナ)が級友から受けた仕打ちを具体的に羅列している。これにより、彼女の心から余裕が失われ、しばらく天の存在に気付かなかった経過を自然なものとしている。
2　「だだっぴろい空間にはなにもなかった。わたあめも、金魚すくいも、なにひとつ」には倒置法が用いられる。これにより、これから行われる浮立の神秘性が強調されている。
3　「フリュウ」「ゴキトウ」「テンツクマイ」などの語がカタカナで表記される箇所がある。これにより、初めて見る浮立の荘厳さに戸惑ってしまった雛子(ミナ)の心情が表されている。
4　小学生の頃は方言を使っていた天が徐々に方言を用いなくなる経過が説明されている。これにより、地方の因習に反感を示す天の内面が間接的に描き出されている。
5　本文は、全体を通して雛子(ミナ)と天の会話を中心として展開されている。これにより、登場人物の言動の背景や心情を時間の流れに沿って自然に描き出す効果をあげている。

問1　a　b　c

問2

問3

問4

問5

問6

問7

問8

「その１」 受験番号 200

※100点満点
（配点非公表）

(50分)

5 令和６年度　東海高等学校入学試験問題　数　学　その１

各問題の［　］の中に正しい答えを記入せよ。なお，「その１」と「その２」の裏を計算用紙として使ってよい。

1 (1) 2024^2-1976^2 を計算すると［ア］である。

(2) 点数が０点以上10点以下の整数である小テストを７人の生徒が受験したところ，平均値は５点，最頻値は７点であった。このとき，中央値のとりうる値をすべて求めると［イ］である。

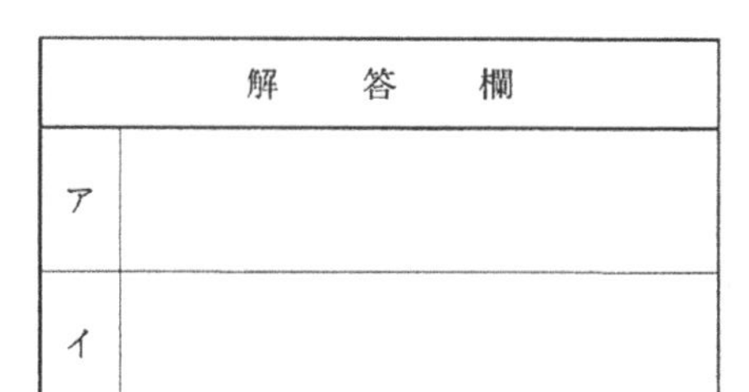

解答欄	
ア	
イ	

2 サイコロを２回投げ，１回目，２回目に出た目の数をそれぞれ a,b として，x の１次方程式 $ax-b=c$ を作る。

(1) $c=0$ のとき，この１次方程式の解が整数となる確率は［ウ］である。

(2) $c=18$ のとき，この１次方程式の解が整数となる確率は［エ］である。

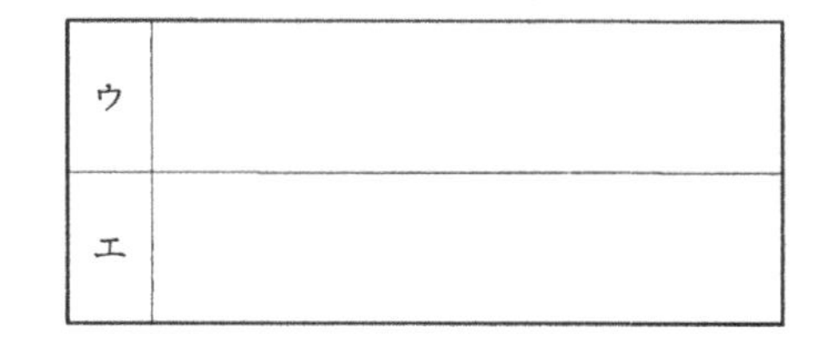

ウ	
エ	

3 図のように，放物線 $y=ax^2$ $(a>0)$ 上に２点 M, N がある。
M, N の x 座標がそれぞれ３，４であり，y 座標の差は14である。

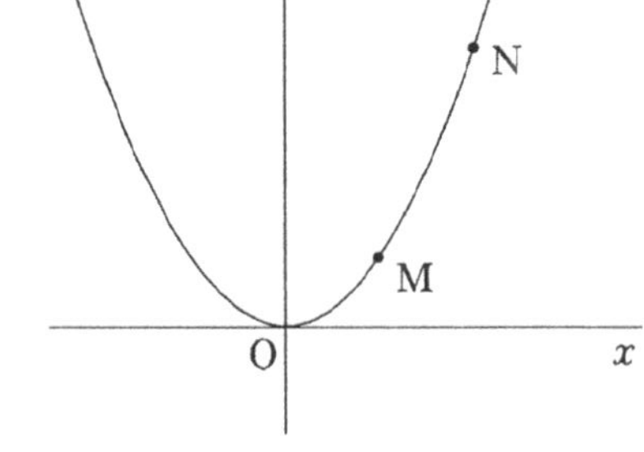

(1) $a=$［オ］である。

(2) 線分 MN を直径とする円と y 軸との交点の座標は（０，［カ］），（０，［キ］）である。
ただし，［カ］＜［キ］とする。

(3) (2)で求めた（０，［カ］）を点Ｌの座標とする。また，点Ｐを放物線上の点で，△PMN の面積が △LMN の面積の２倍であるような点とする。このとき，Ｐを通り直線 MN に平行な直線と y 軸との交点の座標は（０，［ク］）である。

オ	
カ	
キ	
ク	

受験番号 200　「その2」

6　令和6年度　東海高等学校入学試験問題　数学　その2

4 図のように，1辺の長さが7cmである正三角形ABCが円Oに内接している。点Pは弧BC上を動き，$\angle BPC=120°$である。

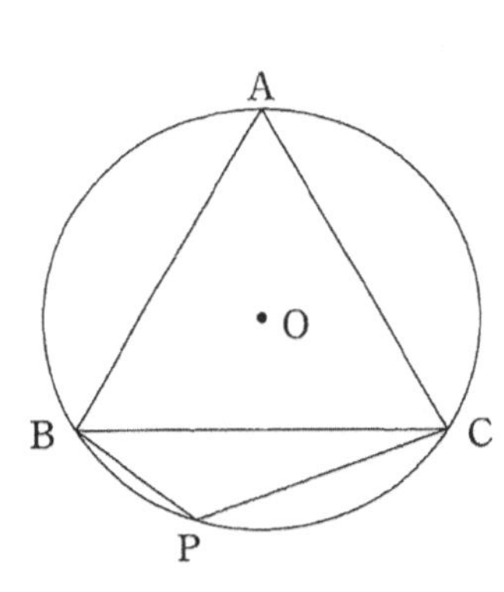

(1) 円Oの半径は［ケ］cmである。

(2) $\angle BAP=15°$のとき，CP＝［コ］cmである。

(3) △ABPの面積が△ABCの面積の$\frac{1}{2}$倍になるとき，CP＝［サ］cmである。

ケ	
コ	
サ	

5 図のように，1辺がすべて4cmの正四角錐O－ABCDがある。辺OD，辺OC上にOP＝OQ＝1cmとなる点P, Qをとり，点Qから辺AB, CDにそれぞれ垂線QR, QSをひく。このとき，

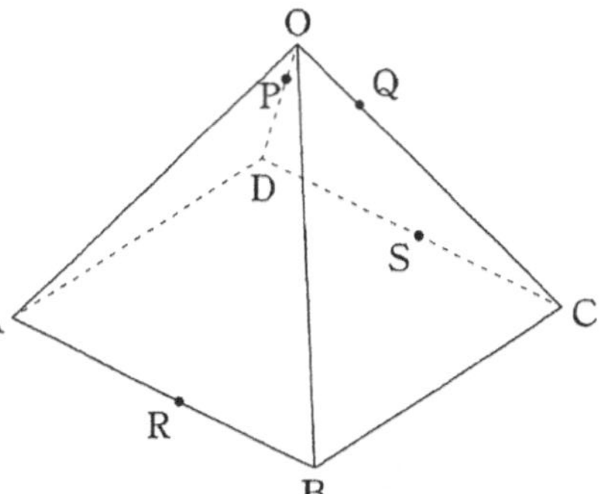

(1) 正四角錐O－ABCDの体積は［シ］cm^3である。

(2) △QRSの面積は［ス］cm^2である。

(3) 四角錐O－ABQPの体積は［セ］cm^3である。

シ	
ス	
セ	

(50分)

7

令和六年度　東海高等学校入学試験問題　英語　その一

受験番号　200

「その1」

※教英出版注
音声は，解答集の書籍ＩＤ番号を教英出版ウェブサイトで入力して聴くことができます。

1 【リスニング問題】試験開始の約５分後に放送が始まります。

問１　英文が放送された後、その内容に関する５つの質問（1～5）が流れます。それぞれの質問に対する答えを、英単語ではなく、算用数字で書きなさい。英文と質問は、２回流れます。

問２　ストリーミングサービスでどの映画を見るか話し合っている２人の会話を聞き、以下の条件（6～10）にもっともよく当てはまる映画を下の選択肢の **A～F** からそれぞれ選び、記号で答えなさい。会話は１回だけ流れます。

6. 一番笑える映画　**7.** ボブが見た映画　**8.** 一番長い映画
9. 一番怖い映画　**10.** アニメの映画

【選択肢】
A. Elephant（エレファント）　**B.** First Mountain（ファースト・マウンテン）
C. One Day, One Dog（ワン・デイ、ワン・ドッグ）
D. Small Fish（スモール・フィッシュ）　**E.** Tom's House（トムズ・ハウス）
F. Under the Rainbow（アンダー・ザ・レインボー）

2 次の英文を読み、後の問いに答えなさい。

Every day after school the children went to play in the Giant's garden. It was a big beautiful garden, (**1**) soft green grass. There were many beautiful flowers everywhere, (**2**) stars. There were twelve peach trees (**3**) in the spring had small pink and white flowers. In the autumn, the trees had many delicious sweet peaches. The birds (**4**) on the trees and (**5**) sweetly, and sometimes the children stopped (**6**) to listen.

"We are very happy here!" they said to each other.

One day the Giant came back. Seven years ago, he went to visit his friend, *the Cornish ogre, but after seven years, he had no more words. He decided to go back to his own castle. When he came home, he saw the children (**6**) in the garden.

"What are you doing here?" he cried (**7**) a very angry voice, and the children ran away.

"My own garden is my own garden," said the Giant. "Everyone can understand that, and only I can play in it." So he (**8**) a big wall all around it, and (**9**) up a sign.

(10)He was a very selfish Giant.

【注】*the Cornish ogre：コーンウォールの人食い鬼

問１　(**1**)～(**9**)に入る適語を下の語群から選び、必要があれば適切な形に変えて答えなさい。同じ語は一度しか使えません。なお、(**6**)は両方同じものが入ります。

【語群】

play	put	build	sing	sit
like	that	in	with	

問２　下線部(10)が次の英文とほぼ同じ内容になるよう、(**A**)(**B**)に入る適語を本文中からそれぞれ１語で抜き出して答えなさい。

He cared (**A**) about himself, and not about (**B**) people.

3 次の３つの【場面】に関して、それぞれ英語でどのように言うとよいか考え、空所**(1)**～**(4)**に当てはまる英語を、それぞれ指定された語数で書きなさい。ただし、空所の途中で文（センテンス）を区切ってはいけません。

【場面 A】外国人観光客に対して、名古屋はどのような都市か説明したい。
Nagoya is (1)＿＿8語以上12語以下で＿＿.

【場面 B】バス停で長い間待っている様子の人に対して、「どれくらいの間バスを待っているのですか？」と尋ねたい。
Excuse me. (2)＿＿9語で＿＿?

【場面 C】クラスメイトから、「親友とけんかをしてしまったが、どのようにすれば仲直りできるか？」と相談を受けて、相手の立場に立ってアドバイスをしたい。
If I were you, (3)＿＿5語以上10語以下で＿＿. (4)＿＿8語以上12語以下で＿＿.

4 次の説明と後に続く英文を読み、後の問いに答えなさい。

【説明】リー（Leigh）はカリフォルニアに住む小学校６年生である。両親は離婚し、母親と一緒に暮らしている。父親はトレーラーを牽引するトラック（rig）の運転手で、アメリカ全土に作物を運んでいる。リーは将来作家になるのが夢で、憧れの作家はヘンショー（Henshaw）氏である。リーは最近、地元の若い作家向けの文芸誌（Young Writer's Yearbook）に作品を出品した。以下は、彼が日記に書いたことである。

Monday, March 26

Today wasn't the greatest day of my life. When our class went to the library, I saw the Yearbooks and couldn't wait for Miss *Neely to pass them out. When I finally got mine and opened it to the first page, I saw I didn't win first prize. I kept turning. I didn't win second prize, and I didn't win third or fourth prize, either. Then I turned another page and saw *Honorable Mention and under it:

A DAY ON DAD'S RIG
by
LEIGH M. BOTTS

There was my title with my name under it in print. I can't say I wasn't disappointed because I didn't win a prize, I was. I was really disappointed about not getting to meet the mysterious Famous Author, ❶[seeing / my / but / liked / I / name] in print.

Miss Neely announced that the Famous Author the winners would have lunch with was *Angela Badger. ❷[than / excited / the boys / more / the girls / were] because Angela Badger writes mostly about girls with problems like big feet or *pimples. I would still like to meet her because she is a real live author, and I've never met one. I am glad ❸Mr. Henshaw isn't the author because then I would really be disappointed that I couldn't meet him.

8

令和六年度　東海高等学校入学試験問題　英語　その二

「その2」

受験番号 200

Friday, March 30

Today was an exciting day. In the middle of second period Miss Neely called me from class and asked, "Would you like to go have lunch with Angela Badger?" I said, "Sure, (**1**)?"

Miss Neely explained that the teachers discovered that the winning poem was copied from a book and wasn't original so the girl couldn't go. Then Miss Neely asked, "Would you like to go in her place?" Of course, I would!

Miss Neely telephoned Mom for *permission. Then Miss Neely drove us to the *Holiday Inn. The winners and the *librarians from other schools were waiting there. Then Angela Badger arrived, and we all went into the dining room. One of the librarians who was probably a Super Librarian told the winners to sit at a long table. Angela Badger sat in the middle and some of the girls pushed to sit beside her. I sat across from her. Super Librarian explained that we could choose our lunch from the salad bar.

<一部省略>

I was still ❹[to / to / of / interesting / think / say / trying / something] to Mrs. Badger while I *chased some beans around my plate with a fork. Several girls did all the talking. They were telling Mrs. Badger (**2**) they wanted to write books just like hers.

Mrs. Badger tried to get some of the shy people to talk without much luck, and I still couldn't find anything to say to a lady who wrote books about girls with big feet or pimples. Finally, Mrs. Badger looked straight at me and asked, "What did you write for the Yearbook?"

I felt myself turn red and answered, "[**A**]."

"Oh!" said Mrs. Badger. "So you're the author of *A Day on Dad's Rig*!"

❺Everyone was quiet. Not even one of us thought the real live author would read our writing but she did and she remembered my title.

"[**B**]," I said, but I was thinking, She called me an author. *A real live author called me an author.*

"What difference does that make?" asked Mrs. Badger. "Judges never agree. I liked *A Day on Dad's Rig* because it was written by a boy who wrote *honestly about something he knew and had strong feelings about. You made me feel what it was like to ride down a *steep grade with tons of grapes behind me."

"[**C**]," I said. I felt a lot braver.

"Who cares?" said Mrs. Badger. "The ability to write stories comes later, (**3**) you have lived longer and have more understanding. *A Day on Dad's Rig* was *splendid work for a boy your age. You wrote like *you*, and you did not try to copy someone else. This is one mark of a good writer. Keep it up."

I noticed the girls (**4**) said they wanted to write books just like Angela Badger exchange embarrassed looks.

"Gee, thanks," was all I could say.

On the ride home, everybody was talking about Mrs. Badger this, and Mrs. Badger that. I didn't want to talk. I just wanted to think. A real live author called *me* an author. ❻A real live author told me to keep it up.

【注】

*Neely: ニーリー（名字）
*Angela Badger: アンジェラ・バジャー（人名）
*permission: 許可
*librarian: 司書、図書館員
*honestly: 正直に、素直に、誠実に
*splendid: すばらしい、この上ないほどよい
*Honorable Mention: 特別賞、選外佳作
*pimple: 吹き出物、にきび
*Holiday Inn: ホリデイ・イン（ホテルの名前）
*chase: 追いかけまわす
*steep grade: 急な坂道

問1　括弧❶❷❹内の語句を意味が通るように並べかえなさい。文頭に来る語も小文字で始めてあります。

問2　下線部❸とはどのようなことか、解答欄内に収まるように日本語で説明しなさい。

問3　空欄(1)～(4)にもっともよく当てはまる語を選択肢からそれぞれ選び、記号で答えなさい。選択肢は一度しか使えません。

ア how　イ what　ウ when　エ where　オ which
カ who　キ why

問4　空欄[A]～[C]にもっともよく当てはまるセリフを選択肢から選び、記号で答えなさい。選択肢は一度しか使えません。

ア But I couldn't make it into a story
イ About a story my dad wrote
ウ But I did my best to write a story
エ Just something about a ride on a truck
オ I have never read any of your books
カ I'm very happy you liked my story
キ I just got Honorable Mention

問5　下線部❺の理由を、解答欄内に収まるように日本語で説明しなさい。

問6　下線部❻の理由として適切なものを選択肢から3つ選び、記号で答えなさい。

ア　Leighは思い入れの強いことについて書いたから。
イ　Leighの作品は、物語としてよく工夫されていたから。
ウ　Leighの作品は、審査員たちがそろって素晴らしいと思うものだったから。
エ　Leighの作品は、Angela Badgerに対して臨場感が伝わるものだったから。
オ　Leighは他の人を模倣しようとせずに、自分らしく書いたから。
カ　Leighがよく知らない題材について調べ、題材に果敢に挑んだから。
キ　Leighの作品は、Angela Badgerに自身の子ども時代を思い起こさせたから。
ク　Leighの作品からは、他の作家から学ぼうとする姿勢がうかがわれたから。

「その３」

受験番号

200

9

令和六年度　東海高等学校入学試験問題　英語　その三

1

問１

1.　　歳	2.　　年　　月　　日	3.　　人	4.　　番目	5.　　回

問２

6.	7.	8.	9.	10.

2

問１

1.	2.	3.	4.
5.	6.	7.	8.
9.			

問２

A.	B.

3

(1)

(2)

(3)

(4)

4

問１	❶			
	❷			
	❹			
問２				
問３	(1)	(2)	(3)	(4)
問４	A	B	C	
問５				
問６				

小計①

小計②

合計

※100点満点
（配点非公表）

※教英出版注
音声は，解答集の書籍ＩＤ番号を教英出版ウェブサイトで入力して聴くことができます。

問１

Robert Jones, one of the world's most popular rock singers, has died after a short illness. He died in New York on Christmas Day 2023, just one week before his 85th birthday. His early life was difficult, because not long after he was born in London on New Year's Day 1939, the city was being bombed almost every day. He and his two older brothers were sent to Wales to escape the bombs. They were later joined by his sister and younger brother.

In Wales, he learned to sing. On his 18th birthday he released his first album. It did not sell well, but his live shows were becoming more and more popular. His second album went on sale two years later and sold better, but his next album made him famous worldwide. It was the first solo album to sell over 10 million. It was the only one of his 13 albums to do so.

Although he was successful as a singer, his private life was more difficult. He married three times before he was 40, but each marriage ended in less than a year. Then, in 1988, he met the woman he loved most, Zara Majid. They married in Barbados in 1992 and had three children together. Unfortunately, two of their children were killed in a car accident in 2009.

A special concert for Robert Jones will take place this month. It was going to be held to celebrate Robert's 85th birthday, but will now be a memorial to his life.

Questions

1. How old was he when he died?
2. When was he born?
3. How many brothers did he have?
4. Which of his albums sold over 10 million copies?
5. How many times did he marry?

問２

A: What are you doing, Bob?

B: I'm trying to decide what to watch tonight. I love Webflix, but there are so many choices. Do you have any suggestions?

A: What about *Small Fish*? That comedian, Johnny Nevada is in it, so it should be funny.

B: I don't think *Small Fish* is a comedy, though. It's about the star of a minor rugby team joining a much bigger team and the difficulty he has.

A: Oh, you're right. That doesn't sound very funny.

B: How about *Tom's House*? It says here that it's "a laugh-a-minute story about professional bingo players". Dave said it's the best comedy he's seen this year.

A: Sounds amusing. How long is it? I can't stay up late. I have work tomorrow.

B: It's 116 minutes. That's not too bad. And I love bingo!

A: Hmmm, so maybe *Tom's House* is the one… but what about *One Day, One Dog*? I love movies about animals. I thought *Under the Rainbow*, you know, that animation about wild cats living in the forest, was excellent.

B: Yes, *Under the Rainbow* was a great animation, but *One Day, One Dog* isn't about animals, Sue. It's a documentary about selling fast food from a truck in New York. It doesn't sound fun, and it's almost 3 hours long.

A: 3 hours? Are you sure it's just about one day? We could watch *Elephant*, the one about the jazz musician. I heard that's good.

B: Did you hear that from me? I watched it last week! And it is good, but the name *Elephant* is right because it's a huge movie, too – 153 minutes.

A: Sorry, I forgot you went to see it. I can't believe you sat in the movie theater that long.

B: Yeah, I wanted to see *First Mountain*, but there were no tickets left. I really enjoyed *Elephant,* though.

A: What's *First Mountain*? I don't know that one.

B: *First Mountain*? It's a horror movie. I heard it's really frightening. But it's not on Webflix yet. I really want to see it, but we can't watch it tonight.

A: Yes, you're right. So, I guess it's the comedy about bingo for us. Let's watch it now so I can go to bed early.

(50分)

10

令和六年度　東海高等学校入学試験問題　理科　その一

「その１」　受験番号　200

※100点満点（配点非公表）

1　T君は(あ)消化酵素についての授業で，アミラーゼは(い)デンプンを麦芽糖に分解し，カタラーゼは過酸化水素を(う)水と酸素に分解することを学んだ。T君は授業で学んだ酵素の働きについて確認するため，だ液に含まれるアミラーゼと，肝臓に多く含まれるカタラーゼの２つの酵素について実験を行った。実験は，各試験管にそれぞれ試料を入れ，40℃に温めて観察した。T君が行った実験内容と結果を以下の表にまとめた。

	試験管に入れるもの（試料）	温度	液性	結果
実験１	デンプン溶液 10 cm^3，だ液 2 cm^3	40℃	中性	反応あり
実験２	過酸化水素水 10 cm^3，だ液 2 cm^3	40℃	中性	反応あり
実験３	デンプン溶液 10 cm^3，鶏の肝臓片１つ	40℃	中性	反応なし
実験４	過酸化水素水 10 cm^3，鶏の肝臓片１つ	40℃	中性	反応あり

T君は，(え)実験２の結果は「反応なし」と予想していたが，予想とは異なり(お)気体が発生した。

(1)　下線部(あ)に関連して，ヒトの消化液に含まれる酵素を２つ挙げ，その酵素が分解する物質をそれぞれ答えなさい。ただし，アミラーゼとカタラーゼは除く。

(2)　下線部(い)の反応が起きたことを確認するためには，どのような試薬を用い，どのような結果が得られればよいか，簡潔に答えなさい。

(3)　下線部(う)に関連して，実験２や実験４の試験管内で発生した気体が「酸素」であることを確認したい。身近にあるものを用いた確認方法を簡潔に答えなさい。

(4)　T君は教科書で学んだ酵素特有の性質から下線部(え)のような予想をした。この「酵素特有の性質」とはどのような性質か答えなさい。

(5)　下線部(お)の結果をふまえて，「過酸化水素水 10 cm^3，水 2 cm^3」を試料として実験２の対照実験を行ったところ，気体が発生しなかった。このことから考えられることを簡潔に答えなさい。

2　次のそれぞれの文（ア，イ）の正誤を判断し，両方とも正しい場合には「○」，アのみ正しい場合には「ア」，イのみ正しい場合には「イ」，両方とも誤っている場合には「×」を記入しなさい。

(1)　ア　すべての植物は維管束をもち，葉・茎・根の区別がある。
　　イ　メンデルの実験における子の遺伝子の組み合わせが Aa の場合，親どうしの遺伝子の組み合わせは必ず異なる。

(2)　ア　ある場所に生息する生物と，その生物をとりまく環境をまとめて生態系とよぶ。
　　イ　節足動物，軟体動物はどちらも無脊椎動物であり，子のうみ方は卵生である。

3　次の文章を読み，下の各問いに答えなさい。なお，気体の体積は，同温・同圧の条件下では，気体の種類に関係なく気体分子の数に比例する。

地球は太陽系の天体のなかで水が豊富に存在する唯一の惑星で，(あ)地球上の水は液体だけでなく，気体の水蒸気や固体の氷の状態でも存在する。地球上には約14億 km^3 の水が存在するが，その大部分の97.5%は塩水で，淡水はわずか2.5%にすぎない。これら地球上の水は中性とは限らず，(い)雨水は弱酸性，(う)海水は弱アルカリ性である。最近では，化石燃料の消費に伴って増加した大気中の(え)二酸化炭素が海水に溶けこむことで，海水の pH が次第に小さくなっていることが報告されている。

(1)　下線部(あ)に関連して，0℃の氷を加熱し，液体の水を経て，100℃の水蒸気とした。4℃の液体の水および100℃の水蒸気の体積は，もとの0℃の氷と比較して何倍になったか。最も適当な値を次のア～キから１つずつ選び，記号で答えなさい。ただし，0℃の氷の密度は 0.92 g/cm^3，4℃の液体の水の密度は 1.00 g/cm^3，100℃の水蒸気の密度は 0.00060 g/cm^3 とする。

ア　0.00060倍　　イ　0.00065倍　　ウ　0.92倍　　エ　1.00倍　　オ　1.09倍
カ　1530倍　　キ　1670倍

(2)　下線部(い)に関連して，酸性雨に関する記述として**誤りを含むもの**を，次のア～オから**すべて**選び，記号で答えなさい。

ア　酸性雨とは pH が７より小さい雨水のことである。
イ　酸性雨の原因物質の一つである硫黄酸化物は，硫酸に変化して雨水に溶けこむ。
ウ　酸性雨の原因物質の一つである窒素酸化物は，光化学スモッグの原因にもなる。
エ　酸性雨のもたらす被害の一つに，オゾン層の破壊がある。
オ　大理石の主成分は炭酸カルシウムであり，大理石でできた彫刻は酸性雨の被害を受ける。

(3)　下線部(う)に関連して，海水をモデルとした25℃の塩化ナトリウム水溶液100gに塩化ナトリウムを32g加えると，塩化ナトリウムの飽和水溶液が得られた。もとの塩化ナトリウム水溶液の質量パーセント濃度は何%か。小数第２位を四捨五入して答えなさい。ただし，塩化ナトリウムは25℃の水100gに36gまで溶けるものとする。

(4)　下線部(え)に関連して，二酸化炭素が発生する次の２つの反応の化学反応式をそれぞれ記しなさい。

①　酸化銅を炭素と混合して加熱した。
②　炭酸水素ナトリウムに塩酸を加えた。

(5)　水は，水素と酸素を反応させることで生成する。いま，温度・圧力が一定の条件で，水素 12 cm^3 と酸素いくらかを混ぜて反応させた。このとき，混ぜた酸素の体積〔cm^3〕と反応後に残った気体の合計の体積〔cm^3〕の関係を，グラフに記しなさい。混ぜた酸素の体積は 0～14 cm^3 とし，生じた水はすべて液体であるとする。

(6)　炭素棒を電極に用いて，ビーカーⅠに水酸化ナトリウム水溶液，ビーカーⅡに塩化ナトリウム水溶液を入れ，それぞれ電気分解を行った。ビーカーⅠでは電極から気体Aおよび気体Bが発生し，ビーカーⅡでは気体Aおよび気体Cが発生した。次の①～④に答えなさい。ただし，電極で発生した気体の水への溶解は無視できるものとする。

① 気体A～Cの化学式を記しなさい。
② 気体Bが発生したのは陽極・陰極のどちらか。解答欄の正しい方を○で囲みなさい。
③ ビーカーⅠ，ⅡにBTB溶液を加え，電気分解を行った。２つのビーカーの陰極付近の色の変化として最も適当なものを，次のア～カから１つずつ選び，記号で答えなさい。

ア　青色のまま　　イ　黄色のまま　　ウ　緑色のまま　　エ　緑色→青色　　オ　青色→緑色
カ　黄色→緑色

④ ビーカーⅠ，Ⅱで電気分解を行ったところ，同温・同圧条件下で同体積の気体Aが発生した。このとき，ビーカーⅠで発生した気体BとビーカーⅡで発生した気体Cの体積比を，最も簡単な整数比で答えなさい。

令和六年度　東海高等学校入学試験問題　理科　その二

「その2」

受験番号　200

1の解答欄

(1) 酵素名　分解する物質	酵素名　分解する物質
(2) 試薬名　結果	
(3)	
(4)	
(5)	

2の解答欄

(1)	(2)

3の解答欄

(1) 4℃の液体：　100℃の水蒸気：	(2)	(3)　%
(4) ①		
(4) ②		

(5)	(6)
残った気体の体積〔cm³〕 / 混ぜた酸素の体積〔cm³〕（0～14のグラフ）	① A　B　C
	② 陽極　・　陰極
	③ I　II
	④ B : C =　:

4　人の目には凸レンズの役割をする水晶体があり，水晶体で屈折した光が網膜上で像を結ぶ（以下，結像という）ことで物体をはっきり見ることができる。近視の場合，遠くの物体をはっきり見ることができないのは，物体からの光が網膜上で結像するように水晶体の焦点距離を調節できず，網膜の手前で結像するためである。このことを理解するため，焦点距離が調節できる凸レンズ（水晶体）前方に物体，凸レンズ後方（レンズの中心からの距離L〔cm〕）にスクリーン（網膜）を置いたモデルを考える（図1）。

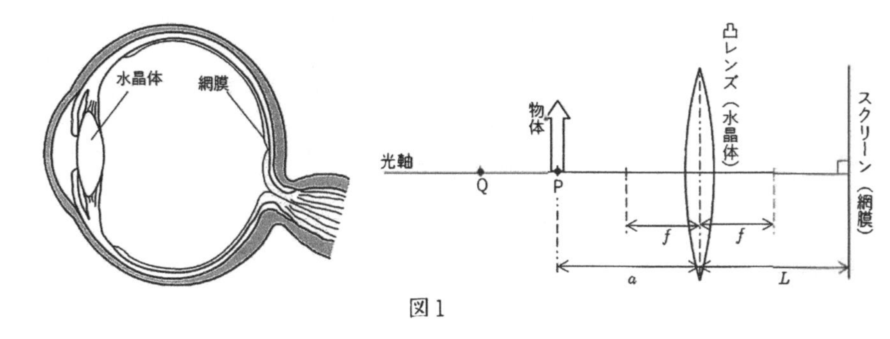

図1

光軸上の点P（凸レンズの中心からの距離a〔cm〕）にある物体からの光がスクリーン上で結像するとき，a，L，および凸レンズの焦点距離f〔cm〕の間には

$$\frac{1}{a}+\frac{1}{L}=\frac{1}{f}$$

が成り立つ（これをレンズの公式という）。このモデルでは，凸レンズの中心からの距離a〔cm〕をかえると物体からの光が網膜上で結像するように凸レンズ（水晶体）の焦点距離がかわり，点Q（レンズの中心から物体までの距離$A(>a)$〔cm〕）までは物体からの光がスクリーン上で結像していたとする。

(1)　以下の文中の（　あ　）・（　い　）にあてはまる語句を**解答群**からそれぞれ1つずつ選び，記号で答えなさい。また（　う　）にあてはまる数式を答えなさい。

物体を点Pから点Qに向かってゆっくりと凸レンズから遠ざけていくとき，凸レンズの焦点距離は（　あ　），スクリーン上に映る像の大きさは（　い　）。点Qまでは物体からの光がスクリーン上で結像することから，凸レンズの焦点距離は$f_1=$（　う　）〔cm〕までかえることができる。さらに，物体を点Qから遠ざけていったとき，凸レンズの焦点距離はf_1〔cm〕のままとなるので，物体からの光はスクリーンの手前で結像し，スクリーン上には物体の像がはっきりと映らなくなる。

（　あ　）の解答群　ア　長くなり　　イ　短くなり　　ウ　変わらず
（　い　）の解答群　ア　大きくなっていく　　イ　小さくなっていく　　ウ　変わらない

遠くの物体をはっきりと見るために眼鏡（焦点距離F〔cm〕の凹レンズ）を，凸レンズの中心と凹レンズの中心の距離がD〔cm〕となるように，光軸に対して垂直に置く（図2）。遠くの物体からの光は，光軸に対して平行に進み，凹レンズで屈折した光は凹レンズの前方にある光軸上の点R（凹レンズの焦点）から光が伝わってきたように進むものとする。また，凸レンズの焦点距離がf_1〔cm〕のとき，遠くの物体からの光（光軸に平行な光線）がスクリーン上で結像したとして，以下の問いに答えなさい。

(2)　f_1〔cm〕をF，D，Lを用いて表しなさい。

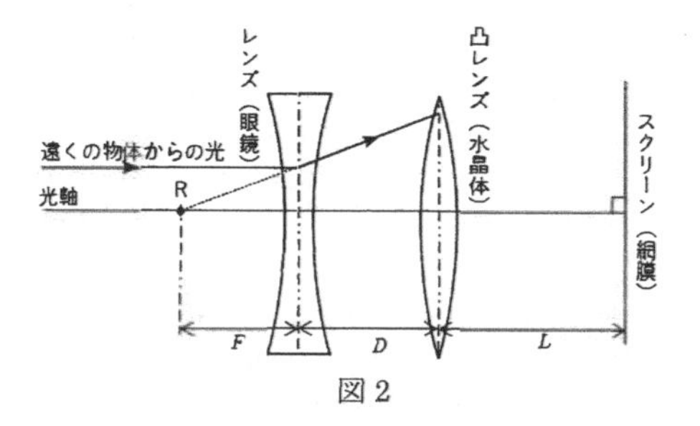

図2

(3)　(1)，(2)より，このモデルで$A=20$ cm，$D=1.0$ cmとしたとき，遠くの物体からの光が凹レンズおよび凸レンズを通ってスクリーン上で結像するためには，凹レンズの焦点距離F〔cm〕はいくらでなければならないか答えなさい。

5　長さL〔m〕の糸の一端を天井に固定し，他端に物体を取り付けた振り子がある。物体が運動する間，物体にはたらく空気抵抗や摩擦は無視する。

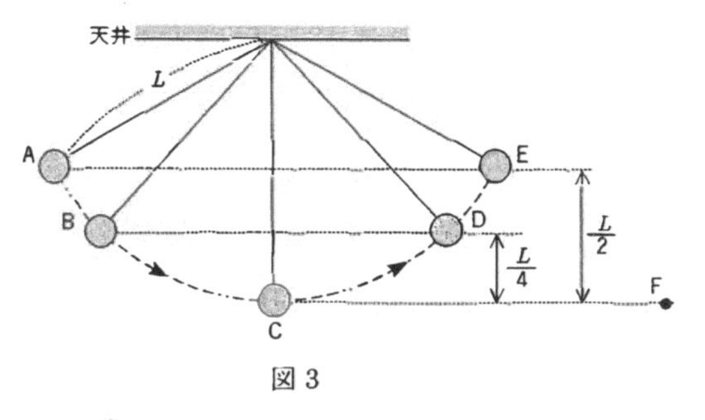

図3

I　物体を点A（点Cから高さ$\frac{L}{2}$〔m〕）まで糸がたるまないように持ち上げてから静かに手をはなしたところ，物体は最下点Cを通過後，点Aと同じ高さの点Eに達した（図3）。物体の位置エネルギーは点Cの位置を基準とし，点Aにおける物体の位置エネルギーをU〔J〕で表すものとする。

(1)　物体が点Aから点Eの間を運動しているとき，物体の位置エネルギーが運動エネルギーの2倍となる位置を点Cからの高さ〔m〕で答えなさい。

「その3」

受験番号 200

12

令和六年度　東海高等学校入学試験問題　理科　その三

Ⅱ　Ⅰと同様に点Aで物体から静かに手をはなし，点D（点Cから高さ $\frac{L}{4}$〔m〕）に到達した直後に物体と天井をつなぐ糸を切ったところ，物体は運動を続け，点Cと同じ高さの点Fを通過した。物体が点Dから点Fを運動する間，物体が到達した最高点の点Cからの高さは H〔m〕であった。

(2)　下の図4（解答欄）は，点Aで物体から静かに手をはなしてから点Fを通過するまでの物体の位置エネルギーの変化の様子を表したものである。解答欄のグラフに物体の運動エネルギーの変化の様子を実線で書きなさい。

(3)　物体が点Dから点Fを運動する間における物体の運動エネルギーの最小値〔J〕を求めなさい。

4の解答欄

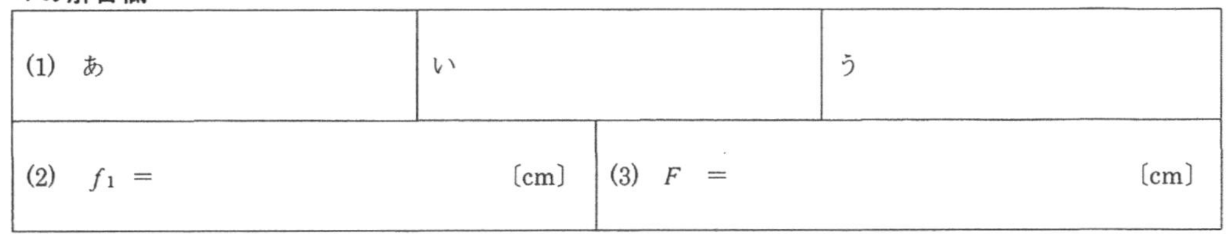

(1)　あ	い	う
(2)　f_1 ＝　　　〔cm〕	(3)　F ＝　　　〔cm〕	

5の解答欄

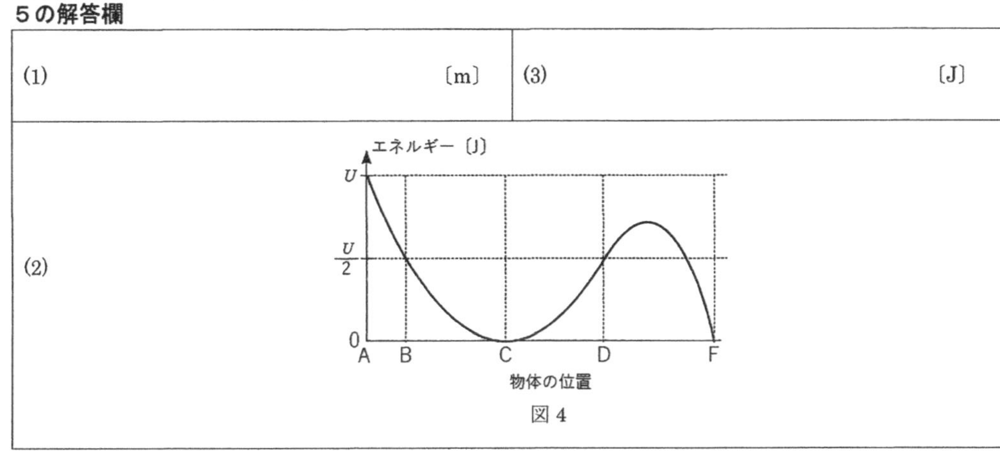

(1)　　　〔m〕	(3)　　　〔J〕
(2)	

図4

6　次の文章を読み，下の各問いに答えなさい。

ある地域（図5）の4つの地点A～Dにおいて地質調査を行なった。実線（――）は等高度線を示しており，破線（------）は地点Oからの南北方向，東西方向の水平距離をそれぞれ表している。図6は地点A～Cにおけるボーリング調査の結果を柱状図で表しており，目盛りは地表からの深さを示している。この地域には断層やしゅう曲，地層の上下の逆転はなく，地層は同じ厚さで一定の方向に傾いて広がっていることがわかっている。

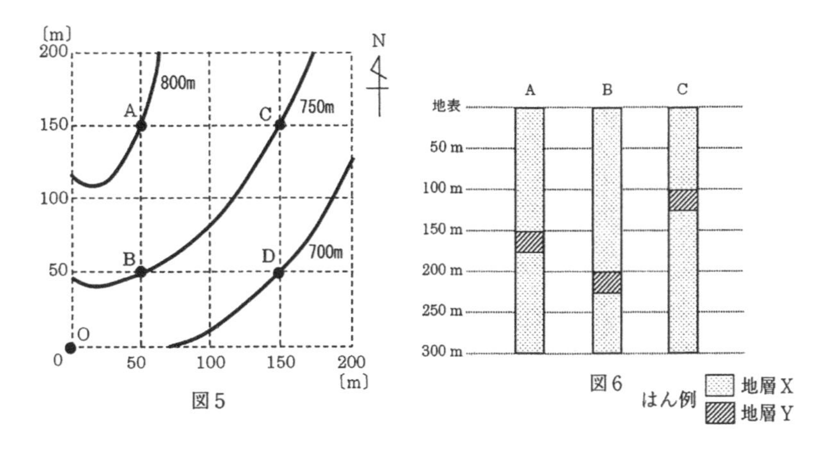

図5　　図6

(1)　図6のはん例を参考にして，地点Dにおける柱状図を完成させなさい。

(2)　地層Yは火山灰が圧縮されて固まった堆積岩からなる。この岩石の名称を**漢字**で記しなさい。

(3)　火山灰層のように，離れた地域の地層を比較する手がかりになる地層のことを何というか。

(4)　地層Yの火山灰を蒸発皿できれいに洗うと，いくつかの鉱物を取り出すことができた。これらの鉱物は白っぽい無色鉱物と，黒っぽい有色鉱物に分けることができる。次のア～オから有色鉱物を**すべて**選び，記号で答えなさい。

ア　黒雲母　　イ　磁鉄鉱　　ウ　長石　　エ　カンラン石　　オ　石英

(5)　地層Xにはブナの化石が含まれていた。化石の状態はよく，他の場所から流れ込んできたものではないと考えられる。地層Xが堆積した環境はどのような環境だったか。またこのような化石を何というか。最も適当な組み合わせを次のア～クから1つ選び，記号で答えなさい。

	堆積した環境	化石の種類		堆積した環境	化石の種類
ア	亜熱帯～熱帯の地域	示準化石	オ	亜熱帯～熱帯の地域	示相化石
イ	海水と淡水が混ざった汽水域	示準化石	カ	海水と淡水が混ざった汽水域	示相化石
ウ	やや寒冷な地域	示準化石	キ	やや寒冷な地域	示相化石
エ	深海	示準化石	ク	深海	示相化石

7　次の文章を読み，下の各問いに答えなさい。

日本列島や日本列島周辺域は自然豊かな地域であり，美しい景観のみならず漁業や地熱発電など自然からさまざまな恵みを受けている。一方で，ひとたび自然災害が発生すると，多くの人の命や財産が奪われることがある。自然災害の原因はさまざまであり，科学技術が進歩しても災害の発生を止めることはできない。しかし，自然災害のしくみの研究やデータの蓄積により，緊急地震速報やハザードマップを用いて被害を減らすことができるようになってきた。防災に対する意識を高め，いつ災害が起こっても慌てないように備える必要がある。

(1)　次の①～③の自然災害が生じる直接の要因として最も適当なものを，次のア～カからそれぞれ1つずつ選び，記号で答えなさい。

①　液状化現象　　②　高潮　　③　津波

ア　発達した積乱雲　　イ　低気圧と強い風　　ウ　短時間降雨　　エ　地震による地殻変動

オ　マグマの上昇　　カ　地震による揺れ

(2)　緊急地震速報とは地震の発生直後に，震源に近い地震計でとらえたP波を解析して，S波が到着する前に，気象庁から報道機関や携帯端末などを通じて各地に警報を伝えるものである。

ある巨大地震において，震源から12 km離れた地点Aの地震計でP波が観測された。地点AにP波が届いてから1秒後に，地点Bに緊急地震速報が伝えられた。地点Bでは緊急地震速報が伝えられてから15秒後にS波が観測された。地点Bは震源から何km離れているか。割り切れない場合は小数第1位を四捨五入して答えなさい。ただし，P波が伝わる速さは6 km/秒，S波が伝わる速さは3 km/秒とし，地震波が伝わる速さは一定であるものとする。

(3)　災害に備えるために，自治体などのホームページには「ハザードマップ」が示されている。ハザードマップについて述べた文として**誤っているもの**を次のア～エから1つ選び，記号で答えなさい。

ア　ハザードマップで想定された被害を超える災害が起こることもある。

イ　ハザードマップには災害の範囲だけでなく，避難場所などが示されているものもある。

ウ　洪水に対するハザードマップは，過去に浸水したことがある地域の記録を示したものである。

エ　ハザードマップは，火山防災マップや地震防災マップなど災害ごとに作成されている。

6の解答欄

(1)

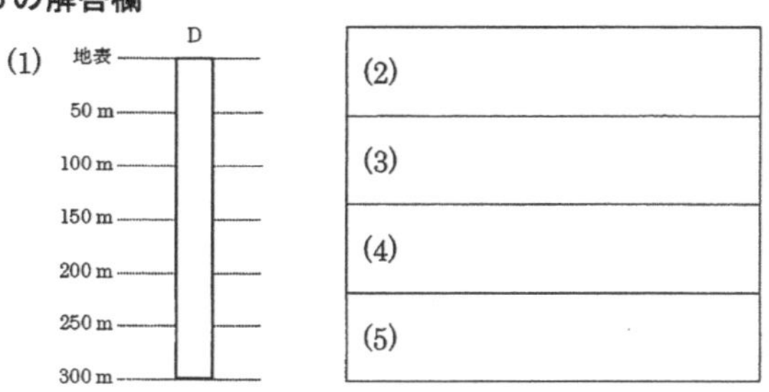

(2)
(3)
(4)
(5)

7の解答欄

(1) ①　　② 　　③
(2)　　　km
(3)

(50分)

13

令和六年度　東海高等学校入学試験問題　社会　その一

「その１」　受験番号　200

※100点満点
（配点非公表）

Ⅰ 南アジアと東南アジアのいくつかの国を示した次の図をみて、下の問い（問１～６）に答えよ。

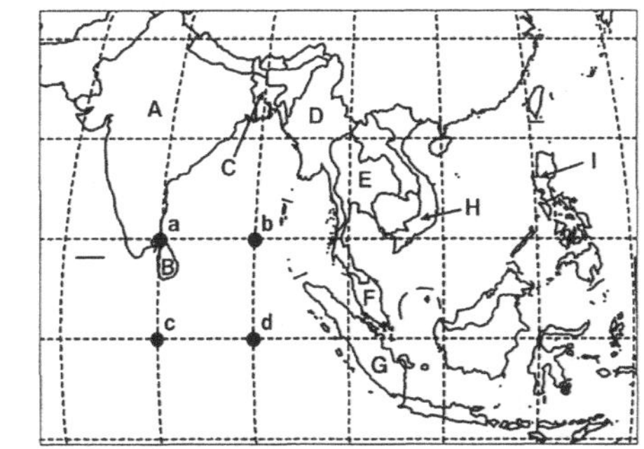

問１　図中のａ～ｄのうち、赤道と東経90度との交点に該当するものを一つ選べ。なお、緯線と経線の間隔はともに10度である。

問２　図中のＡ～Ｉの国のうち、人口が１億人以上（2021年）の国の数を答えよ。

問３　図中のＡ～Ｉの国のうち、砂漠気候がみられる国の数を答えよ。

問４　図中のＡ～Ｉの国のうち、イスラム教徒が多数派の国の数を答えよ。

問５　図中のＡ～Ｉの国のうち、ASEAN設立当初からの加盟国の数を答えよ。

問６　次の表中の①～⑨は、Ａ～Ｉの国の輸出額とおもな輸出品目を示したものである。Ａ・Ｃ・Ｅ・Ｇ・Ｉに該当するものを表中の①～⑨のうちからそれぞれ一つずつ選べ。

	輸出額（億ドル）	おもな輸出品目（%）
①	3,242	石油製品 13.7　機械類 11.4　ダイヤモンド 6.3　鉄鋼 6.0
②	2,825	機械類 46.0　衣類 10.0　はきもの 6.1
③	2,342	機械類 42.7　石油製品 6.9　衣類 4.9　パーム油 4.7
④	2,295	機械類 31.4　自動車 9.9　金（非貨幣用）5.8
⑤	1,633	パーム油 11.5　石炭 11.5　鉄鋼 9.2　機械類 7.9
⑥	639	機械類 63.7　野菜と果実 3.8　銅 3.2
⑦	308	衣類 84.2　繊維と織物 5.1
⑧	181	衣類 25.8　天然ガス 20.8　野菜と果実 13.0　穀物 8.7
⑨	119	衣類 43.1　紅茶 10.4　タイヤ類 4.8

統計年次は輸出額は2019～2021年、輸出品目は2015～2020年。
『データブック　オブ・ザ・ワールド』により作成。

Ⅱ 日本のエネルギーの利用に関する下の問い（問１～３）に答えよ。

問１　次の表は、６つの県における発電方式別発電電力量を示したものであり、①～⑤は火力、原子力、水力、地熱、風力のいずれかである。水力と地熱に該当するものを表中の①～⑤のうちからそれぞれ一つずつ選べ。

	①	②	③	④	⑤
愛知県	65,502	962	96	−	−
大分県	15,796	683	8	−	823
秋田県	13,875	1,053	926	−	399
福井県	9,248	1,713	42	33,553	−
富山県	6,366	9,300	3	−	−
青森県	2,981	404	1,253	−	−

単位は百万kWh。統計年次は2021年度。
『データでみる県勢』により作成。

問２　日本はエネルギー資源の多くを輸入に依存している。原油（2022年）と石炭（2020年）の最大の輸入相手国をそれぞれ答えよ。

問３　近年、日本では経済水域内の海底に大量の資源があることが確認されている。そのうち、天然ガスの主成分であるメタンガスを含んだ氷状の物質で、「燃える氷」とも呼ばれる資源を答えよ。

Ⅰ　問１　問２　問３　問４　問５
問６　A　C　E　G　I

Ⅱ　問１　水力　地熱　問２　原油　石炭
問３

Ⅲ 2023年のできごとを示した次の表をみて、下の問い（問１～６）に答えよ。

１月	フランスで①年金支給開始年齢引き上げに抗議するデモが行われた。
２月	愛知県内の病院を経営していた理事長による②セクシュアルハラスメントをめぐる訴訟の判決で、理事長らに賠償命令がなされた。
３月	③文化庁が東京から京都に移転し、業務が開始された。
４月	陸上④自衛隊のヘリコプターが宮古島沖で墜落する事故が起きた。
６月	⑤改正入管難民法が成立した。
９月	⑥国連総会で「人道休戦」決議が採択された。日本は棄権した。

問１　下線部①に関連して、日本よりも国民負担率が低い国を次のア～エから一つ選べ。
　ア．フランス　　イ．ドイツ　　ウ．アメリカ　　エ．スウェーデン

問２　下線部②に関して、セクシュアルハラスメントになりうる事例やセクシュアルハラスメントに関する制度の説明として**誤っているもの**を次のア～エから一つ選べ。
　ア．同性に対し合意なく身体に接触することは、セクシュアルハラスメントになりうる。
　イ．男女共同参画社会基本法において、事業主に防止対策が義務付けられている。
　ウ．同性に対し執拗に食事に誘うことは、セクシュアルハラスメントになりうる。
　エ．市町村の人権擁護委員や法務省の人権擁護局などが相談や問題解決にあたる。

問３　下線部③に関連して、各省庁間の連絡調整が乏しいことなどから、行政全体の統一性が損なわれていることをなんというか答えよ。

問４　下線部④に関して、自衛隊の源流である警察予備隊は1950年に設置されたが、そのきっかけとなった同年におきたできごとを答えよ。

問５　下線部⑤に関して、難民とは国際的な保護の必要性を生じさせる状況を理由に出身国を逃れた人々を指すが、その具体的事例として、**もっともふさわしくないもの**を次のア～エから一つ選べ。
　ア．不況による失業や低所得　　イ．政治的意見の違いによる迫害　　ウ．宗教を理由とする迫害
　エ．紛争による生命の危機

問６　下線部⑥に関して、国連憲章でも定められている、安全保障体制参加国内のいずれかの国家が行う侵略等に対して他の参加国が協力して、その侵略等に対抗することを約し、国家の安全を相互に保障しようとすることをなんというか答えよ。

Ⅳ 次の会話文を読み、下の問い（問１～４）に答えよ。

生徒Ａ：サタプロの取材で東京に行ってきたけど、スーツケースを持った人がたくさんいたよ。①訪日外国人も増えているみたい。

生徒Ｂ：京都では観光地に人が集中してしまって、②公共交通機関の混雑やごみの処理などに問題が出てきているみたいだね。

生徒Ａ：観光公害や、［　Ｚ　］という言葉で報道されているね。テイクアウトの飲食物販売については、販売者が容器を捨てる場所を用意するような環境整備を促すことも必要なんじゃないかな。

生徒Ｂ：③名古屋市営地下鉄などの駅でも、テロ対策などを理由として挙げて、ごみ箱の撤去がされてきたね。鉄道会社にとっては経費削減になるかもしれないけど、駅の中には売店もあるし、ごみ箱がないと不便に感じることは多いよね。ところで、２月24日のサタプロはどんな講座を開くつもりなの？

生徒Ａ：それは今、練っているところだよ。取材で講師の話を聞いて作った講座案内をお楽しみに！

問１　下線部①の一因として、ここ10年の円安基調があげられるが、外国為替相場に対しては各国が協調して介入することもある。1985年にはG5での合意により対米ドルで円安から円高となったが、この合意の名称を答えよ。

問２　下線部②に関して、優先席の近くなどで標示されている右のマークをなんというか答えよ。

問３　下線部③に関して、以下の文中の空欄ＸとＹに入る語句の組み合わせとして正しいものを次のア～カから一つ選べ。
　名古屋市交通局は［　Ｘ　］企業であり、その中でも［　Ｙ　］に区分される。
　ア．Ｘ－私　Ｙ－地方公営企業　　イ．Ｘ－私　Ｙ－特殊法人
　ウ．Ｘ－私　Ｙ－独立行政法人　　エ．Ｘ－公　Ｙ－地方公営企業
　オ．Ｘ－公　Ｙ－特殊法人　　カ．Ｘ－公　Ｙ－独立行政法人

問４　会話文中の空欄Ｚに入る語句を**カタカナ**で答えよ。

Ⅲ　問１　問２　問３
問４　問５　問６

Ⅳ　問１　問２
問３　問４

14

令和六年度　東海高等学校入学試験問題　社会　その二

「その２」

受験番号 200

Ⅴ 次の文章を読み、下の問い（問１～10）に答えよ。

明治政府は、国家の近代化の基礎は教育にあると考え、1871年に学制を公布し、６歳以上の男女すべてが小学校に通うよう定めた。学制においては、学問が個人の立身・発達のためにあると強調したが、学校の建設費や授業料の負担が大きく、とくに農村では子どもが貴重な働き手であったため通学させることに反対する動きもあり、就学率は容易には上がらなかった。それでも数年のうちに①寺子屋を前身とするものも含めて全国で２万校以上の小学校がつくられ、近代化において大きな役割を果たすようになった。

また、東京大学をはじめ女性教員を養成する女子師範学校などの②高等教育機関が設けられ、外国人教師が多数招かれた。留学生が欧米へ派遣され、なかでも③不平等条約改正の予備交渉のために1871年に派遣された使節団には④５人の女子留学生が同行した。

⑤大日本帝国憲法が発布された翌年には忠君愛国を説く⑥教育勅語が出され、国民教育の柱とされた。民間でも、福沢諭吉の慶應義塾、新島襄の同志社英学校、大隈重信の東京専門学校など多くの私立の教育機関が設立された。

教育の普及にともない、明治中期以後優れた科学者や研究者も登場して独自の専門研究が始まり、各種の学会や学術雑誌がうまれた。⑦自然科学の分野では、世界最先端の研究や発見がなされた。文学においては、夏目漱石らによって、日本の未熟な近代化に憂慮を示し、西洋文明と向き合った日本の知識人の生き方を描いた小説が発表された。

大正期には、都市部を中心に人々の教育や文化への欲求が高まり、中等・高等教育の普及がはかられた。小学校でも、個性を尊重し、自主性を重んじる動きも見られた。しかし、1937年に⑧中国に対する全面戦争に突入して以後教育に対する統制が強化された。マレー半島上陸に続き真珠湾を攻撃してアメリカ・⑨イギリスとの太平洋戦争が始まる1941年には、小学校は国民学校と改められ、軍国主義を支える教育が進められた。戦争が激化すると、戦場へ送られた男性にかわって中学生や女学生までもが労働力として動員される勤労動員が、1943年にはそれまで動員されていなかった学生も動員される（　a　）が実施された。

日本が降伏した２年後には、民主主義教育の基本となる教育基本法が制定された。また、学校教育法が制定され、六・三・三・四の学校制度が定められ、男女共学が推進された。

問１　（　a　）にあてはまる適語を答えよ。

問２　下線部①に関連して、江戸時代、寺子屋がおもに庶民の子弟の教育機関であったのに対し、武士の子弟を教育するために諸藩が設けた教育機関を答えよ。

問３　下線部②に関連して、上杉氏に保護され、各地から武士や僧侶が学びにきた中世の教育機関を答えよ。

問４　下線部③に関して、日米修好通商条約の内容として**誤っているもの**を次のア～エから一つ選べ。

ア．自由な貿易を行う　　イ．下田・箱館（函館）を開港する

ウ．日本に対する輸出入品に関しては、別に定めるとおり、日本の役所に関税を納める

エ．日本人に対して法を犯したアメリカ人は、アメリカの法律によって罰する

問５　下線部④の留学生のうち最年少で、のちに女子英学塾を開校した人物を答えよ。

問６　下線部⑤に関する記述として正しいものを次のア～エから一つ選べ。

ア．伊藤博文はヨーロッパへ留学し、ドイツやオーストリアで学び、帰国後は憲法草案作成の中心となった。

イ．憲法は、天皇の相談機関である元老院での審議を経て、天皇が国民に与えるという形で発布された。

ウ．憲法発布の翌年に帝国議会が開かれ、伊藤博文が初代内閣総理大臣に選出された。

エ．国民の権利は、法律の範囲内で信仰の自由、所有権の不可侵などが認められたが、言論・集会・出版など表現の自由は認められなかった。

問７　下記の資料は下線部⑥の一部を現代語で示したものである。（　b　）にあてはまる、当時の憲法体制下で国民を指した語を答えよ。

……あなたたち（　b　）は、父母に孝行し、兄弟は仲良くし、夫婦は協力しあい、友達は信じあい、人にはうやうやしく、自分の行いは慎み深く、……皇室の運命を助けねばならない。

問８　下線部⑦に関して、赤痢菌を発見した細菌学者を答えよ。

問９　下線部⑧に関連して、紀元前１世紀ごろの倭に100余りの国があったと記した歴史書は何か。

問10　下線部⑨に関して、清がイギリスに敗れたことを知った江戸幕府が方針転換し、廃止された法令を答えよ。

Ⅵ 次の問１～問５において、①・②ともに正しければア、①が正しく②が誤っていればイ、①が誤りで②が正しければウ、①・②ともに誤っていればエと答えよ。

問１　①　縄文時代には、マンモスやナウマン象などの大型動物をとらえる槍の先などに、打製石器を用いた。

②　弥生時代の代表的遺跡として、三内丸山遺跡があげられる。

問２　①　壬申の乱で勝利をおさめて即位した持統天皇は、天皇の権威を高め、改革を推進した。

②　８世紀なかば、朝廷は墾田永年私財法を出し、新たに開墾した土地を永久に所有することを認めた。

問３　①　平安時代なかば、極楽往生することを願う浄土信仰が広まり、藤原道長は平等院鳳凰堂を建立した。

②　法然は、念仏を唱えればだれでも極楽浄土に生まれ変われると説き、浄土宗の開祖となった。

問４　①　鎌倉時代、米の裏作として麦を作る二毛作が広まり、草や木の灰などが肥料として使われた。

②　室町時代、商人らは座を組織し、営業を独占する権利を確保した。

問５　①　「甲州法度之次第」は、戦国大名である朝倉氏の分国法であり、けんかをした者はともに罰せられることを定めている。

②　豊臣秀吉は太閤検地を実施し、田畑の面積や土地の良しあしを調査し、生産高を貫高で表すこととした。

Ⅴ

問1		問2		問3		問4		問5	
問6		問7		問8		問9		問10	

Ⅵ

問1		問2		問3		問4		問5	

Ⅶ 次の文章を読み、下の問い（問１～８）に答えよ。

我々が、「自然」であると思い込んでいる概念の相当数は、特定の政治的・社会的環境で、歴史的に作られた構築物である。例えば、ジェンダー規範（「男らしさ」「女らしさ」という思い込み）は、人工的に作られたものであり、したがって、我々の努力で解体することができるのである。ジェンダー規範のような思い込みが、形成されてきたプロセスを歴史学的に研究して明らかにすることは、その虚構性を暴き、偏見から我々を解放することを可能とし、社会を変革する行動を起こす原動力となる。つまり、歴史の研究は、［　X　］

具体的な事例に即して、この問題を考えてみよう。①女性に対する差別は古代から存在しており、②中世ヨーロッパでも、キリスト教と結びついて差別は強化された。現在の社会を強く縛っている近代的なジェンダー規範は、③啓蒙思想家達が活躍した18世紀からその形成が始まり、④フランス革命を経て、社会に定着していった。その時期に政治変革の担い手となった新興中流市民が、家庭に留まり、子どもを育て配偶者を補佐することを「妻」の役割とする家族像を広めたためである。19世紀後半の帝国主義の時代に欧米列強の⑤アジア侵出が進むと、このような偏見も「輸出」されたが、同時に、偏見や思い込みとの闘いもまた、アジアへと広がった。アジアにおいては、女性解放の運動は、しばしば⑥植民地支配への抵抗や⑦社会主義運動と結びついた。1960年代には、世界各地で社会革新を求める運動が隆盛を迎え、その潮流の中で女性解放も大きく前進したが、現在でも、近代に作られたジェンダー規範による女性や性的少数者に対する抑圧は続いており、我々は主体的にこの問題の解決に取り組む必要がある。

問１　空欄［　X　］に当てはまる語句を次のア～エから一つ選べ。

ア．現実の世界の政治とは関係ないのである。

イ．伝統的な世界観を強化する役割をもっているのである。

ウ．現実の社会運動に影響を与えるのである。

エ．我々の認識を変える唯一の手段なのである。

問２　下線部①に関連して、女性に対する差別的扱いと社会進出について述べた文として**誤っているもの**を次のア～エから一つ選べ。

ア．古代のアテネでは、女性の政治参加は認められていなかった。

イ．ナイティンゲールは、医師として活躍し、女性の社会的地位を高めた。

ウ．産業革命期のイギリスでは、女性や子どもの重労働が社会問題となった。

エ．第一次世界大戦後、各国で女性参政権獲得運動が起こった。

問３　下線部②に関連して、中世の西ヨーロッパからは、キリスト教の聖地を奪還するために十字軍と呼ばれた遠征軍が繰り返し東方へと派遣された。この聖地とされた都市と、キリスト教とならび、この都市を聖地としている宗教を２つ答えよ。

問４　下線部③に関して、啓蒙思想家の１人であるルソーが人民主権を唱えた著作を答えよ。

問５　下線部④に関連して、フランス革命前後の時期に起こった出来事を古い順に並べよ。

ア．人権宣言の発表　　イ．ロシア遠征　　ウ．バスティーユ牢獄襲撃　　エ．ナポレオンの皇帝即位

問６　下線部⑤に関連して、ヨーロッパ列強のアジア侵出の一例である、イギリスの中国侵出に関して述べた以下の文の（　a　）・（　b　）に当てはまる適語を答えよ。

イギリスは、清から大量の（　a　）を輸入したために貿易赤字に陥り、赤字解消のために、インドで（　b　）を栽培して清へ輸出し、（　a　）を購入する資金とした。

問７　下線部⑥に関連して、植民地支配に反対する運動について述べた文として**誤っているもの**を次のア～エから一つ選べ。

ア．1850年代のインドでは、フランスの支配に対して大反乱が起こった。

イ．ガンディーは、インドの独立運動で大きな役割を果たした。

ウ．第一次世界大戦後、朝鮮では三・一独立運動が起こった。

エ．パリ講和会議で山東省の権益の中国への返還が拒絶されると、五・四運動が発生した。

問８　下線部⑦に関して、社会主義運動に大きな影響を与え、『資本論』を著した思想家を答えよ。

Ⅶ

問1		問2			
問3	都市	宗教			
問4		問5	→ → →		
問6	a	b	問7		問8

令和五年度　東海高等学校入学試験問題　国語　その一

「その1」　受験番号　200

※100点満点
（配点非公表）

1

【注意】 字数が指定されている場合は、句読点やカッコなども文字として数えること。設問の都合で表記を改めた箇所がある。

（50分）

一　**次の文章を読んで、後の問いに答えなさい。**

A外国語の情報は一部のみ翻訳されていて大部分は翻訳されていない。例えば、外国の通信社から入るニュース(外電)の英文記事のうち日本語に翻訳されるのはたかだか10分の1にすぎない。全部翻訳されても情報をⓐハンランさせて困るからという理由で選択的に翻訳される現状は速やかに過去のものとして変えられるべきだ。大量生産時代の画一性は時流を外れ、ニーズは各人各様で万人に共通な選択基準の存在は幻想にすぎないことから、選択的翻訳はデメリットが目立ち、B新聞離れ・テレビ離れが加速している。マスコミなどの情報の生産者は「情報を上手に選択し、更に、説明を補足するなど情報を加工して提供している」と付加価値が強調されることもあり、そのことに一理はあるのかもしれないが、「情報の9割を捨てている」という負の側面は否定しようがない。

この問題の打開策は全件を自動翻訳で処理してしまうことだ。昔と違って現在の自動翻訳の訳文はすらすら読める。自動翻訳に誤訳があることを読者が織り込めば新しいマーケットが広がる。その場合、誤訳があっても困らないように訳文以外の背景知識や多様なチャネルを使って読者自身が配慮することが必要だ。全ての情報は完全には信頼できないので裏取りが必要であり、これは特に自動翻訳に限ったことではない。

自動翻訳した記事と読者のマッチングは、電子通販の成功の要といえる**リコメンデーション**技術で個人に合わせて情報を提供するサービスや、日本語での情報取得でⓑキタえてきた本人の経験と技にⓒマカせればよい。

現代社会は全情報を翻訳して流しても障害が全く生じない太い通信路のインフラを利用できている。にもかかわらず、言葉の壁に起因する抵抗が大きく情報が生産者から消費者に全体の10分の1しか届かないのである。全体主義国家でなくてもC消費者にしてみれば「葦の髄から天井を覗く」ようなものである。全体主義国家でなされる情報統制を非難する民主主義国家においても、実は情報は暗黙のうちに巧妙に統制されている。元国連職員のITコンサルタントである谷本真由美氏が、著書『世界のニュースを日本人は何も知らない』で指摘しているように、我々は知らないことが多すぎる。実際、この本は、英国、フランス、ドイツの実像、そしてEUの内情、何となくわかった気になっている米国、そして米国と同様と見なされがちなカナダ、超大国の中国、ウユニ塩湖とキヌアしか思いつかないボリビア、砂漠とサバンナの印象の遠いアフリカ大陸の国々などに関する目の覚める話が盛りだくさんである。谷本氏の言説は根拠が希薄に見えることもあるので批判も多々受けているが、この本を読むと、タイトル通りに自分が無知であることが恥ずかしく感じられ、Dやがて、何も知らないでボーッと暮らしていることの恐怖に怯える。

2回目の緊急事態宣言下であった2021年の2月に時間を巻き戻して、世界におけるE新型コロナウイルス感染症に関するニュース記事の、日本国内での報道状況について振り返ろう。

●米製薬大手ファイザーの新型コロナウイルスのワクチンについて、一般的な注射器だと1瓶あたりの接種回数が6回から5回に減ることになった。この問題については1月前に外電では報じられていたが、日本で大きく取り上げられることはなかった。もししっかり伝わっていれば、新規に注射器を作るなり、大規模な接種で一定量起こるロスの一つとして容認せざるを得ないこととして前もって国民にきっちり説明するなり、対策を打てたはずだ。

●医学雑誌「ランセット」の論文で「臨床試験の最終段階で91・6%の効果が確認された」と発表されるまで、安全性に懸念が持たれたこともあり、ロシアのワクチンが世界各国で広がっていることが日本に広く伝わることはなかった。また、報道が欧米のワクチンに集中し詳細情報が繰り返される一方、中国のワクチンに関する報道もなされなかった。結果として、「ロシアや中国のワクチンを国内の生産施設でライセンス生産して早く国民に」といったようなワクチンを多様な方法で確保する戦略について議論はなされず、日本はⓓカンケツ的にワクチン不足に悩まされ続けた。

●終息したはずのエボラ出血熱がコンゴ民主共和国やギニアで再び**アウトブレーク**したというニュースが日本ではほぼ取り上げられなかった。アフリカの情報を必要としている人には困ったことであるし、別の感染症が他の地域から出てくる可能性もあり、感染症の情報の取捨選択にも不安を覚える。

外電の10分の1の情報しか日本に入ってこないこと、つまり「葦の髄から天井を覗く」状況になっていることが、大きなリスクになっていることがわかる。ニュースだけでなくさまざまな文書で同様の傾向にある。

この状況は人間の翻訳者だけでは解消できない。

●必要な予算を10倍にすることは容易に正当化され得ないし、よしんば10倍の予算があっても10倍の翻訳者は存在しない。2000億円規模の翻訳産業に2兆円投じても消化できないのである。

●また、翻訳者を養成して翻訳者数を10倍にすることは時間がかかり過ぎるので、現実解でない。

従って、「葦の髄から天井を覗く」ような状態から情報の消費者を解放するには自動翻訳の利用しかない。F欠点も理解したうえで、高精度化した自動翻訳をうまく活用する方法を**実装**していけばよい。

我々は、VUCA(ブーカ)の中で生きているといわれている。VUCAとはVolatility(変動)、Uncertainty(不確実)、Complexity(複雑)、Ambiguity(曖昧)の頭文字をとった言葉で、「予測不能な状態」を意味し、2010年以降、世界のビジネスパーソンの間で広く使われるようになってきた時代を表す言葉である。同時多発テロ、リーマン・ショック、英国のEU離脱、エボラ、新型コロナ、香港国家安全維持法、ロシアのウクライナ侵攻等、相互につながった世界で想定を超える事案が頻発し、判断・対応が遅れると瞬く間に悲惨な状況に嵌まり込む。世界の変化に敏感でなければいけない。VUCAの中で、世界から取り残されないためには、全ての日本人が多言語の情報を最小遅延で受信する手段の確保が喫緊の課題である。

また、逆に日本のたくさんの価値あるコトやモノを、日本人の誰もが世界に発信できる時代になった。しかし、語学を勉強している時間はない。AI技術に基づく新しい自動翻訳こそが最適の道具として現前しつつある。

情報の生産者側での取捨選択が行われる主因は、翻訳の唯一の手段であった人間の翻訳者にかかるコスト(費用と時間)が高いことである。鶏と卵問題だが、費用に見合う売り上げがないと、情報の生産者側ではにっちもさっちもいかない。このため情報という商品がある基準の下に選択されて翻訳され、残りの情報は輸出されることがなく、**ドメスティック**にしか消費されない状態になる。

情報は一瞬で世界中に届くのだから、美味しくても足が早い魚は漁港でしか食べられないのと事情は違って、後は言葉の抵抗をなくすだけでよい。安くて速い翻訳手段があって情報の生産者側が全件翻訳すれば、情報の消費者側で、大多数の人が日常的に使っているⓔケンサク技術で必要な情報を取得すればよい。

（隅田英一郎著『AI翻訳革命』―あなたの仕事に英語学習はもういらない」による）

※ **リコメンデーション**＝顧客の好みを分析して、顧客ごとに適すると思われる情報を提供するサービスのこと。
アウトブレーク＝突発的発生。
実装＝何らかの機能や仕様を実現するための具体的な装備や方法を組み込むこと。Implementの訳語。
ドメスティック＝自国内。

問1　**二重傍線部ⓐ～ⓔのカタカナを漢字に直しなさい。**

問2　**傍線部A「外国語の情報は一部のみ翻訳されていて大部分は翻訳されていない」とあるが、どうしてか。筆者が挙げている情報の生産者側の主な要因として最適なものを次の中から一つ選び、番号を答えなさい。**

1　生産者は取捨選択したうえに説明を補足するなど一定の付加価値を加えて情報を提供することにより、単なる翻訳以上の利益を確保したいから。
2　情報過多になって受け手が混乱しないよう、多くの人が本当に必要なものに絞って翻訳することで情報の価値を一定水準以上に保ちたいから。
3　全ての情報を翻訳して無制限に流したら、通信インフラの整備されているエリアとそれ以外のエリアで情報格差が生じてしまいかねないから。
4　情報を翻訳する唯一の手段であった人間の翻訳者にコストがかかりすぎるために、生産者側で翻訳する情報を取捨選択せざるを得なかったから。
5　情報統制をしていない民主主義国家でも、実際は翻訳する情報を取捨選択することにより巧妙に統制するのが暗黙の了解事項になっているから。

2　令和五年度　東海高等学校入学試験問題　国語　その二

問3　傍線部B「新聞離れ・テレビ離れが加速している」のはどうしてか。最適なものを次の中から一つ選び、番号を答えなさい。

1　時代遅れの伝達手段による情報提供では、目まぐるしく変化する世界情勢にとても追い付いていけないから。
2　情報の生産者側が、受け手のニーズを必ずしも満たしているとはいえない情報を一方的に提供しているから。
3　既存の媒体では、倫理規定など様々な制約に縛られて自由で踏み込んだ情報解釈が出来なくなっているから。
4　ネット情報が主流になっている現在、無料の情報が容易に入手できるのにあえて有料なものは必要ないから。
5　大量の情報が溢れる世の中で、情報の必要性を感じていない無関心層の存在が徐々に大きくなっているから。

問4　傍線部C「消費者にしてみれば『葦の髄から天井を覗く』ようなものである」とあるが、どういうことか。最適なものを次の中から一つ選び、番号を答えなさい。

1　ひどくまわりくどいことをしてかえって手間ばかりがかかるようなもので、消費者側では付加価値には気づかないで生産者側の苦労はまったく評価されることもないということ。
2　手間暇かけて苦労を重ねてもなかなか満足のいく結果が得られないようなもので、情報においては万人に共通な選択基準の存在は幻想にすぎず、思い通りにならなくてじれったいこと。
3　方針があってもどうしたらよいか迷うようなもので、大量生産時代の画一性は時流を外れて、溢れるほどの情報のなかでどうしてよいかわからなくなっているということ。
4　自分だけの狭い考えにとらわれて、広い立場でものごとを考えられないようなもので、無知であることが恥ずかしく感じられることもなく、一時の平和を楽しんでいるということ。
5　浅い知識や狭い見識をもとにして、大きな問題を判断しようとするようなもので、情報は生産者側によって暗黙のうちに巧妙に統制されていて全体状況を把握できないということ。

問5　傍線部D「やがて、何も知らないでボーッと暮らしていることの恐怖に怯える」とあるが、どういうことか。五十字以内で答えなさい。

問6　傍線部E「新型コロナウイルス感染症……報道状況」とあるが、その結果について述べたものとして最適なものを次の中から一つ選び、番号を答えなさい。

1　新型コロナウイルスやワクチンに関する海外の情報がごく一部しか翻訳されなかった結果、日本国内では対応が後手に回ることとなった。
2　注射器に関する情報の翻訳に時間がかかりすぎた結果、欧米では早くから判明していたワクチンのロスが、日本では長く見逃されてしまった。
3　新型コロナウイルスのワクチン情報の一部が誤っていた結果、ロシアや中国のワクチンを確保しようとする議論が無視されてしまった。
4　感染症の情報が新型コロナウイルスだけに集中した結果、未知の感染症への対策が取られず、取り返しのつかない結果を招いてしまった。
5　新型コロナワクチンの報道が欧米からのものに偏った結果、多様な方法でワクチンを確保する戦略が二転三転して混乱してしまった。

問7　傍線部F「欠点」とあるが、「自動翻訳」の欠点を表している語を本文中から抜き出して答えなさい。

問8　本文における筆者の主張に最も近いものを次の中から一つ選び、番号を答えなさい。

1　今や情報は一瞬で世界中に届くようになっているのだから、情報の生産者側が恣意的な取捨選択をしないで全て翻訳すれば、後は情報の消費者側が自分にとって必要な情報を勝手に取得するようになっていくはずだ。
2　全ての情報は完全には信頼できないので裏取りが必要であり、これは特に自動翻訳に限ったことではないので、読者自身が訳文以外の背景知識や多様なチャネルを使って配慮することが必要だ。
3　VUCAの中で、世界から取り残されないためには、全ての日本人が多言語の情報を最小遅延で受信する手段の確保が喫緊の課題であり、AI技術に基づく新しい自動翻訳は課題もあるが、それをうまく利用するしかない。
4　相互につながった世界で想定を超える事案が頻発し、判断・対応が遅れると瞬く間に悲惨な状況に嵌まり込む現代では、世界の変化に敏感である必要があり、人命にかかわる情報は積極的に翻訳しなければならない。
5　全体主義国家でなされる情報統制を非難する民主主義国家においても、実は情報は暗黙のうちに巧妙に統制されているので、高精度化した自動翻訳をうまく活用して必要な情報をうまく取得しなければならない。

問1　a　b　c　d　e
問2
問3
問4
問5　40
問6
問7
問8

3　令和五年度　東海高等学校入学試験問題　国語　その三

二　**次の文章は平野啓一郎の小説「本心」の一部である。二〇四〇年代の初め頃、二九歳の主人公「石川朔也」は、依頼人に代わって現地に行くリアル・アバター※の仕事をしている。「朔也」は母と二人暮らしであったが、半年ほど前、突然事故で母を亡くした。本文は、生前の母の依頼で伊豆を訪れた時のことを回想している場面である。これを読んで、後の問いに答えなさい。**

あの日、母は初めて僕に、一人の依頼者として、仕事を頼みたいと言った。伊豆の河津七滝に行って、自分に見せてほしい、と。

「一度、朔也がどんな仕事してるのか、よく知りたいと思ってたのよ。お金も、他のお客さんと同じようにちゃんと払うから。」

僕は、喜んで応じた。母が、僕の生き方を認めてくれたようで嬉しかった。

なぜ、河津七滝なのかは、訊ねても曖昧だった。ただ、滝が見たくなって、昔、『伊豆の踊子』を読んだのを思い出したと言った。母は、趣味のはっきりした読書家だった。僕は、あの小説の主人公の起きては鎮められる性欲の波に、悪酔いした記憶しかなく、どこかに滝が出てきただろうかと曖昧だった。

それでも、僕自身の前後の予定も詰まっていて、日帰りできる距離は丁度良かった。どこに行くかということ自体は、あまり重要ではなかった。

[A]僕は、はりきっていた。初めての場所だったので、十分に下調べをして、プランを立てた。せっかくなら、母をアバターとしてではなく、手を引いて連れて行ってやりたい気持ちにもなったが、嬉しいけど、それだと意味がないと笑われた。

アバターになっている間は、話し相手になってほしい人もいれば、完全に自分の肉体であるかのように、ただ指示だけを出し、返事をされることさえ嫌がる人もいる。

母も最初は、僕と同化して遠隔操作することを試みていたが、熱海で新幹線から特急に乗り換える時に、僕に注意を促した辺りから我慢できなくなったらしく、いつもの口調になった。

車窓から眺めた伊豆半島の景色は、今ではもう、何度も遊んで印刷が擦れ、順番がバラバラになってしまったカードのようになっている。

椰子の木が並び、海が見え、民家が視界を遮り、伊豆高原近くになると、深い緑の木々に覆われた。しかし、その順番に見たのではない気がする。

近くに人が座っていたので、声を出して母と会話することは憚られた。母もそれを承知していたが、晩春の光を浴びた海が煌めく先に、大島が見えた時には、思わず嘆声を漏らして、「ほら、見える？」と語りかけた。

[B]東京から、二時間近くかけて運ばれた母の沈黙が、今では僕の記憶に永い旅の荷物のような重みを残している。

距離に換算される沈黙という考え方は、きっと正しいのだと思う。なぜなら、その一五六・八キロを辿る間に、母のそれは、ゆっくりと変質していったであろうから。そして、母がその時、何を思っていたのかという僕の想像は、どんな一瞬にも辿り着けないのだった。

河津駅に着くと、バスで水垂という停留所まで行き、そこからゆっくり山を下りつつ、七つの滝を見ていった。一キロ半の道のりだったが、途中で座って眺めたりと、一時間ほどかけたと思う。

木製の階段や橋が設置されていて、案内も親切だった。

それでも、ところどころ、木の根が隆起し、苔が生した足場の悪いところがあり、母は、やっぱり、自分ではここに来られなかったと思うと僕に言った。

「木下路」という『伊豆の踊子』の言葉通り、山道は、鬱蒼とした木々に覆われていたが、川の真ん中にまでは、両岸からの枝が伸びきれず、その先端が触れ合えないまま開いていた。次々と視界に現れる滝に、空からまっすぐに光が注がれ、滝壺には、目を射るような煌めきが満たされ続けている。

間近で霧雨を浴びるような大きな滝もあれば、その激しさを足許に見下ろす滝もあった。

水は、底が見えるほどに透徹していたが、全体に分厚いガラスの断面のような深緑色をしていた。

少しあとになって、僕は、川端康成ではなく三島由紀夫の初期短篇の中に、こんな一節を見つけた。

「これほど透明な硝子もその切口は青いからには、君の澄んだ双の瞳も、幾多の恋を蔵すことができよう」

僕が思い出したのは、ガラスではなく、この滝の水の色だった。必然的に、「君」の役割は母に宛がわれることになった。実際、母は、歳を取って瞼が落ちてきてからも、目の綺麗な人だった。

僕は母と、何を話しただろうか？

母は、「瀬を早み岩にせかるる滝川のわれても末に逢はむとぞ思ふ」という、百人一首の崇徳院の和歌を、少し戯けた風に諳んじてみせて、[C]その通りね、と言った。

「誰か、再会したい人がいるの？」と、僕は訊ねたが、母は笑って何も答えなかった。

奇妙に[D]孤立した会話の一往復だった。

岩間を抜けて流れる浅瀬の水は、川底の起伏をなめらかになぞって、周囲の岩のかたちと親和的だった。

水に近づけばひんやりと感じられ、離れれば如実に気温が上がった。

七つ目の「大滝」と名づけられた滝がハイライトで、僕は母の勧めで、その傍らにある温泉宿で休んでから帰ることになっていた。

滝は、見上げるような大きさで、僕たちは、轟音の直中で、小さな静謐を分かち合っていた。

水は、緑に覆われた岩間から、宙に向けて勢い良く吹き出していた。ガラスの器に落ちてゆくかき氷のように白いその滝は、途中に迫り出した岩にぶつかり、更に大きく荒々しく開いた。

僕は<u>ⓐ陶然</u>とした。

「滝壺に虹が架かってるの、見える？」

そう言おうとしたが、先に母が口を開いた。それで、その言葉は、一生外気に触れることがないまま、今も僕の中に、小さな虹の断片のように留まっている。

「やっと、朔也の仕事がわかった。あなたのお陰で助かる人がたくさんいるでしょうね。」と母は言った。

僕は、何と返事をしただろうか？　虹から視線をモニターの中の母に移した。

「疲れたね？　ご苦労様。ありがとう。」

「ううん、僕も楽しかったから。」

「お母さん、本当に満足。これで安心。……ありがとう。もう十分。」

僕は、滝の前を離れて、道路に出るまでの長い急な階段を上り始めた。

「朔也にいつ言おうかと思ってたんだけどね、……」

母は、そう切り出したあと、躊躇うように間を置いた。

「お母さん、もう十分生きたから、そろそろって思ってるの。」

「――何が？」

僕は、足を止めた。少し息が上がっていた。<u>ⓑ咄嗟</u>に母が、施設に入る決心をしたのではないかと考えた。――そんな余裕はないはずだったが。そしてそのことに、当惑しつつ、[E]少し腹を立てた。

しかし、次いで、母の口から洩れたのは、まったく予期せぬ言葉だった。

「お母さん、富田先生と相談して、〝自由死〟の認可を貰って来たの。」

僕は、動けなくなってしまった。何か言おうにも口が開かず、呼吸さえ止まっていた。苦しさからようやく一息吐き出すと、心臓が、棒で殴られた犬のように喚き出した。

僕は明らかに、母の言葉を理解できていなかったが、体の方は既に恐慌に陥っていた。多分、母と僕の体は、その時一つだったから。……

後ろに続いていた家族連れに声を掛けられ、僕は端に避けて先を譲った。

「[F]――よく聴き取れなかったんだけど。」

「ごめんね、急に。でも、お母さんも、じっくり考えてのことだから。」

「だから、何を？」

「自由……」

「どうして？」

僕は、モニターの全面に母を映し出した。[G]困惑したような、許しを請うような微笑で、こちらを見つめていた。僕は愕然とした。それは、既に決断し、相手をどう説得するか、様々に想像しながら、時間を掛けて準備してきた人の顔だった。

そもそも僕は、〝自由死〟などという<u>ⓒ欺瞞的</u>な言葉が大嫌いだった。それは、寿命による〝自然死〟に対して、言わば、無条件の安楽死であり、合法的な自死に他ならなかった。それを、よりによって母の口から聞かされるとは。――

「どうして？　何かあったの？」

「ずっと考えてたことなのよ。この歳になれば、」

「この歳って、まだ七十前だよ？　何言ってるの？」

「もう十分なのよ。……もう十分。」

「とにかく、すぐに帰るから。それからゆっくり話し合おう。おかしいよ、急に。……早まったこと、しないでよ。とにかく、僕が帰るまで待ってて。……」

（平野啓一郎『本心』文藝春秋刊）

※**リアル・アバター**＝カメラ付きゴーグルを着用して、依頼人から依頼された場所に行き、映像を本人にリアルタイムで伝送して疑似体験を可能にする仕事。

令和五年度 東海高等学校入学試験問題 国語 その四

4

問1 二重傍線部ⓐ～ⓒの文中での意味として、それぞれ最適なものを一つずつ選び、番号を答えなさい。

ⓐ陶然とした
1 あっけにとられた
2 うっとりとした
3 落ち着いた
4 動じなかった
5 驚いた

ⓑ咄嗟に
1 ひとりで
2 やはり
3 その瞬間に
4 予想外に
5 きっと

ⓒ欺瞞的な
1 身勝手な
2 ひどく仰々しい
3 格好をつけた
4 差し出がましい
5 あざむくような

問2 傍線部A「僕は、はりきっていた」とあるが、これはどのような気持ちからか。それを示す一文を二十五字以内で抜き出し、最初の五字を答えなさい。

問3 傍線部B「東京から…残している」について、ここでの「僕」の心情の説明として最適なものを次の中から一つ選び、番号を答えなさい。
1 母の死んだ今になっても、東京から伊豆へ向かう間に母の思いがどのように変わっていったかが全く想像もつかず、気にかかっている。
2 車窓から見える伊豆半島の景色が感動的なものなのに、無表情のまま何も語らない母の親しみの持てないよそよそしさが気になっている。
3 沈黙したまま何も語らない母には、かつて伊豆の河津七滝で誰かとの間に朔也の出生にかかわる秘密があったのではないかと強く疑っている。
4 どのような思い出があって伊豆に行ってほしいと言ったのかを生前にしつこく尋ね、母の思い出を踏みにじってしまったと後悔している。
5 なぜ母は河津七滝に行ってほしいと言ったのか、また車窓を見てどんな思いをめぐらせていたのかが旅の間ずっと分からず悩んでいる。

問4 傍線部C「その通りね」について、これはどのようなことを示しているか。最適なものを次の中から一つ選び、番号を答えなさい。
1 急流を遡るように困難が待ち受けているということ。
2 人は一旦別れると再び逢うことは困難だということ。
3 死別した愛しい人とあの世で逢えるかもしれないということ。
4 別れた誰かに再び逢いたいと思うということ。
5 苦しいことがあってもいつかは幸せになれるということ。

問5 傍線部D「孤立した会話の一往復」について、これは何を指しているのか。二十字以上二十五字以内で答えなさい。

問6 傍線部E「少し腹を立てた」について、「僕」が「腹を立てた」のはどうしてか。「から。」につながるよう、四十字以内で答えなさい。

問7 傍線部F「――よく聴き取れなかったんだけど」について、ここでの「僕」の心情の説明として最適なものを次の中から一つ選び、番号を答えなさい。
1 母が〝自由死〟という形で自ら死を選んでしまった理由を聞いて、まったく理解できず、自分だけがひどく疎外されたように感じている。
2 母が死を決断して医師と相談し、〝自由死〟の認可を貰ったという予想だにせぬことを聞いて、信じられず、ひどく動揺している。
3 どうして母が自分に何の相談もなく、十分生きたと思い、〝自由死〟を選ぶのか、その理由をどうしても確認したいと思っている。
4 母に〝自由死〟という形で生を放棄するよりも、死と闘って十分生きたと感じた上で自然な最期を迎えてほしいと感じている。
5 たった一人の家族である母に〝自由死〟という形で合法的な自死を勧めた医師に対して、ひどく驚いている。

問8 傍線部G「困惑したような…見つめていた」について、ここでの母の心情の説明として最適なものを次の中から一つ選び、番号を答えなさい。
1 〝自由死〟について息子に相談すればよかったと後悔しながらも、医師と相談して下した結論だからぜひ理解してほしいと思っている。
2 〝自由死〟の決断を強く拒絶する息子の態度を悲観しながらも、息子にだけは自分の考えを受け入れてほしいと思っている。
3 突然の〝自由死〟の告白を理解しない息子に戸惑いながらも、考えた末に下した結論だから何とか理解してほしいと思っている。
4 自分が決断するために息子を伊豆まで行かせたことを申し訳ないと思いながらも、この〝自由死〟の決断を尊重してほしいと思っている。
5 実際には行けなかったが息子のおかげで思い出の伊豆を見ることができて満足したので、〝自由死〟を認めてほしいと思っている。

問1 a / b / c
問2
問3
問4
問5 20
問6 30 から。
問7
問8

「その１」 受験番号 200

※100点満点
（配点非公表）

5　令和５年度　東海高等学校入学試験問題　数　学　その１

各問題の［　　］の中に正しい答えを記入せよ。ただし，3の(2)は（証明）欄に証明を記入せよ。
なお，「その１」と「その２」の裏を計算用紙として使ってよい。

（50分）

1 (1)　２次方程式 $2\sqrt{2}x^2-\sqrt{14}x-\sqrt{2}=0$ の解は $x=$［ア］である。

(2)　$a=2(\sqrt{13}-2)$ の整数部分を b，小数部分を c とする。
このとき，$(a+3b+1)(c+1)$ の値は［イ］である。

(3)　次のデータは，100点満点のテストを受けた15人の生徒の得点のデータを，値の小さい順に並べたものである。

40, 42, 48, 50, 52, 56, 58, 60, 62, 68, 75, 80, 84, 90, 90（点）

このデータには，１つだけ誤りがあり，その誤りを修正すると修正前と比べて平均値は２点減少する。
また，修正前のデータと修正後のデータを箱ひげ図に表すと，それぞれ次のようになった。

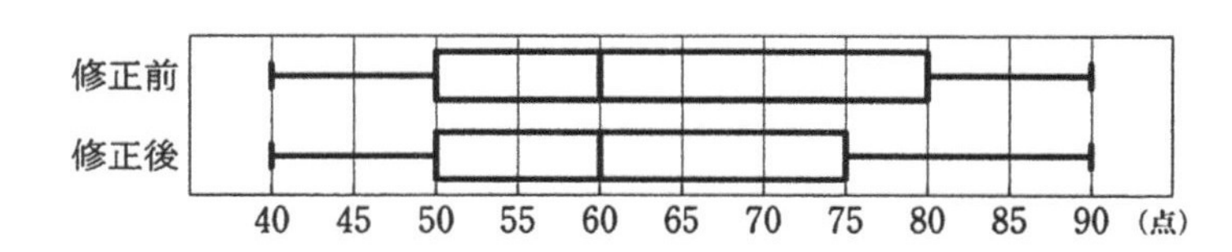

このとき，修正前のデータの［ウ］点を［エ］点に変えると，修正後のデータとなる。

解答欄	
ア	
イ	
ウ	
エ	

2　自然数 N を１，２，３，…，N で割って，商と余りが何種類あるか考える。ただし，余り０も１種類と数える。

たとえば，$N=5$ のとき　$5\div1=5\cdots0$

$5\div2=2\cdots1$

$5\div3=1\cdots2$

$5\div4=1\cdots1$

$5\div5=1\cdots0$

となる。よって，商は１, ２, ５なので３種類，余りは０, １, ２なので３種類である。

(1)　$N=15$ のとき，商は［オ］種類，余りは［カ］種類ある。

(2)　$N=2023$ のとき，商は［キ］種類，余りは［ク］種類ある。

オ	
カ	
キ	
ク	

受験番号 200　「その２」

6　令和５年度　東海高等学校入学試験問題　数　学　その２

3　図のように，放物線$y=ax^2$（$a>0$）上に２点 A, B があり，x座標はそれぞれ 2，-4 で △OAB の面積は $6\sqrt{2}$ である。このとき，

(1)　$a=$ ［ケ］ である。

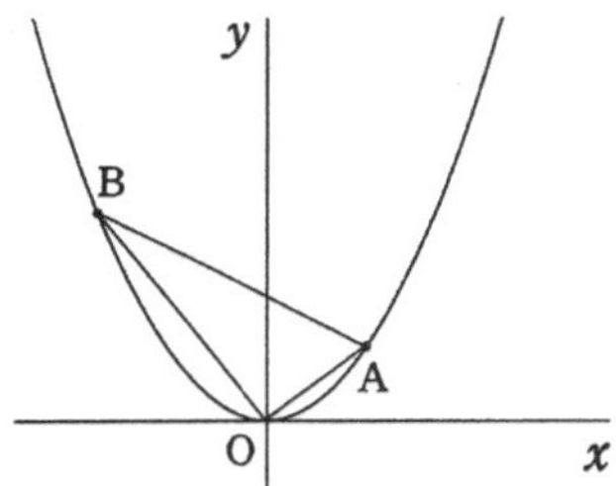

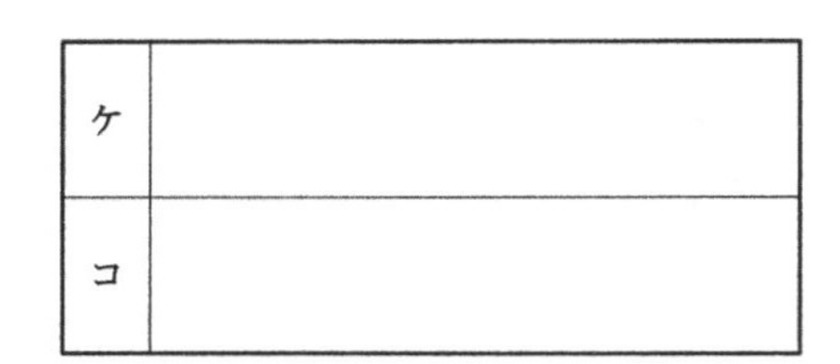

ケ	
コ	

(2)　△OAB は直角三角形である。これを証明しなさい。

（証明）

(3)　y軸上に点 O と異なる点 P があり，∠APB = 90° である。点 P の y座標は ［コ］ である。

4　図のように，円 O，円 P，円 Q が互いにそれぞれ接しており，これら３つの円の半径はすべて１cmである。また，正方形 ABCD の辺と円 O は２点，円 P，円 Q はそれぞれ１点で接している。このとき，

(1)　斜線部分の面積は ［サ］ cm² である。

(2)　AC = ［シ］ cmである。

(3)　斜線部分を点 A を中心に１回転させてできる図形の面積は ［ス］ cm² である。

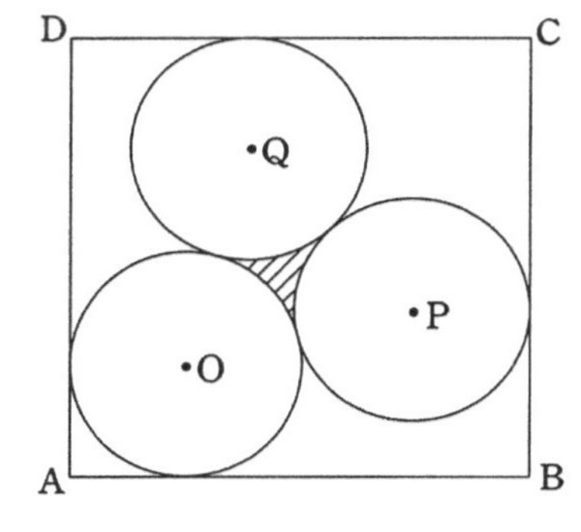

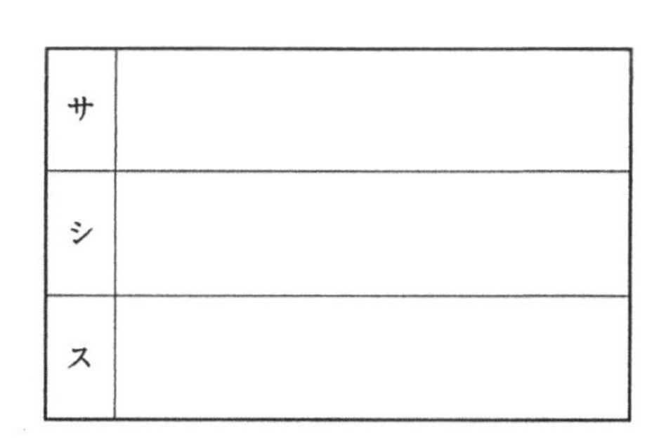

サ	
シ	
ス	

5　図のように，すべての辺の長さが４cmの正四角錐 O－ABCD がある。辺 OA，辺 OC の中点をそれぞれ M, N とする。また，点 O から底面 ABCD に垂線 OH をひく。この正四角錐を３点 B, M, N を通る平面で切ったとき，

(1)　OH = ［セ］ cmである。

(2)　切り口の図形の面積は ［ソ］ cm² である。

(3)　２つに分けた立体のうち，点 O を含む方の立体の体積は ［タ］ cm³ である。

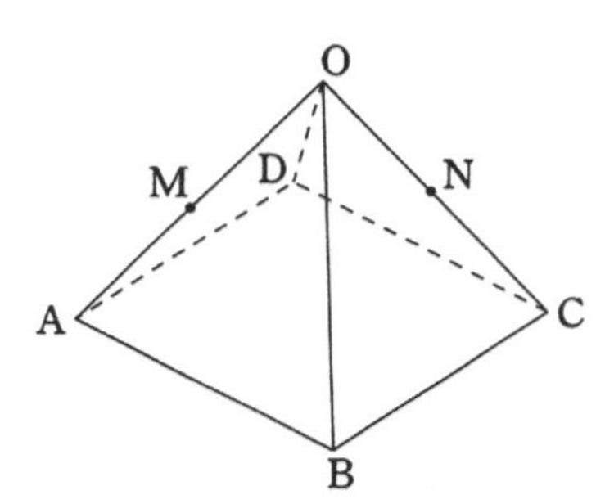

セ	
ソ	
タ	

7

令和五年度　東海高等学校入学試験問題　英語　その一

「その1」　受験番号　200

(50分)

※教英出版注
音声は，解答集の書籍ＩＤ番号を教英出版ウェブサイトで入力して聴くことができます。

1 【リスニング問題】試験開始の約５分後に放送が始まります。
問題用紙の裏面にメモをとってもかまいません。

問１　これから英文を放送します。その後、話の内容に関して５つの質問をします。
答えは算用数字で解答用紙に記入しなさい。英文と質問は２回放送します。

問２　映画館で上映中の映画について話している 2 人の対話を聞き、以下の質問６～10 に対する答えとして最も適切な映画の題名を、選択肢からそれぞれ選び、解答用紙に A～F の記号で記入しなさい。**対話は１回だけ放送します**。

【質問】	【選択肢】
6.　一番笑える映画は?	A. The F World (ザ・エフ・ワールド)
7.　実話に基づいた映画は?	B. Dog Day Mourning (ドッグ・デイ・モーニング)
8.　主人公が女性である映画は?	C. Night Life (ナイト・ライフ)
9.　最も恐ろしい映画は?	D. Harry Putter (ハリー・パター)
10.　アニメの映画は?	E. Gary Foulks Night (ギャリー・フォークス・ナイト)
	F. Red Ghost III (レッド・ゴースト・スリー)

2 ESS クラブで国際交流の機会について話している生徒と教員の会話を読んで、下線部の空所❶～❺に、文脈に合う**7語以上の英文**を[　　]内の語をすべて用いて補いなさい。ただし、使う語の順番は任意とし、必要に応じて形を変えてよい。

Teacher A: As part of the international exchange program, we're going to have one day in Nagoya with the guest students from Singapore. You will have a lot of free time to enjoy the city. Please discuss what you're going to do with them.

Student A: Well, when I think of Nagoya, what comes to mind first is Nagoya Castle. It's a symbol of Nagoya. Especially, *Shachihoko*, the Golden Dolphins, are very famous. So ❶[see / to / why]? They will be impressed with the Golden Dolphins on top of the castle.

Student B: Good idea! I also suggest going to Higashiyama Zoo. It's home to over 500 species of animals. I'm sure they'll enjoy visiting there.

Student A: Sounds nice, but I'm afraid ❷[large / to / too] just one afternoon. We won't have much time after visiting Nagoya Castle.

Student B: You may be right. We'll need to take them somewhere for lunch, and they may be interested in our local dishes such as *misokatsu*. ❸[know / restaurant / serve], so let's take them there.

Student C: Wow, I'm already starting to get hungry. I think they will also want to buy some gifts for their families. My mother works at the city's tourist information center, so ❹[ask / gift / what] tourists from abroad.

Student A: That'll be helpful. I ❺[forward / look / to].

Student C: I am, too.

3 次の英文を読み、空所[1]～[8]に入る適語を下の語群から選び、必要に応じて適切な形に変えて補いなさい。ただし、同じ単語を繰り返して使用しないこと。

Many years ago there lived a man they [1] the Old Bamboo Cutter. Every day he [2] hi way into the fields and mountains to gather bamboo which he made into all kinds of *wares. His nam was Sanuki no Miyatsuko. One day he noticed among the bamboos a *stalk that *glowed at the bas He thought this was very strange, and when he went over to have a closer look, he [3] that a ligh was [4] inside the *hollow stem. He carefully looked at it, and there he found a lovely little gi about ten centimeters tall.

The old man said: "I have discovered you because you were here among these bamboos I watc over every morning and evening. You should become my child."

He took the little girl in his hands and [5] her back home. There he gave the child to his wif for her to bring up. The girl was very beautiful, but still so small they put her in a little basket t [6] her.

It often [7] afterwards that when the Old Bamboo Cutter gathered bamboo he found a stal filled with gold from *joint to joint, and this way he gradually [8] very rich.

【注】ware：製品　stalk：竹の幹　glow：光を放つ　hollow stem：くぼんだ幹　joint：節

【語群】　shine,　happen,　call,　protect,　become,　see,　bring,　make

4 次の英文を読み、後の問いに答えなさい。
[主人公の少女マチルダ(Matilda)は意地の悪い父親(Mr. Wormwood)に仕返しをします。]

The next morning, just before her father left for his car garage, Matilda went quietly into the clos and took the hat he wore each day to work. She had to stand on her toes and reach up as high as sh could with a walking stick to take the hat from a stand, and even then she only just made it. The h itself was one of those hats with a feather stuck in the hat band and Mr. Wormwood was very proud ⓐit. He thought ❶(cool / him / it / look / make), especially when he wore it at an angle with h checked jacket and green tie.

Matilda held the hat in one hand and a thin stick of Superglue in the other, and she put *glue ve carefully all around the inner band of the hat. Then she carefully put the hat back on the stand wi the walking stick.

Mr. Wormwood didn't notice (A) when he put the hat on, but when he arrived at the garage l couldn't get it off. Superglue is very powerful stuff, so powerful it will take your skin off if you pu too hard. Mr. Wormwood didn't want to be *scalped, so he had to keep the hat on his head the who day long. To *save face, he was acting in a friendly way and hoping that his staff thought that l actually wanted to keep ⓘit on all day long, like a movie star.

When he got home that evening he still couldn't get the hat off. "Don't be *silly," his wife sai "Come here. I'll take it off for you."

She pulled the hat hard. "Ow-w-w!" Mr. Wormwood screamed. "Don't do that! Let go! You' take half the skin off my head!"

Matilda was sitting on her usual chair and watching with some interest.

"What's the matter, daddy?" she said. "Has your head suddenly become bigger or something?"

8

令和五年度 東海高等学校入学試験問題 英語 その二

The father looked at his daughter with deep *suspicion but said nothing. Mrs. Wormwood said to him, "It must be Superglue. It couldn't be (A) else. ❷That'll teach you to go playing around with nasty stuff like that. I expect you were trying to stick another feather in your hat."

"I haven't touched that kind of stuff!" Mr. Wormwood shouted. He turned and looked again at Matilda who was looking back at him *innocently.

Mrs. Wormwood said to him, "You should read the label before you start using dangerous stuff. Always follow the instructions on the label."

"What are you talking about!?" Mr. Wormwood shouted, "❸Do you think I'm so stupid that I would glue this thing to my head on purpose?"

Matilda said, "There's a boy down the road who got some Superglue on his finger without knowing it and then he put his finger up his nose."

Mr. Wormwood jumped. "What happened to him?" he asked.

"The finger got stuck inside his nose," Matilda said, "and he had to go around like that for a week. People kept saying to him, 'Stop picking your nose,' and he couldn't do anything about it. He looked a fool."

"❹Serves him right," Mr. Wormwood said. "He should not put his finger up there in the first place. It's a nasty *habit. ❺If Superglue were put on their fingers, all children would soon stop doing it."

Matilda said, "Adults do it too, mummy. I saw you do it yesterday in the kitchen."

"That's quite (B) from you," Mrs. Wormwood said and her face turned red.

Mr. Wormwood had to keep his hat on all through dinner in front of the television. He looked funny and he stayed very quiet.

When he went up to bed he tried again to get the thing off, and his wife did that too, but it didn't work. "How am I going to have my shower?" he asked.

"You won't be able to have ㋒it, will you?" his wife told him. And later on, as she watched her thin little husband walking around the bedroom in his purple-striped pajamas and the hat, she thought ❻(he / looked / stupid / how).

Mr. Wormwood discovered that the worst thing about having a *permanent hat on his head was having to sleep in ㋓it. It was impossible to sleep well. "Now stop worrying," his wife said to him. "I expect it will come off easily in the morning."

But it didn't come off by the morning. So Mrs. Wormwood took a pair of scissors and cut the thing off his head, little by little, first the top and then the *brim. The inner band was stuck to the hair all around the sides and back, so she had to cut the hair off to the skin. He finished up with a hairless white ring around his head. And in the front, ❼there were pieces of brown stuff that you couldn't get off even if you washed it.

At breakfast, Matilda said to him, "You must try to get those pieces off your head, daddy. People will think you have got *lice."

"Be quiet!" the father shouted. "Just keep your mouth shut, will you!"

*All in all, it was a great exercise. But ❽it was surely too much to hope that it taught her father a lifelong lesson.

Adapted from *Matilda* by Roald Dahl

【注】glue：のり　scalp：頭皮をはぐ　save face：面目を保つ　silly：愚かな
suspicion：疑い　innocently：無邪気に　habit：習慣　permanent：永続する
brim：へり　lice：シラミ　All in all：振り返ってみれば

問1 マチルダが父親に行った仕返しを４０字以内の日本語で説明しなさい。

問2 下線部❶を並べかえて英文を完成させなさい。必要に応じて動詞の形を変えなさい。

問3 空所(A)に共通して入る単語を、本文中から１語抜き出しなさい。

問4 下線部❷の解釈として最も適切なものを１つ選び、記号で答えなさい。
ア 強力接着剤のような不快なものの正しい遊び方を教えてくれているのでしょう。
イ 強力接着剤のような不快なもので遊んではいけないと教えてくれているのでしょう。
ウ 強力接着剤のような不快なものを持って遊びまわってよいと伝えているのでしょう。
エ 強力接着剤のような不快なものを持ち歩くことはいけないと伝えているのでしょう。

問5 下線部❸を日本語にしなさい。ただし、this thing が指す内容を明らかにすること。

問6 下線部❹の解釈として最も適切なものを１つ選び、記号で答えなさい。
ア 自業自得だ。　イ 役立たずだ。　ウ 仕方のないことだ。　エ あわれなことだ。

問7 下線部❺を日本語にしなさい。ただし、it が指す内容を明らかにすること。

問8 下線部❻を並べかえて英文を完成させなさい。

問9 空所(B)に入れるのに最も適切なものを１つ選び、記号で答えなさい。
ア sad　イ bright　ウ hard　エ enough

問10 下線部❼を日本語にしなさい。

問11 下線部❽の解釈として最も適切なものを１つ選び、記号で答えなさい。
ア 父親はもうマチルダをいじめることはしないだろう。
イ 父親はマチルダのことを許さないにちがいないだろう。
ウ 父親がマチルダをいじめると痛い目に遭うと理解しただろう。
エ 父親がこれで懲りることを期待することはできないだろう。

問12 下線部㋐〜㋓の it の中で、指示している内容が異なるものを１つ記号で答えなさい。

問13 本文の内容と一致するものを、次の中から２つ選び、記号で答えなさい。
ア Matilda was clever enough to take the hat from a stand by herself.
イ Mr. Wormwood's staff thought he was a movie star because he wore a hat all day.
ウ A boy Matilda told her parents about was laughed at by others because of his habit.
エ Mrs. Wormwood asked her husband to read instructions because he is always in trouble.
オ Mrs. Wormwood's face turned red when Matilda saw her picking her nose the day before.
カ At the end of the story, Mr. Wormwood looked silly because some pieces of his hat were on his head.

「その２」

受験番号 200

「その３」

受験番号 | 200

9

令和五年度　東海高等学校入学試験問題　英語　その三

1

問１

1.　　km	2.　　人	3.　　つ	4.　　種類	5.　　人

問２

6.	7.	8.	9.	10.

2

❶

❷

❸

❹

❺

3

1.	2.	3.	4.
5.	6.	7.	8.

4

問１	30 / 40
問２	❶
問３	(A)
問４	❷
問５	❸
問６	❹
問７	❺
問８	❻
問９	(B)
問10	❼
問11	❽
問12	
問13	

小計

小計

合計

※100点満点
（配点非公表）

※教英出版注
音声は，解答集の書籍ＩＤ番号を教英出版ウェブサイトで入力して聴くことができます。

問1

The island of Macchindo

You can find the mysterious island of Macchindo about 200 kilometers off the west coast of Peru.
It's a very small island: only 125 kilometers long and 60 kilometers wide.
Not many people live on the island. About 200,000 people live in the capital city, Mascarina, and there are probably about another 120, 000 people living in the many small villages on the island.
Sometimes tourists come to Macchindo, but the island does not have an airport, and it is difficult to reach by boat. What's more, even if tourists can get there, there are several big problems waiting for them.
One of the problems is that there are very few hotels. Until last year there were only five in the capital, but last May a big new hotel, the Mascarina Hitlon, opened, and three smaller ones started up later in the year; so, that situation is slowly improving.
Another problem is that a lot of the island is still a jungle. Experts say that there are 40 different kinds of snake on the island, and a quarter of them are dangerous to humans. There is also danger from spiders and other insects. However, parts of the island are very beautiful, and the weather is usually fine and warm, so the number of tourists is increasing. In 2018 the island had only 220 visitors, but the following year, before the Coronavirus pandemic started, it was twice that number. People hope that the number of visitors will be even larger this year.

Questions
1. How many kilometers wide is the island?
2. How many people live on the island?
3. How many hotels are there on the island **now**?
4. How many types of dangerous snake are there?
5. How many tourists visited the island in 2019?

問2

A: Good morning, Mark. How's it going?

B: Not bad, Steph. Yourself?

A: Yeah, good, but I need your help. I'm thinking of going to the cinema on Friday, but don't know what to watch. You're a bit of a movie expert so I'd like some advice.

B: Sure, no problem. What's on?

A: These movies. Have you seen any of them?

B: Let me have a look... yeah, actually, I've seen them all. OK, first question... who are you going with?

A: Not sure yet. Maybe just me and Jo, but we might have to take the kids if we can't get their grandparents to look after them. I was thinking about this animation, "The F World". What's that like?

B: I see. Well, if you take the kids, don't go to see "The F World". It's an animation based on the series on TV. It's interesting, but the story is not OK for children. There is a lot of bad language and violence.

A: Oh, I see. What about "Dog Day Mourning"?

B: "Dog Day Mourning"? That's the strange story of a pet dog that slowly becomes a little girl after the dog's owner gets killed in an accident.

A: A dog slowly becomes a girl? That sounds a bit scary.

B: It is, but it's not as scary as "Night Life".

A: "Night Life"? What's that about, then?

B: It's about these things that come out of the ground at night and start attacking people.

A: Really? That sounds very scary. Aren't there any good comedies?

B: Well, there's "Harry Putter". It's about a young guy who wants to be a pro golfer, but one day he's riding his bicycle and he turns into a side street, and he finds himself in an incredible world of magic. It will make you laugh, and there's a lot of excitement, too. The only problem is that it's long: about 140 minutes.

A: Well, "Harry Putter" is long, but it looks like "Gary Foulks Night" is even longer. Have you seen that?

B: Yeah, it sounds like it should be a comedy, but "Gary Foulks Night" is an action movie about a plan to destroy the White House. It's very exciting, and it's based on a true story.

A: Oh yes, I seem to remember hearing about Gary Foulks.

B: It's a long movie, but there's lots of action, and it's got some great music.

A: Is the music better than the music in the new "Red Ghost" movie? Those movies always have great music.

B: Yes, I think so. Nothing about "Red Ghost III" is as good as the first two. You know I have nothing against women being superheroes, but Sally Summer playing the character of Red Ghost just doesn't work. She's a comedy actor, not an action star.

A: Yes, I thought she was a strange choice for the lead role. OK, I think there are 3 good films we can choose from. It just depends on the babysitters and what Jo wants to watch. Thanks for your help!

10

令和五年度　東海高等学校入学試験問題　理科　その一

受験番号	200

「その1」

※100点満点
（配点非公表）

(50分)

1　次の文章を読み，下の各問いに答えなさい。

炭素は燃焼すると，一酸化炭素や二酸化炭素になる。いま，20 g の炭素に酸素を加え燃焼させたところ，炭素はすべてなくなり，一酸化炭素と二酸化炭素と未反応の酸素の混合気体Ⅰが得られた。次に，この混合気体Ⅰを再度燃焼させたところ，体積が 4 L減少し，二酸化炭素と酸素の混合気体Ⅱが得られた。また，今回の実験はすべて同じ温度・同じ圧力で行われ，その条件下で，12 g の炭素を酸素と反応させ，すべて二酸化炭素にすると，24 L，44 g の二酸化炭素が得られる。なお，気体の体積は，同じ温度・同じ圧力の条件下では，気体の種類に関係なく気体分子の数に比例する。

(1)　固体の二酸化炭素であるドライアイスは，液体の状態を経ずに直接気体になる。この状態変化を何というか。

(2)　解答欄に示す３つの気体について，①有色ならば「○」，無色ならば「×」，②臭いがあれば「○」，なければ「×」，③空気よりも重ければ「○」，軽ければ「×」を記しなさい。

（例）二酸化炭素　①×　②×　③○

(3)　一酸化炭素が酸素と反応して，二酸化炭素になる反応を化学反応式で表しなさい。

(4)　最初に燃焼させた 20 g の炭素のうち，酸素と反応して一酸化炭素になった質量は何 g か。整数値で答えなさい。

(5)　以下の文中の（　）を指示に従って埋め，最初に炭素を燃焼させるために加えた酸素の体積を求めなさい。なお，混合気体Ⅱの質量は，同温・同圧・同体積の酸素の質量の 1.15 倍であった。

上の文中の下線部より，酸素 24 L の質量は（ア：整数値） g である。ここで，加えた酸素の体積を V [L]とすると，この酸素の質量は（イ： Vを用いた式）[g]となる。２回の燃焼で，20 g の炭素はすべて二酸化炭素になったので，混合気体Ⅱの質量は（ウ： Vを用いた式）[g]であり，その体積は（エ： Vを用いた式）[L]である。混合気体Ⅱの質量は，同温・同圧・同体積の酸素の質量の 1.15 倍だから，最初に加えた酸素の体積 Vは（オ：整数値） L となる。

(1)				
(2)アンモニア ①　②　③	塩素 ①　②　③	二酸化硫黄 ①　②　③		
(3)			(4)　g	
(5)ア　g	イ　[g]	ウ　[g]	エ　[L]	オ　L

2 (1)　電池および電気分解に関する記述（ア～ウ）から正しいものを**すべて選び**，記号で答えなさい。ただし，正しいものがない場合は「×」をつけなさい。

ア　うすい塩酸に亜鉛板と銅板を入れ，極板にして電池をつくったとき，亜鉛板は－（マイナス）極，銅板が＋（プラス）極になるが，銅板をマグネシウム板に変えると，亜鉛板は＋極になる。

イ　自動車などのバッテリーに使われる鉛蓄電池や，携帯電話などに使われるリチウムイオン電池は，充電によって繰り返し使用することができる二次電池である。

ウ　塩酸と水酸化ナトリウム水溶液を混ぜ合わせて，過不足なく中和させた水溶液は中性なので，この水溶液を電気分解すると，陰極から水素が，陽極から酸素が発生する。

(2)　塩酸と硫酸がそれぞれ 10mL ある。この２つの酸の水溶液を，同じ濃度の水酸化ナトリウム水溶液で過不足なく中和したところ，ともに 10mL が必要であった。この実験に用いた 10mL の塩酸と 10mL の硫酸に関する記述（ア～ウ）から正しいものを**すべて選び**，記号で答えなさい。ただし，正しいものがない場合は「×」をつけなさい。

ア　塩酸 10mL 中の Cl^-と，硫酸 10mL 中の $SO_4{}^{2-}$の数は同じである。

イ　塩酸 10mL と硫酸 10mL 中の総イオン数は同じである。

ウ　塩酸 10mL と硫酸 10mL にそれぞれ同じ質量の亜鉛を加えたとき，発生する気体の体積は，同温・同圧であれば同じである。

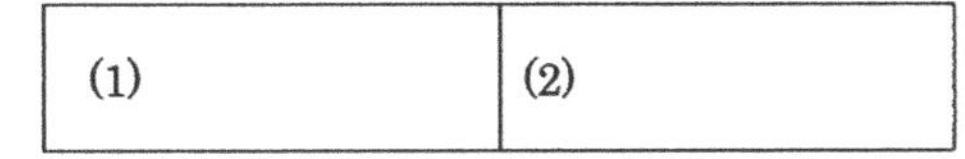

(1)	(2)

3　次の文章を読み，下の各問いに答えなさい。

干草や草原など，私たちが草をイメージする場合，単子葉類を思い浮かべることは多い。それは単純に草として目立つものに単子葉類が多いことがその要因であるが，そもそも単子葉類は基本的に木ではなく草として生きているものばかりで，草としての生き方に特化しているなかまとみることもできる。

一般に，地球上の生物は単細胞生物から多細胞生物に進化したと考えられているため，小さなものから大きなものができたという印象が強い。しかし，現在，草として地球上に広がっている単子葉類は，木として繁栄していた植物よりも後に出現したことが化石から分かっている。この事実は，光をいかに獲得するかという競争が重要な植物において，一見，不利なようにみえるが，現在の地球上で草が多様に存在していることは，決して不利ではなかったといえる。

(1)　単子葉類の特徴を示す次の文の（　）に適する語句を答えなさい。

単子葉類は，木のように高くなって確実に光を獲得するためにじっくり育つのではなく，ライフサイクルを短くして生き残った。ライフサイクルを短くするためには，素早く育つということが重要であり，形態的な特徴にも現れている。例えば，単子葉類の根は（　①　），葉脈は（　②　）という形である。単子葉類のこの形は，双子葉類の成長期に枝分かれ構造をとりながら縦にも横にも伸びるのではなく，余分な茎をつくらないで，発芽した場所を中心に真っ直ぐ根と葉をとにかく成長させることによって生き残ったものとみることができる。

(2)　単子葉類は被子植物のなかまである。被子植物とはどのような特徴をもつ植物か。簡潔に説明しなさい。

(3)　木として繁栄していた植物は，維管束を持つ植物である。次のうち，木として繁栄していた種があると考えられるものを**すべて選び**，記号で答えなさい。

ア　種子植物　　イ　コケ植物　　ウ　藻類　　エ　シダ植物

(4)　生物が現存していなくても，その化石から草食であることが推定できる。一般的に，化石から草食であることを推定するのに最も適しているのはどの部位かを答えなさい。

(5)　単子葉類は基本的に有性生殖で増える。「短いライフサイクル」で「有性生殖」をすることは，多様な環境が存在する地球で繁栄するのに，有利だったと考えられる。どのように有利だったと考えられるか。「　」の特徴に注目して，説明しなさい。

(1) ①　　②		(2)
(3)	(4)	(5)

4　次の文章を読み，下の各問いに答えなさい。

月は地球から一番近いところにある天体で，地球から約 38 万 km の距離をまわる衛星である。満ち欠けをくり返す天体で，昔から神秘的な存在として親しまれてきた。1969 年にアポロ 11 号によって人類が初めて月面着陸に成功し，持ち帰った岩石からその起源などが調査されているが，依然として多くはなぞにつつまれている。

(1)　月の自転周期と公転周期として，最も適当なものをそれぞれ１つずつ選びなさい。

ア　していない　　イ　1日　　ウ　15日　　エ　27日　　オ　365日

(2)　下線部について，飛鳥時代の歌人である柿本人麻呂は「東（ひんがし）の野に炎（かぎろい）の立つ見えて，かへり見すれば月かたぶきぬ」という短歌を詠んだ。このときの月の見え方として最も適当なものを次のア～エから１つ選びなさい。ただし，黒く塗られているところが明るい部分であり，下線は地平線を表している。

※　（注）「炎（かぎろい）の立つ」：日の出，「かへり見」：振り返ってみると

令和五年度 東海高等学校入学試験問題 理科 その二

「その2」

受験番号 200

ア　イ　ウ　エ

(3) 皆既月食について述べた文として，正しいものを次のア～エから1つ選びなさい。

ア 皆既月食は太陽，月，地球の順に並んでいるときに起こる。

イ 皆既月食のとき，月が赤銅色に見えるのは，火星が赤く見えるのと同じ理由である。

ウ 皆既月食のときは，必ず満月である。

エ 皆既月食のときに月から地球を観測すると，欠けていない地球（満地球）が見える。

(4) 月の半径は地球の4分の1，重さは地球の81分の1とすると，これから計算される月の密度は地球の密度の何倍か。小数第3位を四捨五入し，小数第2位まで求めよ。ただし地球も月も完全な球体であるものとする。

(5) 2022年11月に，442年ぶりに皆既月食と惑星食が同時に見られた。惑星食とは惑星が月の裏側に隠れる現象である。このとき起こった惑星食は太陽から7番目の惑星であった。この惑星の名称を答えなさい。また，この惑星の説明として最も適当なものを次のア～エから1つ選びなさい。

ア 地球とほぼ同じ大きさの惑星で，大気があり，衛星をもたない。温室効果により約480℃の気温になっている。

イ 地球の約9倍の直径をもつ惑星で，主に水素とヘリウムからなる。太陽系の惑星の中で最も密度が小さい。

ウ 地球の約4倍の直径をもつ惑星で，中心には氷と岩石の核があり，外側には数本の環をもつ。太陽系の惑星の中で最も公転周期が長い。

エ 主に大気は水素やヘリウムからなり，メタンが含まれているため青く見える。自転軸は公転面に対して垂直な方向から大きくかたむき，ほぼ横倒しで公転している。

(1)	自転周期：　公転周期：	(2)		(3)	
(4)	倍	(5)	名称	説明	

5 次のそれぞれの文（ア，イ）の正誤を判断し，両方とも正しい場合には「○」，アのみ正しい場合には「ア」，イのみ正しい場合には「イ」，両方とも間違っている場合には「×」を記入しなさい。

(1) ア 北緯35°の地点における夏至の太陽の南中高度は78.4°であり，冬至の太陽の南中高度は31.6°である。

イ 同じ観測点において，1月20日の午後9時に真南に見えるオリオン座は，2月20日の午後11時にはほぼ同じ場所に見える。

(2) ア 異なる二層の地層の厚さの違いは，その地層が堆積した堆積期間とほぼ比例関係にある。

イ 地層の中に含まれる化石のうち，地層の堆積した年代を知る手がかりとなる化石を示相化石という。

(3) ア 陸は海と比べて，あたたまりやすく，冷めやすいため，日中の暑いときは海から陸に向かって風が吹く。

イ 台風の進行方向の左側に位置する地点Aでは，台風の移動に伴って地点Aの風向は反時計回りに変化する。

(4) ア 地震の揺れの大きさは地震計で観測され，0から9までの10段階に分けられる。

イ 震源の浅い地震は震央付近での揺れが大きく，その震度分布は震央を中心にほぼ同心円状になることが多い。

(1)		(2)		(3)		(4)	

6 電熱線の抵抗値と電熱線での消費電力の関係を考えた以下の文章中の［ア］，［ウ］～［キ］，［ケ］には適切な数式または数値を入れ，［イ］，［ク］には解答欄中の選択肢から適切なものを選んで文章を完成させなさい。

抵抗値r〔Ω〕の電熱線を，電熱線以外の抵抗が無視できる理想的な回路（図1，電池の電圧V〔V〕）につないだとする。電熱線の消費電力は［ア］であり，電熱線の抵抗が［イ：(選択)］ほど電熱線の消費電力は大きくなる。

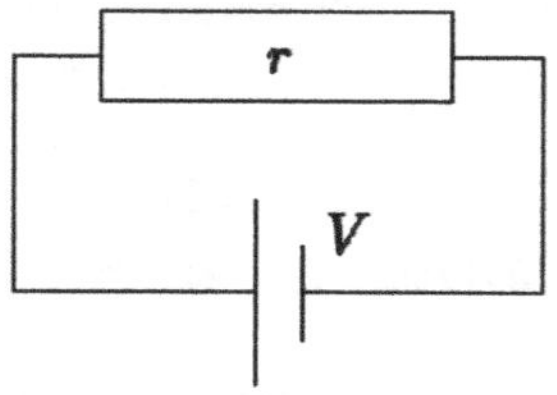

r　V

図1

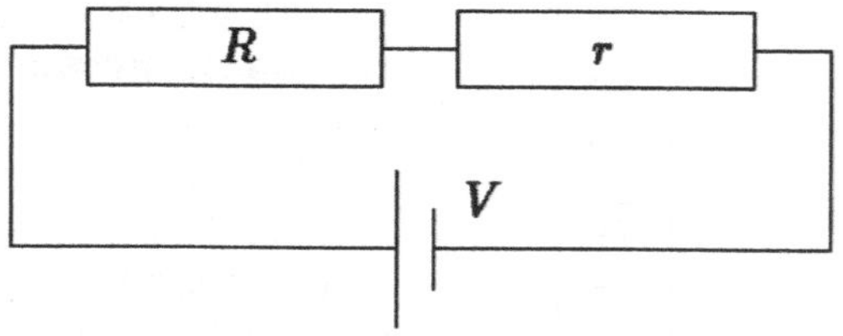

R　r　V

図2

電熱線の抵抗が小さい場合は，電熱線以外の抵抗を無視することができなくなる。以下では，電熱線以外の抵抗値をR〔Ω〕とし，$0 < r \leqq 10R$の範囲で考える（図2，電池の電圧V〔V〕）。電熱線での消費電力P〔W〕を，r，R，Vを用いて表すと［ウ］となる。$x\left(=\frac{r}{R}\right)$を用いて表すと，

［ウ］＝［エ（xのみを用いて表す）］$\times \frac{V^2}{R}$〔W〕$= \frac{1}{2+［オ（x のみを用いて表す）］} \times \frac{V^2}{R}$〔W〕

となり，rを変える（xを変える）ことで，消費電力Pの値は変化することがわかる。ここで，rを範囲（$0 < r \leqq 10R$）で変えたときの消費電力Pの最大値を求めたい。$x > 0$において，$x + \frac{1}{x}$の最小値が2となることを用いると，消費電力Pの最大値は［カ］となり，このときのrは［キ］となる。

一方，回路全体での消費電力を$P_{全}$〔W〕とすると，rが［ク：(選択)］方が電熱線で使われた消費電力の割合$\frac{P}{P_{全}}$が大きく，電熱線以外の抵抗で消費される電力が少なくなる。電熱線での消費電力が最大となる$r=$［キ］においては，$\frac{P}{P_{全}}=$［ケ］であり，電熱線以外の抵抗で消費される電力も大きいことがわかる。

ア　〔W〕	イ（選択：答えを○で囲む）大きい・小さい	ウ　〔W〕
エ	オ	カ　〔W〕
キ　〔Ω〕	ク（選択：答えを○で囲む）大きい・小さい	ケ

12

令和五年度　東海高等学校入学試験問題　社会　その一

「その１」　受験番号　200

※100点満点
（配点非公表）

(50分)

Ⅰ　G20（Group of Twenty）とは、20か国・地域首脳会合および20か国・地域財務大臣・中央銀行総裁会議の参加国・地域を指す。これらのうちＡ～Ｓの19か国に関する下の問い（問１～７）に答えよ。

Ａ．アメリカ合衆国　Ｂ．アルゼンチン　Ｃ．イギリス　Ｄ．イタリア　Ｅ．インド
Ｆ．インドネシア　Ｇ．オーストラリア　Ｈ．カナダ　Ｉ．韓国　Ｊ．サウジアラビア
Ｋ．中国　Ｌ．ドイツ　Ｍ．トルコ　Ｎ．日本　Ｏ．フランス
Ｐ．ブラジル　Ｑ．南アフリカ共和国　Ｒ．メキシコ　Ｓ．ロシア

問１　次の各文で取り上げる空欄（　ア　）～（　ク　）に該当する国を記号で答えよ。
(1)（　ア　）の東部には（　イ　）によって開拓が進められたケベック州があり、（　イ　）語も公用語となっている。
(2) イスラム教の聖地メッカは（　ウ　）の領域にある。イスラム教が優勢な（　エ　）は、ボスポラス海峡を挟んでヨーロッパ側にも領域がある。
(3)（　オ　）では、内陸部開発を目指して海岸沿いの旧都から高原の現在地に1960年に遷都した。また、（　カ　）では、ジャカルタからカリマンタン島の「ヌサンタラ」に首都を移転することが予定されている。
(4) 仏教の聖地の一つブッダガヤは（　キ　）の領域にある。また、第二次世界大戦後に南北に分断された国家の一方で、半島の南部に位置する（　ク　）では、仏教徒よりもキリスト教徒の割合が高い。
問２　G20には欧州連合も参加している。2023年１月現在、欧州連合に加盟している国を記号で**すべて答えよ。**
問３　日本は周辺諸国と領土問題を抱えている。これらのうち日本固有の領土を占拠し続けている国を記号で**すべて答えよ。**
問４　領域（本土以外の海外領などを除く）が最も南に位置する国を選び、記号で答えよ。
問５　ロンドンの対蹠点に最も近い国（本土以外の海外領などを除く）を選び、記号で答えよ。
問６　G20の参加国のうちでは、アメリカ合衆国・インドネシア・オーストラリア・カナダ・韓国・中国・日本・メキシコ・ロシアが参加し、環太平洋地域で経済協力を進めている国際組織の名称を**アルファベット４字**で答えよ。
問７　次の表は、中国、ブラジル、インド、ロシアの４か国に関して１人当たりの国民総所得、原油産出量、石炭産出量を示したものである。このうちブラジルに該当するものを表中の①～④から一つ選べ。

	１人当たりの国民総所得（ドル）	原油産出量（万ｋＬ）	石炭産出量（万ｔ）
①	10,160	23,179	384,633
②	9,927	63,512	35,756
③	6,667	17,336	541
④	1,910	4,330	73,087

統計年次は、１人当たりの国民総所得2020年、原油産出量2021年、石炭産出量2019年。　出典：『世界国勢図会』2022/23年度版

Ⅱ　日本には「海に面していない県」が８県ある。次のＡ～Ｄの各文はそのいずれかに該当する。下の問い（問１～３）に答えよ。

Ａ　北部は、なだらかな地形が広がり、人口の９割以上が集中し大都市圏へのベッドタウンとなっている。南部は、山地がほとんどで、吉野杉に代表される林業が基幹産業となっている。
Ｂ　日本最大の面積を持つ湖が県の面積の６分の１を占める。湖から流出する河川は１本のみで、府県境を越えると名前が変わる。河口のある府県では（　１　）川と呼ばれている。
Ｃ　北部には日光国立公園が広がる。「日光の社寺」は世界遺産にも登録されている。県庁所在地は県の中央部に位置し、人口は県の４分の１を占める。
Ｄ　利根川の上流域に位置する。自動車工業の太田市や織物業の桐生市などは人口が集中する南部に位置する。（　２　）市は、県内の人口最大都市で、上越・北陸新幹線の分岐点に位置している。

問１　ＡとＣの文に該当する県名を答えよ。
問２　空欄（　１　）と（　２　）にあてはまる語句を答えよ。
問３　次の表中のＥ～Ｈは、上のＡ～Ｄを除いた残りの「海に面していない」４県のいずれかに該当する。４県に関して面積、人口、県庁所在地の人口を示したものである。表中のＧに該当する県名を答えよ。

	面積（km²）	人口（万人）	県庁所在地の人口（万人）
E	13,562	205.0	37.4
F	10,621	198.0	40.7
G	4,465	81.0	18.7
H	3,798	734.7	132.4

統計年次は、面積と人口2020年、県庁所在地の人口2021年。　出典：『データでみる県勢』2022年版

Ⅲ　2022年のできごとを示した次の表をみて、下の問い（問１～６）に答えよ。

1月	海部俊樹 元①内閣総理大臣が死去した。
4月	日本が②「子どもの権利条約」を批准してから28年目を迎えた。
5月	新潟県で③知事選挙が実施された。
8月	④NPTの再検討会議が最終文書案を採択できずに閉幕した。
10月	デジタル相が、紙やプラスチックカードの⑤健康保険証を2024年秋に廃止する方針を発表した。
12月	愛知県にある岡崎警察署の留置場で⑥勾留中の男性が死亡した。

問１　下線部①に関して、日本国憲法に定める内閣総理大臣の規定について、正しいものを次のア～エから**すべて選べ**。
ア．文民でなければならない　イ．衆議院議員でなければならない
ウ．国会から任命される　エ．国務大臣を任意に罷免できる
問２　下線部②に関して、「子どもの権利条約」の内容として**誤っているもの**を次のア～エから一つ選べ。
ア．人種、性別、宗教などによって差別されない
イ．考えや信じることの自由が守られ、自分らしく育つことができる
ウ．あらゆる種類の暴力や虐待から守られる
エ．少数民族の子どもであるということを理由として、特別に守られることはない
問３　下線部③に関連して、次の文は都道府県知事について述べたものである。文中の空欄ⅠとⅡに入る数字を答えよ。
『都道府県知事となるには日本国民で満［　Ⅰ　］歳以上でなければならない。任期は［　Ⅱ　］年である。』
問４　下線部④に関連して、次のＡ～Ｄのできごとを、年代の古い順に並び換えよ。
Ａ．キューバ危機　Ｂ．アメリカによるビキニ環礁での水爆実験
Ｃ．NPT調印　Ｄ．アメリカとソ連のSTART調印
問５　下線部⑤に関連して、次の文章は社会保障について述べたものである。文中の空欄Ｘに入る語句を次のア～エから一つ選べ。
『［　Ｘ　］に占める税や社会保障負担の割合を国民負担率という。』
ア．国内総生産　イ．国民総生産　ウ．国民所得　エ．歳入
問６　下線部⑥に関連して、次の文章は日本国憲法第38条の一文である。文中の空欄Ｙに入る語句を答えよ。
『何人も、自己に不利益な唯一の証拠が本人の［　Ｙ　］である場合には、有罪とされ、又は刑罰を科せられない。』

Ⅳ　次の会話文を読み、下の問い（問１～４）に答えよ。

勤君：西九州新幹線が開業したね。武雄温泉から長崎を結び、新幹線としては全国で最も短いそうだよ。
誠君：そうなんだ。名古屋駅には東海道新幹線が停まるけど、東海道新幹線の建設にあたっては、（　Ａ　）からの融資を受けて建設されたって授業で言ってたな。名古屋駅もモニュメントの「飛翔」が撤去されたり、リニアの工事も進んでいるよね。
勤君：リニアといえば、大井川の水資源の保全などをめぐって、開業が遅れるみたいだね。
誠君：①自然にどのような影響があるかは、工事をする前に十分調査する必要があるね。
勤君：そういえば、今度の修学旅行は福岡や長崎に行くことになっていたね。自由時間を効率的に使うためにも、おいしいカステラや、ちゃんぽんのお店を事前に十分調査する必要があるな。
誠君：長崎や博多は②貿易や商業で栄えた街だからね。見どころも、おいしいものもたくさんあるから、③時間や予算が限られている中で、どう過ごすかが悩ましいよね。あ、博多はラーメンもいいけど、ごぼ天うどんもオススメだよ。

問１　会話文中の空欄Ａには、国連のもとに設置されている機関名が入る。適切な語句を**漢字４字**で答えよ。
問２　下線部①のようなことは「環境［　Ｂ　］」とよばれる。空欄Ｂに入る語句を**カタカナ**で答えよ。
問３　下線部②に関して、貿易の自由化に加え、投資、人の移動、知的財産の保護や競争政策におけるルール作り、様々な分野での協力の要素等を含む、幅広い経済関係の強化を目的とする協定を何というか。**アルファベット**で答えよ。
問４　下線部③に関連して、人の限りない欲求に対して、消費することのできる資源に限りがあることを何というか。**漢字３字**で答えよ。

Ⅰ
問1	ア	イ	ウ	エ	オ	カ	キ	ク	問2	
問3		問4		問5		問6		問7		

Ⅱ
問1	A　県	C　県	問2	1	2	問3	県

Ⅲ
問1		問2		問3	Ⅰ	Ⅱ
問4	古　→　→　→　新	問5		問6		

Ⅳ
問1		問2	
問3		問4	

教英出版

13

令和五年度　東海高等学校入学試験問題　社会　その二

「その2」

受験番号　200

Ⅴ 次の文章を読み、下の問い（問１～13）に答えよ。

もしも時間を何倍にも使えたなら……。英国の①H・G・ウェルズが1903年に発表したＳＦ小説「新加速剤」は、そういう夢のような薬品を発明した博士の物語である。時間が何倍にも使えたなら、遅刻を気にしなくてもすむはず。

江戸時代に日本国内でつくられた和時計の多くは針が１本しかなく、細かな時間の単位まで表示することができなかった。幕末に来日したイギリスの外交官②アーネスト・サトウは、日本人が約束の時刻より１時間早くても遅くてもまったく気にしていないことを書き留めている。時計が普及していなかった頃、時間はゆったりと流れていたのである。

明治以降、③鉄道や工場、④学校などが整ってくると、時間厳守が求められるようになった。たとえば鉄道の駅には、発車15分前に乗車券を買い、５分前を過ぎたら乗車できないというような決まりごとが掲示されていた。ゆるやかな時間しか知らない人々に、分刻みの時間を身につけさせることが、「文明」国の入口だったのである。

このように、自然界の時間に一定の刻みをつけることによって、社会的な「時間」がつくられてきたのであり、「時間」の成立は、時計の誕生と深く結びついていた。人類が「時間」の存在に気づいたのは、何千年も前のことである。たとえば⑤メソポタミアでは、月の満ち欠けをもとにした太陰暦が発明され、時間を60進法で計っていたという。古代中国でも⑥殷では水時計が使われていた。

日本での時計の歴史はどうか。1981年、奈良県明日香村の⑦飛鳥寺の一角で、古代の水時計である「漏刻」の一部が発見された。『日本書紀』には⑧天智天皇が皇太子時代に「漏刻」をつくらせたと記されており、発見された「漏刻」との関わりが推測される。平安時代、漏刻を管理する陰陽寮の近くで仕えていた（　⑨　）は、『枕草子』のなかで、夜中でも「漏刻」の係が時刻を告げていたことを記している。

話は横道にそれるが、文章（詞書）と絵が交互につなげられて場面が展開していく⑩絵巻物でも、時の流れはたくみに表現されている。人が一度に眺めわたせる範囲が１つの場面として描かれ、１つの場面を巻き取ると次の場面が現れるという仕組みになっているのである。

時代を江戸時代まで下ってみよう。（　⑪　）は東北地方を旅した紀行を『奥の細道』として残したが、その旅に随行し一部始終を記録した弟子の河合曾良は、時刻を克明に書き留めている。曾良が手がかりとしたのは、おそらくは寺院の鐘であろう。寺院では、香が一定の早さで燃焼することを利用した香時計が使われていたという。

日本に最初に機械時計をもたらしたのは、⑫フランシスコ・ザビエルであると言われている。ただし、ヨーロッパの時計は定時法に基づいていたため、不定時法を採用する日本では、そのままでは使えなかった。不定時法とは、日の出から日の入りまでと日の入りから翌朝の日の出までをそれぞれ６等分して時間の刻みとするもので、季節によって時間の刻みが伸縮することになる。この不定時法に適合させた日本独自の時計が和時計である。

独自の発展を遂げた和時計も、明治初期の（　⑬　）暦と定時法の導入によって姿を消していった。その後⑭1970年代にクォーツ時計が出現すると、時計は正確であることが当たり前となった。安価な時計の普及とともに時間は個人のものとなり、集合時間に遅れることは個人の責任の問題となった。いまだに変わらないのは、時の流れは平等であって、時間を何倍にも活用する秘薬は存在しないという事実である。

問１　下線部①は作家であるとともに社会活動家でもあり、第一次世界大戦中に、戦後の国際連盟にも通じる国際的な機構の設立を提唱していた。実際に設立された国際連盟は、ウェルズの構想とは異なるものであったが、国際連盟の本部が置かれた都市を次のア～エから一つ選べ。
ア．パリ　　イ．ジュネーブ　　ウ．ウィーン　　エ．ニューヨーク

問２　下線部②が来日したのは1862年のことであったが、その直後に薩摩藩士がイギリス人を殺傷する事件が起き、イギリスはその翌年に報復のため日本のある場所に砲撃を加えた。この殺傷事件と砲撃された場所の組み合わせとして正しいものを、次のア～エから一つ選べ。
ア．桜田門外の変／下関　　イ．桜田門外の変／鹿児島　　ウ．生麦事件／下関　　エ．生麦事件／鹿児島

問３　下線部③について。1872年、日本で最初の鉄道が新橋～□□間で開通した。□□にあてはまる地名を**漢字２字**で答えよ。

問４　下線部④に関連して、明治初期の学校について述べた文として**誤っているもの**を、次のア～エから一つ選べ。
ア．1872年に近代的な学校制度を定めた法令である学制が制定された。
イ．学制により小学校の６年間が義務教育となった。
ウ．学制の制定後、数年のうちに全国で２万を超える小学校がつくられたが、なかには江戸時代の寺子屋をもとにしたものもあった。
エ．授業料が無償でなかったこともあり、実際には小学校に通えない子どもも多くいた。

問５　下線部⑤に関連して、ある２つの河川の流域でかつてメソポタミア文明が栄えた。これらの河川の名称をそれぞれ答えよ。

問６　下線部⑥に関連して、殷では戦争や農業などを行うにあたり、占いが行われることがあった。この結果を記す際に用いられた文字の名称を答えよ。

問７　下線部⑦に関連して、飛鳥文化について述べた文として**誤っているもの**を、次のア～エから一つ選べ。
ア．飛鳥寺は蘇我氏によって建てられた寺院である。
イ．法隆寺の五重塔や金堂は現存する世界最古の木造建築である。
ウ．この時代の仏像や工芸品の多くは渡来人の子孫によって製作された。
エ．遣唐使が派遣される前の文化であり、中国や朝鮮半島の文化の影響は見られない。

問８　下線部⑧は皇太子であった頃、□□□皇子と呼ばれていた。□□□にあてはまる**漢字３字**を答えよ。

問９　空欄⑨及び⑪にあてはまる人名をそれぞれ答えよ。

問10　下線部⑩の場面は「ア．右から左に展開していく」か「イ．左から右に展開していく」のいずれであるか。「ア」または「イ」の記号で答えよ。

問11　下線部⑫の所属していた修道会の名称を答えよ。

問12　空欄⑬にあてはまる語を**漢字２字**で答えよ。

問13　下線部⑭に関連して、1970年代の日本でのできごととして正しいものを次のア～エから一つ選べ。
ア．日米安全保障条約が改定された。　　イ．国際連合への加盟を認められた。
ウ．沖縄が返還された。　　エ．国鉄が分割・民営化された。

Ⅵ 次の文章を読み、下の問い（問１～９）に答えよ。

2021年に東京で①1964年以来の夏季オリンピックが開催されたことは記憶に新しいだろう。そこでオリンピックの歴史や歴代の開催国（開催都市）について、振り返ってみよう。

そもそもオリンピックは、古代ギリシアで神々に捧げる祭典として開催されたことに起源がある。古代オリンピックはギリシア世界が②古代ローマによって征服された後も開催され続けたが、４世紀の終わりに開かれた大会を最後に、終焉を迎えた。その後、長い空白の期間を経た③1894年に、フランスのピエール・ド・クーベルタンを中心に近代オリンピック開催の決議がなされ、1896年にギリシアのアテネで第１回近代オリンピックが開催されたのである。

オリンピックは、原則４年に１度開かれることとなっている。しかし、開催中止となった大会がこれまでに何度かある。例えば、1916年の④ベルリン大会は第一次世界大戦、1940年の東京大会とその返上を受けたヘルシンキ大会、1944年のロンドン大会は⑤日中戦争や第二次世界大戦の勃発を理由に開催が中止された。近年の主な開催都市には、1988年に韓国の⑥ソウル、2000年に⑦オーストラリアのシドニー、2008年に⑧中国の北京などがあり、そして2016年には⑨南アメリカでは初となるブラジルのリオデジャネイロでオリンピックが開催されている。

問１　下線部①に関連して、1960年代に日本や世界で起きたできごととして**誤っているもの**を、次のア～オから一つ選べ。
ア．東海道新幹線の開通　　イ．公害対策基本法の制定　　ウ．日韓基本条約の締結
エ．アジア・アフリカ会議の開催　　オ．東南アジア諸国連合（ASEAN）の発足

問２　下線部②に関連して、古代ローマについて述べた文として**誤っているもの**を、次のア～エから一つ選べ。
ア．はじめは貴族を中心とする共和政だったが、紀元前１世紀ごろには皇帝を中心とする帝政になった。
イ．広大な領域や多くの民族を支配するために、道路網や水道を整備したり、法律を作成したりした。
ウ．はじめローマではキリスト教を国教として認めていたが、４世紀末にはその信仰が禁止された。
エ．ローマは紀元前１世紀ごろに地中海一帯を統一したが、４世紀末に東西に分裂した。

問３　下線部③に関する以下の問いに答えよ。
(1)　この年に朝鮮では、ある宗教を信仰していた人々が外国勢力の排除などを求めて反乱を起こした。この反乱を起こした人々が信仰していた宗教は何か。その名称を**漢字２字**で答えよ。
(2)　この年に始まった日清戦争について述べた文として**誤っているもの**を、次のア～エから一つ選べ。
ア．主な戦場は朝鮮や清の遼東半島であった。
イ．講和会議は翌年に下関で開催された。
ウ．講和条約で清は日本に対し、朝鮮半島の領有、遼東半島・台湾・澎湖諸島の譲渡、賠償金の支払いなどを認めた。
エ．ロシアはドイツ・フランスとともに、日本に対して遼東半島を清に返還するように要求し、日本もこれを認めた。

問４　下線部④に関連して、1871年にベルリンを首都としてドイツ帝国が成立した。ドイツの統一に際して、その中心となったプロイセン王国の首相の名を答えよ。

問５　下線部⑤に関連して、日中戦争について述べた文として**誤っているもの**を、次のア～エから一つ選べ。
ア．戦争の発端は、1937年７月、北京郊外の盧溝橋で日中両国軍が武力衝突したことにあった。
イ．日本はただちに中国に対して宣戦布告を行った。
ウ．戦闘は上海にも拡大し、日本軍は次々に兵力を増強した。
エ　日本軍は首都南京を占領する際に、捕虜のみならず多数の非戦闘員を殺傷する事件を起こした。

問６　下線部⑥でのオリンピックはソ連を中心とした東側諸国が参加した最後の大会であった。翌年の1989年には□□の象徴であったベルリンの壁が崩壊し、米ソの首脳が□□の終結を宣言、1991年にはソ連そのものが解体するに至った。この文中２か所の□□に共通してあてはまる語を**漢字２字**で答えよ。

問７　下線部⑦に関連して、イギリス人入植者による迫害を受けて人口が減少した、オーストラリア大陸の先住民の名称を答えよ。

問８　下線部⑧に関連して、20世紀はじめの中国で起きた次のア～ウのできごとを、年代の古い順に並び換えよ。
ア．帝国主義に反対する五・四運動が発生し、全国的に広がった。
イ．日本政府が中国政府に対して二十一か条の要求を提出した。
ウ．孫文を臨時大総統とする中華民国の建国が宣言された。

問９　下線部⑨に関連して、主に16世紀以降の南アメリカでは、ヨーロッパ系の白人と先住民との間で混血が進んだ。この混血した人々は何と呼ばれるか。その名称を答えよ。

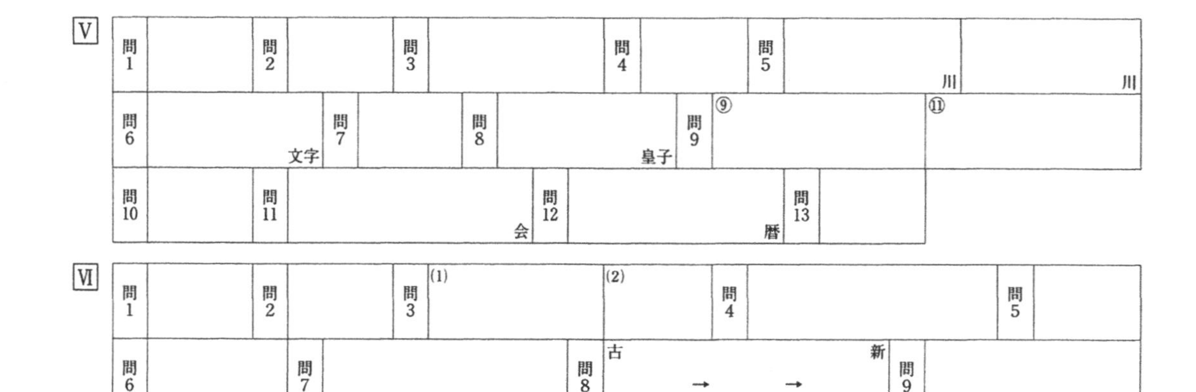

Ⅴ
問1　問2　問3　問4　問5　川　川
問6　文字　問7　問8　皇子　問9　⑨　⑪
問10　問11　会　問12　暦　問13
Ⅵ
問1　問2　問3　(1)　(2)　問4　問5
問6　問7　問8　古　→　→　新　問9

（50分）

【注意】字数が指定されている場合は、句読点やカッコなども文字として数えること。

一　次の文章を読んで、後の問いに答えなさい。

　現代の繋がりすぎとも言えるくらい繋がっている世界で、A自分の芝をデコレーションしまくる他者たちを見つつ、自らに自信を持てていない人が大勢います。自信があろうがなかろうが私は私でしかないにもかかわらず、究極的に自分の存在がふわふわしてきてしまい、自分はなんなのか、自分はなんのために生きているのかわからなくなっていく。

　そんなときに何かしらの共感を得ると（それは意図されて引き出される可能性も大きい）、それは劇薬のごとく作用し、高い依存性を持つ麻薬へとaヘンボウしていきます。カルトや謎のサークルや怪しいオンラインサロンなど、一概に悪いとは全く思いませんが、ずるずると引き込まれていく可能性だってあるわけです。詰まるところ、自分の人生が自分のものでなくなっていくのです。

　私が大学生の頃、共にNPOの活動をしていた後輩が、自分の価値をbハッキしきれず、学歴コンプレックスなども相重なり劣等感を抱えて悩んでいたのですが、ある日、姿を消したと思ったら、ねずみ講まがいのビジネスをやっている派手な社会人サークルに加入していました。私にもさまざまな儲け話を投げかけてきたのですが、「いろいろ漂流しましたが、居場所を見つけました」と言っていたのはとても印象的でした。

　コミュニティなる内集団は、内には優しくまるで探していた自分の居場所のようですが、外集団にはネガティブな感情を表すことが多いとされています。外集団のメンバーの苦しみにはシャーデンフロイデ（他者の不幸や苦しみを知ったときに湧き上がる喜びやうれしさ）を感じ、幸せには舌打ちをすることはなんら珍しいことではなく、これが格差や差別、対立や分断を招いたりします。

　Bまさに、繋がっていくから、分断していくのです。このグローバル化が進んだ大きな社会において、一人ひとりが自分に心地よい空間を選び取ろうとした結果、繋がるものもありつつも、分断や対立もまた拡大しています。

　内集団がもたらす影響で、私が最も問題意識を感じているのは、一つの内集団において特定の同一性が前面に出ることで、他の同一性を度外視する作用が働くこと。「前面に出る特定の同一性」とは、例えば外集団への憎悪や嫌悪といった感情です。ネガティブな価値観は内集団で共感を生み、その中での結束を強める要素となりえます。

　そして、共感の度合いが極めて高い地点に到達したとき、その点だけが突出して出現し、価値観から外れた対象に向かって猛威を振るうことがあります。ちなみに、たとえ内集団のメンバーであっても、突出した価値観から外れていると見なされた者は外集団と認識され、攻撃の対象ともなります。

　また、そうした集団における同一性において、新しい集団同一性は古い集団同一性とすぐに置き換わるともいわれています。

　ニューヨーク大学の神経科学者ジェイ・バン・ベイベルの実験では、白人と黒人をそれぞれ数十名集め、彼らにタイガーズとレパーズという2つのチームのどちらかに自分が所属しており、他の誰がどちらのチームに所属しているかを叩き込みました。

　その結果、自分と同じチームに属する人の顔と、そうではない人の顔を見たときで、好感に関与する眼窩前頭皮質の活発具合が明確に異なり、前者のときに活発になることが示されました。黒人と白人という既存のチームに所属していますが、それは過去の集団同一性を瞬時に塗り替えたわけです。

　内集団では、良くも悪くも共感が強く作用しています。特に共感が怒りや憎しみにリンクするとき、既存の内集団の性質を一瞬で変えるほどの力を持ち、それによって過激な行動へ繋がることもあります。私たちは意図せずそうした環境の中にいることがあり、コミュニティの時代においてそのリスクは常に存在しています。

　私が最初にこのことを〝自分事〟として感じたのは、実はデモ活動をしていたSEALDs（注1）との絡みでした。

　当時、彼らは私と同世代であり、知人も多数賛同・参加していたので、定期的にデモやスピーチに誘われていました。私なりに考えることがあり、誘いを断っていたのですが、その中で「永井さんは案外右派で、安倍政権支持派で、戦争肯定派なんですね」と複数人に言われたことを今も鮮明に覚えています（SEALDsを批判しているわけでは全くありません）。また、とある取材の際に、「これまで多くのNGOにお話を聞いてきましたが、NGOで安保法制に明確に反対しないのは初めてですね」と［X］で笑われたこともありました。

　彼らと私は世界を良くしたいという素朴な思いも含め、実に多くの同一性を共有していましたが、それらは軽々と凌駕されてしまったのです。当時私は、C人間とはなんとおっかないものかと驚いたのを鮮明に覚えています。しかしこのように集団同一性なんてものは、コロコロと変わりうるものなのです。だからこそ、［Y］のです。

　さらに、共感しすぎて攻撃的になってしまうこともあります。過度な共感からの暴走として私が思うことは、被害者の報復感情などに寄り添うあまり、関係がない第三者であるにもかかわらず、被害者の代理としての意識を持ち始め、被害者の悲しみや怒りを勝手に代弁、そして代行していくことです。

　これも紛争地から日本まで言えるのですが、例えばよそ見運転による交通事故でとある親子を轢いてしまい、重度の障がいが残ったという出来事が起きたとき、親子側の悲しみや怒りはあまりにも耐えがたいものであると思います。

　しかし被害者へのケアはまだまだ十分ではなく、どうしても加害者の権利のほうが守られがちというか、被害者には報われない想いや見捨てられる想いというものが強くある、ということは長く指摘され続けてきました。

　そういう中で、強い感情に多くの善良な市民がそれこそSNSを含むインターネット上で深く共感し、反応をするわけです。「日本の司法制度はcクサってる。これでは被害者があまりにもかわいそうで報われない。自分にも娘がいるが、もし娘が殺されたら殺し返すだろう。だからせめて加害者は社会的に抹殺させなきゃ」などと考え、加害者の名前、SNS、経歴、実家、写真などをリサーチし、［Z］の下にさらし、社会的に殺すといったように。

　ここでは連帯が生まれることもあり、インターネット上の匿名掲示板などで知らない者同士が手分けして情報を調べていくことも多々あります。被害感情や報復感情に強烈に共感した結果、「被害者の代わりに」という大義名分を胸に堂々と棍棒を振りかざす。こういうときこそ第三者、もしくは社会などの役割が大切になるのにもかかわらず、共感に焚きつけられた暴力的で過激な自衛団が生まれてしまうのです。

　こうしたことはTwitterなどでも日常的であり、「ポリコレ（注2）棍棒」というワードで話題にもなりました。何か間違いを見つけたら、公衆の面前に引っ張り出して、みんなで大いにボコボコにする。

　政治の問題などにおいては、時には何か問題解決の入り口になるかもしれません。

　ただ私からすれば、ほとんどがリンチと同じです。「弱い者いじめはダメ！」と言いながら不特定多数でボコボコにしていくdヨウソウは、ただただ恐ろしいですし、D社会的なものとは決して思えません。

　また、どうも「当事者が全て」「当事者が尊い」という節が散見されるのですが、そんなことはありません。当事者の声は紛れもなく重要ですが、それが全てではないのです。

　私は紛争解決や平和構築などに関わっているので、その重要性は仕事上でも重々意識しています。でも、それ以上に「当事者でない人がどうあるべきか」ということを考えます。当事者だけでは解決できないことがあるのです。

　例えば喧嘩一つとっても、当事者同士だけではどうにもならないことがあります。そんなとき、理性的な友だちや先生、時には地域の人が不可欠な役割を果たしたりするのです。

　当事者の声に同調することは簡単です。しかしそれだけではその問題をさらに強化してしまったり、さらなる問題を生み出すことだってあります。そして、往々にして問題の解決には当事者以外の第三者が必要なのです。

　そんな世の中で、もうおなか一杯ですとなる人も多数います。SNSはもう見たくないという人もいれば、「絆」や「One Team」といった団結や連帯を呼びかけるスローガンにeショクショウ気味になる人もいるのではないでしょうか。それこそ新型コロナウイルス感染症が猛威を振るう中、「絆」だとか「団結」といったワードを使いつつ東京オリンピック・パラリンピックの開催を断固として推し進める姿を見て、心底嫌気がさす人も多かったと思います。

　私自身、美しい言葉を主張しながら内集団にいない他者に攻撃的だったり閉鎖的だったりする無自覚な人々を目の当たりにして、やるせない気持ちになることが多々あります。先述したとおり、どこもかしこも共感を目掛けた工夫が飛び交っているため、共感の嫌な性質や共感していった果ての反動などで疲れてくるのです。

　トラウマや悲しい出来事に共感しすぎることで生まれる「共感疲れ」や「共感疲労」といったことも、近年問題として取り上げられるようになりました。昔に比べてあまりに情報量が多くなり、共感が反応する物事と接することは間違いなく増えています。

（永井陽右『共感という病』）

（注）

1　SEALDs ――シールズ。「自由と民主主義のための学生緊急行動」が正式名称。集団的自衛権の行使を可能にする安全保障関連法案に反対する関東の学生たちが、二〇一五年五月に設立した。ラップ音楽に合わせて声を上げるデモや、デザインに工夫をこらした広報物などで若者をひきつけた。二〇一六年七月の参議院選挙を活動の区切りとし、その翌月に解散した。

令和四年度　東海高等学校入学試験問題　国語　その二

2

2　ポリコレ――ポリティカル・コレクトネス（political correctness）の略。人種・宗教・性別などの違いによる偏見・差別を含まない、中立的な表現や用語を用いること。一九八〇年代ごろから、偏見・差別のない表現は政治的に妥当であるという考えのもと、アメリカで使われるようになった。言葉にとどまらず、社会から偏見・差別をなくすことを意味する場合もある。

問1　波線部a～eの**カタカナ**を漢字に改めなさい。

問2　空欄Xに一字、Zに二字の漢字をあてはめて慣用句を完成させなさい。

問3　傍線部A「自分の芝をデコレーションしまくる他者たち」とあるが、その具体例として**適当でないもの**を、次の1～5のうちから一つ選び、番号で答えなさい。

1　過度な自己承認欲求のために、自分の持ち物を見せびらかし、他人の所有物にけちを付ける。
2　SNS上で不特定多数から「いいね！」がもらえるように、嘘（うそ）をついたり、見栄を張ったりする。
3　他人の気を引こうと、行ってもいない外国の写真をネットから集め、自分が撮ったかのように装う。
4　認められたいと思う気持ちが強く、一度握手しただけの有名芸能人が自分の古い知り合いだと吹聴する。
5　人からうらやましがられたいと思い、借金を重ねて高級車を購入し、乗り回してみせる。

問4　傍線部B「まさに、繋がっていくから、分断していくのです」とあるが、その説明として最も適当なものを、次の1～5のうちから一つ選び、番号で答えなさい。

1　内集団で心地よい空間を見つけると、外集団とかかわる頻度が相対的に減り、交流に不安を感じるようになるということ。
2　内集団で居場所を得るとともに、外集団の苦しみに喜びを感じ、ネガティブな感情が高まって攻撃的になるということ。
3　内集団での関係が深まるとともに、そこでの自分の居場所を守ることばかり考え、外集団の存在に無関心になるということ。
4　内集団での行動を繰り返すことによって、外集団を敵と見なし、集団を離れた行動に恐れを抱くようになるということ。
5　内集団への帰属意識が強まるとともに、そこでのルールに慣れ、外集団にもそれを強要するようになるということ。

問5　傍線部C「人間とはなんとおっかないものかと驚いた」とあるが、その理由を、四〇字以内で説明しなさい。

問6　空欄Yにあてはまる言葉を、次の1～5のうちから一つ選び、番号で答えなさい。

1　その変化に機動的に対処する必要がある
2　そのリスクに寛容的である必要がある
3　その危うさに自覚的である必要がある
4　その誤りを積極的に正す必要がある
5　その集団に受容的である必要がある

問7　傍線部D「社会的なものとは決して思えません」とあるが、これはどういうことか。「～を、～するのは、～だ」という形で「ということ。」に続くように、五〇字以内で説明しなさい。

問8　本文の内容についてのコメントとして**適当でないもの**を、次の1～8のうちから**二つ**選び、番号で答えなさい。

1　人間というのは、自分がどの集団に属しているのか、どの集団が自分にとって重要なのかを常に気にしており、他者がどの集団に属しているかについても意識しないではいられないんだね。
2　その一方、人間は新たに所属した集団で共感の度合いが高まると、既存の集団における同一性はすぐに新しい集団の同一性に置き換わり、これまでとまるで違う言動に出ることだってめずらしくないんだよ。
3　そのことをジェイ・バン・ベイベルが実験で明らかにしたんだよ。白人と黒人を集めてタイガーズとレパーズというチームに分け、自分がどちらのチームに所属しているかを徹底的に意識させるようにしむけたんだ。
4　よそ見運転の車にひかれて娘を失った人の悲しみや怒りに、娘を持つ人が共感を抱くのはごく自然なことだけど、これは図らずも共感というものが同じ集団に属しているかどうかと関係なく作用することを表しているね。
5　いくら共感したからといって、インターネット上の匿名掲示板で不特定多数と連帯して加害者の個人情報をさらし、追いつめていくなんてことはどう考えたってやりすぎだし、正義とはとても言えないぞ。
6　確かに当事者の声は重視されなきゃいけないんだろうけれど、当事者間では解決できないことだってあるんだから、被害感情や報復感情に共感して過激な行動に出ることにはやはり慎重でなくっちゃ。
7　インターネットの普及で、誰もが自分の意見を発信できるようになった世の中だからこそ、理性的な判断のできる第三者が積極的に介入して問題の解決を図ることが求められているんだよ。
8　団結や連帯を呼びかける人にうさんくささを感じるのは、集団内の同調圧力の強さと、集団の外にいる観衆の無関心に気づいたからで、閉鎖的な集団の息苦しさは共感の喜びの反動じゃないかな。

問1	問2	問5	問6	問7
a　b　c　d　e	X　Z			
	問3			
	問4			ということ。
				問8

二　次の【文章Ⅰ】は、アメリカから日本に来た青年の日常を、「きみ」という二人称を用いて描いた小説の一節である。【文章Ⅱ】は、【文章Ⅰ】が収録された本の書評である。これらを読んで、後の問いに答えなさい。

【文章Ⅰ】

ある日、授業が終わったら一人の学生が教室に残り、クラスメートがみんな外へ出たあと、きみに話しかけてくる。彼女は静かな学生で、授業中にあまり発言しないものの、課題にいつもしっかりと取り組んでいる。英訳で谷崎の小説を読むという授業で、帰国子女や英語が堪能な学生が多いが、彼女の発音からすると、帰国子女ではないようだ。必死な勉強でこの授業に入れた学生の一人に違いない。きみはその努力を尊敬する。

――プロフェッサー？　一つ、質問してもいいですか？

――はい、何でしょう？

学生と話しているとなぜか無意識に出てくる、富田先生のパロディーのような、改まった口調で答える。

――実は英語をもっと勉強したくて、来年度、アメリカへ留学しようと思っています。でも留学するとなると就活が遅れるし、ちょっと迷っています。

――なるほど。確かに良し悪しはありますね。

Aきみはまるで他人の言葉のように、自分が発している言葉を聞く。いつか、こんな話しぶりが自然に出るようになるのだろうか。

――何かアドバイスはありますか？

――アドバイス？

――やはり海外留学は、就活が一年間遅れてもいいほどの価値はありますか？

きみはいきなり、教員らしいa回答に窮する。留学の「価値」って、いったいどうやって測ればいいだろう。

その晩、下北沢（注1）の近くで一人暮らししている部屋に戻る。帰りにコンビニに寄って缶ビールを買う。レジの後ろに並ぶタバコを見ると、久しぶりに吸いたいという強い衝動に駆られるが、禁煙したのはもう何年も前だし、きみは買わずに店を出る。

部屋に入ると鍵をカウンターに落として、電気をつけないままソファに座り込む。ビールを開けて、一口飲む。ベランダのドアにきみの顔はうっすらと反映している。

学部生の頃からさほど変わっていない。いや、それは錯覚だろう。毎日この顔を目にするため徐々の変わりに気がつかないだけだ。一部一部をよく見ると確実な変化が見えてくる。生え際は微かながら後退してきている。白髪も増えている。頬の肉は昔ほど張りがない。

海外留学の「価値」とは。

あの子は何を得るだろう。そして何を失うだろう。そもそもその総決算は、不可能ではないか。

きみが初めて自分の言葉と文化の外へ出て、海外へ渡ったのはもう十五年前のことだ。あの頃は確か、いつかこちらの言葉と文化の全体像をものにすることを望んでいた。努力さえすれば、この世界は自分に開くと思っていた。自分の物語はまっすぐに、すべてに意味を与える壮大な結末に向かって進んでいると信じていた。だが現実はずっと複雑で、ちぐはぐなものだった。

ベランダのドアを開けて、世田谷の住宅地の夜景を眺める。近くのマンションの合間に渋谷の明かりと、遠くに東京タワーが見える。故郷にも、八木（注2）にも、出町柳（注3）にもない光景だ。真っ黒になり切らない東京の夜空に浮かんだ満月のためなのか、きみはいきなり寂寥感に襲われる。

京都に帰りたい。

ふと頭に浮かんだ言葉はこれだった。

すかさず、常に自分の日本語を監視している脳の一部が警鐘を鳴らし出す。帰る、のではない。京都はきみにとって故郷でもなければ、現在の居住地でもない。かつて、一時的に住んでいた街に過ぎない。

それでも仕方がない。文法的にそうとはいえ、きみの頭に浮かんだのは「帰りたい」だった。他にきみの気持ちを正確に表現できる言葉が、きみには分からない。

きみは学会へ出かけることにする。金曜の朝に、いつも肩からぶら下げている仕事用の鞄に着替えと歯ブラシを詰め込む。鍵と財布を拾い上げて玄関に向かって、思いとどまる。ジョギング用のアシックスが視野に入った。キッチンから近所のスーパーのビニール袋を取ってきて、そのシューズを丁寧に包んでから、鞄に入れ込む。普段より多い中身で鞄が少し嵩張っているけれど、ぎりぎり閉まる。

夕方まで数時間があり、木屋町（注4）に面する居酒屋やバーはまだ閉まっている。きみは通りながらその看板や提灯を見る。初めてこの道を歩いたとき、こうした店の文字が読めなかった。読めるようになった今は、何かが変わったのだろうか。変わったような、変わっていないような矛盾した感じがする。

きみは大学院に入って最初の研究発表で、谷崎の「春琴抄」（注5）を取り上げることにしたが、その小説を読み始めた瞬間にすぐに後悔した。文法も古くて、言葉遣いも難しい。それに句読点がほとんどなく、一文がどこに始まるか、どこに終わるか、きみによく分からなかった。院生が使う共同研究室に引き籠もって一つ一つの単語を電子辞書で引こうとしたが、たとえ一語の意味が分かっても、一文の意味がすぐに消えてしまった。

きみがその手作業に没頭しているところを見て、B富田先生はそっと笑った。

――そんな細かいものを調べる前に、落ち着いていっぺん文章を素直に感じてみて。

――言葉の意味が分からなかったら、読めないじゃないですか？

――意味は後でいいから、まずは言葉を声に出してそのまま読み上げて。音、リズム。そこが第一。

きみは納得がいかなかったものの、富田先生に言われる通りに「春琴抄」を最初から最後まで朗読してみた。最初の数ページはbぎこちなく進み、喉がからからで、やはり意味がないと感じたものの、読み続けるとそのうち何かが変わった。理解不可能な箇所は相変わらずあった。しかし全体にあるリズムみたいなものが微かだが自分の中に浸透してくる感覚はあった。

それから講義に出てくる作品や、研究資料や、先輩が配付するレジュメ（注6）に載っている文字が確かに違うように見えた。それは解くべき問題でもなく、謎の意味を秘めるものでもない。まずは目の前にあるものをそのまま受け入れて無理に理解しようとせずに慣れていく。不思議なことだった。力むよりも、いったん力を抜いて落ち着いたほうが、文字を読めたような気がした。

しばらく歩くとホテルに着く。古い町並みに合わせて改装された町家（注7）のような表だが、ドアを通って長い廊下を歩くと、明らかに新築の和モダンなフロントが広がっている。壁の後ろから間接照明が漏れて薄暗い雰囲気を醸し出し、どこからともなく琴の録音が流れる。

Cきみは笑いを堪える。こうして京都らしさを演じる京都も、この街の一部だったな。

きみは受付に近づく。自分より若いスタッフが慌てて英語で喋りかけてくる。きみははにかんで、日本語で答えると、彼女はほっとした表情で、あ、失礼しました、と言い、日本語に切り替える。

このようなやり取りが気になっていた時期もあった。英語を頼りにせず、必死に日本語を喋ろうと努力していたのに、相手がきみの顔を見て英語で喋りかけてくると、侮辱されたような気持ちになった。しかしDそんな若々しい情熱はもはや、きみの胸に湧いてこない。考えてみると、良くも悪くも、いろんなことがどうでもよくなったような気がする。

差し出された用紙に住所を書き込み、その情報をパソコンに打ち込んでいるスタッフの指先をぼうっと眺める。きみは突然、彼女に伝えたくなる。

それは今の住所だけど、十年間この街に住んでたよ。

出町柳辺り、豆餅のふたばの近くにな。

本当は、ここは僕の街でもあるんだよ。

だがきみはもちろん黙ったまま、ただ鍵を渡してくれるのを待つ。

新しいがリーズナブルなホテルだけに、客室はオシャレな、しかしどこか安っぽい家具が設置されている。デザイナーズ、という謎の流行語が浮かぶ。片手でカーテンを開けて細長い窓から眺めを確認してみるが、隣の建物の壁と、その上で徐々に暗くなりつつある空しか見えない。

きみは荷物を下ろす。身体の突然の身軽さを味わう。

手渡された領収書を取り出して、確認する。上の欄にきみの名前は全角のローマ字と、その上にカタカナで記されている。どちらもシステムに長過ぎたらしく、途中までしか印刷されていない。残りの文字はその隣にフロントスタッフの手で書かれた。さまざまなパーツが合わない、継ぎ接ぎの名前だ。Eそれを見たきみに違和感はない。

（グレゴリー・ケズナジャット「鴨川ランナー」）

【文章Ⅱ】

外国語で一人称を使う時、何かを演じているような、c白々しい気持ちになったことのある人は多いのではないだろうか。表題作、「鴨川ランナー」の主人公はその、カタカナで書かれた自分の名前への違和感に吸い込まれるように日本語を習得し、日本にやってきたアメリカ人だ。全編を貫く「きみ」という二人称には、主人公の「僕」にも「俺」にも「私」にもなれなさが表れている。

大学卒業後、日本で英語教師を始めた主人公だったが、本質的な会話のできない同僚、英語で話しかけてくる日本人、浅い文化論を披露する外国人教員たちにもうんざりし、本を読む時にだけ［F］を感じている。

本書に収められたもう一つの短編「異言（タングズ）」には、外国人である自分に課せられた滑稽な役割に絶望した主人公からこんなモノローグ（注8）が出てくる。「自分は中身のない容器に過ぎない」。人は自分で選んだ訳でもない母語を詰め込み、多かれ少なかれ言葉に頼って自己を形成していく。母語以外の言語を習得するということは、己を解体し、再構築することに似ている。

つまり海外に住むということは、自分自身が言葉によって成り立っている曖昧(あいまい)な存在であることを受け入れることなのかもしれない。しかしG突き詰めれば、これは全ての人にとって重大な受容と言えるだろう。私たちは言語によって、己をある程度まとまった形に定義してしまう。複雑で、曖昧な存在であり続けることは苦しいからだ。だが言葉にするということは、言葉にできないものを削(そ)ぎ落とすということでもある。

しかし著者は、母語ではない日本語で本書を書くことにより、削ぎ落とされ、零(こぼ)れ落ちてしまう、言葉にできないものの輪郭を浮かび上がらせることに成功している。言葉とは、むしろ言葉では表せないものを表すために存在しているのだ。本書はそんな儚(はかな)く重々しい確信に、読者を導いてくれる。

(金原ひとみ「言葉にできないものを非母語で」朝日新聞二〇二一年一二月一八日)

(注)

1 下北沢——東京都世田谷区北東部の地域名。

2 八木——京都府中部に位置する南丹(なんたん)市にある地名。

3 出町柳——京都市左京区の地名。鴨川の左岸。

4 木屋町——京都市中京区・下京区を貫通する高瀬川東側地域の通称。

5 春琴抄——谷崎潤一郎（一八八六〜一九六五年）による中編小説。句読点や改行を大胆に省略した独自の文体が特徴。

6 レジュメ——研究報告や講演などの内容を手みじかにまとめたもの。

7 町家——商人や庶民が住む店舗併設の住宅。通りに面して比較的均等に建ち並ぶ。京都には格子戸と瓦屋根を持つ京町家(きょうまちや)が数多く残っている。

8 モノローグ——登場人物が相手なしにひとりで言うせりふ。

問1 波線部a「回答に窮する」、b「ぎこちなく」、c「白々しい」の本文中における意味として最も適当なものを、次の各群の1〜5のうちからそれぞれ一つずつ選び、番号で答えなさい。

a　1 回答するのをためらう　2 回答するのが恥ずかしい　3 回答するのにあらがう　4 回答するのを先送りする　5 回答するのに困る

b　1 自信なく　2 緊張気味に　3 せわしなく　4 とまどいつつ　5 たどたどしく

c　1 不自然な　2 うしろめたい　3 興ざめな　4 たわいない　5 むだな

問2 傍線部A「きみはまるで他人の言葉のように、自分が発している言葉を聞く」とあるが、これはどういうことか。**【文章Ⅰ】**にある言葉を使って「ということ。」に続くように、二〇字以内で説明しなさい。

問3 傍線部B「富田先生はそっと笑った」とあるが、その理由として最も適当なものを、次の1〜5のうちから一つ選び、番号で答えなさい。

1 アメリカからの留学生が、最初の研究発表で取り上げることにした日本の小説のあまりの難しさのため、作業をなかなか進められないでいる様子に、微笑ましさを覚えたから。

2 アメリカからの留学生が、最初の研究発表でわざわざ難解な日本の小説を取り上げたものの、すぐに理解できないことに気づいて後悔しているのを知り、おかしさを感じたから。

3 アメリカからの留学生が、最初の研究発表で有名な日本の小説を取り上げたものの、なかなか単語の意味を理解できなくて悩んでいる姿に、小気味よさを感じたから。

4 アメリカからの留学生が、最初の研究発表で難解な日本の小説を取り上げ、一つ一つの単語を辞書で引くなどして意味の面から理解しようと苦労している姿に、いじらしさを感じたから。

5 アメリカからの留学生が、最初の研究発表で取り上げるには難しすぎる日本の小説に悪戦苦闘している様子に、初心者らしい意気込みを感じ、影ながら励まそうと思ったから。

問4 傍線部C「きみは笑いを堪(こら)える」とあるが、どんなところに笑いを感じたのか。その説明として最も適当なものを、次の1〜5のうちから一つ選び、番号で答えなさい。

1 古い京町家の雰囲気を醸し出そうとした新築のホテルの作りが、間接照明や録音の琴の音などによるモダンな雰囲気に合っていないところ。

2 古い京町家のような作りでも、録音の琴の音を流したり、家具が安っぽかったりして、リーズナブルなホテルであることを感じさせるところ。

3 十年間住んでいた外国人の自分の方が、古い京町家に似せた新築のホテルよりも、京都の街に似つかわしいと思われるところ。

4 表側は古い京町家のようであっても、ドアを通った長い廊下の先は現代的な雰囲気のホテルであり、古都らしさを感じさせないところ。

5 明らかに新築のホテルなのに、いかにも古い京町家のようにしつらえることによって、観光地として京都の街を演出しているところ。

問5 傍線部D「そんな若々しい情熱はもはや、きみの胸に湧いてこない」とあるが、かつてあった「若々しい情熱」とはどのような情熱か。**【文章Ⅰ】**にある言葉を使って、三〇字以内で説明しなさい。

問6 傍線部E「それを見たきみに違和感はない」とあるが、「違和感」がない理由を、**【文章Ⅱ】**の内容を踏まえて、五〇字以内で説明しなさい。

問7 空欄Fにあてはまる語を、次の1〜5のうちから一つ選び、番号で答えなさい。

1 解放　2 自信　3 苦痛　4 疎外　5 緊張

問8 傍線部G「突き詰めれば、これは全ての人にとって重大な受容と言えるだろう」とあるが、その理由として最も適当なものを、次の1〜5のうちから一つ選び、番号で答えなさい。

1 人間は、海外に住むとなったら母語と異なる言語を使わざるをえず、多かれ少なかれその苦しさから逃れられない、はかない存在だから。

2 人間は、言語によって自分をある程度まとまった形に定義する一方、言葉にできない自分の一部を持つという、もともと曖昧な存在だから。

3 人間は、言語によって自分をある程度まとまった形に定義するが、それがかえって自らの部分を曖昧な存在にするという、元来複雑な存在だから。

4 人間は、海外に住む経験を通して自分の存在の曖昧さを知ると同時に、母語以外の言葉では表せないことに気づくという能力を有する存在だから。

5 人間は、母語でない言語では定義できないものがあると知っていながら、それを曖昧なままにすることを許さない、融通のきかない存在だから。

問1			問2	問5	問6
a	b	c	ということ。		
問3	問4				
問7	問8				

※100点満点（配点非公表）

5 令和４年度　東海高等学校入学試験問題　数　学　その１

各問題の ☐ の中に正しい答えを記入せよ。なお，「その１」と「その２」の裏を計算用紙として使ってよい。

（50分）

1 連立方程式 $\begin{cases} \dfrac{1}{\sqrt{5}}x+\dfrac{1}{\sqrt{7}}y=1 \\ \sqrt{5}x+\sqrt{7}y=1 \end{cases}$ の解は $(x, y)=$（ ア ， イ ）である。

解答欄	
ア	
イ	

2 2022のすべての正の約数の第３四分位数は ウ ，平均は エ である。

ウ	
エ	

3 図のように，各辺が x 軸と y 軸に平行な正方形ABCD，CEFG，FHIJがある。点Aは y 軸上にあり，関数 $y=ax^2$，$y=x^2$，$y=\dfrac{1}{9}x^2$ のグラフは，それぞれ点C，F，Iを通る。３つの正方形の面積がすべて等しいとき，

(1) $a=$ オ である。

(2) 点Bを通る傾き -2 の直線上にあり，x 座標が正である点Pについて，△PBJの面積が四角形ABIJの面積に等しくなるとき，点Pの座標は カ である。

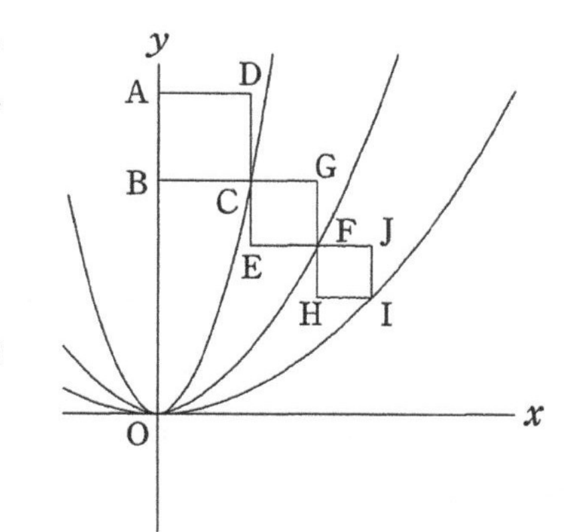

オ	
カ	

受験番号 200 「その2」

6 令和4年度　東海高等学校入学試験問題　数　学　その2

4 図のように，1辺の長さが6 cmの正六角形ABCDEFがあり，四角形ABCDの内部に点Pをとると，△PAB，△PBCの面積がそれぞれ $10\sqrt{3}$ cm²，$8\sqrt{3}$ cm² であるとき，

(1) △PDAの面積は［キ］cm²である。

(2) 点Pを通り，対角線ADに平行な直線と辺ABの交点をQとするとき，線分AQの長さは［ク］cmである。

(3) 辺BC上の点Rを，線分PRが辺BCに垂直となるようにとったとき，線分BRの長さは［ケ］cmである。

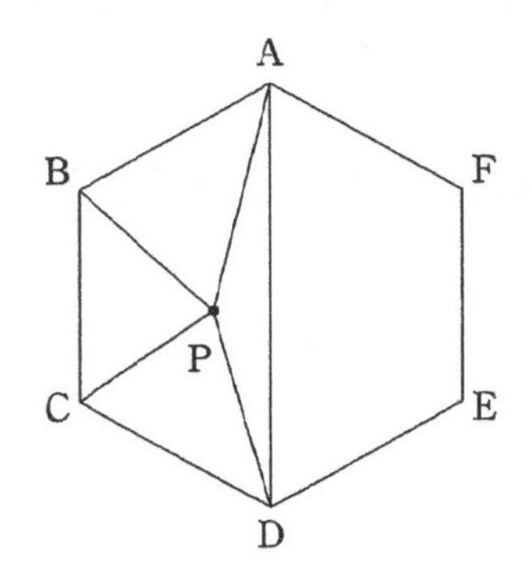

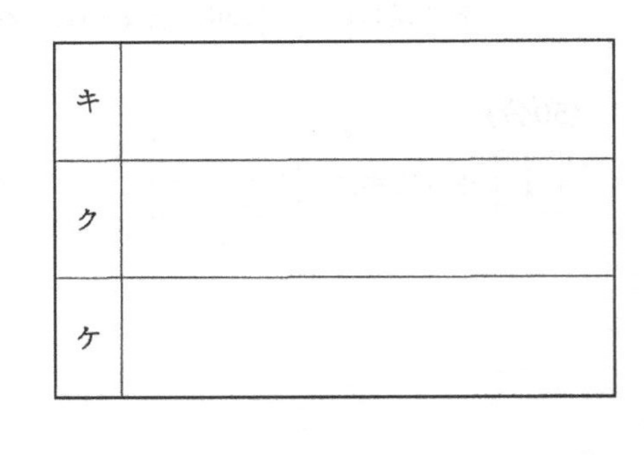

キ	
ク	
ケ	

5 図のように，長さが6 cmの線分ABを直径とする円Cと，円Cに点Bで内接する半径2 cmの円C′がある。点Aから円C′に引いた接線を ℓ，線分ABと円C′の点B以外の共有点をS，接線 ℓ と円C′の接点をTとするとき，

(1) 円C，円C′，接線 ℓ で囲まれた斜線部の面積は［コ］cm²である。

(2) 直線STと円Cの2つの交点を結んだ線分の長さは［サ］cmである。

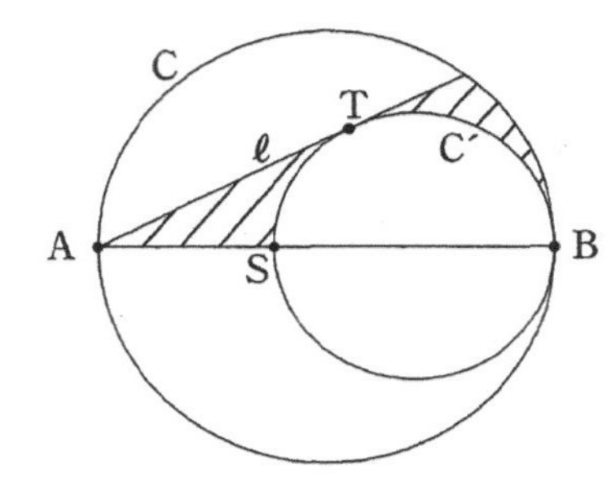

コ	
サ	

6 図のように，1辺の長さが $2\sqrt{3}$ cmの正四角錐OABCDにおいて，辺OA，OB，OC，ODの中点をそれぞれA′，B′，C′，D′とし，辺AB，BC，CD，DAの中点をそれぞれK，L，M，Nとする。右図の太線のように正四角錐OABCDから四面体A′ANK，B′BKL，C′CLM，D′DMNを除いて得られる立体Xを考えるとき，

(1) 立体Xの体積は［シ］cm³である。

(2) 立体Xの表面積は［ス］cm²である。

(3) 立体Xの辺OD′，A′N，NK，ML，LC′，OB′上にそれぞれ点P，Q，R，S，T，Uをとる。

D′P＝1 cm，B′U＝1 cmであるとき，折れ線の長さPQ＋QR＋RS＋ST＋TUの最小値は［セ］cmである。

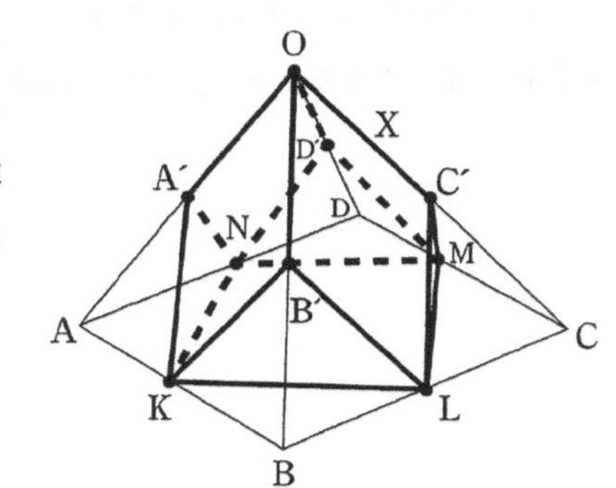

シ	
ス	
セ	

7

令和四年度　東海高等学校入学試験問題　英語　その一

「その１」　受験番号 200

(50分)

1 【リスニング問題】試験開始の約５分後に放送が始まります。
問題用紙の裏面にメモをとってもかまいません。

※教英出版注
音声は，解答集の書籍ＩＤ番号を教英出版ウェブサイトで入力して聴くことができます。

問１　これから５つのものについて英語で説明します。何についての説明かを答えなさい。ただし、**答えは英語ではなく、日本語で書きなさい**。説明はそれぞれ２回ずつ放送されます。

問２　２つの会話を聞き、以下のそれぞれの質問の答えを、**数字または簡潔な日本語**で書きなさい。会話はそれぞれ２回ずつ放送されます。

【会話Ａ】6. ボブのお母さんの身長は何ｃｍですか。
7. ボブの身長は何ｃｍですか。
【会話Ｂ】8. バンドは、東京で何回演奏する予定ですか。
9. バンドは、福岡で何曜日に演奏しますか。

2 次の会話文中の空所①～⑤に入れるのに適切な内容を、空所の前後をよく読んで考え、指示にしたがって英語で書きなさい。カンマなどの記号は語数に含めません。

Teacher: Today we will talk about how to protect ourselves from *COVID-19 in our daily lives. First, when we go out, there is something important to do. Do you know what it is?
Student A: [① **remember を用いて６語以上の英語を書きなさい**].
Teacher: Exactly. You should take it off only when you eat. Next, think about our classroom. We need to make sure it has a lot of fresh air all the time. How can we do that?
Student B: I think that [② **keep を用いて６語以上の英語を書きなさい**].
Teacher: You're right. If you do that, the air can move around. Next, let's turn to lunch time. What should we do before we eat?
Student C: [③ **soap を用いて６語以上の英語を書きなさい**].
Teacher: That's right. And don't forget to use a clean towel to dry them. Also, we usually have big *gatherings and ceremonies in the gym, but in this school year, we have canceled all of them. Do you know why?
Student D: We mustn't stand too close to each other, but [④ **enough を用いて６語以上の英語を書きなさい**].
Teacher: You got it. Unfortunately, our gym is too small. Finally, there is a lot of information about COVID-19 and other things on the Internet. But some information is not true. So [⑤ **believe を用いて６語以上の英語を書きなさい**]. Everyone, stay safe and stay healthy.

【注】 **COVID-19:** 新型コロナウイルス感染症　**gatherings and ceremonies:** 集会や式典

3 次の英文を読み、空所①～⑥に入れるのに最も適切な語を語群から選び、必要があれば正しい形に直して書きなさい。ただし、同じ語を２度用いてはいけません。

Before traveling to Ferguson, Alicia, Patrisse, and Opal were already making their voices [①]. Opal set up the social media accounts. She encouraged Twitter users to share stories [②] why Black lives mattered. Alicia made protest signs and [③] them in the window of a local shoe shop. Patrisse marched down Rodeo Drive in Beverly Hills with a placard that [④] #BlackLivesMatter. She encouraged the people shopping or [⑤] lunch to take a moment of silence to [⑥] the Black lives taken by police violence.

[Adapted from *What Is Black Lives Matter?* by Lakita Wilson]

【語群】 explain / have / hear / put / read / remember

4 次の英文を読み、後の問いに答えなさい。

Norman Perceval Rockwell was born on February 3, 1894, in New York City. He was the second child of Nancy Hill Rockwell and Jarvis Waring Rockwell. Their first-born son, Norman's brother, Jarvis, was a year and half older [①] Norman. When Norman was born, the Rockwells lived on the fifth floor of a brownstone building on the Upper West Side of Manhattan.

The kids in the Rockwells' neighborhood spent a lot of time playing games, like tag and touch football. Jarvis was athletic and good at sports. He got picked for teams all the time. But Norman was thin and weak, and he did not get chosen to be on the team. Fortunately, Norman was good at something else: He could draw.

The Rockwell home was a quiet, serious place. Some nights Norman's father sketched copies of pictures from magazines. Norman often sat and watched him, and tried to copy things his father drew. Norman's father also read aloud to the family at night. As his father read, Norman drew the characters in the story. He tried to imagine [②] they looked like and how they acted. Some of the books he read were by the famous British author Charles Dickens.

Norman's mother was often sick, and she stayed in bed a lot. So Norman and Jarvis ③were often left to look after themselves. Norman's father was always worried about his ill wife and took care of her. But he didn't pay much attention to his sons. Because of this, Norman did not always feel loved at home, and he sometimes felt very alone. Those feelings stayed with Norman throughout his life.

At least Norman had his drawing. He was able to find joy and happiness while he was sketching. And he was good at it. ④Norman began to wonder, "Maybe this is something that I can do for a living."

Norman's eighth-grade teacher saw that he had talent. She encouraged him to draw pictures to go along with his reports. Norman loved doing this. He drew soldiers and *covered wagons for his history reports, and bears, lions, and elephants for his science reports. Norman's teacher even allowed him to fill the blackboards with drawings. The other students were impressed by Norman's work. And Norman was proud and excited when people ⑤appreciated it.

8

令和四年度　東海高等学校入学試験問題　英語　その二

「その2」

受験番号 200

Every summer, the Rockwell family left New York City to spend time in the countryside. It was a big change for Norman and Jarvis. In the countryside, they swam in ponds, fished in lakes, and looked for frogs. Norman loved this time away from the city. He loved the fresh air, green grass, and peace and quiet. Plus, he didn't have to worry about being attacked in the street. Later in life, the memories of these summers played a big part in his career as an illustrator.

⑥As he got older, Norman made up his mind to realize his dream of becoming an artist. He decided that the best way to do this was to go to art school. Norman's parents didn't really support his choice, but they did not stop him. Norman got part-time jobs to make money to pay for school. ⑦[he / made / the money / with], Norman was able to attend classes at the New York School of Art. After some time there, he switched to the National Academy of Design.

In 1906, when Norman was twelve, the Rockwells moved out of New York City to a nearby area called Mamaroneck. Twice a week, Norman traveled by bus, train, and subway to get to his classes in New York City. It took him two hours each way. Norman often ⑧[felt / make / the journey / tired / to / too]. But he really wanted to become an artist, and that was the thing he needed to do. [⑨], Norman loved his classes. He was with other students who were interested in the same things as he was. It was not a problem anymore that Norman was tall and thin, with spaghetti arms. All anyone cared about ⑩[could / draw / he / how / was / well].

However, Norman soon realized that he would not be able to keep up with this schedule. It was too hard to go to high school in Mamaroneck, work part time, and take art classes in New York City. [⑪] at the end of this junior year, Norman dropped out of high school. He decided to attend full time an art school called the Art Students League. It was one of the most famous art schools in the country. [⑪], at the age of seventeen, Norman went back to New York City.

Norman started classes at the Art Students League in October 1911. For the next three years, Norman learned ⑫[about / as / as / could / he / much] drawing and illustrating. Every day, Norman and the other students packed into rooms with their pads of paper and *charcoal. Norman and his classmates students sketched models and studied the human form.

The Art Students League was started by a group of art students, including Howard Pyle. He was one of the most famous illustrators of the "Golden Age of Illustration" at the end of the 1800s. Norman thought Howard Pyle was one of the greatest illustrators ever. Illustrators are artists whose work appears in books, magazines, and sometimes calendars and greeting cards, instead of in museums or art galleries. ⑬They draw with pencils and crayons, and paint as well. Norman admired the work these illustrators did. In their pictures, the characters came to life and you felt like you were yourself in the picture. Norman felt that being an illustrator was "a profession with a great tradition, a profession I could be proud of."

⑭Norman took his classes at the art school so seriously that his classmates called him "the *Deacon." The other students often went out to enjoy the sights, sounds, and nightlife of New York City. Many worked when they felt like it, sometimes in the middle of the night. But Norman never missed lunch, and he never worked through the night. He had very strict habits, and ⑮he didn't let anything draw him away from them.

【注】 **covered wagon:** 幌馬車　**charcoal:** 木炭　**Deacon:** 執事（キリスト教で、神に仕える者のこと）

[Adapted from *Who Was Norman Rockwell?* by Sarah Fabiny]

問1　空所①②に入れる上で最適な英語1語をそれぞれ答えなさい。

問2　下線部③⑤⑮の意味の説明として最適なものをそれぞれ選び、記号で答えなさい。

③ **ア** 兄弟でお互いの姿をしばしば見つめ合っていた
イ 自分探しの旅に出かけることがよくあった
ウ たいてい自分のことは自分でやらねばならなかった
エ ふだん自分の自由に使える時間がたくさんあった

⑤ **オ** ノーマンが黒板に描いた絵を高く評価した
カ ノーマンが黒板に落書きしたことを叱った
キ ノーマンがレポートに描いた絵が好きだった
ク ノーマンにレポートの題材に沿った絵を描かせた

⑮ **ケ** 決まりきった習慣の中に絵の題材を見出すことはなかった
コ 自分が持つ厳格な習慣から逸脱することは決してなかった
サ 美術学校で学ぶ他の学生から絵の着想を得ることはなかった
シ 美術学校で共に学ぶ仲間から決して離れることはしなかった

問3　下線部④⑥⑬⑭をそれぞれ日本語に直しなさい。ただし、下線部④⑬はそれぞれ**代名詞の指す内容**を明らかにした上で訳すこと。

問4　下線部⑦⑧⑩⑫のカッコ内の語句を、それぞれ文脈に合う意味になるよう並べ替えなさい。ただし、文頭に来るべき語も小文字で示されています。

問5　空所⑨⑪にそれぞれあてはまる語を1つ選び、記号で答えなさい。空所⑪は2箇所とも同じものが入ります。

ス Besides　**セ** For example　**ソ** However　**タ** So

問6　本文の内容に一致する英文を**2つ**選び、記号で答えなさい。

チ At the age of 12, Norman moved out of New York City to a farm in the countryside. This experience later helped his career as an illustrator.

ツ Norman's older brother, Jarvis, was athletic and good at sports, so he paid no attention to his younger brother and played games all the time.

テ Norman's mother was often in poor health, and his father always had to nurse her. So Norman could not spend any time with his father in his childhood.

ト In 1906, when Norman commuted to his art school in New York City, he had to spend four hours on several different types of public transport.

ナ At the Art Students League, Norman was a hard-working student, but he tried to keep regular hours and did not work until late at night.

ニ Howard Pyle drew interesting characters in books and magazines, and Norman thought this classmate of his was one of the best illustrators of his age.

「その3」

受験番号 200

9

令和四年度　東海高等学校入学試験問題　英語　その三

1

問1

1.	2.	3.	4.	5.

問2

6.　　cm	7.　　cm	8.　　回	9.　　曜日

2

①

②

③

④

⑤

3

①	②	③
④	⑤	⑥

4

問1	①	②	
問2	③	⑤	⑮
問3	④		
	⑥		
	⑬		
	⑭		
問4	⑦		
	⑧		
	⑩		
	⑫		
問5	⑨	⑪	
問6			

※100点満点
（配点非公表）

Entrance Test 2022

※教英出版注
音声は，解答集の書籍ＩＤ番号を教英出版ウェブサイトで入力して聴くことができます。

問１

1. This animal is sometimes called the King of The Animals. It is a kind of big cat. They mainly live in Africa. They are light brown in color, and males have a lot of brown hair around their necks. They are very powerful, and great hunters.
2. This fruit is popular in many countries. It grows on trees and is usually ready to pick in the autumn. Each fruit is usually a little bigger than a tennis ball. They feel hard, and they are green or red in color. In America, people like to bake them in pies.
3. This is something we can see when we look into the sky at night. It sometimes looks like a big, bright ball but, at other times, it's smaller and looks like part of a circle. In this part of Japan, it looks brightest on clear winter nights.
4. This is an area of land in which there is little or no water, so no plants can grow. It is usually a hot and dry place where there is only sand. The largest area is in North Africa, but there are also large areas in China and Australia.
5. These are big animals with four legs which were very important in Japan in the past, because they were used to carry people and things to faraway places. These animals can run very fast and, even now, many people like to go to special stadiums to watch them racing around a track.

問２

会話Ａ

Alan: Hello Bob. Wow, you're getting tall. Are you taller than your father now?
Bob: No, not yet. My dad's still the tallest in our family. He's 183 centimeters tall.
Alan: Yes, that's really tall. And who's the shortest in your family?
Bob: It's my mum these days. She's 20 centimeters shorter than my dad. My sister was shorter than her until she was 14, but now she's 15 centimeters taller than mum.
Alan: Wow, she's really grown. And who is taller, you or your sister?
Bob: That's a good question. The last time we were measured we were both the same height.

会話Ｂ

Jane: You're always looking at your smartphone, Brian. What are you checking?
Brian: It's my favorite band's Twitter page. They start a short tour of Japan next week.
Jane: Really? Where are they playing?
Brian: They start their tour with a concert in Tokyo on Sunday and they will also play there on the next two nights. I plan to see them on the second night, the Monday.
Jane: Where are they going after Tokyo?
Brian: Well, after their concerts in Tokyo they go to Kyoto. They have a night off there, before playing their fourth concert there the night after that.
Jane: And where do they go after that?
Brian: To Osaka – they'll play two nights there, then have another night off. The night after that they play in Fukuoka. After that they'll come back to Tokyo for one final concert. I want to go to that, too - it'll be fantastic.

10

令和四年度 東海高等学校入学試験問題 理科 その一

「その1」 受験番号 200

※100点満点（配点非公表）

大問１～５の解答欄は「理科　その２」の紙に，大問６～８の解答欄は「理科　その３」の紙にある。

(50分)

1　同じ種類の電池と，同じ種類の豆電球を使って図１のA～D のように配線したところ，それぞれ豆電球ア～オが光った。

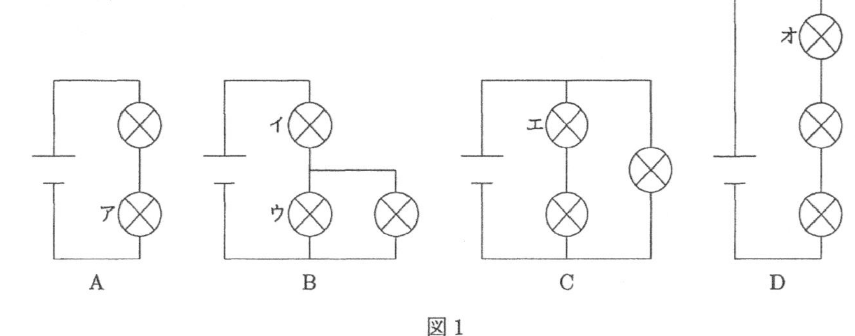

図１

(1) 電池から流れる電流が大きいものから順に配線A～D を並べ，下の例のように不等号「>」を用いて大小関係を表しなさい。

　例：（Aの電池から流れる電流が最も大きく，B，C，Dの順に電池から流れる電流が小さくなる場合は，A>B>C>Dと書く。）

(2) 豆電球アとイ，アとエ，ウとエ，ウとオのそれぞれについて，どちらが明るいか。明るい方を答えなさい。ただし，明るさが同じ場合は解答欄に「同じ」と記入しなさい。

2　図２のように，１Nの力を受けると３cm 伸びるばねの一端を天井に固定し，他端に重りＡをつるした時のバネの伸びと，重りＢをつるした時のバネの伸びはそれぞれ３cm，６cmであった。図３のように，このばねに重りＡを，重りＡに重りＢをつなげてつるした時のバネの伸びは９cmとなるが，その理由を考えたい。以下の文章の空欄の(1)～(5)にはP:「作用反作用の法則」もしくはQ:「力のつり合い」のどちらかが入る。適切な方を選んで，ＰまたはＱの記号で答えなさい。

図２において，Bがばねから受ける力の大きさは2Nである。よって（　1　）より，Bが受ける重力の大きさは2Nであることがわかる。

図３において，Bが受ける重力の大きさは2Nなので，（　2　）より，BがAから受ける力の大きさは2Nとなる。すると，AがBから受ける力の大きさは（　3　）より，2Nとなる。Aが受ける重力の大きさは1Nなので，（　4　）より，Aがばねから受ける力の大きさは3Nとなることがわかる。よって，（　5　）より，ばねがAから受ける力の大きさは3Nとなるので，ばねの伸びが9cmとなる。

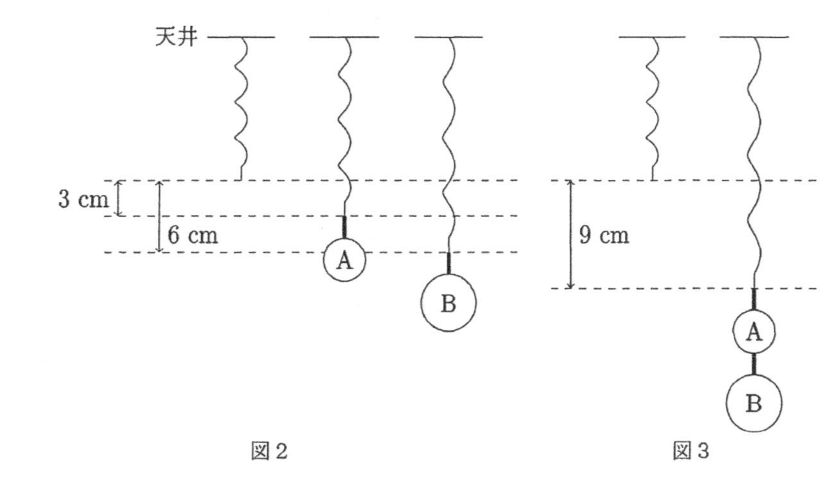

図２　　図３

3　以下は，石炭火力発電の仕組みとエネルギーの移り変わりとの関係についての文である。空欄（1）～（4）に最も適切な語を下の語群から選んで答えなさい。ただし，空欄（1）～（4）には異なる語が入る。

石炭火力発電は，（　1　）エネルギーを持っている石炭を燃やして，（　1　）エネルギーを（　2　）エネルギーに変え，さらにそれを水蒸気の（　3　）エネルギーにしてタービンを回し，発電機で（　4　）エネルギーに変換している。

語群　位置　運動　音　化学　核　再生可能　自然　省　弾性　電気　熱　光

4　紀元前3500年以前は，人類は石器や木材を道具として扱っていた。その後，金属の発見とその道具としての利用は「ヒト」文明を飛躍的に発展させた。武器や道具に用いられた金属は時代とともに<u>青銅器から鉄器へと変化し</u>，今では生活に欠かせないものとなっている。

金属は天然金属として出土するものもあるが，ほとんどは黄銅鉱（主成分は $CuFeS_2$）や鉄鉱石（赤鉄鉱 Fe_2O_3 や磁鉄鉱 Fe_3O_4）などの鉱石として採掘され，高度な火の利用によって還元することで得られてきた。

鉄は現在，最も広く利用されている金属である。日本での鉄の歴史は弥生時代までさかのぼることができ，古来より「たたら製鉄」として，その製錬方法が受け継がれてきた。現在は，高炉や転炉で炭素の分量を調整することにより，硬さやねばりけの異なる鉄がつくられたり，マンガンやタングステンなど種々の金属を混ぜて，多様な特性を持った特殊鋼にしたりしている。

(1) 下線部について，鉄器よりも青銅器の方が先に広まった理由として最も適当なものを，選択肢ア～エから１つ選び，記号で答えなさい。

ア．鉄を含む鉱物よりも，銅を含む鉱物の方が地殻中の存在量が多かった。
イ．当時の人々は宗教上の理由から，鉄よりも青銅の方に神が宿ると考えていた。
ウ．鉄よりも青銅の方が融点が低く，加工が容易であった。
エ．鉄よりも青銅の方が安価であり，流通しやすかった。

(2) 青銅は銅とスズの合金である。スズの元素記号として適するものを，選択肢ア～カから１つ選び，記号で答えなさい。

ア．K　イ．Ag　ウ．Al　エ．Sn　オ．Si　カ．Zn

(3) 鉄の酸化物について，（　）にあてはまる最も簡単な整数比と化学式を入れ，文を完成させなさい。

酸化鉄には FeO，Fe_2O_3，Fe_3O_4 があるが，同じ質量の鉄と化合している酸素の質量比は（　　）：（　　）：（　　）であることから，鉄１原子あたり最も酸化されている酸化鉄は（　　　　　　）である。

黄銅鉱から銅を製錬する過程は次の通りである。
まず鉱石にケイ砂 SiO_2 を加え，燃料としてコークスを用いて溶鉱炉で溶かす。

$2CuFeS_2 + (x)O_2 + (\ )SiO_2 \rightarrow Cu_2S + (\ )FeSiO_3 + (\ )SO_2$ ・・・①

この反応で，硫化銅 Cu_2S は炉の下層に沈み，上層に浮いたケイ酸鉄 $FeSiO_3$ と分離する。
得られた硫化銅を転炉に移し，空気を吹き込むと，銅が遊離する。

$Cu_2S + O_2 \rightarrow 2Cu + SO_2$ ・・・②

この銅はわずかながら不純物を含み，これを粗銅と呼ぶ。

(4) 化学反応式①中の係数（x）を整数値で答えなさい。

鉄原子と銅原子の質量比は７：８であり，銅原子と酸素原子の質量比は４：１である。また硫黄を燃焼させると生じる二酸化硫黄に含まれる硫黄と酸素の質量比は１：１である。以下の問いに答えなさい。

(5) 硫化銅の銅と硫黄の質量比はいくらか。最も簡単な整数比で答えなさい。

(6) 920ｇの純粋な $CuFeS_2$ に含まれている銅をすべて還元したとき，純度98%の粗銅が何ｇ得られるか。小数第１位を四捨五入して，整数値で答えなさい。

11

令和四年度　東海高等学校入学試験問題　理科　その二

「その２」

受験番号 200

5　電解質A～Eは，下の陽イオンと陰イオンを一種類ずつ組み合わせてできている。

陽イオン		陰イオン	
ナトリウムイオン	カルシウムイオン	炭酸イオン	水酸化物イオン
水素イオン	銅イオン	炭酸水素イオン	塩化物イオン

電解質A～Eについて，次のⅰ～ⅵのことがわかっている。

ⅰ　A～Eは水溶性であり，(あ)Bの水溶液のみが有色であった。

ⅱ　A～Eの水溶液のうち２つを混ぜたところ，気体を発生したのはAとC，AとDの組み合わせであり，発生した気体をEの水溶液に通したところ白濁した。

ⅲ　白金線にA～Eの水溶液をつけ，炎の中に入れたところ，A以外は炎色反応が起こり，(い)C，Dは同じ色の炎が観察できた。

ⅳ　(う)Cの固体を加熱したところ，気体を発生しながらDへと変化した。

ⅴ　DとEの水溶液を混ぜたところ，白色沈殿を生じた。

ⅵ　Aの水溶液を電気分解したところ，陽極からは気体X，陰極からは気体Yが発生した。気体XはBの水溶液を電気分解したときにも陽極から発生した。

(1)　下線部（あ），（い）の色を次の選択肢からそれぞれ選びなさい。

選択肢：青色，無色，紫色，青緑色，褐色，黄色，紅色

(2)　下線部（う）の反応を化学反応式で表しなさい。

(3)　気体X，Yをそれぞれ化学式で表しなさい。

(4)　電解質B，Cの名称を答えなさい（化学式は不可）。

1

(1)　　　　＞　　　　＞　　　　＞			
(2)アとイ	アとエ	ウとエ	ウとオ

2

(1)	(2)	(3)	(4)	(5)

3

(1)	(2)	(3)	(4)

4

(1)	(2)	
(3) 酸化鉄にはFeO，Fe_2O_3，Fe_3O_4があるが，同じ質量の鉄と化合している酸素の質量比は（　　）：（　　）：（　　）であることから，鉄１原子あたり最も酸化されている酸化鉄は（　　　）である。		
(4)	(5) Cu：S=　　：	(6)　　　g

5

(1)（あ）：　　　（い）：	
(2)	
(3) X:　　　Y:	(4)　B:　　　C:

6　次の文を読み，以下の問いに答えなさい。

ダーウィンは23歳のときにビーグル号と呼ばれる観測船に乗り，世界一周をする中でガラパゴス諸島などに立ち寄って，様々な生物を観察した。そして，後に「種の起源」という著書の中で，それまでヨーロッパで支配的であった生物の種は不変であるという考えとは異なる考えを提示し，大きな影響を与えた。

それは，(あ)長い時間を経る間に生物が変化して，新たな生物の種が現れたという考えである。

このような，サクラ，シイタケ，ヒトなど，形や生活様式が大きく異なる生物も，共通の祖先から，長い歴史の中でそれぞれの道を進んで，現在のそれぞれの種に至ったという新しい視点は，現代の生物学にも大きな影響を与えている。

このような視点を持って，(い)カエルの前あし，スズメの翼，クジラの胸びれ，そしてヒトの腕の骨格を比較すると，いずれの部位も，共通の祖先となる生物の同じ部分から変化してできたと考えられる。

ダーウィンの時代には分からなかったことだが，同じ視点で現代技術を用いて生物を調べると，(う)DNAにも，長い年月を経る間に生物が変化してきたと見られる状況証拠がさまざまれている。

ダーウィンは，上記の著書で有名だが，(え)ミミズに関しても40年にわたってじっくりと観察や実験を重ね，「ミミズによる腐植土の形成」という著書を書いている。

(1)　下線部(あ)のような考えを漢字２字で何といいますか。

(2)　下線部(あ)の状況証拠の１つともいえる，下線部(い)の共通祖先の同じものから変化したと考えられる体の部分を何といいますか。

(3)　下線部(う)のDNAに関するア～キの選択肢のうち，明らかに誤っているものを２つ選び，記号で答えなさい。

ア．DNAは物質ではない。

イ．DNAは核に含まれる。

ウ．DNAは染色体に含まれる。

エ．DNAを変化させる技術によって，今まで時間をかけて作っていた農作物に適した生物が作りやすくなった。

オ．家畜の個体を判別するのに，DNA鑑定が用いられている。

カ．父親１個体に含まれる全DNAの半分の量が，精子１個に含まれる。

キ．DNAをブロッコリーの花芽から取り出すために食塩水やエタノールを用いるが，あらかじめ細胞を壊しておいてから，それらを用いないと，ほとんどDNAを取り出すことはできない。

(4)　下線部(え)のミミズについて，以下の文を読み，(a)，(b)に答えなさい。

ミミズは，土の中の（　A　）機物を取り込んで，呼吸によって生活に必要なエネルギーを得ているという点では（　B　）者であるが，落ち葉などの生物の死がいやふんを取り込んで（　C　）機物にかえる役割の一部を担っているという点では（　D　）者であるといえる。後者の役割によって，ミミズは，土に植物の肥料が作られるのを促しているとみることもできる。

(a)　(A)～(D)に当てはまる語を答えなさい。

(b)　ダーウィンの著書では，１ヘクタールに生息するミミズの数が133,000匹であるという報告が紹介されている。そこで，T君は，自宅近くの手入れされていない草原100㎡には同じくらいの数のミミズがいるか，そしてK牧場の牧草地には，どれくらいの数のミミズがいるかが気になったので調べることにした。

『調べたのは，ミミズが生息していると考えられる30㎝の深さ（これまでの知見から30cm以上深い土壌には，ミミズはいないとする）までとした。ある１㎡の区画を１カ所だけ掘って，その土をふるいにかけ，ミミズの成体の数を数えたところ15匹いた。このことから，自宅近くの草原100㎡には1,500匹のミミズがいると推定した。』

これまでの経緯をI先生に報告し，同様の方法で，K牧場の牧草地にいるミミズの数を調べようとしたところ，I先生から適切でないところを指摘してもらった。

①　生息するミミズの概数を調べる方法として適切でないところを文中の『　』から抜き出しなさい。（適切でない部分が分かる箇所が抜き出してあればよい。）

②　生息するミミズの概数を適切に調べるためには，どのように変えればよいですか。

「その3」

受験番号 200

12

令和四年度　東海高等学校入学試験問題　理科　その三

7　太陽と月は天球上で特に大きく明るい二天体であり，古代からその性質について調べられてきた。太陽および地球，月は球体であるとして，以下の問いに答えなさい。

(1)　古代ギリシャのアリスタルコスは皆既月食にかかる時間を用いて，地球と月の大きさのおおよその比を見積もった。図４を参考に，月の一部が地球の影に入る直前から月の全てが地球の影に入るまでの時間 t〔秒〕と，月の全てが地球の影に入っている時間 T〔秒〕を用いて，月の半径は地球の半径の何倍であるか答えなさい。ただし，太陽光は平行光であるとする。また，地球の公転面と月の公転面が一致しているものとし，月食の間，月は一定の速さで図のように真っ直ぐ動いたとする。

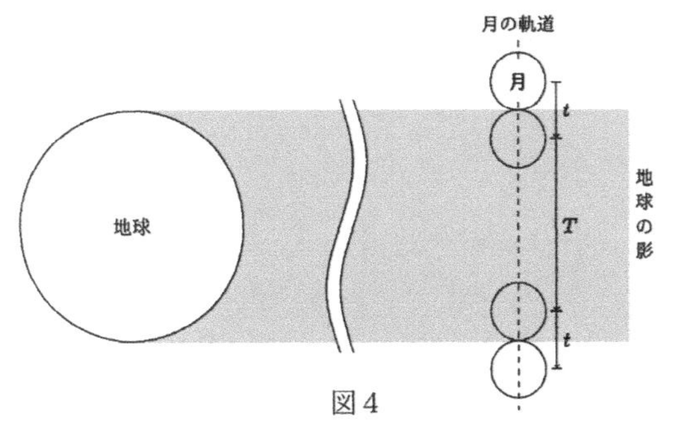

図４

(2)　月の大きさがわかれば月までの距離を見積もることができる。C君は晴れた満月の夜に，半径 0.01m の円１つとC君と円までの距離 d〔m〕および月の半径 r〔m〕を用いて，C君と月の距離を見積もった。このとき，円をC君から見てどのように配置するのか説明し，その方法で測定したC君と月の距離を d, rを用いて表しなさい。

(3)　月までの距離がわかれば太陽までの距離を見積もることができる。アリスタルコスは半月のときの太陽Sと地球Eと月Mのなす角度（∠SEM）θ〔°〕を用いて，地球から太陽までの距離を見積もった。図５を参考に，地球から太陽までの距離を，地球と月との距離 D〔km〕，θ を用いて表しなさい。ただし，θ〔°〕は90°に近い値なので，EMの長さは円弧EM'（Sを中心としたSEを半径とする円の一部）の長さと等しいとみなして見積もりなさい。

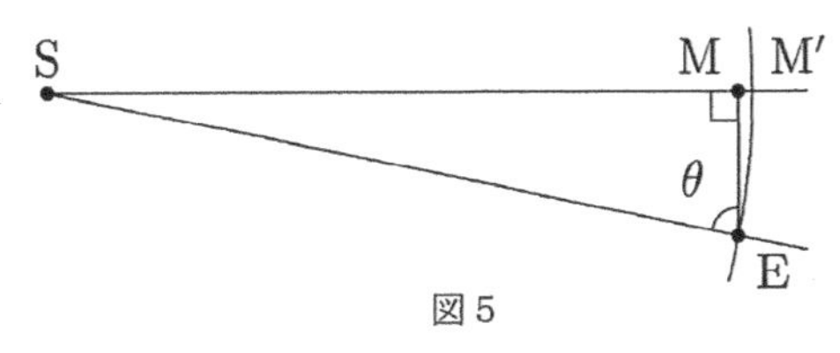

図５

(4)　太陽に関するア～エの選択肢のうち，誤っているものを１つ選び，記号で答えなさい。
ア．太陽の主成分は水素とヘリウムで，中心部では水素がヘリウムに変わる核融合反応が起こっている。
イ．黒点は周囲に比べて温度の低い領域で，太陽活動が弱まっているときは黒点の数が多い。
ウ．黒点の位置が時間とともに変化することから太陽の自転の速さを測定できる。
エ．天体望遠鏡を用いて太陽を観察するときは，本体のレンズや付属のファインダーを直接のぞかないようにする。

8　以下の問いに答えなさい。
(1)　地表面が太陽から受け取るエネルギーを考えると気候の大まかな傾向がわかる。夏に気温が上がる要因の１つとして，可照時間(地形の起伏が全くないと仮定した場合の太陽が昇ってから太陽が沈むまでの時間)の増加が考えられる。このことについて，次の(a)，(b)に答えなさい。
(a)　夏に気温が上がる理由のうち，可照時間の増加以外の要因として最も適当なものを選択肢ア～エから１つ選び，記号で答えなさい。
ア．地表面が太陽に近づき，地表面が受ける太陽光が強くなるため。
イ．地表面が太陽に対してより正対し，地表面が受ける太陽光の総量が増えるため。
ウ．太陽光が通過する大気の層が薄くなり，オゾン層で吸収される太陽光の量が減るため。
エ．強い風によって温室効果ガスの量が減少し，温室効果で吸収される太陽光の総量が減るため。

(b)　可照時間は位置によって異なる。夏至の日の（ア）名古屋(北緯 35 度東経 137 度)，（イ）ドバイ(北緯 25 度東経 55 度)，(ウ)クアラルンプール(北緯３度東経 102 度)の三都市を，可照時間の長い順に並べ，記号で答えなさい。
(2)　惑星について，次の(a)，(b)に答えなさい。
(a)　日没直後，東の空に現れることがない惑星を以下のうちからすべて選びなさい。
ア．火星　　イ．水星　　ウ．木星　　エ．金星　　オ．土星

(b)　太陽系内の惑星は地球型惑星と木星型惑星に分類される。地球型惑星は木星型惑星に比べて直径，密度，衛星の数についてどのように異なるか。それぞれ解答欄の選択肢から正しいものを○で囲んで答えなさい。

6

(1)	(2)	(3)
(4)(a)　(A)　(B)　(C)　(D)		
(b)①		
②		

7

(1)	(3)　km	(4)
(2)円の位置を，		
距離　m		

8

(1)(a)	(b)	(2)(a)
(b) 直径　大きい・小さい	密度　大きい・小さい	衛星の数　多い・少ない

13

令和四年度　東海高等学校入学試験問題　社会　その一

「その１」　受験番号　200

※100点満点
（配点非公表）

（50分）

Ⅰ　次の表のA～Hは、世界の面積上位８か国を示している。下の問い（問１～５）に答えよ。

	１人あたりGNI（ドル）	面積（万km^2）	人口（万人）
A	65,897	983	33,100
B	53,620	769	2,550
C	45,935	998	3,774
D	11,281	1,710	14,593
E	9,980	960	143,932
F	9,680	279	4,519
G	8,523	851	21,255
H	2,092	329	138,000

統計年次は、１人あたりGNI2019年、面積2019年、人口2020年。『世界国勢図会』2021/22年度版による。

問１　次の各文(1)～(4)は、表中のA～Hのいずれかの国に該当する。適当なものを一つずつ選べ。

(1)　首都の周辺にはパンパと呼ばれる草原が広がり、南部には乾燥帯が広がっている。

(2)　経済開放政策の進展により、沿岸の都市部と内陸の農村部との経済格差が広がっている。政府は西部大開発を進めている。

(3)　数学の教育水準の高さや英語を話せる技術者が多いことを背景に、時差を生かしたソフトウェアの開発が進んでいる。

(4)　内陸部は降水量が少なく乾燥帯が広がり人口は少ない。温帯が分布する東岸や南岸に人口が多く、二大都市の中間点に首都が位置する。

問２　北米自由貿易協定は失効し、代わりに2020年７月に新協定が発効した。この協定を構成する３か国について、A～Hの中から加盟国を記号で答え、A～Hに該当国がない場合は国名を答えよ。

問３　A～Hの中で、人口密度が最も低い国を記号で答え、人口密度（人/km^2）を小数点以下で切り捨てた整数で答えよ。

問４　A～Hの中で、アジアとヨーロッパに国土がまたがる国を記号で答え、両地域を東西に分界する山脈名を答えよ。

問５　A、D、Gの国の首都名を答え、それぞれの位置が入る領域を下の図ア～タの中から記号で答えよ。

	0°～90°E	90°E～180°	180°～90°W	90°W～0°
60°N～30°N	ア	イ	ウ	エ
30°N～0°	オ	カ	キ	ク
0°～30°S	ケ	コ	サ	シ
30°S～60°S	ス	セ	ソ	タ

Ⅱ　次の文(1)～(3)は、日本海に注ぐ河川について述べたものである。下の問い（問１～４）に答えよ。

(1)　隣県に水源を発する。県庁所在地を流れて日本海に注ぐ。上流にある神岡鉱山から出された廃液に含まれた（　A　）が原因となりイタイイタイ病とよばれる公害病が流域で発生した。

(2)　一つの県で源流から河口まで流れる。日本三大急流の一つに数えられる。上流域の盆地では果物の栽培が盛んで、下流域の平野では稲作が盛んである。

(3)　隣県にほとんどの水源があり、隣県の旧国名（　B　）が河川名となっている。政令指定都市を流れて日本海に注ぐ。下流域は稲作地帯が広がり、米を原料とした米菓やもちなどの食品工業も盛んである。

問１　(2)の文に該当する河川名を答えよ。

問２　文中の空欄（　A　）と（　B　）にあてはまる語句を答えよ。

問３　秋田市から福井市へ日本海沿いに向かう際、(1)～(3)の河川を越える順に並び換えよ。

問４　下の表は、(2)の河川が流れる県に接する４つの県の県庁所在地の人口、農業産出額に占める米の割合、製造品出荷額等を示したものである。**エ**に該当する県名を答えよ。

	ア	イ	ウ	エ
県庁所在地の人口（千人）	1,065	784	305	275
農業産出額に占める米の割合（%）	43.4	60.1	58.3	39.0
製造品出荷額等（億円）	45,590	50,113	12,998	51,232

統計年次は、県庁所在地の人口は2021年、農業産出額・製造品出荷額等は2019年。『データでみる県勢』2022年版による。

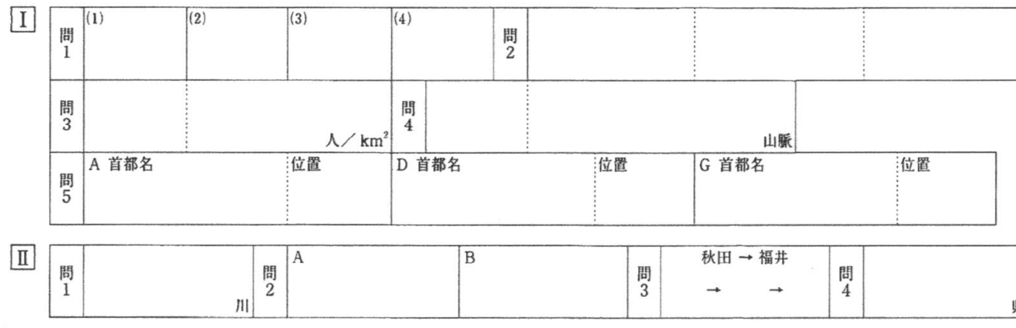

Ⅰ
問1
(1)
(2)
(3)
(4)
問2
問3
人／km²
問4
山脈
問5
A 首都名
位置
D 首都名
位置
G 首都名
位置
Ⅱ
問1
川
問2
A
B
問3
秋田 → 福井
→　→
問4
県

Ⅲ　2021年のできごとを示した次の表をみて、下の問い（問１～６）に答えよ。

１月	ジョー＝バイデン氏が第46代①アメリカ大統領に就任した。
９月	②自由民主党の総裁選挙で岸田文雄氏が第27代総裁に選出された。
10月	③最高裁判所裁判官国民審査が実施され、対象となった11人全員が信任された。
11月	経済対策として、④子育て世帯に対する給付を実施することが閣議決定された。
12月	国土交通省による⑤基幹統計の書き換えが問題となった。
12月	岸田政権初の⑥憲法審査会が開かれた。

問１　下線部①に関連して、アメリカ独立宣言の内容として、もっとも適当なものを次のア～エから一つ選べ。

ア．基本的人権の保障　　イ．社会権の保障　　ウ．奴隷制度の撤廃　　エ．女性の社会参加

問２　下線部②に関連して、政党交付金について述べた文として、**誤っているもの**を次のア～エから一つ選べ。

ア．政党交付金は、基準を満たした政党の申請に対して与えられる。

イ．政党交付金の総額は、人口に250円を乗じた額が基準とされる。

ウ．政党交付金の使途は、報告が義務付けられている。

エ．政党交付金によって、政党と特定の企業の結びつきが強まった。

問３　下線部③に関連して、今日の日本の司法制度について述べた文として、もっとも適当なものを次のア～エから一つ選べ。

ア．取り調べの際は、いかなる場合でも黙秘権が認められる。

イ．判決の確定後は、いかなる場合でも裁判のやり直しは認められない。

ウ．警察の被疑者への取り調べは、すべて録音される。

エ．裁判員に選ばれた場合は、いかなる場合でも辞退できない。

問４　下線部④に関連して、育児・介護休業法の内容として**誤っているもの**を次から一つ選べ。

ア．労働者は、その養育する７歳に満たない子について、その事業主に申し出ることにより、育児休業をすることができる。

イ．事業主は、労働者からの介護休業申出があったときは、当該介護休業申出を拒むことができない。

ウ．事業主は、労働者が育児休業申出をしたことを理由として、当該労働者に対して不利益な取り扱いをしてはならない。

エ．事業主は、労働者が育児休業をしたことを理由として、当該労働者に対して不利益な取り扱いをしてはならない。

問５　下線部⑤に関連して、以下の文はGDPについて述べたものである。以下の文の空欄（　A　）～（　C　）にあてはまる語句の組み合わせとして、もっとも適当なものを次のア～クから一つ選べ。

GDPとは一定期間内に（　A　）生産された（　B　）の（　C　）の合計額である。

ア．A-国内で	B-中間生産物	C-原材料費		イ．A-国内で	B-中間生産物	C-付加価値
ウ．A-国内で	B-財・サービス	C-原材料費		エ．A-国内で	B-財・サービス	C-付加価値
オ．A-国民により	B-中間生産物	C-原材料費		カ．A-国民により	B-中間生産物	C-付加価値
キ．A-国民により	B-財・サービス	C-原材料費		ク．A-国民により	B-財・サービス	C-付加価値

問６　下線部⑥に関連して、日本国憲法では国民が国家に対して一定の利益を受けることを要求する権利として国務請求権（受益権）が保障されている。この具体例として、**誤っているもの**を次のア～エから一つ選べ。

ア．請願権　　イ．裁判を受ける権利　　ウ．国政調査権　　エ．国家賠償請求権

Ⅳ　次の文章を読み、下の問い（問１～３）に答えよ。

今日ではICTを通じて多くの人が様々な情報を入手できるようになっている一方、年齢や立場にとらわれず、世界に向けて情報を発信する主体となることも容易になっている。また、ICTは、①モノの売買や仕事の受注の機会も飛躍的に拡大させた。

ネット上の売買では（　A　）カードが利用されることがあるが、消費者は商品やサービスの提供を受けた後にカード会社への支払いをすることになるため、計画的に利用する必要がある。また、ICTによる恩恵はすべての人が享受できるわけではない。（　B　）とよばれる、情報機器の所持の有無や、ICTを活用できる能力や機会を持つ人と持たない人の間に存在する②不平等や不公平にも留意する必要がある。

問１　文章中の空欄（　A　）と（　B　）に入る語句を答えよ。

問２　下線部①に関連して、寡占市場の構成企業が相互に連絡を取り合い、本来各事業者が自主的に決めるべき商品の価格や生産数などを共同で取り決める行為をなんというか答えよ。

問３　下線部②に関連して、所得の少ない人ほど税の負担率が高くなることをなんというか答えよ。

Ⅲ　問1　問2　問3　問4　問5　問6

Ⅳ　問1　A　B　問2　問3

14

令和四年度　東海高等学校入学試験問題　社会　その二

「その２」

受験番号 200

Ⅴ 次の文章を読み、下の問い（問１～６）に答えよ。

1603年、徳川家康は征夷大将軍に任命され、江戸幕府が開かれた。徳川氏はそののち豊臣氏を滅ぼし、全国支配を確立した。幕府は大名に領内の民衆を支配させた。幕府は大名の反抗を警戒して①武家諸法度を定めた。

家康は貿易を勧めたが、海外との往来が活発になるとキリシタンが増え、家康ははじめ黙認していたが、キリシタンが幕府に抵抗することを恐れて弾圧に転じた。その後②オランダ商館は出島に移され、のちに鎖国と呼ばれる体制が成立した。

鎖国体制下においても、朝鮮とは対馬の宗氏の仲立ちにより国交が回復し、朝鮮からは将軍の代替わりごとに（　Ａ　）が派遣された。琉球王国からは、将軍や国王の代替わりごとに使節が江戸に送られた。蝦夷地では、渡島半島南部を領地とした松前藩がアイヌの人々との交易を独占する権利を認められ、アイヌに不利な取引が強いられた。

幕藩体制において、村では土地を持ち年貢を納める本百姓のうち、有力な者が③村役人として運営にあたった。江戸・④大坂（大阪）・京都や各地の城下町では、町人が業種ごとに住む場合が多く、町役人が町の運営にあたった。

江戸時代には新田開発がさかんに行われ、進んだ農業技術が広まって生産力が向上し、林業や漁業など諸産業も発達した。鉱山開発も進んで、金座・銀座・銭座などで作った金貨・銀貨・⑤銅貨などが全国に流通した。

問１　下線部①に関して、最初に参勤交代の制度を定めた将軍を答えよ。
問２　下線部②に関して、オランダ商館長が世界情勢を書いて幕府に提出したものを答えよ。
問３　空欄（　Ａ　）にあてはまる語句を答えよ。
問４　下線部③に関して、村方三役と呼ばれる役職に**あてはまらないもの**を次のア～エから一つ選べ。
　ア．名主　　イ．百姓代　　ウ．惣年寄　　エ．組頭
問５　下線部④に関して、各藩が年貢米や産物を販売するために、とりわけ大坂（大阪）に多数建てた、倉庫を備えた邸宅を答えよ。
問６　下線部⑤に関して、江戸時代に造られて流通した銅貨を次のア～エから一つ選べ。
　ア．永楽通宝　　イ．寛永通宝　　ウ．和同開珎　　エ．天正大判

Ⅵ 次の問い（問１～５）において、ア～ウのうち記述内容が**誤っているもの**を一つ選び、記号で答えよ。

問１　ア．ヤマト政権は、高句麗と結んで百済や伽耶（加羅）諸国と対立した。
　イ．ヤマト政権の大王は、朝鮮半島南部に影響力を持つことを示す称号を求め、中国の南朝に使者を送った。
　ウ．ヤマト政権において、蘇我氏が対立する物部氏らをおさえ、仏教の導入につとめた。
問２　ア．末法思想が広まると、阿弥陀仏にすがって極楽浄土に生まれ変わることを願う浄土信仰が広まった。
　イ．遣唐使に任命された菅原道真の提案により遣唐使が停止され、その後の文化の発達に影響を及ぼした。
　ウ．かな文字を用いた文学が盛んになり、藤原定家らが『古今和歌集』を編さんした。
問３　ア．種子島に漂着したポルトガル人によって鉄砲が伝えられ、新兵器として普及し、戦術に変化がもたらされた。
　イ．室町幕府では、将軍の補佐役として管領が置かれ、赤松氏・斯波氏・山名氏が就いた。
　ウ．山城の国一揆がおこり、約８年間にわたり土着の武士や農民らによる自治が行われた。
問４　ア．お雇い外国人として来日したフェノロサは、東京美術学校の設立に尽力した。
　イ．西田幾多郎は、西洋と東洋の哲学の融合を試みて、『善の研究』を著した。
　ウ．福沢諭吉は、『社会契約論』を翻訳して、フランスのルソーの思想を紹介した。
問５　ア．衆議院議員であった渋沢栄一は、足尾銅山から出される鉱毒による被害からの救済を訴えた。
　イ．日清戦争の賠償金をもとに官営八幡製鉄所が設立され、鉄鋼の生産を開始した。
　ウ．天皇暗殺を計画した容疑で社会主義者が多数逮捕され、幸徳秋水らが処刑された。

Ⅶ 次の問い（問１～４）において、ア～ウのできごとを年代が古い順に並べ換えよ。

問１　ア．口分田が不足すると、朝廷は、新たに開墾した土地の所有を永久に認める墾田永年私財法を発した。
　イ．壬申の乱で勝利をおさめて即位した天武天皇は、唐にならって律令国家の建設を進めた。
　ウ．律令国家の支配下に入っていない人々は蝦夷と呼ばれ、朝廷が派遣した坂上田村麻呂がその拠点を攻撃した。
問２　ア．北条泰時は、裁判の基準や守護・地頭の役割、武士の慣習などを御成敗式目にまとめた。
　イ．元軍を撃退した後、生活が苦しくなった御家人を救済するために、幕府は徳政令を発した。
　ウ．後鳥羽上皇は、幕府を倒すために兵をあげたが、幕府軍に敗れた。
問３　ア．海軍の青年将校が首相官邸を襲って犬養毅首相を暗殺し、政党政治の時代は終わりを告げた。
　イ．満州国が承認されず、占領地からの引き上げが勧告されたため、日本は国際連盟から脱退した。
　ウ．陸軍の青年将校らが大臣らを殺害し、東京の中心部を占拠したが、間もなく鎮圧された。
問４　ア．日ソ共同宣言に調印して国交回復し、同年に国際連合への加盟が承認された。
　イ．日米安全保障条約が結ばれ、独立後も引き続きアメリカ軍が日本に駐留することが決められた。
　ウ．極東国際軍事裁判が東京で行われ、戦争指導者らが裁かれた。

Ⅷ 次の文章を読み、下の問い（問１～７）に答えよ。

アルプスの山麓地帯に位置する①スイスは、歴史的に諸勢力が錯綜して小邦分立の傾向が強かった。このような状況の中で、この地域に支配の手を伸ばした②ハプスブルク家の勢力に対して住民は同盟を締結し、自治を求めて結束を図った。

（　Ａ　）世紀になると、③カトリックに対するドイツの（　Ｂ　）の批判を発端として始まった宗教改革の波が、このスイスの地にも及んでくる。とりわけ、カルバンは予定説を唱えて多くの信奉者を獲得した。

スイスが永世中立国として国際法上認められることになったのは、④フランス革命を終わらせて権力を握ったナポレオンの権威失墜後の1815年に調印されたウィーン議定書によってである。⑤その100年後に第一次世界大戦が起きたが、スイスは中立を保ち、ベルサイユ条約によってスイスの永世中立は再度確認された。第一次世界大戦後、国際平和維持のために設立された国際連盟には、軍事制裁には加わらないことを条件に加盟し、国際連盟の本部はスイスの（　Ｃ　）に置かれた。しかし、1933年にドイツが国際連盟を脱退し、またイタリアが（　Ｄ　）に侵入した後に国際連盟を脱退した。そうした中でスイスは、ナチスの強い圧力にもかかわらず、第二次世界大戦下においても中立を保ち続けた。しかし、国際連盟に加盟した際の経験から国際連合にはその発足時には加盟せず、⑥東西冷戦の中でアメリカを中心に結成された北大西洋条約機構やヨーロッパの地域統合を目指すヨーロッパ連合にも参加していない。

問１　下線部①に関して、スイスと国境を接していない国を、次のア～エから一つ選べ。
　ア．フランス　　イ．ドイツ　　ウ．オランダ　　エ．イタリア
問２　下線部②に関連して、ハプスブルク家出身のスペイン王の援助を受け、本人は途中で亡くなったものの、率いていた船隊が、世界初の世界周航を成し遂げた人物を答えよ。
問３　下線部③に関して、カトリック教徒として**誤っている人物**を、次のア～エから一つ選べ。
　ア．山田長政　　イ．天草四郎　　ウ．大友宗麟　　エ．ザビエル
問４　下線部④に関して、フランス革命について述べた文として正しいものを次のア～エから一つ選べ。
　ア．マルクスの三権分立やロックの人民主権などの啓蒙思想が、フランス革命に大きな影響を与えた。
　イ．フランス革命の影響を受けてアメリカでは、イギリスからの独立運動が盛んになった。
　ウ．三部会の平民議員は、国民議会の中で国民主権・言論の自由などを唱える権利章典を発表した。
　エ．革命政府は、戦争が始まると、敵国への協力が疑われた国王を廃位し、共和政を始めた。
問５　下線部⑤に関して、ウィーン議定書の締結から第一次世界大戦開戦にいたる期間に起きたできごととして**誤っているもの**を、次のア～カから**二つ**選べ。
　ア．アメリカ南北戦争　　イ．太平天国の乱　　ウ．ペリー来航
　エ．ラクスマン来航　　オ．インド大反乱　　カ．シベリア出兵
問６　下線部⑥に関して、東西冷戦下で起きた次のア～エのできごとを年代が古い順に並べ換えよ。
　ア．キューバ危機　　イ．朝鮮戦争　　ウ．第１次石油危機　　エ．アジア・アフリカ会議
問７　空欄（　Ａ　）～（　Ｄ　）にあてはまる語句を答えよ。

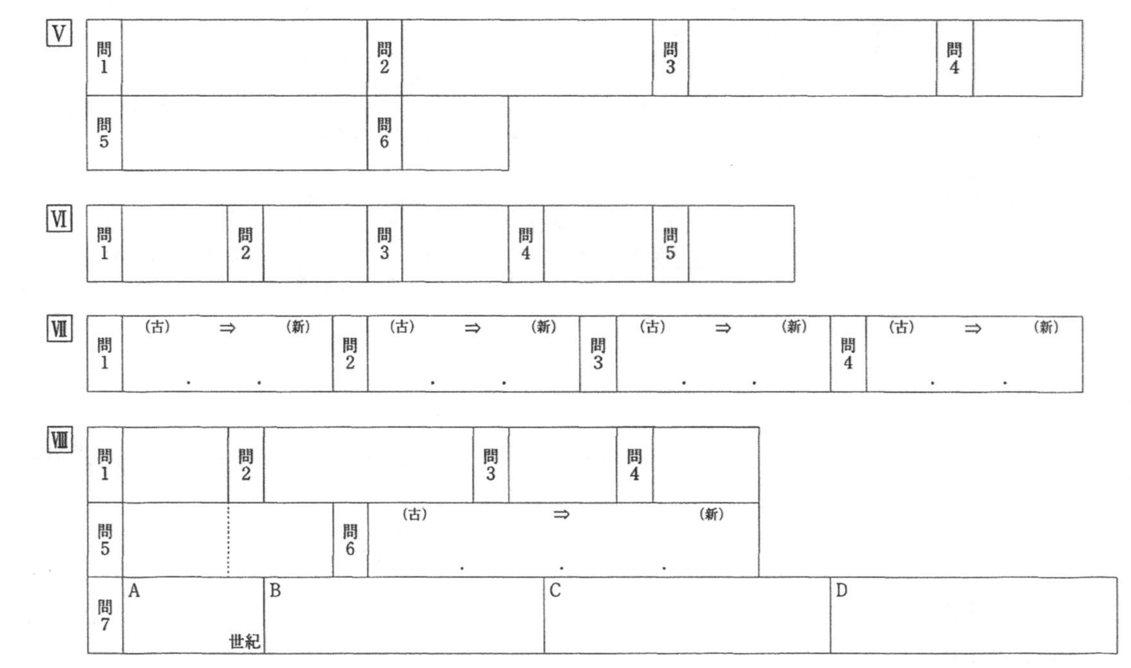

Ⅴ
問1
問2
問3
問4
問5
問6
Ⅵ
問1
問2
問3
問4
問5
Ⅶ
問1 (古) ⇒ (新)
問2 (古) ⇒ (新)
問3 (古) ⇒ (新)
問4 (古) ⇒ (新)
Ⅷ
問1
問2
問3
問4
問5
問6 (古) ⇒ (新)
問7
A
世紀
B
C
D

令和三年度　東海高等学校入学試験問題　国語　その一

「その1」　受験番号　200

※100点満点
(配点非公表)

★

1

【注意】字数が指定されている場合は、句読点やカッコなども文字として数えること。

一　次の文章を読んで、後の問いに答えなさい。なお、設問の都合で本文の段落に番号を付してある。

1 言葉に寄りかからず、具体的な状況の中で考える。私が強くそう念じる背景にあるのは、実際に、気になって警戒しているある言葉があるからです。

2 それは「多様性」という言葉です。あるいは「ダイバーシティ(注1)」「共生」といった言葉もそう。延期になった東京オリンピックの大会ビジョンに始まり、aキギョウの広告や大学のパンフレットなど、いまあらゆるところでこの言葉が使われています。便利で、私自身も止むを得ず使ってしまうことがあるのですが、この氾濫ぶりは異常だと思います。

3 もちろん、人が一人ひとり違っていて、その違いを尊重することは重要です。「多様性」の名の下に行われている取り組みには、こうした違いを尊重し生かすことにbコウケンするものもあるでしょう。しかし、「多様性」という言葉そのものは、別に多様性を尊重するわけではない。Aむしろ逆の効果すら持ちうるのではないかと感じています。

4 重度障害を持つ国会議員に対する批判、あいちトリエンナーレの企画展に対する抗議・脅迫と展示中止、冷え切る日韓関係。現実の日本で進んでいるのは、多様性の尊重とは真逆の、分断の進行です。

5 そこにいったいどんなcカンヨウの精神や生きた優しさがあると言うのでしょうか。私は二〇一九年の半年間、在外研修でボストンに暮らしていたのですが、帰国して一番違和感を覚えたのはそのことでした。街中を覆う「多様性キャンペーン」と、実態として進む分断。誰もが演技をしているように見えてゾッとしたことを覚えています。

6 もしかすると、「多様性」という言葉は、こうした分断を肯定する言葉になっているのかもしれない、とそのとき思いました。多様性を象徴する言葉としてよく引き合いに出される「みんなちがって、みんないい」という金子みすゞの詩は、一歩間違えば、「みんなやり方が違うのだから、それぞれの領分を守って、お互い干渉しないようにしよう」というメッセージになりかねません。

7 つまり、多様性は不干渉と表裏一体になっており、そこから分断まではほんの一歩なのです。「多様性」という言葉に寄りかかりすぎると、それは単に人々がバラバラである現状を肯定するための免罪符のようなものになってしまいます。

8 ウエストン(注2)は、「相対主義は反社会的な態度になりうる」と言います。「相対主義」とは、「多様性」という言葉が用いられるときの背景にあるような、「人間一般」「身体一般」「他者一般」のような絶対的なものを疑い、さまざまな価値の違いを尊重しようとする考え方のこと。すでに述べたように、多様性の尊重そのものは大前提として重要であり、その意味では相対主義は不可欠な視点です。けれどもそれが「他人のことには干渉しないようにしよう」という自己弁護につながるとき、ウエストンはそれがB反社会的なものになると言うのです。

　相対主義の決まり文句「他人のことに口を出すべからず」は、それゆえ、反社会的な態度となる。思考を停止させるだけではない。社会全体が関わってくる問題の場合には、そこにおいてどれほど意見が異なっていようとも、なお理を尽くして、お互いを尊重しつつ、なんとかして協調していけるよう道を探らねばならないのに。この決まり文句によって、そこから目をそらしてしまうのだ。(……)倫理とは、「他人のことに口を出すべからず」が問題解決として役に立たない――どれほど意見が分かれていようとも、一緒に問題を解決していかなければどうしようもない――、まさにそのような問題に照準を当てたものだということになる。私たちは、ともに生きていかねばならない。だから、なおも考え続け、語り続けねばならない。これこそが、倫理そのものであり、倫理的にふるまうことにほかならない。

9 つまり、多様性という言葉に安住することは、それ自体はまったく倫理的なふるまいではない。そうではなく、いかにして異なる考え方をつなぎ、違うものを同じ社会の構成員として組織していくか、そこにこそ倫理があると言うのです。

10 これに対し、さわる／ふれる(注3)ことは、物理的な接触ですから、その接触面に必ず他者との交渉が生じます。物理的であるからこそ、さわる／ふれることは、避けようもなく「他人のことに口を出す」行為なのです。他者を尊重しつつ距離をとり、相対主義の態度を決め込むことは不可能。この意味でさわる／ふれることは、本質的に倫理的な行為だと言うことができます。

11 ただし、倫理は単に具体的な状況に埋没するものではない、という点にも注意が必要です。確かに、「一般」を前提にしないことが、倫理を道徳から区別する重要な特徴です。けれども、ただひたすらその状況の内部から価値を主張することもまた、倫理的ではありません。状況の複雑さに分け入り、不確実な状況に創造的に向き合うことで、「善とは何か」「生命とは何か」といった普遍的な問いが問いなおされる。あるいは異なる複数の立場のあいだにも、実は共通の価値があることが見えてくる。倫理的な営みとはむしろ、具体的な状況と普遍的な価値のあいだを往復すること、そうすることで異なるさまざまな立場をつなげていくことであると言うことができます。

12 そうは言っても、異なる考え方をつなぐというのは、［X］は易しで実際に行うのは容易ではありません。

13 分断ではない多様性を、どのように考えていけばよいのか。思い出すのは、マサチューセッツ工科大学(MIT)の廊下で見た、あるチラシです。

14 チラシの左半分には学生らしき黒人女性二人が写っています。そしてその右側には、大きな文字でこう書かれていました。「Be your whole self.」それは、理工系の学生に向けて副専攻で人文社会系のコースを履修するように案内するチラシでした。

15 Be your whole self.「ありのままのあなたで」と訳したくなりますが、ややニュアンスが異なるでしょう。なるほどと思ったのは、「まるごとのあなた whole self」という表現でした。大学生で、遺伝子工学を専攻していて、アフリカ系アメリカ人で、南部出身で、女性で、演劇にも興味があって……例えばそんな複数の側面を持つあなたを、隠さず全部出していい。ニュートラルな「遺伝子工学の研究者」ではなく、アフリカ系アメリカ人として、あるいは女性として、遺伝子工学を研究することこそが強みなのだ。そう投げかける姿勢がこの「whole」には含まれているように感じました。

16 つまりそのチラシがうたっているのは、人と人のあいだにある多様性ではなくて、一人の人の中にある多様性なのでした。あるいはむしろ「C無限性」と言ったほうがよいかもしれない。その「すべて」を、まずは自分が尊重しようというのが、そのチラシが伝えようとしているメッセージでした。

17 これだと思いました。それは、私が実際に障害のある人たちと接するなかで得た実感に、ピタリと合うものでした。

18 人と人の違いを指す「多様性」という言葉は、しばしばラベリングにつながります。あの人は、視覚障害者だからこういうケアをしましょう。この人は、発達障害だからこういう配慮をしましょう。もちろん適切な配慮やケアは必要ですが、まさに倫理ではなく道徳の領域で、個人が一般化された障害者のカテゴリーに組み込まれていく。いつもいつも同じ役割を演じさせられるのは、誰だって苦しいものです。

19 当たり前ですが、障害を持つ人はいつでも障害者なわけではありません。家に帰ればふつうのお父さんや年頃の娘かもしれないし、自分の詳しい話題になれば、さっきまでdカイジョしてもらっていた人に対して先生になることもあるでしょう。ある先天的に全盲の男性などは、私の知る限り、収入面だけ考えても、三足の［Y］を履いています。本業はシムテムエンジニアだけど、インターナショナルスクールで点字を教えていて(使用言語はもちろん英語)、音楽活動でも収入を得ています。料理が得意で揚げ物もするし、若い頃はデートの前にどの道を歩こうかeモウソウを膨らませていました(ただし音的に)。

20 こうした一人の人が持つ多様性は、実際にその人と関わってみないと、見えてこないものです。一緒にご飯を食べたり、ゲームをしたり、映画を見に行ったりするふつうの人付き合いのなかで、「○○の障害者」という最初の印象が、しだいに相対化されてくる。フレーベルの恩物(おんぶつ)(注4)が、実際に手にとって回してみることによって初めて、立方体という見た目の形とは違う「円柱」という性質をあらわにしたように、人も、関わりのなかでさまざまな顔を見せるものです。人と人のあいだの多様性を強調することは、むしろこうした一人の人のなかの無限の可能性を見えにくくしてしまう危険性を持っています。

21 このことは、裏を返せば、「目の前にいるこの人には、必ず自分には見えていない側面がある」という前提で人と接する必要があるということでしょう。それは配慮というよりむしろ敬意の問題です。この人は、いま自分に見えているのとは違う顔を持っているのかもしれない。この人は、変わるのかもしれない。変身するのかもしれない。Dいつでも「思っていたのと違うかもしれない」可能性を確保しておくことこそ、重要なのではないかと思います。

(伊藤亜紗(あさ)『手の倫理』)

(注)
1　ダイバーシティ――多様性。多様な人材を積極的に活用する考え方。
2　ウエストン――アメリカの哲学者。
3　さわる／ふれる――筆者は「さわる／ふれる」という触覚による人との関わりを明らかにすることをこの著作のテーマとしている。
4　フレーベルの恩物――積み木や棒などから構成される幼児用の教育玩具。

2 令和三年度　東海高等学校入学試験問題　国語　その二

問1　波線部**a**〜**e**の**カタカナ**を漢字に改めなさい。

問2　空欄**X**・**Y**に入る語を、慣用表現であることを踏まえて、次の各群の1〜5のうちからそれぞれ一つずつ選び、番号で答えなさい。

X　1　結ぶ　　2　望む　　3　言う　　4　祈る　　5　やめる
Y　1　草鞋　　2　草履　　3　下駄　　4　足袋　　5　靴

問3　傍線部**A**「むしろ逆の効果すら持ちうる」について、次の(i)・(ii)に答えなさい。

(i)「逆の効果」を一五字以内で説明しなさい。
(ii)このような事態が生じるのはなぜか。三〇字以内で説明しなさい。

問4　傍線部**B**「反社会的なもの」とはどういう態度か。その説明として最適なものを、次の1〜5のうちから一つ選び、番号で答えなさい。

1　「他者一般」のような捉え方を疑問視し、様々な価値を尊重しようと言いつつ、異なる考えの人を同じ社会の構成員と認めず排除するような態度。
2　社会で意見をすり合わせるべき問題について、異なる意見に口を出さない代わりに自らの意見を強く主張し、社会集団の調和を乱すような態度。
3　「人間一般」のような絶対的な観念を疑って互いを尊重しようとせずに、意見の対立する集団を非難し、社会の分断を加速させるような態度。
4　価値の違いを尊重する考えの下、他人のことには干渉しないという問題に対して思考を停止し、それに社会全体が目を向けようとしないような態度。
5　異なる価値を尊重し干渉しないという名目をたてに、意見の対立を避けて社会全体で解決すべき問題に対して向き合おうとしないような態度。

問5　傍線部**C**「無限性」を言い換えている部分を、本文中から一五字以内で抜き出して答えなさい。

問6　傍線部**D**「いつでも『思っていたのと違うかもしれない』可能性を確保しておく」とあるが、どういうことか。その説明として最適なものを、次の1〜5のうちから一つ選び、番号で答えなさい。

1　人と関わる際、相手は不満足な現状から脱して成長するかもしれないと常に考え、人の可能性を信じる心構えを持っておくということ。
2　人と関わる際、相手は自分の期待と異なる側面がいろいろあるかもしれないと常に心にとどめ、落胆しないように気をつけておくということ。
3　人と関わる際、相手は自分と異なる考えを持つかもしれないという前提に立って相手の考えを尊重し、いつも敬意を抱いておくということ。
4　人と関わる際、一人の人には計り知れないほどの未知の側面が必ずあるはずだと信じる姿勢を崩さず、人を敬う姿勢を保っておくということ。
5　人と関わる際、人は必ず外見とは異なった内面を持つものだと考え、外見に惑わされない注意深さをいつも持っておくということ。

問7　本文の内容について、教師と生徒が話し合っている以下の会話内の空欄を、六〇字以内で適切に埋めなさい。

教師――筆者の論点を理解するために、第11段落を中心に考えてみましょう。まず、「倫理」の「重要な特徴」である『一般』を前提にしないこと」とは？
生徒――一人ひとり違う人間を一緒くたにして考えず、人それぞれが持つ価値の違いを大事にすることから出発しよう、ということだと思います。
教師――その通りです。その上で、「多様性という言葉に安住すること」(第9段落)、つまり口では価値の違いを尊重しようと言っているのに、異質な他者と深く関わろうとしないような態度を、筆者は「まったく倫理的なふるまいではない」(同)と批判します。言葉が人との関わりを妨げることもあると警戒しているのです。
生徒――「人と人の違いを指す『多様性』という言葉は、しばしばラベリングにつながります」(第18段落)と言っているのも同じことですね。
教師――そうです。言葉だけに頼らず、人と直接関わることを通して一人ひとり異なる状況を具体的に捉え、それに「創造的に向き合うこと」(第11段落)が大事だと筆者は言うのです。そうすることで、［　　　］のです。

問1	a	b	c	d	e
問2	X	Y			
問3	(i)	(ii)			
問4					
問5					
問6					
問7					

二　**次の文章（志賀直哉の小説『流行感冒』）において、「私」と妻は一人娘「左枝子」の健康に人一倍気をつかっていたが、お手伝いの「石」は流行感冒（スペイン風邪）の感染拡大が懸念されているなか、芝居を見に出かけてしまった。叱っても反省する様子のない「石」に対し、それ以来「私」はいい印象を持っていない。これを読んで、後の問いに答えなさい。**

三週間ほどたった。流行感冒もだいぶ下火になった。三四百人の女工を使っている町の製糸工場では四人死んだというようなうわさが一段落ついた話として話されていた。私は気をゆるした。ちょうど上の離れ家のまわりに木を植えるためにその頃毎日二三人植木屋がはいっていた。Y(注1)からもらった大きな藤の棚を作るのにも、少し日がかかった。私は毎日植える場所の指図や、あるときは力わざの手伝いなどで昼間は主に植木屋と一緒に暮らしていた。

そしてとうとう流行感冒に取りつかれた。植木屋からだった。私が寝た日から植木屋も皆来なくなった。四十度近い熱は覚えて初めてだった。腰や足がむやみとだるくてa閉口した。しかし一日苦しんで、翌日になったら非常によくなった。ところが今度は妻に伝染した。妻に伝染することを恐れてすぐ看護婦を頼んだが間に合わなかったのだ。この上はどうかして左枝子にうつしたくないと思って、東京からもう一人看護婦を頼んだ。一人は妻に一人は左枝子につけておくつもりだったが、母と離されている左枝子は気むずかしくなって、なかなか看護婦にはつかなかった。間もなくきみ(注2)が変になった。用心しろとやかましくいって

3

令和三年度　東海高等学校入学試験問題　国語　その三

いたのに無理をしたのでなお悪くなった。人手がないのと、本人が心細がって泣いているので、ときどきこっちの医者に行ってもらうことにして、俥で半里(注3)ほどある自身の家へ送ってやった。しかしばらくするとこれはとうとう肺炎になってしまった。

今度は東京からの看護婦にうつった。今なら帰れるからとかなり熱のあるのを押して帰って行った。しまいに左枝子にもうつってしまって、健康なのは前にAそれを済ましていた看護婦と、石とだけになった。そしてこの二人は驚くほどによく働いてくれた。

まだ左枝子にうつすまいとしているとき、左枝子はいつもの習慣で乳房を含まずにはどうしても寝つかれなかった。石がおぶってようやく寝つかせたと思うとすぐまた眼を覚まして暴れ出す。石は仕方なく、またおぶる。西洋間といっている部屋を左枝子の部屋にしておいて、私は眼が覚めるとときどきその部屋をのぞきにいった。二枚の半纏でおぶった石がいつもすわったまま眼をつぶって体をゆすっている。人手が足りなくなって昼間も普段の倍以上働かねばならぬのに夜はその疲れ切った体でこうして横にもならずにいる。私は心から石にいい感情を持った。私は今まで露骨に邪慳にしていたことを気の毒でならなくなった。全体あれほどにやかましくいっておきながら、自身輸入して皆にうつし、暇を出すとさえいわれた石だけが家の者では無事で皆の世話をしている。B石にとってはこれは痛快でもいいことだ。私は痛快がられても、皮肉をいわれても仕方がなかった。ところが石はそんな気持ちは気振りにも見せなかった。ただ一生懸命に働いた。普段はあまりよく働く性とはいえない方だが、そのときはよく続くと思うほどに働いた。その気持ちははっきりとはいえないが、想うに、前に失策をしている、その取り返しをつけよう、そういう気持ちからではないらしかった。もっと直接な気持ちかららしかった。私にはすべてが善意に解せられるのであった。それに過ぎないという風にとれた。私達が困っている、だから石はできるだけ働いたのだ。長いこと楽しみにしていた芝居がある、どうしてもそれが見たい、うそをついて出かけた、そのうそがだんだんしまいには念入りになってきたが、うそをつく初めの単純な気持ちは、困っているからできるだけ働こうという気持ちと石ではCそう別々なところから出たものではない気がした。

私達のは幸いに簡単に済んだが肺炎になったきみはなかなか帰って来られなかった。そして病人の中にいて、遂にかからずにしまった石はそれからもかなりせわしく働かねばならなかった。私の石に対する感情は変わってしまった。D少し現金過ぎると自分でも気がとがめるくらいだった。

一か月ほどしてきみが帰って来た。しばらくすると、それまで非常によく働いていた石はだんだんb元の杢阿弥になってきた。しかし私達の石に対する感情は悪くはならなかった。間抜けをしたときはよく叱りもした。が、じりじりと不機嫌な顔で困らすようなことはしなくなった。たいがいの場合叱って三分あとにはふだんの通りに物がいえた。

四谷に住んでいるKが正月の初旬から小田原に家を借りて、家中でそこへ行くことになったので、私達はそれと入れ代わりに我孫子(注4)からKの留守宅に来て住むことにしていた。私には丸五年ぶりの東京住まいである。久しぶりの都会生活を私は楽しみにしていた。

その前から石には結婚の話があった。先は我孫子から一里あまりある或る町の穀屋ということだった。私達が東京へ行くのと同時に暇をとるというので、私達もその気であとを探したが、なかなかいい女中が見当たらなかった。

あるとき妻は誰からか、石の行く先の男は今度が八度目の結婚だといううわさをきいて、それを石に話した。そしてとにかくもっとよく調べることを勧めた。あとで妻は私にこんなことをいった。

「石はあまり行きたくないんですって。何でもお父さんが一人で乗り気で、とにかく行ってみろ、その上で気に入らなかったら、帰って来いっていうんですって。どうもそこが当たり前とはだいぶ違いますのね。行く前に充分調べて、行った以上はどんなことがあっても帰って来るな、ならわかっているが、帰るまでも、一度は行ってみろというのは変ね」

その後しばらくして石の姉が来て、その先はうわさの八人妻を更えたという男とはちがうことが知れた。そして、石は少しもいやではないのだと姉はいっていたそうだ。

石は先の男がどういう人か恐らく少しも知らずにいるのではないかと思った。写真を見るとか、見合いをするとかいうこともないらしかった。何しろE田舎の結婚には驚くほどのんきなのがあるのを私は知っている。結婚して初めて、この家だったのかと思ったというようなのがある。私の家の隣の若い方のかみさんがそれだ。来てみたら、自分の思っていた家の隣だった。そして、貧乏なので失望したという話を私の家の前にいた女中にしたそうだ。しかしその家族は今老人夫婦、若夫婦で貧乏はしているらしいが至極平和に暮らしている。

「石のしたくは出戻りの姉のがあるので、それをそっくり持って行くんですって。何だか直でいいわね」妻は面白がっていた。

石の代わりはなかったが、日が来たので私達は運送屋を呼んで東京行きの荷造りをさした。そして翌朝私達も出かけるというその夕方になると、急に石はやはり一緒に行きたいといいだした。

「何だか、ちっともわかりゃしない。お嫁入りまでにお針の稽古をするからぜひ暇をくれというかと思うと、また急にそんなことをいいだすし。皆がしたくするのを見ているうちに、急にうらやましくなるのね。子供がそうですわ」と妻がいった。

それをいいに帰った石と一緒に翌朝来た母親は繰り返し繰り返しどうか二月いっぱいで必ず帰してもらいたいといっていた。

上京してしばらくすると左枝子が麻疹をした。幸いに軽い方だったが、用心は厳重にした。石もきみもそのためにはなかなかよく働いた。一月半ほどしていよいよ石の帰るときが近づいたので、ある日二人を近所へ芝居見物にやった。何か恐ろしい者が出てきたとか、石は二幕の間どうしても震えが止まらなかったのをしばらくして、やっと直ったという話がある。

いよいよ石の帰る日が来たので、先に荷を車夫に届けさしておいて、ちょうど天気のいい日だったので、私は妻と左枝子を連れて一緒に上野へ出かけた。停車場で車夫から受け取った荷を一時預けにしておいて、皆で動物園にいった。そして二時何分かにまた帰って改札口で石を送ってやった。

私達には永い間一緒に暮らした者と別れる或る気持ちが起こっていた。少し涙ぐんでいた石にもFそれはあったに違いない。しかしその表れ方が私達とはまったく反対だった。石はひどく無愛想になってしまった。妻が何かいうのにcろくろく返事もしなかった。別れの挨拶一ついわない。そして別れて、プラットフォームを行く石は一度もこっちを振り向こうとはしなかった。よく私達が左枝子を連れて出かけるとき、門口に立っていつまでも見送っている石が、こうして永く別れるときに左枝子が何かいうのに振り向きもしないのは石らしいかえって自然な別れの気持ちを表していた。

私達が客待ち自動車(注5)に乗って帰って来るとき、左枝子はしきりに「いいや、いいや」といっていた。

石がいなくなってからは家の中が大変静かになった。夏から秋になったようにさびしくも感ぜられた。

「芝居を見にいったとき、出さなくてやっぱりよかった」

「石ですか?」と妻がいった。

「うん」

「ほんとうに。そんなにして別れるとやっぱりあとで寝覚めが悪うございますからね」

「あのとき帰してしまえば石はしまいまで、いやな女中で俺達の頭に残るところだったし、むこうでも同様、いやな主人だと生涯思うところだった。両方とも今とそのときと人間は別に変わりはしないが、何しろ関係が充分でないと、いい人同士でもお互いに悪く思うし、それが充分だといいかげん悪い人間でも憎めなくなる」

「ほんとうにそうよ。石なんか、欠点だけ見ればずいぶんある方ですけれど、またいい方を見るとなかなか捨てられないところがありますわ」

「左枝子のことだとなかなか本気に心配していたね」

「そうよ。左枝子はほんとうにかわいいらしかったわ」

「いなくなったら急によくなったが、左枝子がほんとうにかわいかったは少し欲目かな。そうさえしていればこっちの機嫌はいいからね」

「Gまったくのところ、いくらかそれもあるの」といって妻も笑った。「だけど、それだけじゃ、ありませんわ。この間もきみと二人で何を怒っているのかと思ったら、Tさんが、左枝ちゃんはべっぴんさんになれませんよ、とおっしゃったって二人で怒っているの。なぜそんなことをおっしゃったかわからないけれど、Tさんは大嫌いだなんていってるの」

二人は笑った。妻は、

「今頃田舎で、くしゃみをしてますよ」と笑った。

★石が帰って一週間ほどたったある晩のことだ。私は出先から帰って来た。そして入口の鐘をたたくと、そのとき戸締まりを開けたのは石だった。思いがけなかった。笑いながら石は元気のいいおじぎをした。

「いつ来た?」私も笑った。私は別に返事をきく気もなしにあとの戸締まりをしている石を残して茶の間へ来た。左枝子を寝かしていた妻が起きてきた。

「石はどうして帰って来たんだ」

「私がこの間はがきを出したとき、お嫁入りまでにもし東京に出ることがあったらぜひおいで、と書いたら、それが読めないもんで、学校の先生のところへ持っていって読んでもらったんですって。するとこれはぜひ来いというはがきだというんで早速飛んで来たんですって」

「ちょうどいい。で、しばらくいられるのか?」

「今月いっぱいいられるとか」

「そうか」

「帰ったらお嬢様のことばかり考えているんで、うちの者から久しぶりで帰って来て、何をそんなにぼんやりしてるんだといわれたんですって」

石は今、うちで働いている。相変わらずきみと一緒にときどき間抜けをしては私に叱られているが、もう一週間ほどするとまた田舎へ帰って行くはずである。そしてさらに一週間すると結婚するはずである。H良人がいい人で、石がしあわせな女となることを私達は望んでいる。

（志賀直哉「流行感冒」『小僧の神様・城の崎にて』所収　新潮文庫刊）

（注）

1　Y――「私」の知り合い。「K」「Tさん」も同じ。

2　きみ――お手伝いの女性の名。

3　里――里は長さの単位。一里は約三・九キロメートル。

4　我孫子――千葉県北西部の地名。東京の都心から三〇～四〇キロメートル圏。

5　客待ち自動車――タクシーのこと。

問1　波線部a「閉口した」、b「元の杢阿弥(もくあみ)」、c「ろくろく」の意味として最適なものを、次の各群の1～5のうちからそれぞれ一つずつ選び、番号で答えなさい。

a　1　静かになった　2　不機嫌になった　3　困ってしまった
　　4　驚きあきれた　5　疲れ果てた

b　1　以前の通りの悪い状態　2　普段と打って変わった状態
　　3　引き続き変わらない状態　4　今までよりいっそうよい状態
　　5　いつになく不真面目な状態

c　1　いつも通り　2　十分に　3　すぐに　4　やはり　5　積極的に

問2　傍線部A・F「それ」の内容を、それぞれ五～一〇字でわかりやすく説明しなさい。

問3　傍線部B「石にとってはこれは痛快でもいいことだ」とあるが、その理由として最適なものを、次の1～5のうちから一つ選び、番号で答えなさい。

1　「私」の家族が皆病気になったことで、かわいい左枝子の面倒を見られるようになり、労を惜しまず働いたことで「私」からの評価も上がったから。

2　石だけが本当に病気にならないように注意していたところに、油断していた「私」の家族が皆次々と流行感冒にかかっていってしまったから。

3　左枝子の健康に人一倍気をつかっていたはずの「私」が、口ではうるさく病気のことを言っていながら、左枝子が病気になる原因を作ったから。

4　石のことをぞんざいに扱い仕事も与えないで冷遇していた「私」が、病気になったことで石の世話を受けなければならない状況に陥ったから。

5　石に対して病気を持ち込まないようにうるさく言っていた「私」自身が、感染の原因となってしまい、かえって石に看病されることになったから。

問4　傍線部C「そう別々なところから出たものではない」とあるが、どういうことか。その説明として最適なものを、次の1～5のうちから一つ選び、番号で答えなさい。

1　憎らしい主人の病気の世話をあえて一生懸命したことも、うそをついたことも、主人に仕返しをしたいという気持ちによるものである点で変わりがないということ。

2　病気に苦しむ主人一家のために一生懸命働いたことも、うそを重ねて言い訳をしようとしたことも、自分の利益になるからという点で変わりがないということ。

3　困っている主人一家のために一生懸命働いたことも、無断で出かけたことも、誰かの力になりたいという純粋な気持ちに突き動かされたという点で変わりがないということ。

4　病気に苦しむ主人一家のために一生懸命働いたことも、うそをついて芝居を見に出かけたことも、自分の気持ちに素直に従っただけだという点で変わりがないということ。

5　自分に冷たかった主人の世話をあえて一生懸命したことも、うそをついて芝居を見に出かけたことも、愉快な出来事を楽しみたい気持ちに忠実だった点で変わりがないということ。

問5　傍線部D「少し現金過ぎると自分でも気がとがめるくらいだった」とあるが、どういうことか。その説明として最適なものを、次の1～5のうちから一つ選び、番号で答えなさい。

1　今まで仕事熱心とはいえない石にいい印象を持っていなかったが、いつになく忙しく働いている様子に、もっと仕事を任せて給料以上の働きをしてもらおうという打算的な考えが浮かんだということ。

2　今まで仕事熱心とはいえない石にいい印象を持っていなかったが、一生懸命働く様子を見て石への評価を改める一方で、肝心なときにだけ力を発揮するその要領のよさが少し鼻についたということ。

3　今まで石に対していい印象を持っていなかったが、家族のために一生懸命働いてもらったことで、自分でも恥ずかしいと感じるぐらいあっという間に石への評価を百八十度変えてしまったということ。

4　今まで石に対していい印象を持っていなかったが、皆が病に倒れる中で一生懸命黙々と働く石の姿を見て、肝心なときに頼りになるのはきみではなくて石なのだと手のひらを返すように評価を変えたということ。

5　今まで石に対してはいい印象を持っていなかったが、娘のために非常によく働いてくれたことをきっかけにして、自分の人を見る目のなさを反省して石に対する評価をすっかり変えてしまったということ。

問6　傍線部E「田舎の結婚には驚くほどのんきなのがある」とあるが、どういうことか。その説明として最適なものを、次の1～5のうちから一つ選び、番号で答えなさい。

1　田舎では、嫁いだ先の家が貧乏であっても、案外しあわせに暮らせることがあるということ。

2　田舎では、親の言いつけに従い、結婚相手や家のことをよく知らないまま嫁ぐことがあるということ。

3　田舎では、何度離婚した男であっても、たやすく再婚相手を見つけることができるということ。

4　田舎では、親が決めた結婚であっても、結婚生活に不満があればすぐに実家に帰ることができるということ。

5　田舎では、結婚を勧める親ですら、相手のことをよくわかっていないことがしばしばあるということ。

問7　傍線部G「まったくのところ、いくらかそれもあるの」とあるが、どういうことか。その説明として最適なものを、次の1～5のうちから一つ選び、番号で答えなさい。

1　石には主人の機嫌を取るために娘をかわいがった面もあったこと。

2　石には娘のことを本当にかわいいと思う気持ちもあったこと。

3　石がいなくなったおかげで家の雰囲気がかなりよくなったこと。

4　石がいなくなったら彼女のことはどうでもよくなってきたこと。

5　石には機嫌がいいときだけ娘をかわいがる自分勝手な面があったこと。

問8　傍線部H「良人(おっと)がいい人で、石がしあわせな女となることを私達は望んでいる」とあるが、「私」は「石」のどういうところを好ましく思っていると考えられるか。「石」が実家から帰って来たあとの話（★印の段落以降）から、五〇字以内で具体的に説明しなさい。

問1	問2	問8
a	A	
b		
c		
問3	F	
問4		
問5		
問6		
問7		

「その１」 受験番号 200

※100点満点
（配点非公表）

5　令和３年度　東海高等学校入学試験問題　数学　その１

各問題の□の中に正しい答えを記入せよ。なお，「その１」と「その２」の裏を計算用紙として使ってよい。
（50分）

1　(1)　２次方程式 $\frac{1}{5}(x+2)^2-\frac{1}{3}(x+1)(x+2)=-\frac{1}{3}$ の解は，$x=$ ア である。

(2)　点数が０点以上10点以下の整数である小テストを７人の生徒が受験したところ，得点の範囲が７点，平均値と中央値がともに６点であり，最頻値は１つのみで７点であった。このとき，７人の得点を左から小さい順に書き並べると イ である。

解答欄	
ア	
イ	

2　(1)　$\sqrt{171a}$ の値が整数となるような自然数 a のうち，小さいものから２番目の数は ウ である。

(2)　$\sqrt{171+b^2}$ の値が整数となるような自然数 b をすべて求めると エ である。

ウ	
エ	

3　図のように，関数 $y=ax^2\ (a>0)$ のグラフ上に点Ａをとる。ただし，点Ａの x 座標は正とする。点Ａを，y 軸を対称の軸として対称移動した点をＢとすると，△OABが１辺の長さが１の正三角形になった。また，OA＝OCとなる点Ｃを y 軸の正の部分にとる。このとき，

(1)　$a=$ オ である。

(2)　点Ａを通る直線 ℓ によって四角形OACBが面積の等しい２つの図形に分けられるとき，直線 ℓ と辺OBとの交点の座標は カ である。

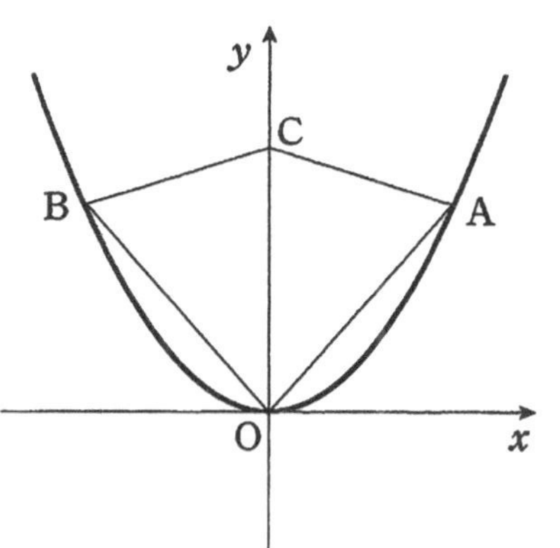

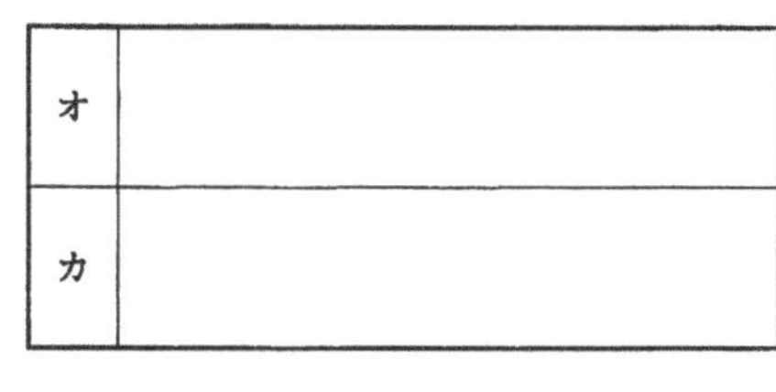

オ	
カ	

受験番号 200 「その2」

6 令和3年度　東海高等学校入学試験問題　数　学　その2

4 図のように，1辺の長さが3の正方形 ABCD がある。辺 AB 上に BE＝1となる点Eがあり，四角形 EFCG は CE を対角線とする正方形である。このとき，

(1) CF＝ キ である。

(2) BC と EF の交点をPとすると，BP＝ ク ，EP＝ ケ である。

(3) BF＝ コ である。

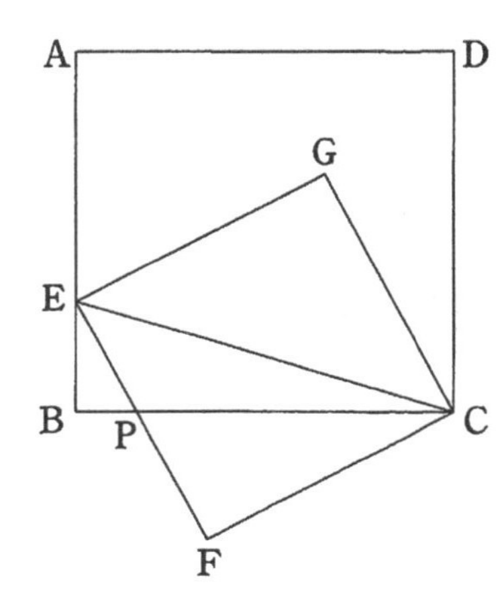

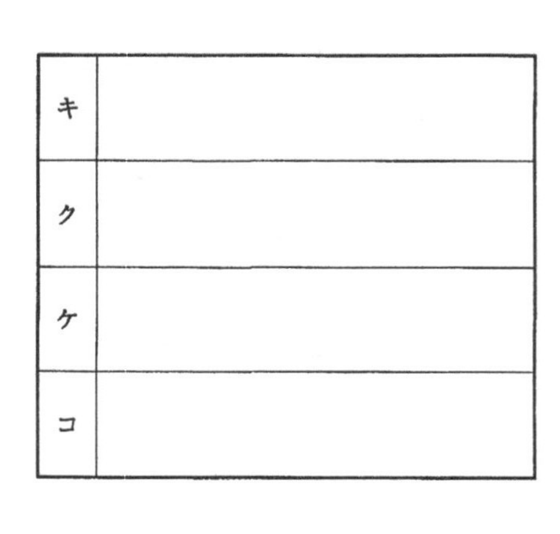

5 図のように，円Oの周上に4点A，B，C，Dがあり，点Aを通る円Oの接線上に点Pをとる。円Oの半径が2cm，CB∥AP，∠PAB＝75°，∠ABD＝45°のとき，

(1) AD＝ サ cm である。

(2) △BCD の面積は シ cm^2 である。

(3) 四角形 ABCD の面積は ス cm^2 である。

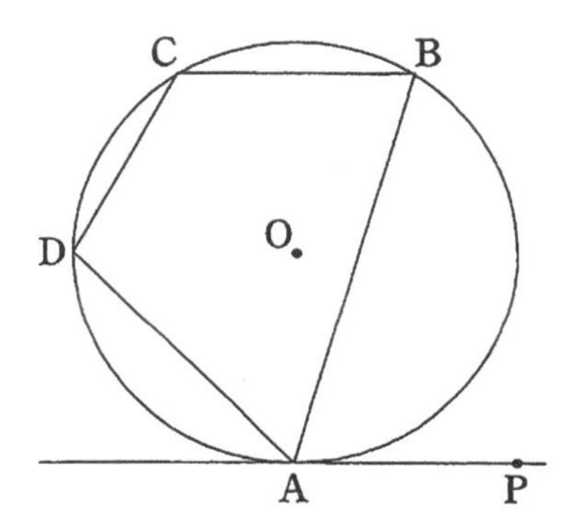

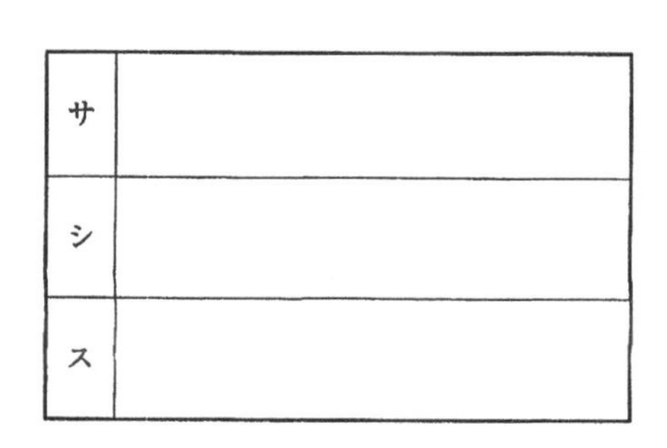

6 図のように，1辺がすべて8cm の正四角錐 OABCD があり，辺 OB の中点をPとする。この正四角錐を3点A，D，Pを通る平面で切ったとき，

(1) 正四角錐 OABCD の体積は セ cm^3 である。

(2) 切り口の図形の面積は ソ cm^2 である。

(3) 2つに分けた立体のうち，点Oを含む方の立体の体積は タ cm^3 である。

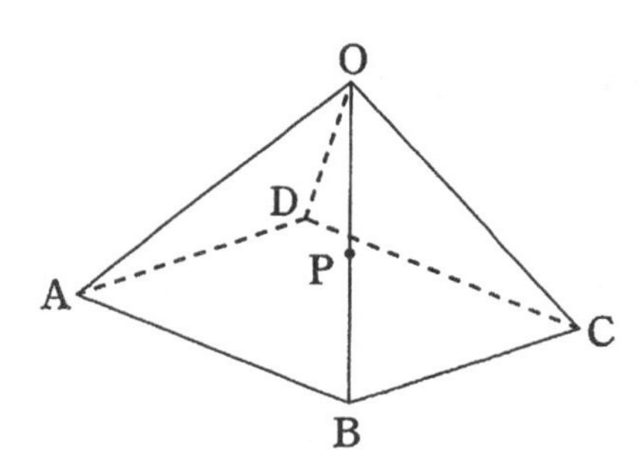

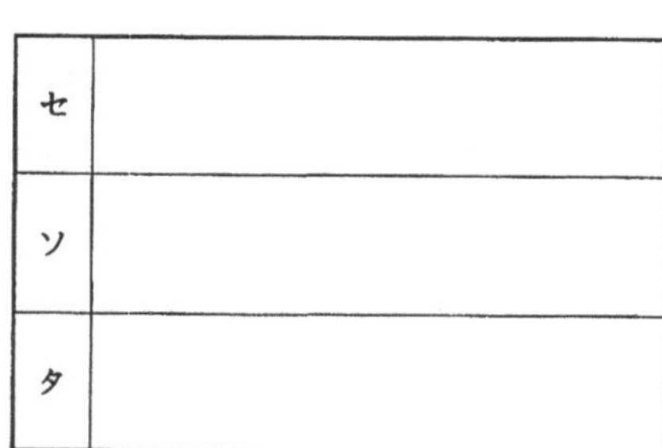

7

令和三年度　東海高等学校入学試験問題　英語　その一

「その１」　受験番号　200

(50分)

1 【リスニング問題】試験開始の約５分後に放送が始まります。

問１　これから、５つの物やことについて英語で説明します。それぞれが何の説明であるか、日本語で答えなさい。説明は、２回ずつ流れます。

★教英出版編集部注
問題音声は教英出版ウェブサイトで。
リスニングＩＤ番号は解答集の表紙を参照。

問２　これから流れる１つの対話を聞き、以下の文①〜④の空所に数字を入れ、文を完成させなさい。対話は、２回流れます。

① 彼は３月に東京で（　　）泊します。
② 彼は３月（　　）日に大阪へ行きます。
③ 彼は（　　）月（　　）日に北海道へ行きます。
④ 彼は2021年に（　　）回東京へ行きます。

2 次の英文を読んで、空所(A)〜(G)に補うのにもっとも適切な語を語群から選び、必要があれば正しい形に直して書きなさい。ただし、文頭に来る語も小文字で始めてあります。また、同じものを複数回用いてはいけません。

The Great Chicago Fire

The worst *disaster in the history of the city of Chicago began in a farm building on the night of Sunday, October 8, 1871. A woman (A) Mrs. O'Leary was milking her cow when the cow kicked over a *lantern and (B) a fire. It is said that a combination of bad planning and dry weather (C) the fire to destroy the city. While firefighters were fighting the fire downtown, the wind (D) it across the river. (E), the city was burning on both sides of the river! The firefighters didn't have enough men or necessary items to fight the fire. Chicago was still burning when rain finally (F) on Tuesday and the fire stopped. In the end, 2,000 *acres of land and 18,000 buildings burned — all because of a cow. (G), Mrs. O'Leary's house survived!

【注】*disaster: 災害、*lantern: ランタン、*acre: エーカー（1エーカーは約4,047平方メートル）

【語群】

amazingly	easily	suddenly	especially
want	come	go	allow
blow	give	start	name

3 イギリスに住むOwenは、名古屋に住むTakeshiの家でホームステイを始めます。Owenが初めてTakeshiの家の居間に入る場面で、２人は次のような対話をしています。この対話が適切に完成するように、空所(A)〜(D)に対してそれぞれ5語以上10語以下の英語を書きなさい。答案は、複数の文に分かれてもかまいません。

Owen: Oh, such a nice room! … but I've never seen one of these before. Is it a table?
Takeshi: It looks like an ordinary table, but it isn't. It's called a *kotatsu*.
Owen: What's it used for?
Takeshi: We use ＿＿(A)＿＿.
Owen: Really? So can you tell me how to use it?
Takeshi: When we use it, we ＿＿(B)＿＿.
Owen: But if you stand up and move around, you won't feel warm.
Takeshi: Yes, that's true. Because of that, many ＿＿(C)＿＿.
Owen: Actually, I didn't know it got so cold in winter in Japan. But I guess you don't need a *kotatsu* all year round here in Nagoya?
Takeshi: No, of course not. We don't need any heating at all in the summer. In fact, it's so hot that ＿＿(D)＿＿.

4 次の英文を読んで、あとの問いに答えなさい。最初の部分は、物語の説明です。

Jiya (ジヤ) lived with his family in a small fishing village, but lost his family in a big *tsunami* that hit his village. His friend Kino (キノ) and his family were farmers and they took Jiya to their house on the side of a mountain. One day, a man known as Old Gentleman visited them. He was a rich man living in a castle near Kino's house.

"We must think of Jiya's *good," Kino's father said. Then he turned to Old Gentleman. "Sir, it is very kind of you to *propose this for Jiya. I was planning to take him for my own son because he has lost his parents, but I am only a poor farmer and I cannot *pretend that my house is as good as yours, or that I can send Jiya to a fine school. Tomorrow when he wakes, I will tell him of your kind *offer. He will decide."

"Very well," Old Gentleman said. "But let him come and tell me himself, and I will know how he feels."

"Of course," Kino's father answered *proudly. "Jiya will speak for himself."

Kino was (A) to think that Jiya might leave his house and go to live in the castle. "If Jiya goes away, I won't have a brother," he told his father.

"You must not be so *selfish, Kino," his father said. "Jiya has to make his own choice. It would be (B) to *persuade him. Kino, you must not speak to Jiya of ❶<u>this matter</u>. When he wakes I will speak to him myself."

When his father was so *stern there was nothing Kino could do, and so he went sadly to bed. He thought when he drew his *quilt over him that he would not sleep all night, but he slept almost at once because he was young and (C).

8

令和三年度　東海高等学校入学試験問題　英語　その二

「その２」

受験番号　200

❷However when **he** woke in the morning **he** remembered Jiya and the choice **he** had to make. He got up and washed and dressed and *folded his quilt and put it into the closet. His father was already out in the field, and there Kino went and found him. It was a beautiful morning and a mist covered the ocean, so no water could be seen.

"Has Jiya gotten up yet?" Kino asked his father after they *exchanged morning greetings.

"No, but he will wake up soon, I think," his father said. He was *weeding the cabbage bed carefully and Kino *knelt down to help him.

"Must you tell him about Old Gentleman today?" Kino asked.

"I must tell him just after he wakes up," his father answered. "It would not be fair if Jiya starts thinking of this as his home. He must make the choice today, before he has time to ❸put down his new roots."

"[X] him?" Kino asked next.

"No, my son," his father answered. "I will talk to him alone and tell him all the *benefits that a rich man like Old Gentleman can give him and how (D) poor people like us can give him."

Kino could not stop his tears. He thought his father was being very hard. "But Jiya will want to go away for sure!" he cried.

"Then he must go," his father said.

They went into the house to have breakfast, but Kino could eat only a little. After breakfast he went back to the field because he did not want to play. His father stayed in the house, and he waited for Jiya to get up.

For a long time Kino stayed in the field and worked alone. The (E) tears dropped from his eyes upon the ❹earth, but he kept working because he decided to stay there until he was called. Then when the sun was getting to its highest point, he heard his father's voice. He got up at once and walked along the *path between the *terraces until he got to the *doorway. There his father stood with Jiya. Jiya's face was pale and his eyes were red. Kino was surprised because Jiya was crying.

"Jiya, do not worry about your tears." Kino's father said kindly. "Until now you could not cry because you were not fully alive. You were hurt too much. But today you are beginning to live, so you have begun to cry. ❺It is good for you. Let your tears come and do not stop them."

Then he turned to Kino. "I have told Jiya that he must not decide until he has seen the inside of the castle. I want him to see all that Old Gentleman can give him for a home. Jiya, you know how our house is — these four rooms, and the kitchen, this little farm, and we have to work so (F) for our food."

(adapted from Pearl S. Buck *The Big Wave,* Gunjō English Reading 7, Gunjō International)

【注】***good:** 利益、***propose:** ～を提案する、***pretend:** ～のふりをする、***offer:** 申し出、***proudly:** 誇らしげに、***selfish:** 自己中心的な、***persuade:** ～を説得する、***stern:** 厳格な、***quilt:** 掛け布団、***fold:** ～をたたむ、***exchange morning greetings:** 朝のあいさつを交わす、***weed the cabbage bed:** キャベツ畑の雑草を抜く、***knelt down** < kneel down: かがむ、***benefit:** 利益、***path:** 小道、***terrace:** 段地（ここでは棚田のこと）、***doorway:** 戸口

問１　空所(A)～(F)に入るもっとも適切な英語を以下から選び、記号で答えなさい。ただし、同じものを複数回用いてはいけません。

ア different　イ hard　ウ little　エ tired　オ unhappy
カ warm　キ wrong

問２　下線部❶に this matter「この事柄」とあるが、その具体的な内容を 20～30 字（句読点も含む）の日本語で説明しなさい。

問３　下線部❷を日本語にしなさい。ただし、太字の **he** がそれぞれ誰を指すのかを明らかにすること。

問４　下線部❸の表す内容にもっとも近いものを以下から１つ選び、記号で答えなさい。

ア ジヤがキノの家族と畑仕事をする
イ ジヤが新たな生きる道を探し求める
ウ ジヤがキノの一家との生活に慣れる
エ ジヤが過去のつらい経験を忘れる

問５　以下の語を空所[X]に入るように正しく並べ替えたとき、１番目・４番目・６番目にくるものの記号をそれぞれ答えなさい。文頭で使われる語も小文字で始めてあります。

ア there / イ to / ウ be / エ you / オ I / カ talk / キ may / ク when

問６　下線部❹の意味にもっとも近いものを以下から１つ選び、記号で答えなさい。

ア board　イ foot　ウ hole　エ ground　オ planet

問７　下線部❺の it が表す内容を、40～60 字（句読点も含む）の日本語で、本文全体の場面や内容をふまえて具体的に説明しなさい。ただし「これまで」「今日」という言葉を両方必ず用いること。

問８　本文の内容と一致するものを次のア～カから２つ選び、記号で答えなさい。

ア Before Old Gentleman talked to Kino's father, Jiya was going to become a member of Kino's family.
イ Kino's father thought that Kino should go and speak to Jiya about Old Gentleman's kind offer.
ウ When Jiya woke up to eat breakfast, Kino and his father were working together in the field.
エ Kino was sure that Jiya was going to choose to leave and live with Old Gentleman in his castle.
オ Jiya heard about Old Gentleman's offer and decided to go and live with him, and it made Kino sad.
カ Kino worked in the field because he wanted to talk and play with Jiya after he finished his work.

「その3」

受験番号 200

9

令和三年度　東海高等学校入学試験問題　英語　その三

1

問1

1.	2.	3.	4.	5.

問2

①（　　　）泊	② 3月（　　　）日	③（　）月（　）日	④（　　　）回

2

A	B	C	D
E	F	G	

3

(A)

(B)

(C)

(D)

4

問1	A	B	C	D	E	F

問2

20

30

問3

問4

問5	1番目:	4番目:	6番目:

問6

問7

40

60

問8

※100点満点
(配点非公表)

★教英出版編集部注
問題音声は教英出版ウェブサイトで。
リスニングID番号は解答集の表紙を参照。

Question One

Number 1. This is the time of year when the leaves on trees begin to change color and fall to the ground. In Japan many people enjoy looking at the beautiful colors of the leaves. The cooler weather at this time of year is very welcome after the hot summer months.

Number 2. This is a big building in which there are many rooms. People can stay for one night or more in one of the rooms if they pay some money. You usually have to check in at the front desk when you arrive, and you are given a key to a room. You give the key back when you check out.

Number 3. This sport is popular in many countries. It is played by either two or four players. It can be played both indoors and outdoors. The players have to hit a small ball over a low net using a kind of racket. The color of the ball is usually yellow.

Number 4. There are many of these things in Japan. They usually start in the mountains and they end in the sea. The longest one in Japan is over 300 kilometers long. Fish and other creatures live in them. They can be dangerous, especially when it rains heavily.

Number 5. This is a small animal which lives in Japan and other countries. It's about the same size as a mouse, and its color is black. It's not a bird but it has big wings and can fly! But it usually only flies at night, or when it's just getting dark. It eats small insects.

Question Two

A: I was hoping to spend most of this year here in Nagoya, but it looks like I'm going to be traveling a lot in 2021. I hope I can stay safe.
B: Yes, you're going to Tokyo for a few days next month, aren't you?
A: That's right. I'm going to have to be there by lunchtime on Tuesday, March 9, and I won't be able to leave until Friday afternoon. And then, on the next Friday, I have to go to a meeting in Osaka. But that's just a day trip.
B: And you have to go to Tokyo again in May, don't you?
A: Yes, that's right. I'll have to stay for two weeks in May. And almost as soon as I get back, I have to get ready to go to Hokkaido.
B: Oh, yes. You're going to that big meeting in Sapporo on the 12th of June, aren't you?
A: Yes, and it starts at 9am, so I'll have to be there the day before. (*sighs*) Thank goodness I don't have to go anywhere after that until August.
B: Where are you going in August?
A: I have to go back to Tokyo for another two weeks then. And I also have to go to Tokyo twice more in the fall.
B: Really?
A: Yes, there are meetings I have to attend in October and November.
B: But you'll be able to spend the New Year in Nagoya, won't you?
A: Well, no, I won't. I'm going to spend New Year in Osaka with my parents this year.
B: My goodness. You really do have a busy life.

10

令和三年度　東海高等学校入学試験問題　理科　その一

「その１」　受験番号　200

※100点満点
(配点非公表)

(50分)

1．次の問1，問2に答えなさい。

問 1　図 1 のように電球を電源装置につなぎ，電球の両端の電圧を変化させたときに電球に流れる電流を測定したところ，図 2 のような結果を得た。なお，以下で用いる電球はすべてこの電球と同じものとする。

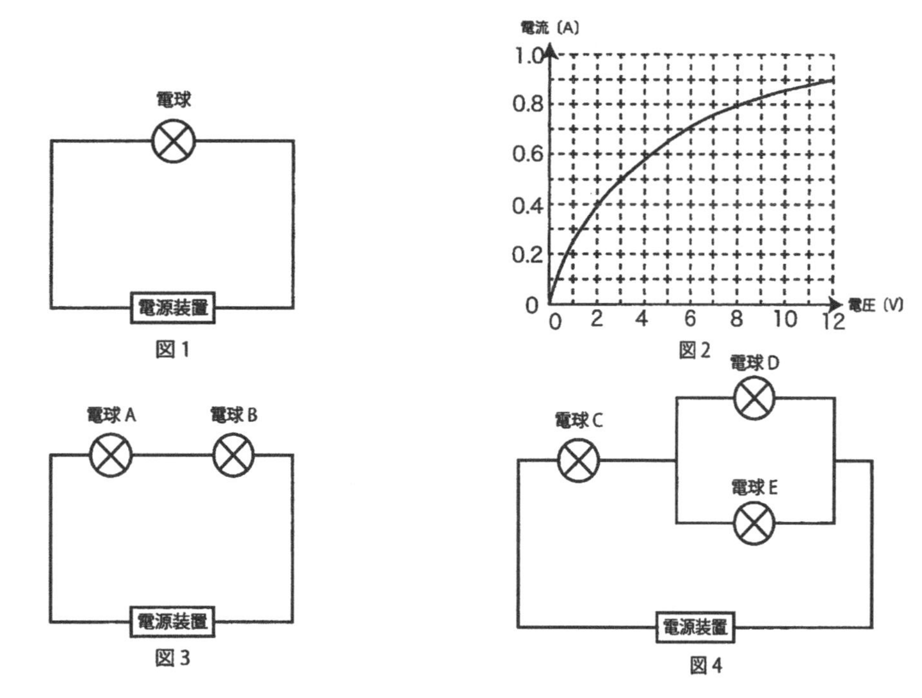

図1　図2　図3　図4

(1) 図 1 の回路で，電源装置の電圧を 10V にしたときの電球の抵抗は何 Ω か。小数第一位を四捨五入して整数値で答えなさい。

(2) 2 つの電球 A，B を用いて図 3 のような回路をつくり，電源装置の電圧を 10V にした。このとき，電球 A に流れる電流の大きさは何 A か。小数第二位を四捨五入して答えなさい。

(3) 3 つの電球 C，D，E を用いて図 4 のような回路をつくり，電源装置の電圧を 10V にした。このとき，電球 C に流れる電流の大きさは何 A か。小数第二位を四捨五入して答えなさい。

問 2　太郎君は，ストローを使って飲み物を飲むとき，飲み物がストローの中を少しずつあがってくることに疑問を抱き，いくつかの実験を行って理由を確かめることにした。水の密度を 1g/cm³，100g の物体にはたらく重力の大きさを 1N，大気圧を 10.0N/cm²(= 100000Pa) とする。

【実験Ⅰ】　断面積が 10cm² で両端の開いた円筒を用意する。円筒内には滑らかに動くことができる十分に軽いピストンが取り付けられている。円筒の一端を大きな水槽の水の中に入れて水面に垂直に立て，円筒内の水面の高さとピストンの位置が同じになるようにする（図 5）。図 5 の状態からピストンの上におもりを載せたところピストンは 10cm だけ沈んだ（図 6）。

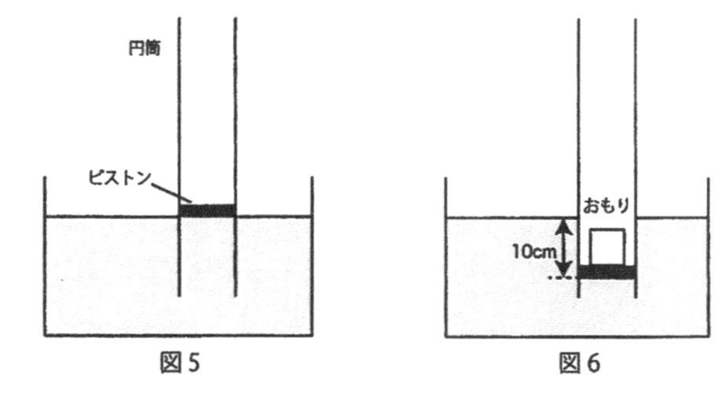

図5　図6

(1) 図 5 において，ピストンが静止していることから，ピストンが大気から受ける力とピストンが水から受ける力はつりあっていると考えられる。ピストンが水から受ける力の大きさは何 N か。

(2) 図 6 において，ピストンの上に載せたおもりの質量は何 g か。

(3) 図 6 において，円筒内の水面がピストンから受ける圧力は何 N/cm² か。

【実験Ⅱ】　【実験Ⅰ】と同じ円筒を用い，図 7 のように，円筒内の水面の高さが円筒外の水面の高さと同じになるようにしてピストンを取り付ける。図 7 の状態からピストンに下向きの力を加えて円筒内の気体を圧縮したところ円筒内の水面の高さは 10cm だけ下がった（図 8）。

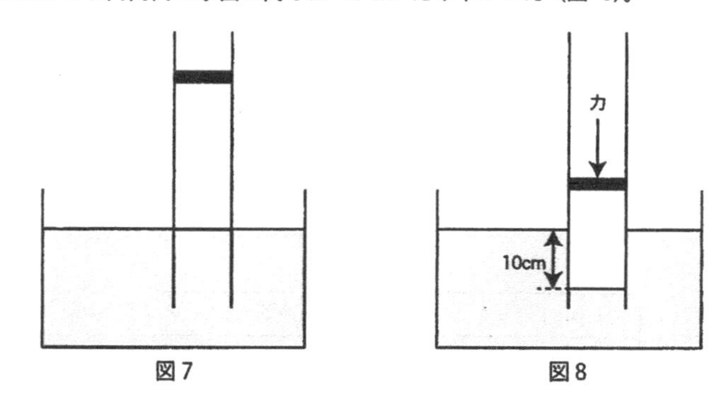

図7　図8

(4) 図 8 において，ピストンに加えた力の大きさは何 N か。

(5) 【実験Ⅰ】，【実験Ⅱ】から太郎君は次のように考えた。次の文章の（　　　）に「大きく」または「小さく」のいずれかを入れ，正しくなるように完成させなさい。

円筒内にピストンで閉じ込められた気体を圧縮すると，気体の密度が（　①　）なり，それによって円筒内の水面が受ける気体からの圧力が（　②　）なったため水面が下がったに違いない。ストローの中の飲み物があがってくるのは，これとは逆に，ストロー内の空気を吸うことによって，ストロー内の気体の密度が（　③　）なり，飲み物の液面が受けるストロー内の気体からの圧力が（　④　）なったために違いない。

【実験Ⅲ】　図 7 の状態でピストンの位置を固定したまま，円筒とピストンで閉じ込められた気体をポンプで抜いていったところ，水面の上昇が確認された（図 9）。これは太郎君の主張が正しいことを意味している。

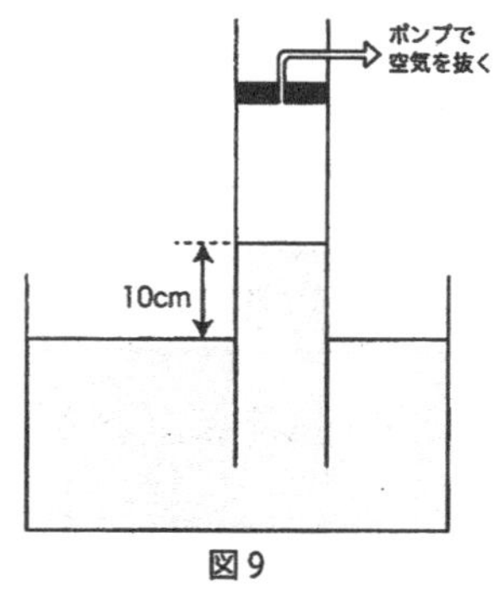

図9

(6) 図 9 のように円筒内の水面が 10cm だけ吸い上げられているとき，円筒内の液面が受ける円筒内の気体からの圧力は何 N/cm² か。

(7) 太郎君は，「自分の主張が正しいとすれば，十分に長いストローを用意しても飲み物を吸い上げる高さには限界があるはずだ。」ということに気づいた。【実験Ⅲ】において，十分に長い円筒を用意したとき，吸い上げることができる最大の高さは何 cm か。

問 1 および問 2 の解答欄は次のページにあります。

11

令和三年度 東海高等学校入学試験問題 理科 その二

「その2」 受験番号 200

1．問1

(1) Ω	(2) A	(3) A

問2

(1) N	(2) g	(3) N/cm²	(4) N
(5) ①	②	③	④
(6) N/cm²	(7) cm		

2．表はそれぞれ別の火山A，Bで採取した火山灰中に含まれる主要鉱物の体積比(%)を表したものである。以下の問いに答えなさい。

火山	カクセン石	チョウ石	クロウンモ	キ石	セキエイ	カンラン石
A	0	55	0	30	0	15
B	0	65	5	0	30	0

(1) 上記主要鉱物のうち，無色鉱物を**すべて**選んで答えなさい。

(2) 火山A，Bについて，火山の形状，噴出したマグマの粘性を比べたとき，火山Aの特徴の組み合わせとして最も適切なものを右の表のア～エの中から1つ選びなさい。

記号	形状	粘性
ア	ドーム形	大きい
イ	ドーム形	小さい
ウ	たて状	大きい
エ	たて状	小さい

(3) 火山A，Bで採取した岩石は，斑晶と石基からなる組織をもっていた。この組織の名称を答えなさい。また，斑晶と石基がどのように形成されたのかを説明した以下の文中の2つの空欄を埋め，正しい文にしなさい。

斑晶は(　①　)形成され，石基は(　②　)形成された。

(4) 日本は地震も多く，火山も多い。日本で地震と火山が**ともに**多い理由について述べた文のうち，最も適切なものを次のア～エの中から1つ選びなさい。

(ア) 地震でできた岩盤の割れ目からマグマが上昇してくるため，地震の多い日本では火山が多い。

(イ) 地震による岩盤どうしの摩擦熱によってマグマが生じるため，地震の多い日本では火山が多い。

(ウ) マグマによって周辺の岩盤が柔らかくなり地震が発生しやすくなるため，火山の多い日本では地震が多い。

(エ) 地震の発生とマグマの生成はどちらもプレートの沈み込みが原因であるため，日本では地震と火山が多い。

(1)		
(2)	(3)組織名	(4)
(3) ①		
②		

3．太郎君は，教科書で種子の発芽には様々な条件が必要であることを学んだ。太郎君は自宅でも確かめてみようと思い，インゲン豆とレタスの種子を買ってきて発芽実験を行った。実験は種子をまとめて一晩水につけてから，小皿の上の様子や小皿を置く場所を実験ごとに変え，1粒ずつ1回のみ行った。下の表はその実験条件と結果(発芽の有無)の一部を示したものである。ただし，実験を行った時期は冬の寒い時期(最高気温10℃)であり，部屋はカーテンを開けたままにして常温（25℃）に保たれていた。また，脱脂綿を湿らせた場合は，常に湿っているようにした。この実験結果をもとに次の問いに答えなさい。

実験	種子の種類	小皿の上の様子	小皿を置いた場所	発芽
1	インゲン豆	乾いた脱脂綿	部屋の中	しなかった
2	インゲン豆	湿った脱脂綿	部屋の中	した
3	インゲン豆	湿った脱脂綿	冷蔵庫の中	しなかった
4	インゲン豆	湿った脱脂綿	ベランダ	しなかった
5	インゲン豆	脱脂綿と種子が沈む量の水	ベランダ	しなかった
6	レタス	湿った脱脂綿	部屋の中	しなかった
7	レタス	湿った脱脂綿	冷蔵庫の中	しなかった
8	レタス	湿った脱脂綿	ベランダ	した

(1) 表の実験結果が正しいとすると，インゲン豆の発芽に「常温」「空気」「光」「水」「養分」は必要か。それぞれについて，根拠となる実験を表中の1～8の中から過不足なく選び，インゲン豆の発芽に「必要」か「不必要」かを考察の欄に答えなさい。ただし，表中の実験ではわからない場合は，実験を選ばずに考察の欄に「不明」と答えなさい。

(2) 実験6と8の結果が太郎君の予想と違っていた。太郎君がレタスの種子の発芽条件を考察するためには，どのようなことをすれば良いか，最も適切なものを次のア～エの中から1つ選びなさい。

(ア) 実験の時期が良くなかったかもしれないので，季節を変えて実験をもう一度行う。

(イ) 種子の種類が良くなかったかもしれないので，トウモロコシの種子で実験を行う。

(ウ) 実験に使った種子が良くなかったかもしれないので，新たなレタスの種子を使い複数回実験を行う。

(エ) 自分が実験手順を間違えたかもしれないので，予想した結果を正しいとして考察する。

(3) 実験6と8の結果が正しいとして，レタスを発芽させるために必要な手順を種子の吸水後から説明しなさい。ただし，発芽に必要な条件がはっきりわかるようにすること。

(1)	「常温」 実験 考察	「空気」 実験 考察
	「光」 実験 考察	「水」 実験 考察
	「養分」 実験 考察	(2)
(3)		

4．物質Xは，水100gに，80℃で140g，20℃で10g溶ける。次の2つの【実験Ⅰ】，【実験Ⅱ】を読み，下の問いに，小数第二位を四捨五入して答えなさい。

【実験Ⅰ】　80℃において，物質Xの固体80gに水を加えてすべて溶かして飽和水溶液をつくった。次に，この飽和水溶液の温度を20℃にしたところ，Xの結晶が得られた。

【実験Ⅱ】　80℃において，不純物を含む物質Xの固体80gを，【実験Ⅰ】で飽和水溶液をつくったときに加えた量と同じ量の水に溶かした。次に，この水溶液の温度を20℃にしたところ，Xの結晶が60g得られた。なお，この実験中，不純物は常に水に溶けていた。

(1)【実験Ⅰ】について，80℃でつくった飽和水溶液における物質Xの質量パーセント濃度は何%か。

(2)【実験Ⅰ】で得られた物質Xの結晶は何gか。

(3)【実験Ⅱ】により，不純物を含む物質Xの固体中のXの純度(質量パーセント)は何%か。なお，不純物が溶けていても，物質Xの溶解度は変わらないものとする。

(1)　　　　%	(2)　　　　g	(3)　　　　%

5．原子は，中心に原子核があり，その周りをいくつかの電子が回っている。さらに原子核は，陽子と中性子で構成されている。電子の質量は，陽子や中性子に比べて非常に小さいので，原子1個の質量は，陽子と中性子の質量の和と考えられる。

自然界には，同じ元素であっても中性子の数が異なる原子が存在し，それらを同位体という。マグネシウムMgやアルミニウムAlにも同位体は存在するが，以下の問題(1)～(6)では，それぞれ存在する割合の最も大きい同位体のみを考え，2つの金属原子の質量の比を，Mg：Al＝8：9とする。次の問いに答えなさい。

(1) 現在，周期表には118種類の元素が原子番号の順に並べられている。この原子番号は，それぞれの原子に含まれる陽子，中性子，電子のうち，どの個数と同じか。**すべてを正しく選んであるもの**を下のア～キの中から1つ選びなさい。なお，原子は電気的に中性とする。

ア　陽子　　イ　中性子　　ウ　電子　　エ　陽子，中性子
オ　陽子，電子　　カ　中性子，電子　　キ　陽子，中性子，電子

(2) MgとAlの陽イオンであるMg^{2+}とAl^{3+}の電子配置は同じで，ともに右の図になる。また中性子の数は，Al原子の方がMg原子より2個多い。Al原子の原子番号と中性子の数はそれぞれいくつか。ただし，陽子1個と中性子1個の質量は同じで，電子の質量は無視できるものとする。

MgとAlの金属片をそれぞれ同じ質量用意し，同じ濃度の希塩酸を少しずつ加えたところ，ともに金属片が溶けて水素が発生した。しばらくすると，それぞれ異なる体積で水素の発生が止まったが，その後もしばらく希塩酸を加え続けた。

(3) Mgの金属片に希塩酸を加えたときの化学反応式は以下の通りである。これを参考に，Alの金属片に希塩酸を加えたときの反応を，化学反応式で表しなさい。

$$Mg + 2HCl \rightarrow MgCl_2 + H_2$$

(4) 水素の発生が止まったとき，発生した水素の体積を同温・同圧で比べるとどうなるか。同温・同圧で測定された気体の体積は，気体の分子数に比例するとして，下の『　』中の（　）に分数を入れて答えなさい。

『Alの金属片を溶かしたときに発生した水素の体積は，Mgの金属片のときの（　　）倍である。』

(5) 図10は，Mgの金属片に希塩酸を加えたときの，反応液中のH^+とCl^-の数を表したものである。この図にMg^{2+}の数を表すグラフを実線(――)で書き加えなさい。

(6) 図11は，Alの金属片に希塩酸を加えたときの，反応液中のCl^-の数を表したものである。この図にH^+とAl^{3+}の数を表すグラフを，それぞれ点線(･･･)と実線(――)で書き加えなさい。なお，加えた塩酸の体積を表す横軸の1目盛りの大きさは，図10と図11で同じとする。

反応液中のイオンの数
0
加えた希塩酸の体積
Cl^-
H^+

図10

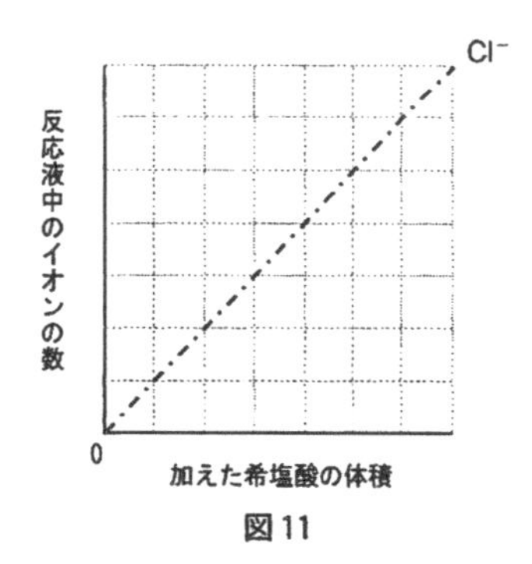

図11

(1)	(2) 原子番号	中性子数　　個	(5)，(6)の解答は図10，図11に書き込むこと。
(3)			(4)

6．右表はある浅発地震(震源の深さ24km)の観測データをまとめたものである。下図は地表の観測点A，B，CおよびXの位置関係を示している。この地震について，以下の問いに答えなさい。

地点	震源からの距離	主要動の始まった時刻
A	40 km	12時5分20秒
B	30 km	
C	56 km	12時5分24秒

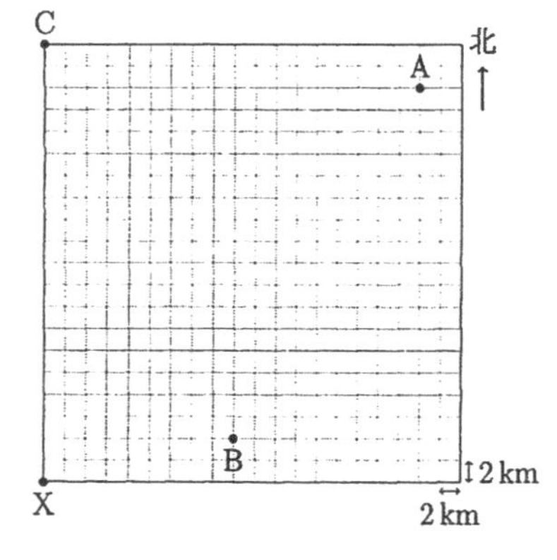

(1) 地震波の伝わる速さが一定であったと仮定して，地震が発生した時刻を推定しなさい。

(2) この地震については，初期微動継続時間Tと震源からの距離Dの関係が$D = 8T$で表されることがわかった。P波の伝わる速さは何km/sか。小数第二位を四捨五入して答えなさい。

(3) Aの震央からの距離は何kmか。

(4) 震央からの距離と地震発生からS波が到達するまでの時間との関係を表した図として，最も適切なものを次のア～オの中から1つ選びなさい。

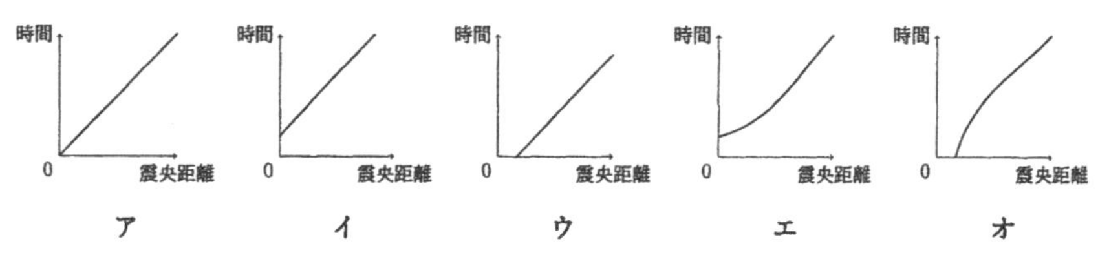

(5) Xから見た震央の位置を答えなさい。

(1)　　時　　分　　秒	(2)　　km/s	(3)　　km
(4)	(5)　東に　　km，北に　　km	

13

令和三年度　東海高等学校入学試験問題　社会　その一

「その1」　受験番号　200

※100点満点
(配点非公表)

(50分)

Ⅰ　次の表のA～Hを含む10か国は、世界の人口上位10か国を示している。下の問い（問1～5）に答えよ。

	A	B	C	D	E	メキシコ	F	G	パキスタン	H
面積（万km²）	1,710	983	960	851	329	196	191	92	80	15
人口（万人）	14,593	33,100	143,932	21,256	138,000	12,893	27,352	20,614	22,089	16,469
輸出総額（億ドル）	4,197	16,411	24,985	2,222	3,251	4,611	1,646	664	238	359

統計年次は、面積2018年、人口2020年、輸出総額2019年。　出典：『世界国勢図会』2020/21年度版。

問1　ASEAN加盟国をA～Hから一つ選び、国名も答えよ。
問2　アフリカに位置する国をA～Hから一つ選び、国名も答えよ。
問3　A～Hの中で人口密度が最も高い国を一つ選び、国名も答えよ。
問4　パキスタンと国境を接する国をA～Hから**二つ選べ**。
問5　国際連合の常任理事国となっている国をA～Hから**すべて選べ**。

Ⅱ　次の地図を見て、下の問い（問1～4）に答えよ。なお、経緯線は10度間隔である。

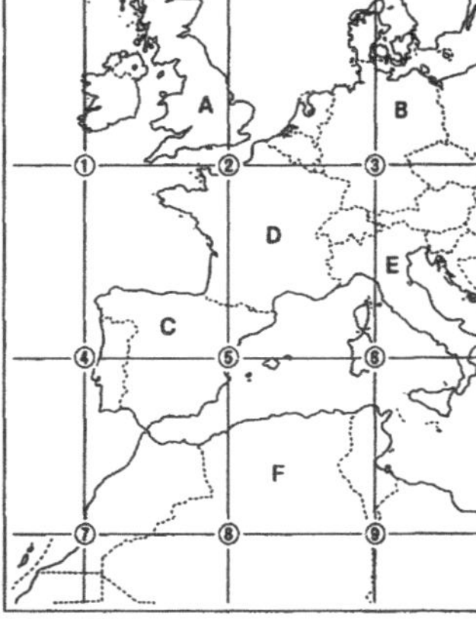

問1　本初子午線と秋田県八郎潟を通過する緯線が交差する地点を地図上の①～⑨から一つ選べ。
問2　下の表中の**あ～か**は、**A～F**のいずれかの国の人口と輸出上位品目を示したものである。**D**と**F**に該当するものをそれぞれ選べ。

	人口(万人)	輸出上位品目
あ	8,378	機械類、自動車、医薬品、精密機械、金属製品
い	6,787	機械類、自動車、金（非貨幣用）、医薬品、原油
う	6,527	機械類、自動車、航空機、医薬品、精密機械
え	6,046	機械類、自動車、医薬品、衣類、鉄鋼
お	4,676	自動車、機械類、野菜・果実、石油製品、衣類
か	4,385	※原油、天然ガス、石油製品、液化天然ガス、液化石油ガス

統計年次は、人口2020年、輸出品目2018年で※のみ2017年。出典：『世界国勢図会』2020/21年度版。

問3　**C～F**の4か国の首都は、1都市を除いてすべて同じ気候区に属する。他の3つと気候区が異なる都市がある国の記号を**C～F**から一つ選び、その都市が属する気候区も答えよ。
問4　**A～F**のうち、2021年現在、EUに加盟していない国を**すべて選べ**。

Ⅲ　次のA～Cの各文は、静岡県を流れる河川について述べたものである。下の問い（問1～4）に答えよ。

A　赤石山脈に水源を発する。東海道と交差する左岸には島田、右岸には金谷が宿場町として栄えた。下流付近には茶の栽培で知られる（　1　）台地が広がる。
B　赤石山脈に水源を発する。日本三大急流の一つに数えられる。下流域では豊富な水資源を利用した製紙工業が盛んである。
C　（　2　）湖に水源を発し、伊那盆地を南下し静岡県に入る。政令指定都市を流れて太平洋に注ぐ。

問1　Cの文に該当する河川名を答えよ。
問2　空欄（　1　）と（　2　）にあてはまる語を答えよ。
問3　名古屋から東京へ新幹線で向かう際、A～Cの河川を越える順に並び換えよ。
問4　下の表は、静岡県に接する4つの県の県庁所在地の人口、農業産出額、製造品出荷額等を示したものである。表中のうに該当する県名を答えよ。

	あ	い	う	え
県の人口（千人）	9,198	7,552	2,049	811
農業産出額（億円）	697	3,115	2,616	953
製造品出荷額等（億円）	184,431	487,220	64,659	25,881

統計年次は、県の人口は2019年、農業産出額・製造品出荷額等は2018年。　出典：『データでみる県勢』2021年版。

Ⅳ　2020年のできごとを示した次の表をみて、下の問い（問1～7）に答えよ。

3月	国民生活安定緊急措置法に基づき、①マスクの転売行為が規制された。
3月	②東京オリンピック・パラリンピックの開催延期が決定された。
7月	北海道白老郡にある、③ウポポイ（民族共生象徴空間）が開業した。
10月	④東京証券取引所でシステム障害が発生し、全銘柄の取引が終日取りやめられた。
11月	東アジアを中心に15か国が参加する、⑤地域的な包括的経済連携協定の署名が行われた。
12月	臨時⑥国会が41日の会期を終えて閉会した。

問1　下線部①に関して、他者の利益を侵害しうる場合や社会全体の利益を優先する必要がある場合には、例外的に人権の制約が認められることがある。日本国憲法第13条などに規定されている、この原理を何というか答えよ。
問2　下線部②に関連して、前回の東京オリンピックが開催された1960年代のできごととして、正しいものを次のア～エから一つ選べ。
　ア．第四次中東戦争をきっかけに石油価格が高騰し、日本では高度経済成長が終わりを迎えた。
　イ．公害問題に対する企業や政府の責任が問われるようになり、公害対策基本法が制定された。
　ウ．少子高齢化が進む中、40歳以上のすべての国民が加入する介護保険制度が導入された。
　エ．消費者契約法が制定され、消費者の利益を一方的に害する契約は取り消すことができるようになった。
問3　下線部②に関連して、あらかじめ、障害の有無、年齢、性別、人種等にかかわらず、多様な人々が利用しやすいように、都市や生活環境を設計する考え方を何というか、カタカナで答えよ。
問4　下線部③に関して、現在の東北地方北部から北海道、樺太、千島列島などに先住していた民族について、かれらの誇りが尊重される社会の実現をはかることなどを目的として、1997年に制定された法律の名称を答えよ。
問5　下線部④に関連して、証券について述べた文として、**間違っているもの**を次のア～エから一つ選べ。
　ア．証券取引所では、日本に本社をおく、全ての株式会社の株式を売買することができる。
　イ．証券会社は、家計と企業の間で株式などを売買する際に、両者の仲立ちをする役割を担っている。
　ウ．証券市場における株価は、必ずしも企業の業績を反映したものではない。
　エ．直接金融は、企業などが証券市場を通じて、家計や企業から資金を調達する方法をいう。
問6　下線部⑤に関して、この協定を何というか、アルファベット4文字で答えよ。
問7　下線部⑥に関して、衆参両院の委員会が、予算などについて専門家や関係者の意見を聞くために開く会を何というか答えよ。

Ⅴ　次の文章を読み、下の問い（問1～3）に答えよ。

コロナ禍においては、学校の休校が続く中で遠隔教育のあり方が議論された。①世帯別年収が低い世帯ほど、パソコンやスマートフォンの普及率も低くなる傾向がみられる。また、②地方自治体によって、学校におけるICT環境の整備状況に差があることに加え、2020年は③非正規労働者の失業増加も顕著であり、居住地や所得の格差が教育機会の格差につながることが懸念されている。

問1　下線部①に関して、以下の文の空欄（　a　）に入る語を答えよ。
　家計は所得に応じて税金と（　a　）を納める。所得から税金と（　a　）などを差し引いたものは、可処分所得という。
問2　下線部②に関して、地方分権を推進するために機関委任事務の廃止などを定め、2000年に施行された法律を何というか答えよ。
問3　下線部③に関して、非正規労働者について述べた文として、**間違っているもの**を次のア～エから一つ選べ。
　ア．2017年時点の雇用形態について男女別にみた場合、男性よりも女性の方が正社員で働いている割合は小さい。
　イ．2000年代初頭と2010年代後半の労働者全体に占める非正規労働者の割合を比べると、2010年代後半の方が割合が大きい。
　ウ．労働条件や労働時間を定めた労働基準法は、非正規労働者には適用されないため、アルバイトに有給休暇は与えられない。
　エ．非正規雇用は、労働者側にとって、労働日数や労働時間を柔軟にできる利点がある雇用形態である。

Ⅰ　問1　問2　問3　問4　問5

Ⅱ　問1　問2 D　F　問3 記号　気候　問4

Ⅲ　問1　川　問2 (1)　(2)　問3 名古屋 →　→　→ 東京　問4　県

Ⅳ　問1　問2　問3　問4　問5　問6　問7　会

Ⅴ　問1　問2　問3

14

令和三年度　東海高等学校入学試験問題　社会　その二

「その２」

受験番号　200

Ⅵ 次の文章を読み、下の問い（問１～７）に答えよ。

1874年、板垣退助らは民撰議院設立建白書を提出し、少数の藩閥官僚らによる専制政治をやめ、国会を開くよう求めた。こうして自由民権運動が始まった。各地につくられた民権派の団体は、早期に国会を開くよう政府に請願した。国会の開設をめぐる政府内の対立により、政府は〔　A　〕を追放する一方、（　①　）年に国会を開くことを約束した。

自由民権運動に対する政府による運動取り締まりに実力で対抗しようとする②激化事件が各地で発生したが、急進的な活動をきらって民権運動から離れる者も増えた。国会開設前に再結集をはかる大同団結運動もおこったが、民権運動は衰退した。

しかし、民権派は国会開設後、反政府的な政党である民党の母体となり、日清戦争後には民権派の流れをくむ〔　B　〕が結成され、〔　A　〕を首相とする、日本初の政党内閣が生まれた。また、1900年には伊藤博文を総裁とする〔　C　〕が結成され、政党内閣を組織した。こうして政府と政党の協力により、政党政治の基礎が築かれた。

1918年、米騒動で軍人内閣が倒れると、〔　D　〕が本格的な政党内閣を組織した。1924年に護憲三派内閣と呼ばれる政党内閣が成立し、以後、衆議院の多数党が政権を担う「憲政の常道」が、③五・一五事件まで約８年間続く。

大正期に高まった自由主義的風潮を（　④　）という。この時期に、憲法学では、議会を重んじ政党内閣を主張する立場から美濃部達吉が天皇機関説を唱えた。政治学では、吉野作造が⑤民本主義を唱え、世論による政治運営を主張した。

五・一五事件の４年後、陸軍の青年将校らが部隊を率いて、軍拡予算に反対した〔　E　〕大蔵大臣らを殺害し、東京の中心部を占拠した。将校らは反乱軍として鎮圧されたが、その後軍部の発言力が強まり、軍事費も増強された。

日中戦争が長期化すると、⑥1938年に制定された法律にもとづき、物資や労働力を議会の承認なしに動員できるようになった。政治の面では、ほとんどの政治団体が解散して（　⑦　）という組織に統合された。

問１　空欄（　①　）、（　④　）、（　⑦　）にあてはまる語または数字を答えよ。

問２　空欄〔　A　〕～〔　C　〕にあてはまる語の組み合わせとして正しいものを次のア～エから一つ選べ。
　ア．A：片岡健吉　B：立憲政友会　C：憲政党　　イ．A：片岡健吉　B：憲政党　C：立憲政友会
　ウ．A：大隈重信　B：立憲政友会　C：憲政党　　エ．A：大隈重信　B：憲政党　C：立憲政友会

問３　下線部②に関して、現在の埼玉県にあたる地域の農民らが借金の分割返済、地租軽減を求めて起こした事件を何というか答えよ。

問４　空欄〔　D　〕～〔　E　〕にあてはまる語の組み合わせとして正しいものを次のア～エから一つ選べ。
　ア．D：原敬　E：高橋是清　　イ．D：原敬　E：東条英機
　ウ．D：浜口雄幸　E：高橋是清　　エ．D：浜口雄幸　E：東条英機

問５　下線部③が起きた年に、満州事変に関する現地調査が開始された。この時、国際連盟から派遣された調査団の団長はだれか。

問６　下線部⑤に関して、吉野が民本主義を唱えた1910年代のできごとを次のア～エから一つ選べ。
　ア．ポーツマス条約の調印　　イ．サラエボ事件の発生
　ウ．治安維持法の制定　　エ．関東大震災の発生

問７　下線部⑥の法律名を答えよ。

Ⅶ 次の問１～６において、ア・イともに正しければ○、ともに誤りなら×、片方が正しければその記号を答えよ。

問１　ア．縄文時代には、人々はシカやイノシシなど小型動物の狩りに、弓矢を用いた。
　イ．『魏志』倭人伝によれば、紀元前後の倭には百余国が存在し、邪馬台国の女王卑弥呼が国々を統率していた。

問２　ア．天智天皇の死後、壬申の乱で勝利した大友皇子は、翌年即位して天武天皇となった。
　イ．８世紀には、口分田の不足に対応するため、墾田永年私財法が出されて三代までの土地私有が認められた。

問３　ア．９世紀はじめ、桓武天皇は坂上田村麻呂を征夷大将軍に任命し、蝦夷征討を推進、強化した。
　イ．『土佐日記』は、紀貫之が土佐国司の任期を終えて都へ帰るまでの、日記風紀行文である。

問４　ア．御成敗式目は、源頼朝以来の先例や武士の道理をもとに、裁判の基準を定めたものである。
　イ．15世紀はじめ、尚巴志によって琉球が統一されて琉球王国が成立し、中継貿易によって栄えた。

問５　ア．江戸幕府の支配機構において、大目付は老中を補佐する役職とされた。
　イ．松平定信は、新井白石の政治を批判し、公事方御定書という法を整えた。

問６　ア．19世紀には、十返舎一九の『東海道中膝栗毛』や鶴屋南北の『南総里見八犬伝』などの小説が人気を博した。
　イ．宮崎安貞は『農業全書』を著して知識や技術を広め、農業の発展に貢献した。

Ⅷ 次の文章を読み、下の問い（問１～９）に答えよ。作題に際しては、村上陽一郎『ペスト大流行―ヨーロッパ中世の崩壊―』（岩波書店、1983年）を参考にした。

伝染病の流行は、人類の歴史を大きく変えてきた。通商路の拡大は、社会を発展させる要因の１つだが、これが伝染病流入の経路にもなり得るということは、大航海時代に新大陸とヨーロッパが結び付けられた結果、銀や①農作物のみならず、病もヨーロッパにもたらされてしまったという事実に端的に表されている。以下、伝染病と社会の関わりについて、ペストに話題を限定して、古代から現代までの歴史を概観する。

ペストという語は、悪疫一般の意味でも用いられており、この語が必ずしも、具体的な伝染病としてのペストを指しているとは限らないが、②古代ギリシアで書かれた歴史書には、既に「ペスト」という語が用いられている。中世にも、ペストは定期的に大流行を起こした。③７世紀には、④イスラーム圏でペストが広まった。11世紀には、インドからヨーロッパに至る広い地域で、再びペストの流行が観測されている。同時期、ヨーロッパでは、キリスト教の聖地（　a　）の奪還を目指す⑤十字軍が組織されていたが、この十字軍の艦船によって、ペストを媒介するネズミがヨーロッパへと運ばれたと考えられている。14世紀にも、ペストはユーラシア大陸全域を席巻したが、この時期のペストの原発地は、⑥中国大陸であったとする説がある。近代に入っても、ペストの流行は観測されており、19世紀末には、⑦香港でペストが大流行した。

ペストの流行を繰り返し経験したヨーロッパでは、ペストは伝染する病であるという認識が次第に定着し、ペスト対策として、隔離を行うようになった。例えば、マルコ＝ポーロの出身地として知られる北イタリアの都市（　b　）は、ペスト流行地域から渡来する船舶に対する入港禁止措置を取った。また、ヨーロッパ各地で、ペストの流行によって恐慌状態になった人々による⑧少数派への迫害が起こった。

問１　空欄（　a　）と（　b　）に当てはまる地名を答えよ。

問２　下線部①に関して、新大陸からヨーロッパにもたらされた農作物として適切なものを次のア～カから**二つ選べ**。
　ア．タバコ　イ．小麦　ウ．米　エ．ジャガイモ　オ．オリーブ　カ．ブドウ

問３　下線部②に関連して、古代の地中海世界ではポリスと呼ばれる都市国家が各地に建設されたが、パルテノン神殿を建設した、ギリシアの代表的なポリスを何というか答えよ。

問４　下線部③に関して、７世紀に起こった出来事として適切なものを次のア～エから一つ選べ。
　ア．仏教の日本伝来　イ．唐の中国統一　ウ．勘合貿易の開始　エ．高麗の朝鮮統一

問５　下線部④に関連して、イスラーム教について述べた文として**適切でないもの**を次のア～エから一つ選べ。
　ア．イスラーム教は、７世紀初めにムハンマドによって開かれた宗教である。
　イ．イスラーム教はキリスト教、仏教と並ぶ三大宗教の１つである。
　ウ．イスラーム教の聖典である「コーラン」では、信者の生活のあり方が定められている。
　エ．カーバ神殿があるバグダードは、イスラーム教の聖地とされている。

問６　下線部⑤に関して、十字軍はカトリック教会の指導者の呼びかけによって組織されたが、カトリック教会の最高位聖職者を何というか、漢字２文字で答えよ。

問７　下線部⑥に関して、13世紀後半から14世紀後半にかけて中国の大部分を支配していた王朝を何というか答えよ。

問８　下線部⑦に関して、19世紀末に香港を支配していた国を何というか答えよ。

問９　下線部⑧に関して、ヨーロッパの歴史を通して差別を受け続け、20世紀前半にはナチスによる組織的な迫害の対象となった民族を何というか答えよ。

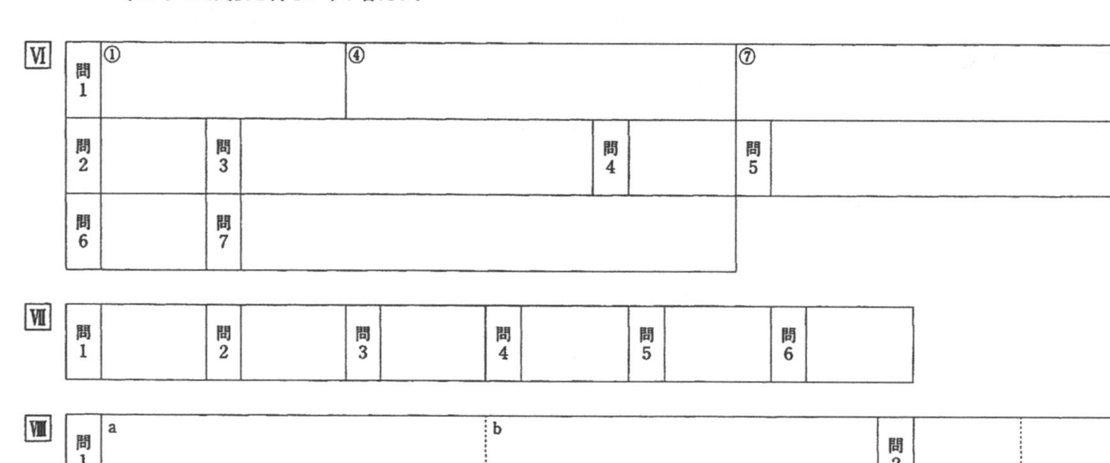

問3 問4 問5 問6

問7 問8 問9 人

令和二年度　東海高等学校入学試験問題　国語　その一

「その1」　受験番号 200

※100点満点
(配点非公表)

1

(50分)

【注意】字数が指定されている場合は、句読点やカッコなども一字として数える。

一　次の文章は斎藤幸平「気候危機と世界の左翼」の一節である。これを読んで、後の問いに答えなさい。

ノーベル化学賞を受賞したパウル・クルッツェン(注1)は、人類が地球全体に及ぼす影響力の大きさを強調するために、地質学上の新しい時代として「人新世」という概念をAテイショウした。人類が一つの「重大な地質学的な威力」になって、その活動が地球のあり方を変えているというのである。

そして、この人類を駆り立てているのが、資本主義システムであることは間違いない。実際、①「人新世」は「資本新世」と呼んでもよいほどである。無限の致富衝動、絶えざる競争、グローバル化が、より多く、より早く、より遠くを目指すことで、地球環境を不可逆的に変えてしまったのだ。であるとすれば、環境危機を論じる際には、資本主義そのものを批判することが必要であるという認識が欧米では広く共有されるようになっているのは当然のことであり、エコロジーを論じない左翼は左翼ではない、という状況になっているのも納得がいく。

現代資本主義が突き進んでいる先にあるのは、気候変動による破局である。気候変動は、今年千葉や福島に深刻な被害をもたらした台風の大型化に関連しているだけではない。アマゾン、カリフォルニア、オーストラリアの山火事、北極圏の氷の融解、プエルトリコやバハマを襲ったハリケーン、ベネチアの高潮など、すべてはつながっている。これらの出来事は、産業革命以前と比較して「わずか」1度の気温上昇によって引き起こされた。ところが、この間にも化石燃料の消費量は増え続けており、このままのペースでいくと、2030年には1・5度をこえるといわれている。

だが、科学者たちがぎりぎりの安全のリミットと見なすのは、2100年までの気温上昇を1・5度以内に収めることである。パリ協定(注2)が目指す2・0度でさえも、もはやかなり危険と見なさざるを得ない状況になっているのだ(実際には、パリ協定を守ったとしても、最大3・7度も上がってしまうのだが)。そして、もし本当に気温上昇を1・5度以内に収めようとするのであれば、2030年までに二酸化炭素排出量を半減させ、2050年までに純排出をゼロにしなくてはならない。今後わずか10年でそれほど大きな変化を起こさなくてはならないにもかかわらず、石炭火力発電所を地元横須賀で建設している小泉進次郎環境大臣からは、なんら危機感をもった対策は聞こえてこない。

それ以上に、科学者たちが求める要求を満たすには、プラスチックストローやレジ袋の廃止、あるいは、ホテルにBタイザイした時にタオルを換える頻度(ひんど)を2日に一回にするなどという個人消費者レベルの対策ではまったく意味がないことに気が付かなければならない。社会全体、産業レベルでの大転換が求められているのだ。

ただし、社会的対策といっても、排出権取引や、企業が進んで受け入れるような軽い炭素税でも不十分である。もはや、自由市場を前提とした段階的な移行では間に合わないところまで来てしまっているからだ。また、産業に技術イノベーション(注3)が期待されているといっても、より性能の高い電気自動車が開発されて、みなが快適な自動運転の電気自動車に乗るようになることで、環境問題を解決できるわけではない。

もちろん、こうしたグリーン・ユートピアを思い描く人も存在する。だが、人々がiPhoneを2年に一度買い替えて、みながテスラ(注4)に乗るような社会を実現するために、十分なリチウムはどうやら地球に存在しないようだ。あるいは、バイオマス(注5)を生産するにしても、そのために、これ以上アマゾンの森林を伐採するのであれば、②本末転倒になってしまう。

事実、現在の大量生産・大量消費のライフスタイルを維持したままで、先進国がすぐにでも大量の発電所や電気自動車を作り、バイオマスに切り替えようとするなら、どうなるだろうか。原料への需要が大幅に増大することから生じる価格上昇は、チリや中国、ブラジルといった資源国での採掘や森林伐採をこれまで以上に劇化させることになるに違いない。そうなれば、労働者の生活と自然環境を同時に破壊するとともに、採掘や農業に伴う水の大量消費や汚染は、その他の広範な現地住民の生活にも壊滅的影響を与えることになる。

それゆえ、ここでも求められている変化は、③資本主義的なロジックからの決別である。テスラのSUVや太陽光パネルのついた一軒家を買うというのではなく、公共交通機関を充実させ、エネルギー効率のいい公営の集合住宅を建て、スポーツや芸術といったより社交的な休日の時間をすごすための場所を充実させるべきではないか。そしてなにより、労働時間を削減し、無駄な生産活動と消費を減らさなくてはならない。ここでもやはりマルクス(注6)の「自由の国」というコミュニズム(注7)のビジョンが持つ基本的洞察(どうさつ)は生きている。

そうはいっても、冷戦崩壊後に、いまさら「マルクスとエコロジー」なのかと思う人もいるかもしれない。そして、環境経済学のような学問領域が発展している今、19世紀のマルクスの思想に立ち返って環境問題を論じることに何の意味があるのか、と感じる人もいるだろう。マルクス主義者が新しい生き残りのネタを見つけただけなのだろうか。

他方で、マルクスの資本主義批判にインスパイアされた(注8)「エコ社会主義」の理念は、マルクス主義の枠を超えて、広がりつつある。例えば、世界的に著名なジャーナリストであるナオミ・クライン(注9)はグリーン・ニューディール(注10)を擁護(ようご)するための最新刊『*On Fire*』のなかで、次のように述べている。

「〔ソ連やベネズエラが深刻な環境破壊を引き起こしたという〕事実を認めよう。他方で、強固な民主主義的社会主義の伝統をもつ国々――デンマーク、スウェーデン、ウルグアイ――が、世界でもっともCセンケンの明がある環境政策を採用していることも指摘しておく必要がある。以上のことから結論できるのは、社会主義は必ずしもエコロジカルではないものの、新しい形態の民主主義的エコ社会主義――それは将来世代への義務やあらゆる生命のつながり合いについての先住民の教えから学ぼうとする謙虚な姿勢をともなっていなくてはならない――が、人類の集団的生存にとっての最良の企てであるように思われるということだ。」

ここで注意しなくてはならないのは、Dバッポン的な気候変動対策というのは、排出量をどれくらいのペースで、どれだけ減らすか、そのための財源はどうするかといった技術的な問題に還元されるものではないということだ。気候変動が突き付けているのは、近代の「自然の支配」のための道具としてのテクノロジー観や「無限の経済成長」を前提とする成長概念を根源的に反省することである。つまり、資本主義という社会システムを根底に据える私たちの生活様式そのもの――それは、常に人種差別、女性差別、植民地主義、環境破壊などと結びついてきたのであり、ウルリッヒ・ブラントとマルクス・ヴィッセン(注11)が「帝国的生活様式」と呼ぶもの――を、その歴史的起源に遡(さかのぼ)って批判的に捉える必要がある。その上で、資本主義がヨハン・ロックストローム(注12)らのいう「地球の限界(プラネタリー・バウンダリー)」と相容れないのであれば、不可逆的な変化を引き起こさないために、現在のシステムをラディカル(注13)に変えねばならない。将来の世代へ地球を残すのは現在の世代の責任なのである。④人類にとって、プランBの惑星は存在しないのだから。

現在の放埒(ほうらつ)な生活のツケを将来世代に押し付けないためには、私たちはどういった形で自然との関係を再構築し、どのような生活をより望ましいものと見なすべきなのか。こういった問いに答えるのは思想、とりわけ批判理論の役割であると同時に、こうした問い自体が、資本主義を自明視する理論的枠組みからは出てこない性格のものである。資本主義を自明視した結果、気候危機の政治的・⑤規範的次元が矮小化され、自由市場を前提とした上での、単なる技術的問題に還元されてしまうのだ。

ところが、技術的に可能な方法だけを一部の専門家だけの決定によって、それが気候変動対策として「必要だから」という理由だけで国家が政治的に押し付けようとするなら、それは「気候リバイアサン(注14)」の世界である。それは当然のように、既存の「帝国的生活様式」を維持し、強化するような結果となるだろう。マルクスは後先を顧みない資本家のモットーを「大洪水よ、我が亡きあとに来たれ!」と表現した。だが、もはや大洪水が来るのが避けられなくなれば、「大洪水よ、我が横を流れよ!」となるのである。

だからこそ、誰も取り残されないような民主主義的な移行、⑥「公正な移行」(just transition)はどのようにして可能であるかという問いが、これまで以上に重要である。そして、一部の人間だけが生き残るために、多くの人々が犠牲になるということがないようにするには、マルクス・ガブリエル(注15)が『未来への大分岐』でもEクり返し強調するように、自然科学の客観性を重視しながらも、自然科学こそがすべてを解決するという「自然主義」に陥ることなく、普遍的な倫理を哲学は展開し、擁護する必要がある。

(斎藤幸平「気候危機と世界の左翼」)

【注】

1パウル・クルッツェン＝オランダ人の化学者。

2パリ協定＝2015年に採択された、気候変動抑制に関する多国間協定。

3技術イノベーション＝技術革新。新しい技術の発明。

4テスラ(のSUV)＝電気自動車メーカー(が作った多目的に使用可能な車)。

5バイオマス＝動植物等の生物から作り出される有機性のエネルギー資源。環境に優しいとされ、石油に替わるエネルギー資源として期待される。

6マルクス＝カール・マルクス。一九世紀のドイツの哲学者、経済学者。

7コミュニズム＝共産主義。マルクスは、資本主義から社会の合理的な規制の下で必要なものだけを生産する共産主義に移行することで、労働時間は減り、人々が人間性を発達させるための余暇の時間が増える(＝自由の国)と考えた。

8インスパイアされた＝思想や感情に触発されて、新しい活動や思考が生まれること。

9ナオミ・クライン＝カナダのジャーナリスト、作家。

10グリーン・ニューディール＝地球温暖化、世界金融危機、石油資源枯渇に対してどう対応すべきかの提案が書かれたアメリカの報告書。2008年発表。

11ウルリッヒ・ブラント、マルクス・ヴィッセン＝共にドイツの政治学者。

12ヨハン・ロックストローム＝スウェーデンの環境学者。

13ラディカル＝徹底的、根源的。

14リバイアサン＝旧約聖書に出てくる海に住む巨大な怪獣を指すが、絶対的な権力を持った国家の比喩としても用いられ、ここでは弱者の犠牲を顧みずに強権的に気候変動対策を行う国家を「気候リバイアサン」と言っている。

15マルクス・ガブリエル＝ドイツの哲学者。

問1 二重傍線部A〜Eのカタカナを漢字に改めなさい。

問2 傍線部①「『人新世』は『資本新世』と呼んでもよいほどである」とあるが、筆者がそう考えるのはなぜか。その説明として適切なものを一つ選び、番号で答えなさい。

1 無限の致富衝動や絶えざる競争、グローバル化が資本主義のシステムの本質であるから。
2 人類の生活のあり方を不可逆的に変化させたのが資本主義のシステムであるから。
3 資本主義のシステムが、地球全体に影響を及ぼす人間活動の原動力となっているから。
4 人類の活動が「重大な地質学的な威力」となって地球環境を危機的な状況に追い込んだから。
5 資本主義のシステムが、地球全体に良い影響を及ぼして人々の生活を一変させたから。

問3 傍線部②「本末転倒になってしまう」とあるが、バイオマスの例はどういう点が「本末転倒」なのか。三五字以内で分かりやすく説明しなさい。

問4 傍線部③「資本主義的なロジック」について、それに適合する例を一つ選び、番号で答えなさい。なお、「ロジック」とは「論理」を意味する語である。

1 白熱球から電気消費量の少ないLED電球に交換する。
2 家族が同じ部屋で団欒し、空調と照明の利用を減らす。
3 古くなったハンドタオルを雑巾として利用する。
4 自家用車を持たずにカーシェアリングを利用する。
5 家庭で出た生ゴミを堆肥として家庭菜園で利用する。

問5 傍線部④「人類にとって、プランBの惑星は存在しない」とあるが、それはどういうことか。その説明として適切なものを一つ選び、番号で答えなさい。

1 地球以外に人類が居住可能な星は存在しない以上、何をしようが人類の滅亡は避けられないということ。
2 人類は、地球環境が破壊されて生活できなくなった時に備えて新たに居住可能な惑星を探す必要があるということ。
3 資本主義のシステムを改良していかなければ、やがて人類は地球に住めなくなるということ。
4 資本主義のシステムからは、新たに人類が居住可能な星を探すというアイデアは生まれてこないということ。
5 人類は、地球をかけがえのない星と考えてその環境を守る努力をしていかなければならないということ。

問6 傍線部⑤「規範的次元が矮小化され」とあるが、それはどうなることか。その説明として適切なものを一つ選び、番号で答えなさい。

1 気候変動は人類の存続を考えるうえで深刻な問題にはならないと見なされてしまうこと。
2 人類の自然との関係や生活のあり方はどうあるべきかといった問題が軽視されること。
3 自分さえ良ければ構わないという資本主義的発想の問題点が無視されてしまうこと。
4 気候変動に対していかなる技術革新が必要なのかという問いが無意味だと考えられること。
5 人類の生活を物質的により豊かなものにするにはどうするべきかという発想が軽視されること。

問7 傍線部⑥「『公正な移行』(just transition)」とあるが、それはどういうことか。五〇字以内で説明しなさい。

問8 次の選択肢から本文の内容に合致するものを一つ選びなさい。

1 筆者は、各国が努力を重ねてパリ協定を守ることができれば、気候変動の問題に十分歯止めがかかると考えている。
2 筆者は、自由市場を前提として、競争から生まれてくる技術イノベーションに頼った段階的な社会対策が肝要であると考えている。
3 筆者は、19世紀になされた資本主義批判は現代の問題を批判的に分析するにあたり、最早何ら有効性を持たないと考えている。
4 筆者は、気候変動対策を考える上で最も重要なことは、科学技術的な問題ではなく財源的な問題であると考えている。
5 筆者は、これからの人類の生活のあり方がどうあるべきかを誰もが納得できるように示していく必要が哲学にはあると考えている。

問1	A	B	C	D	E
問2		問3			
問4	問5	問6	問7		
問8					

二 次の文章は川越宗一『熱源』の一節である。【 】内のあらすじと本文を読んで、後の問いに答えなさい。

【明治時代、樺太島の先住民のアイヌは、日本—ロシア間の樺太・千島交換条約で島の領有権がロシアに移ったことにより、島を離れ北海道の対雁に移住した。アイヌの一人ヤヨマネクフは自分たちの生活が和人の暮らしにならって「文明化」していくことに疑問を感じ、総頭領で東京に出向いた経験のあるチコビローに「文明」とは何か問う。それに対して彼は、文明化せず愚かで弱いものは滅んでいくのが当然と考える幻想だと教えた。以下はヤヨマネクフの通う学校へ視察にやってきた西郷従道(閣下)や永山(北海道開拓使の長官、准大佐)らをもてなす宴の場面である。】

閣下はあまり自分から話さず、にこにこしながら相槌を打ち、穏やかだった。酒量だけが尋常ではなく、表情はそのままに自分の目方以上の酒をぐいぐいと飲んでいた。

永山氏は歯の穴が痛んでもいるのか、ぶすっとした顔をしている。

「さて、西郷閣下。そしてみなさま」

場が暖まった頃に、チコビローが立ち上がった。

「本日はこのような寒村にお運びくださり、まことにありがとうございます。我ら対雁村の者ども一同、お国と開拓使の皆さまのご温情により、文明的な生活を始めております」

①流暢なチコビローの日本語に射す影を、果たして何人が気付いただろうか。

「とはいえ、やはり寒村。東京から来られた旦那さまがたのお気に副う都会的な趣向はなかなかご用意できません。そこで本日は我ら樺太のアイヌの音楽をお耳に入れます。整ったものではございませんが、当村ならではの野趣とご理解くだされば幸いです」

西郷閣下は、言葉こそなかったが笑顔と杯を掲げる動作で答えた。

「キサラスイ」

「えっ」

総頭領が呼ぶと、呼ばれた者が刺々しく驚いた。広い室内の隅で、明らかに渋々という態度で立ち上がった人影に、チコビローは今度はアイヌの言葉を使った。

「皆さまに琴を披露せよ。お前の腕前のことは聞いている」

「いやです」

A毅然とした拒否に、ヤヨマネクフは思わず見とれてしまった。

「あたしは、自分が楽しくて弾いてるだけです。他人様のためには弾きません」

何で呼ばれたのかと思ったら、と恨みがましくキサラスイは続けた。

「まあ、そう言わずに。せっかくなのだから」

「絶対いやです」

3

令和二年度　東海高等学校入学試験問題　国語　その三

そんなにいやなのか。ヤヨマネクフは不思議に思った。

「野蛮人の趣向など要らぬ。どうせ大したものでもあるまい。つまらぬ」

永山氏が投げ捨てるように言った。どうもさっきから機嫌が悪い。

そっとヤヨマネクフが覗いたキサラスイの顔は予想通りだった。あの気高い白嶺に激しい雪嵐が吹き荒れている。

②「弾きます」

短く決然と、キサラスイは宣言する。どすどすと大きい足音を立てて隅へ行き、飾りや酒食と同じく賑やかし程度の意味でひっそり置かれていた琴を手に取る。

「ティ――」

歌うような澄んだ声が聞こえた。キサラスイの声だ。

「ティ、ト、ティ、ティ、タ――」

歌いながら琴の頭の左右に刺さった棒をひねり、キサラスイは自分の声の高さに合わせて弦の音を整える。妙な緊張感が居座っていて、場は静まりかえっている。

演奏は、突然はじまった。

荒涼たる大地が生じた。空は現れた途端にかき曇り、雨が森を洗う。裂けたような晴れ間から差す陽光を鳥がかすめ、ゆっくりと旋回する。流れる大河を鮭の大群が遡上する。熊が吠え、勇者が矢を番える。子供たちははしゃぎ、巫者が枕元で祈る。星を引き連れた月が雪原を青く照らす。その上を犬たちが駆け、曳かれた橇はますます速度を上げる。火の神が手元をほのかに照らし、母は樹皮の糸で淡々と布を織る。父は小刀で黙々と木幣(注1)を作る。鼓動があり、吐息があり、足跡が続き、雪が降り、熱が広がる。

たった五本の弦を自在に操り、キサラスイは次々と音を紡ぎ、旋律を織り、世界を染めていく。アイヌの誰もが聞き入り、頷き、涙ぐみ、手を打つ。

やがて、一人の老人がよろよろと立ち上がって踊り出した。西郷閣下の前だからと遠慮していた皆も次々に立ち上がり踊り出す。琴の音もいっそう情熱的になり、人々を煽り、導く。

「閣下――」

③永山氏が悲鳴に近い声を上げる。西郷閣下が立ち上がっていた。肋骨みたいに飾り紐が並んだ黒い上衣を脱ぎ捨てた閣下は、子供のように大きい目をきらきらと輝かせて白いシャツの袖をまくり始めている。

誰もが目を丸くする中で、④閣下は飛び込むような身軽さで踊りの輪に加わり、両手を掲げてひらひらと全身を動かし出した。なんとも滑稽な所作で、歓声と笑いが起こる。つられるように他の和人たちも加わる。まだ立たぬ者には、西郷閣下が腕を引っ張って連れ込んだ。アイヌたちも閣下も和人も、ごちゃまぜになって笑い、手を叩きながら踊る。

もちろんヤヨマネクフも踊っている。やり方を知らないからただ体をくねらせているだけだが、それだけでも皆と一体になったような高揚感が勝手に体を動かす。

「踊りをやめよ」

引きちぎるような怒号が飛んだ。ぴたりと皆の動きが止まる。声の主は永山氏だった。

「西郷閣下。なんたることです」

立ち上がった永山氏の顔は、憤怒に歪んでいる。

「閣下には、日本を世界第一等の文明国に引き上げる使命があります。畏れ多くも陛下より親しく大臣の職を任ぜられた御身でありながら、どうして未開な土人どもと騒ぐのです。体面上、よろしくありません。陛下のご威光をなんと心得られるか」

村人にその日本語がわかるものは少ないだろうが、帯びるあからさまな蔑みには、きっとみんな気付いている。

「彼ら未開人は、我らによって教化善導され、改良されるべきなのです。その未開人に誘われて踊るなど、もってのほか」

学校の中は、冷たく静まりかえっている。琴の音が抜けていく。そう、キサラスイは、まだ演奏をやめていなかった。

「やめよ、女」

永山氏が叱責しても、キサラスイはやめない。没頭して聞こえないのか、日本語がわからないふりをしているのか、それともやめたくないのか。

「お耳汚しでしたかな、准大佐どの」

チコビローがB慇懃に言って近づき、杯を勧めた。

「そう大きな声を出されては、みな驚いてしまいます。さあ飲み直しましょう」

「やかましい」斬りつけるような剣幕で永山氏は応じた。

「自ら立つこと能わず、国家の温情で養われおる分際で、差し出がましいぞ」

チコビローの微笑みは凍りついた。なおも永山氏は言い立てる。

「ここに並ぶ酒食も、国家から与えられたものが大半ではないのか。貴様らが税を納めず兵も出さず、未開にとどまり怠惰に暮らせるのは、誰のおかげか」

屯田兵を率いる永山氏なりに義憤があるのかもしれない。しかし村人たちの故郷を、自分のものでもないのに勝手にロシアにくれてやったのは永山氏のいう国家、日本だ。

「琴をやめよ」

やはりキサラスイはやめない。苦々しい舌打ちが響く。

「言葉がわからぬか。未開人め」

永山氏の不穏な足音がキサラスイに近づく。鳴り止まない美しい音色に何とも不釣り合いだ。

「なんだ、お前」

気がつくと、ヤヨマネクフは永山氏の前に立ちはだかっていた。

「どかんか。俺を誰だと思っておる」

ヤヨマネクフを睨み付ける目には、酒の濁りも無分別な嘲りもなかった。彼は心底からアイヌを未開で弱い存在だと憐れみ、それを是として顧みない怠惰な人々だと怒っているのだ。

「やり続けろ、キサラスイ」

ヤヨマネクフは叫んだ。

「やめるな、トンコリを弾き続けろ」

また叫んだ。足を絡め、体を捉える不快な粘つきを振り払うように。

にらんだ先で、永山氏の顔がみるみる赤くなる。アイヌの言葉がわかるわけではあるまいが、明らかな敵意は敏感に感じ取ったらしい。「貴様ァ」と拳を振り上げる。

琴の音が止まった。軍人に立ち向かった勇気が瞬時に怒りに変わる。「やめるな」と怒鳴って振り返ると、キサラスイはヤヨマネクフを凝視していた。

「⑤やめちゃだめだ。やめたら、お前はお前じゃなくなってしまう。俺たちは俺たちじゃなくなってしまう」

襟首を摑まれ、引き寄せられる。

「男が人前で泣きよってからに。情けない」

言われて初めて自分の状態に気付いた。だが泣いて悪いか。なお叫ぼうとしたとき、

「永山、貴官こそやめよ」

きれいな日本語が聞こえた。西郷閣下だった。

「アイヌも日本の臣民である。陛下の赤子(注2)であるゆえ、差別をつけてはいかん」

諭すようにゆっくり、閣下は言う。

「何を仰るのです、アイヌごときが陛下の赤子などとは――」

永山氏は投げ捨てるようにヤヨマネクフを解き放つと、こんどは閣下に喰ってかかる。さすがに拳は下ろしているが、闘争的に不同意を示している。

「等しく、陛下の赤子である」

閣下は重々しい声で再び言ってから、

「ミウチンイサケワ、モウヤメヤンセ（身内で争うのはもうよそう）」

と⑥地の言葉を使った。

「オイタチャモウ、ズンバイウシノウタジャナカカ（我らはもう、ずいぶん失ったではないか）」

「ソヤ、センセ(注3)ンコッゴワスカ（それは先生のことですか）」

永山氏も、鹿児島の人らしい。

「アニサァノコッダケデワナカ（兄だけではない）」

閣下は寂しげに首を振った。

「オハンノケネヤシンセッニモ、オッタジャロガ。ジャッデ、モウヤメヤンセ（お前の家族や親類にもいるだろう。だからもうやめよ）」

「オヤ（私は）」永山氏の声が裏返った。

「ナイゴッオヤ、アントキセゴセンセンモトヘイカンナッタタロカイチ、センセトシナンジャッタロカイチ（どうして私は、あのとき西郷先生の下へ馳せ参じなかったのかと、先生と死ななかったのかと）」

永山准大佐はもうほとんど泣いていて、西郷閣下は黙って頷いていた。

「イマハタダ、コノシニゾコネンミオコッカニササゲ、ホッカイドーニホネオウズムッカッゴゴワンデ（いまはただ、この死に損なった身を国家に捧げ、北海道に骨を埋める覚悟で）」

ヤヨマネクフに吐いたばかりの言葉を忘れたのか、永山氏はCさめざめと涙をこぼした。

チコビローが東京で見た幻想。⑦そのなかで当の和人たちも、足搔いている。大の大人が怒鳴り散らし、泣くくらいに。

その幻想は長篠氏(注4)や道守先生(注5)、永山准大佐などのばらばらだった和人たちを一つにし、日本という旗を立て、北海道のアイヌたちを呑み込み、樺太のアイヌを故郷から連れ出している。

「オイモ、オハントオンナジジャッド（私も、きみと同じだ）」

少ない言葉を、柔らかい声で言った西郷閣下は、皆に向き直って「さて」と手を叩いた。

「飲み直そう」

再び酒が回される。探り探り再開された宴で、西郷閣下はそれまでと一転して饒舌に話し、巧みに場をほぐしていった。

（川越宗一『熱源』文藝春秋刊）

【注】
1木幣(イナウ)＝丸木の肌を薄く削って房を作った祭りの道具。
2赤子＝君主(天皇)に対して人民をその子供にたとえて言う語。
3センセ(先生)＝西郷隆盛を指す。西郷従道の兄。鹿児島（薩摩）の武士で明治維新の立役者だったが、明治時代初期の西南戦争で薩摩側の指導者として政府と争い敗れ、死去した。
4長篠氏＝東北出身の元士族。戊辰戦争で旧幕府軍に属し、新政府軍に敗れ北海道へやってきた。
5道守先生＝ヤヨマネクフの学校の先生。鹿児島出身で、西郷隆盛を敬愛し、西南戦争にも参戦。その後北海道で教師となった。

問1　二重傍線部A〜Cについて、本文中における意味として適切なものをそれぞれ一つずつ選び、番号で答えなさい。

A「毅然とした」
1　冷たく取りつく島もない　2　物腰柔らかだがきっぱりとした
3　しっかりとして動じない　4　したたかで抜け目のない
5　はっきりせずあいまいな

B「慇懃に」
1　大胆に　2　卑屈に　3　横柄に
4　丁寧に　5　慎重に

C「さめざめと」
1　激しく　2　うつむいて　3　声を忍ばせて
4　大げさに　5　これ見よがしに

問2　傍線部①「流暢なチコビローの日本語に射す影」とはどのようなものか。その説明として適切なものを一つ選び、番号で答えなさい。
1　アイヌの暮らしを捨て和人の生活をするのを強要されていることに不満を感じているのに、心にもない謝辞を和人の言葉で話すことに対する屈辱感。
2　せっかく日本政府によって文明化させてもらったにもかかわらず、田舎じみた粗末なもてなししかできないことに対する深い恥じらい。
3　強制的に移住させられこれまでの生活を奪われたことを不満に思っていたにもかかわらず、文明的な生活に満足してしまっている現実に対する葛藤。
4　国家の横暴に対して怒りを感じていたにもかかわらず、西郷閣下のような温かな和人とふれあい、怒りが和らいできてしまっていることへの戸惑い。
5　国家の文明化政策が中途半端であるために、文明人としての生活を満足に送れず、未だ粗野な暮らしを強いられていることに対する批判意識。

問3　傍線部②「『弾きます』　短く決然と、キサラスイは宣言する」とあるが、その理由として適切なものを一つ選び、番号で答えなさい。
1　聴いてもいないのにはじめから自分の腕前を馬鹿にしている永山に対して激しい憤りを感じ、何とか見返してやろうと考えたから。
2　永山のアイヌの人々への差別的な発言に誰もが傷ついていたので、琴を演奏することで少しでも皆の心を癒せればと思ったから。
3　自分が琴の演奏を渋ったことで永山に対して厳しい立場に陥ってしまったチコビローを救おうと決心したから。
4　都会からやって来た洗練された趣味を持つ永山に認めてもらうことで、アイヌの文化に対する世間の評価を変えようと考えたから。
5　自分が琴を弾きすばらしい演奏を聴かせることで永山の差別的な物言いに抗議し、アイヌの誇りを守ろうと考えたから。

問4　傍線部③について、「西郷閣下が立ち上がっていた」ことに「永山氏が悲鳴に近い声を上げた」のはなぜか。その理由を「〜だから」に続く形で、二〇字以内で本文から抜き出して最初と最後の五字を答えなさい。

問5　傍線部④「閣下は飛び込むような身軽さで踊りの輪に加わり、両手を掲げてひらひらと全身を動かし出した」とあるが、これはアイヌの人々に対するどのような考えに根ざした行動か。二五字以内で説明しなさい。

問6　傍線部⑤「やめちゃだめだ。やめたら、お前はお前じゃなくなってしまう。俺たちは俺たちじゃなくなってしまう」とあるが、それはどういうことか。五〇字以内で説明しなさい。

問7　傍線部⑥「地の言葉を使った」のはなぜか。その理由として適切なものを一つ選び、番号で答えなさい。
1　差別的な発言を繰り返す永山に対する怒りのあまり、西郷の立場にはふさわしくない荒々しい言葉を吐かずにはいられなかったから。
2　より互いの気持ちを分かり合える故郷の言葉を使って、自分たちも苦境に立っていた経験を共有し、弱者の気持ちを理解させようと考えたから。
3　故郷の言葉を用いることで、アイヌの人々を文明化しようとする西郷の策略を彼らに悟られずに伝えようと考えたから。
4　逆賊として亡くなった兄の話をアイヌの人々にも分かるような言葉でしては、せっかく盛り上がってきている宴に水を差すと思ったから。
5　アイヌの人々に対して無礼な振る舞いを繰り返す永山を恥ずかしく思い、上司として厳しくたしなめなければならないと思ったから。

問8　傍線部⑦「そのなかで当の和人たちも、足掻いている」とあるが、「足掻いている」とは具体的にはどういうことだと考えられるか。その説明として適切なものを一つ選び、番号で答えなさい。
1　東京の洗練された文化に対する劣等感に悩まされ、アイヌの人々を馬鹿にすることで、憂さを晴らそうとしていること。
2　アイヌの人々を文明化しようにも反感を買うばかりで、一体どう扱えば良いのか分からず、四苦八苦していること。
3　本当はアイヌの人々と親しく接したいが、彼らを教化善導するために高圧的に振る舞わねばならず苦しんでいること。
4　自分たちの元々の文化を捨てて、文明化された日本国民として一つになって生きようともがき苦しんでいること。
5　北海道に骨を埋める覚悟であったが、それでも故郷鹿児島が気にかかり、未練を懸命に振り払おうとしていること。

問1	A		B		C	
問2						
問3						
問4		〜				
問5						
問6						
問7						
問8						

だから。

※100点満点
（配点非公表）

5 令和２年度　東海高等学校入学試験問題　数学　その１

各問題の［　］の中に正しい答えを記入せよ。なお，「その１」と「その２」の裏を計算用紙として使ってよい。
（50分）

1 (1) ２次方程式 $\frac{1}{2}(x-2)(x+3)=\frac{1}{3}(x^2-3)$ の解は，$x=$［ア］である。

(2) 赤球３個，白球２個，青球２個が入っている袋がある。この袋から同時に２個球を取り出すとき，同じ色の球を取り出す確率は［イ］である。

(3) ある岩石の重さを量り，その小数第２位を四捨五入した近似値が 25.7 g になった。この岩石の真の値を a g とするとき，この a の範囲を不等号を使って表すと［ウ］である。

解答欄	
ア	
イ	
ウ	

2 nを自然数とする。３をn回かけた数を3^nと表す。例えば，$3^1=3$，$3^2=3\times3$，$3^3=3\times3\times3$，……である。次の表の上の段にはこれらを小さいものから順に 123 個並べたもの，下の段にはその上の数を５で割った余りが書かれている。

3^1	3^2	3^3	……	3^{121}	3^{122}	3^{123}
3	4	2	……	3	4	2

このとき，

(1) 下の段の数のうち最も大きい数は［エ］である。

(2) 下の段の数を左端から順に足して得られる数を考える。例えば，１番目から２番目まで足した数は 3+4=7 であり，１番目から３番目まで足した数は 3+4+2=9 である。このとき，１番目から 123 番目まで足した数は［オ］である。

(3) 上の段の数のうち，(2)のように下の段の数を左端から順に足して得られる 122 個の数 7，9，……，［オ］に現れないものは［カ］個ある。ただし，［オ］は，(2)の［オ］と同じ数である。

(4) nは 123 以下の自然数とする。このとき，3^n+1が５の倍数となるnは［キ］個ある。

エ	
オ	
カ	
キ	

3 図のように，x軸上にありx座標が負である点Ａを通り，傾き $\frac{3}{2}$ の直線ℓが，y軸と点Ｂで交わっている。この直線ℓは，放物線 $y=\frac{1}{2}x^2$ と異なる２点で交わっており，x座標の大きいものから順にそれぞれ点Ｃ，Ｄとする。また，線分 OC 上に点Ｅがある。AB＝BC であるとき，

(1) 点Ａの座標は［ク］である。

(2) 点Ｄの座標は［ケ］である。

(3) △COD と △AEC の面積が等しいとき，点Ｅの座標は［コ］である。

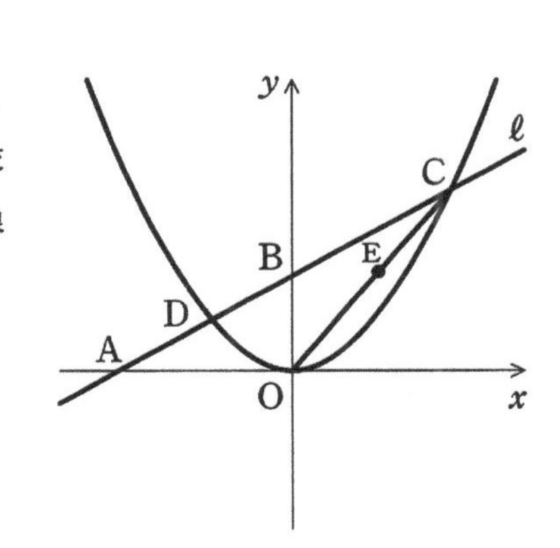

ク	
ケ	
コ	

6 令和２年度　東海高等学校入学試験問題　数　学　その２

4 図のように，円Ｏの円周上に４点Ａ，Ｂ，Ｃ，Ｄがある。ACは∠BADの二等分線であり，ACとBDの交点をＥとする。また，∠BAD＝2∠ADB，BE＝2，ED＝3である。このとき，

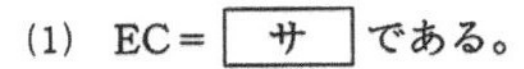

(1)　EC＝［サ］である。

(2)　AB＝［シ］である。

(3)　OA＝［ス］である。

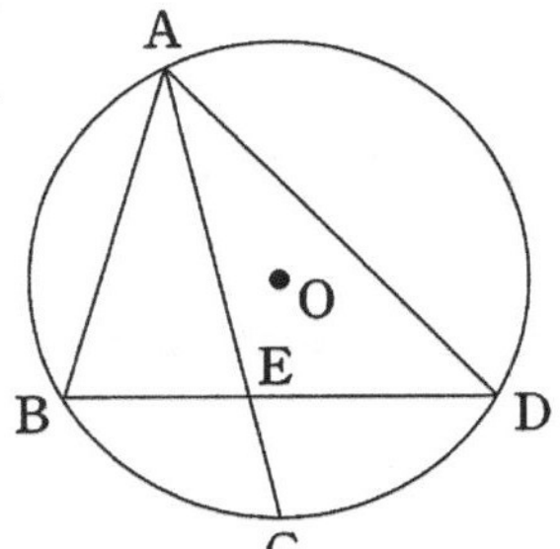

サ	
シ	
ス	

5 図の立体ABCD－EFGHは，正方形ABCDを底面とし，AB＝4 cm，AE＝8 cmの直方体である。図のように，辺EF上を動く点Ｐは，頂点Ｅを出発して，毎秒1 cmの速さで点Ｆに到達するまで動き，辺FG上を動く点Ｑは，頂点Ｆを出発して，毎秒1 cmの速さで点Ｇに到達するまで動き，辺FB上を動く点Ｒは，頂点Ｆを出発して，毎秒2 cmの速さで点Ｂに到達するまで動く。３点Ｐ，Ｑ，Ｒが同時に出発するとき，

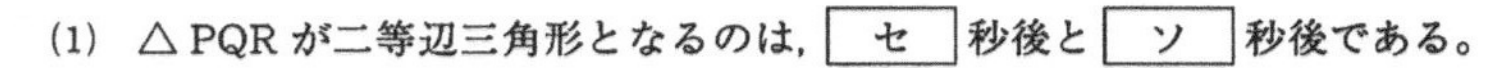

(1)　△PQRが二等辺三角形となるのは，［セ］秒後と［ソ］秒後である。

(2)　１秒後のときの四面体FPQRの頂点Ｆから底面PQRに下ろした垂線の長さは［タ］cmである。

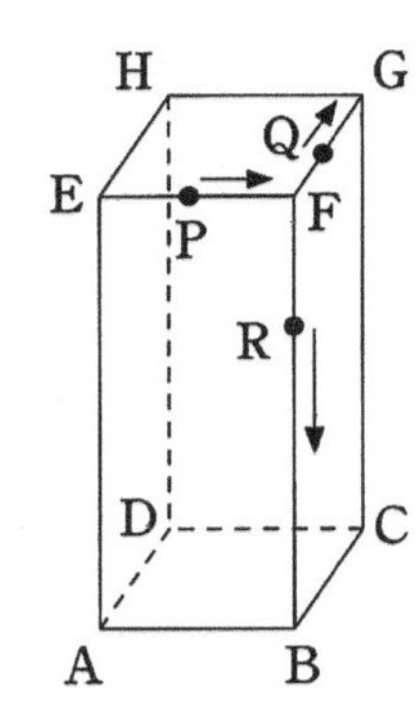

セ	
ソ	
タ	

令和二年度　東海高等学校入学試験問題　英語　その一

「その1」　受験番号　200

(50分)

1【リスニング問題：試験開始の約５分後に放送を開始します】

(A) ボブが自分の家族について話をします。その内容に関する下の問い❶～❽に対する答えを、数字または簡潔な日本語で書きなさい。話は２回放送されます。

★教英出版編集部注
問題音声は教英出版ウェブサイトで。
リスニングＩＤ番号は解答集の表紙を参照。

❶ ボブの弟は何歳ですか。
❷ ボブの誕生日は何月何日ですか。
❸ ボブの父親は何歳ですか。
❹ ボブの身長は何 cm ですか。
❺ ボブの姉は学校に行くのにどれくらいかかりますか。
❻ ボブの母親の誕生日は何月何日ですか。
❼ ボブの家族のなかで一番背が高いのは誰ですか。
❽ ボブは学校に行くのにどれくらいかかりますか。

(B) トムとジェニーが対話をします。下の表❶～❹に書かれている日に、ジェニーが訪問する場所を、選択肢 A～H から一つずつ選び、記号で答えなさい。対話は２回放送されます。

❶ 一昨日	❷ 昨日	❸ 明日	❹ 明後日

【選択肢】

A 病院　B 映画館　C 図書館　D プール
E 動物園　F 祖父の家　G 祖母の家　H 叔父の家

2 次の英文は下の絵とその作者についての説明です。空所(❶)～(❼)に補うのに最も適切な語を語群から選び、必要があれば正しい形に直して書きなさい。ただし、同じ語を二度以上用いてはいけません。

This is *The Milkmaid* by Johannes Vermeer. It shows a young, strong-looking woman (❶) the housework. Vermeer was born in Delft, the Netherlands. He would live and work for his whole life there. We do not know (❷) Vermeer learned to paint. We do know that he had many friends (❸) were painters, but their painting styles were all different (❹) his. Vermeer sold other people's paintings to make a living, just (❺) his father. However, his own paintings became very popular. Each painting took several months to finish, (❻) he could produce only two or three a year. It was just enough to support his wife and eleven children. He (❼) suddenly in 1675.

【語群】

because	die	do	from
give	how	in	like
so	take	which	who

3 次の問１～問３の対話中の空所❶～❻に入れるのに適切な内容を、7～15 語の英語で書きなさい。カンマやピリオド等の記号は語数に含めません。

問１

Teacher: What do you think of TV?
Student A: I like watching TV because ＿＿＿❶＿＿＿.
Student B: I think there is a problem with watching TV too much. When you watch TV too much, ＿＿＿❷＿＿＿. I prefer doing sports and going out with friends.

問２

Teacher: What do you think of homework?
Student A: I think teachers give us homework because ＿＿＿❸＿＿＿.
Student B: That may be so, but if we have too much homework, ＿＿＿❹＿＿＿.

問３

Teacher: What do you think of fast food?
Student A: I think fast food is really bad because ＿＿＿❺＿＿＿.
Student B: It's true, but for many people fast food is very convenient because ＿＿＿❻＿＿＿.

4 次の英文を読み、後の問いに答えなさい。語の左に*を付した語は<注>を参照のこと。

Not long after his tenth birthday Peter was asked to take his seven-year-old sister, Kate, to school. Peter and Kate went to the same school. It was a fifteen-minute walk or short bus ride away. Usually they walked there with their father on his way to work. But now ❶the children were thought old enough to make it to school by themselves on the bus, and Peter was in charge.

It was only two stops down the road, but ❷his parents kept talking about it, so you might have thought Peter was taking Kate to the *North Pole. He was given rules the night before. When he woke up he had to listen to them over again. Then his parents repeated them all through breakfast. As the children were on their way out the door, their mother, Viola, talked about the rules one last time. Everyone must think I'm stupid, Peter thought. Perhaps I am. He must hold Kate's hand at all times. They must sit together, with Kate nearest the window. Peter must tell the bus driver the name of his stop in a loud voice, without forgetting to say 'please'.

8

令和二年度　東海高等学校入学試験問題　英語　その二

「その2」

受験番号　200

Peter repeated this back to his mother, and started to walk toward the bus stop with his sister. They held hands all the way. Actually, he didn't [あ] this because he liked Kate. He simply hoped that his friends would not see him holding a girl's hand. The bus came. They got on and sat downstairs. It was ridiculous sitting there hand in hand, and there were some boys from the school, so they stopped holding each other's hand. At the same time, Peter was feeling [❸]. He thought he could take care of his sister anywhere. She could depend on him. If they were alone together on a mountain pass and came face to face with a *pack of hungry wolves, he would know *exactly what to do. He would take care not to make any sudden movement, and he would move away with Kate until they had their backs to a large rock. That way the wolves would not be able to circle them.

He began *daydreaming. ❹<u>He takes from his pocket two important things [ア remembered / イ with / ウ has / エ bring / オ to / カ he] him</u> ── his hunting knife, and a box of matches. He sets the knife down on the grass, ready for the wolves' attack. They are coming closer now. They are so hungry. Kate is in tears. Now Peter takes hold of the hunting knife and . . .

Ridiculous! Daydreams like this could be dangerous: he would miss his stop if he wasn't careful. The bus was not moving. The kids from his school were getting off. Peter suddenly stood up, ran to the door and jumped off the bus. After walking about 30 meters down the road, he realized he forgot something. Was it his school bag? No! It was his sister! For a moment he couldn't move. He stood there and watched the bus. 'Come back,' he said in a soft, quiet voice. 'Come back.'

One of the boys from his school came over and touched his shoulder.

'Hey, what's up? Have you seen a *ghost?'

Peter's voice seemed to come from far away. 'Oh, nothing, nothing. I left something on the bus.' And then he started to run. The bus was already 150 meters away and beginning to slow down for its next stop. Peter ran faster. ❺<u>He was going so fast that he thought if he spread his arms, he would be able to take off.</u> Then he could fly along the top of the trees and . . . ❻<u>But no!</u> He wasn't going to start daydreaming again. He was going to get his sister back. Even now, she would be crying in *terror.

Some *passengers already got off, and the bus was moving away again. He was closer than before. The bus was moving slowly behind a truck. He thought if he could just keep running, and forget the terrible pain in his legs, he would [い] up. As he came up to the bus stop, the bus was only 50 meters away. 'Faster, faster,' he said to himself.

A child standing by the bus stop called out to Peter as he passed. 'Hey, Peter, Peter!'

Peter didn't have time to turn his head. 'I can't stop,' he shouted, and ran on.

'Peter! Stop! It's me. Kate!'

He fell down on the grass at his sister's feet.

'Come on now. We need to walk back or else we are going to be late. You should hold my hand if you're going to [う] out of trouble,' she said calmly.

So they walked to school together, and Kate promised ── in return for Peter's Saturday pocket money ── to say nothing about what happened when they got home.

Adapted from Ian McEwan, *The Daydreamer*

<注>　*North Pole：北極点　*pack：一群　*exactly：正確に　*daydream：空想する
*ghost：幽霊　*terror：恐怖　*passenger：乗客

問1　下線部❶を日本語にしなさい。

問2　下線部❷に関して、下の質問に対する答えとして最も適切なものをア～オから一つ選び、記号で答えなさい。

What was Peter told by his parents?

ア　He was told what he should do when he took Kate to the North Pole.
イ　He was told to hold Kate's hand and to tell the bus driver his name.
ウ　He was told where to sit on the bus and when to speak to the bus driver.
エ　He was told to make Kate happy while they were on the bus.
オ　He was told how to look after Kate and how to speak to the bus driver.

問3　空所[❸]に補うのに最も適切な語をア～オから一つ選び、記号で答えなさい。

ア　bored　　イ　excited　　ウ　free　　エ　proud　　オ　worried

問4　下線部❹の[　　]内の語を並べかえて、文脈に合う英文を完成させたとき、<u>2番目</u>と<u>5番目</u>に来る語の記号を書きなさい。

He takes from his pocket two important things [_____ <u>2番目</u> _____ _____ <u>5番目</u> _____] him

問5　下線部❺を日本語にしなさい。

問6　下線部❻に関して、誰がどのような状況で何に対して 'no!' と思ったのか。文脈に即して具体的に40～50字の日本語で説明しなさい。

問7　空所[あ]～[う]に補うのに最も適切な語を下の語群から選び、記号で答えなさい。ただし、同じ語を二度以上用いてはいけません。

【語群】　ア　catch　　イ　like　　ウ　look　　エ　go　　オ　mind　　カ　stay

問8　本文の内容と一致するものをア～カから二つ選び、記号で答えなさい。

ア　It usually took Peter and Kate about a quarter of an hour to walk to school.
イ　Peter was tired of hearing his parents talk about what he should take to school.
ウ　Kate was in tears because she saw hungry wolves near the bus stop.
エ　Peter left Kate on the bus because he did not want his classmates to see him with his sister.
オ　Peter missed the bus stop he was going to get off at, because he was daydreaming.
カ　Kate agreed that she would not tell her parents about Peter's mistake.

「その3」

受験番号 200

9

令和二年度 東海高等学校入学試験問題 英語 その三

1 (A)

❶ 歳	❷ 月 日	❸ 歳	❹ cm	❺
❻ 月 日	❼	❽		

1 (B)

❶	❷	❸	❹

2

❶	❷	❸	❹
❺	❻	❼	

3

❶

❷

❸

❹

❺

❻

小計

4

問1	❶	
問2		
問3		
問4	2番目	5番目
問5	❺	
問6	に対して	
問7	あ	い	う
問8		

小計

合計

※100点満点
(配点非公表)

放送原稿

東海高校 Entrance listening 2020

★教英出版編集部注
問題音声は教英出版ウェブサイトで。
リスニングＩＤ番号は解答集の表紙を参照。

(A) Script

Hi there. My name's Bob and I'm going to tell you about my family. I live with my father and mother, and my sister and brother. My brother is younger than me: he will be 12 in October. His birthday is October 20. It's easy for me to remember because it's three days after mine. My mother's birthday is also easy for me to remember because it's exactly 6 months after mine. Mom will be 53 in April. She's just two years younger than dad – that's what we call my father. My sister is much older than me. She was 20 on Christmas Eve last year.

Everyone in my family is tall. My sister is over 170 centimeters! She's like mom. Mom's very tall for a woman: 174 centimeters. But I'm now two centimeters taller than her. My brother is already 168 centimeters! I think he will be the tallest person in our family in the future. He will surely be taller than mom and me, and he may even be taller than dad one day.

Everyone gets up early in our family. We live in the countryside, so I have to leave home at 7:40 to arrive at school by 8:20. It takes dad over an hour to get to his office, but my sister has to travel even farther. It takes her two and a half hours to get to her school.

(B) Script

Tom: Hi Jenny. Are you busy this evening? Would you like to watch 'Frozen 2' with me?

Jenny: Oh, thanks, Tom. But, I have to go to see my grandfather this afternoon – he's still in hospital - and we won't be back home until late. And, anyway, I saw it already - at the cinema with my parents the day before yesterday.

Tom: Oh, I see. Well, how about going to the pool together tomorrow? I know you like swimming.

Jenny: Yes, I'd love to, but, I'm sorry I can't - I'm going to the zoo with my uncle and cousins.

Tom: The zoo?

Jenny: Yes, we were going to go yesterday, but it was raining, so I just went to the library instead.

Tom: OK, then. So, how about going to the pool the day after tomorrow?

Jenny: Well, my mum wants me to go to my grandmother's house then, but I don't have to go. So, it should be OK.

Tom: Great. Let's go in the morning and then we can have lunch together afterwards.

Jenny: Sounds great. See you the day after tomorrow.

令和二年度　東海高等学校入学試験問題　理科　その一

受験番号　200

「その1」

※100点満点
（配点非公表）

（50分）

10

1　キノコやカビなどの菌類は胞子でふえる。胞子は空気中にもあるが，非常に小さく，普通，肉眼で見ることはできない。

(1)　胞子でふえる生物は，菌類だけでなく植物にも存在する。胞子でふえる植物に当てはまるものを，次のア～オから**すべて選び**，記号で答えなさい。

ア．イヌワラビ　　イ．スギ　　ウ．タンポポ　　エ．ゼニゴケ　　オ．イネ

(2)　肉眼で見ることができるものを，次のア～キから**すべて選び**，記号で答えなさい。ただし，「肉眼で見ることができる」とは，1つを認識できることを指すものとする。

ア．ミジンコ　　イ．ヒトの手の細胞　　ウ．ヒトの赤血球　　エ．海底のれき
オ．インフルエンザウイルス　　カ．水蒸気　　キ．乳酸菌

(3)　「1つの細胞」といえるものを，次のア～クから**4つ選び**，記号で答えなさい。

ア．ゾウリムシ　　イ．ヘモグロビン　　ウ．葉緑体　　エ．受精卵
オ．目の水晶体　　カ．種子　　キ．胞子　　ク．精子

(4)　キノコやカビの胞子は非常に小さいため，風に運ばれて上空にも移動することが知られている。このことが，気象（雲の形成）に影響を与える可能性があるという研究がある。

①　次の文は，雲のでき方について述べたものである。空欄A～Dに適する語を答えなさい。

地上の空気のかたまりが上昇すると，周囲の気圧が(　A　)なり，空気のかたまりが(　B　)して温度が下がる。そして，空気の温度が(　C　)に達すると，水蒸気が(　D　)して，雲ができる。

②　キノコやカビの胞子は，雲の形成において，どのような影響を与える可能性が考えられるか。

(1)	(2)	(3)	
(4)①(A)	(B)	(C)	(D)
②			

2　教科書に書いてある「デンプンに対するだ液のはたらき」を参考に次の実験をおこなった。

だ液を用意し，水でうすめた。（以下，これを「だ液」とする。）次に，(Ⅰ)の試験管にデンプン溶液とだ液，(Ⅱ)の試験管にデンプン溶液と水をそれぞれ同量入れてよく混ぜ，36℃の水に 10 分間入れた。10 分後，(Ⅰ)，(Ⅱ)の試験管の液体を半分に分けて，それぞれ次の**実験ⅰ**，ⅱの操作をおこなった。

実験ⅰ　(Ⅰ)，(Ⅱ)の試験管に，ヨウ素液を数滴加えて色の変化を見た。

実験ⅱ　(Ⅰ)，(Ⅱ)の試験管に，ベネジクト液を数滴加えて加熱した後，色の変化を見た。

(1)　だ液や胃液などの消化液がデンプンやタンパク質を分解することができるのは，消化液の中にある物質がふくまれているからである。ある物質とは何かを答えなさい。

(2)　①タンパク質，②脂肪は，消化されて小腸で吸収されるときには，どのような形になっているかを分解された後の物質名で**すべて答えなさい。**

(3)　A 君は問題文と同様の手順で実験操作をおこなったが，**実験ⅱ**の(Ⅱ)の試験管は，教科書の記述から予想されるものと異なる結果であった。再度，実験して確かめたかったが，ちょうど実験室の可溶性デンプンがなくなってしまったので，家で片栗粉を用いてデンプン溶液を準備し，翌日，実験室で同じ器具と試薬を用いて再挑戦した。その結果，**実験ⅰ**，ⅱともに教科書の記述と同様であった。

これについて，この結果の違いはデンプン溶液の違いによるものだと考えた。

①　A 君は，どのような実験をすれば，実験結果の違いの原因が時刻や天候ではなく，デンプン溶液であると明確にすることができるか。説明しなさい。ただし，実験の説明には，「問題文と同様の手順で，実験操作をおこなう。」という文を用いて答えなさい。

②　A 君は①で正しく実験をおこない，実験結果の違いの原因がデンプン溶液であると明確にすることができた。今回の結果をふまえた科学（理科）における望ましい姿勢を次のア～オから**すべて選び**，記号で答えなさい。

ア．実験をおこなう際の，時刻や天候によって，温度や湿度は変わるので，あらゆる実験は日によって異なる結果になることが多いと考えておくべきである。

イ．教科書は検定済みで記述に誤りはないので，教科書と同じ結果が得られるようになるまで訓練する。

ウ．可溶性デンプンで教科書と異なる結果が得られたことは，操作の失敗によるものではないことを確認することができた。今後は，可溶性デンプンと片栗粉のデンプンとの違いを調べて理解を深める。

エ．ベネジクト液が古くて反応しにくい状態であったと考えられるので，新しいベネジクト液を購入する。

オ．片栗粉を用いてデンプン溶液を用意した場合は，実験が予想通りになった事実をふまえると，教科書の「デンプン」という記述は，すべて「片栗粉」に変えるのが望ましい。

(1)	(2)①	②
(3)①		
		②

3　図1の実験装置を用いて酸化銀を加熱し，発生する気体を水上置換法で捕集した。この実験に関して，次の問いに答えなさい。

図1

(1)　酸化銀の熱分解を表す化学反応式を書きなさい。

(2)　発生した気体に関して，次のア～オから**誤りを含むものをすべて選び**，記号で答えなさい。

ア．ものを燃やすはたらきがある。　　イ．分子からなる単体である。
ウ．燃料電池に使われる気体である。　　エ．空気よりわずかに軽い気体である。
オ．食品の変質を防ぐために，ビンや袋に封入する気体である。

(3)　発生した気体を捕集した後，実験を終了するのに最も適切な手順になるように，次の操作ア～エを並べ替えなさい。

ア．図中の**ねじa**を閉める。　　イ．図中の**ねじb**を閉める。
ウ．管を水槽から取り出す。　　エ．ガスの元栓を閉める。

(4)　銀原子と酸素原子の質量比は 27：4 で，酸化銀の密度は 7.2g/cm³ である。以上のことから，酸化銀 1cm³ あたり，最大何 g の気体が得られるか求めなさい。なお，解答の際は小数第2位を四捨五入して小数第1位までで答えること。

(1)	(2)
(3)　　→　　→　　→	(4)　　g

4　ある水溶液が電気を通すか確認するために，電源装置につないだ2本の炭素電極を，互いに接触させることなく，水溶液に入れた。このとき電気が流れ，2本の電極から気体が発生した。両極から発生した気体を，水で満たした試験管に集めようとしたところ，一方の極で発生した気体は，試験管にたまりにくかった。これに関して，次の問いに答えなさい。

(1)　この水溶液の溶質として最も適当なものを，次のア～オから1つ選び，記号で答えなさい。

ア．エタノール　　イ．塩化銅　　ウ．塩化水素　　エ．砂糖　　オ．水酸化ナトリウム

(2)　気体がたまりにくかった極で反応するイオンは陽子を 17 個持つ。反応前のイオン 1 個あたりに含まれる電子の個数を答えなさい。

(3)　気体がたまりにくかった極は次のア・イのうちどちらか。1つ選び，記号で答えなさい。また，気体をあまり集められなかった理由を簡潔に述べなさい。

ア．電源装置の＋極につないだ電極　　イ．電源装置の－極につないだ電極

(1)	(2)　　個
(3)　記号：	理由：

5　質量パーセント濃度 3.2％の水酸化カリウム水溶液 250g と質量パーセント濃度 2.8％の硫酸水溶液 250g を混合させたところ，過不足なく中和して，質量パーセント濃度 2.5％の硫酸カリウム水溶液ができた。これに関して，次の問いに答えなさい。

(1) 過不足なく中和するとき，反応に使われた硫酸（溶媒は含めない）と反応で生じた硫酸カリウムの質量比（硫酸：硫酸カリウム）を最も簡単な整数比で答えなさい。

(2) 硫酸カリウムの溶解度（水 100g に溶かすことができる溶質の質量）を 12g とする。水酸化カリウム水溶液 50g と硫酸水溶液 50g を過不足なく中和させて，硫酸カリウムの飽和水溶液をつくりたい。このとき，硫酸水溶液の質量パーセント濃度は何％以上でなければいけないか。整数値で答えなさい。ただし，割り切れない場合は小数第1位を四捨五入して答えること。

(1) 硫酸　：　硫酸カリウム　＝　　：	(2)　　％

11

令和二年度　東海高等学校入学試験問題　理科　その二

「その2」　受験番号 200

6　台ばかりの上にビーカーを乗せ，台ばかりが1000gを指すように水を入れる（図2－ア）。この状態にした水に球体A（質量20g，体積10cm³），球体B（質量20g，体積50cm³）を用いて次のイ～キの各実験を行った。水の密度を1.0g/cm³として，以下の各問いに答えなさい。

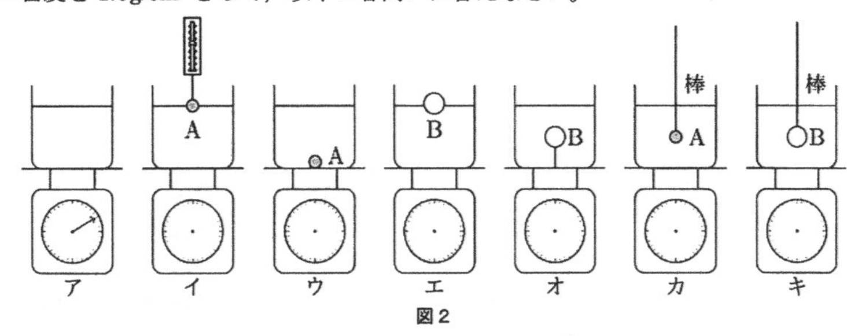

図2

実験イ：Aをばねばかりにつるして水の入ったビーカーにAの半分まで沈める（図2－イ）。
実験ウ：Aをビーカーの底に置く（図2－ウ）。
実験エ：Bを水面に浮かべる（図2－エ）。
実験オ：Bとビーカーの底とを短い糸でつなぎ，Bが水面から出ないようにする（図2－オ）。
実験カ：Aに体積と質量を無視できる棒を取り付け，手で棒を持ってAがビーカーの底につかないように水中に沈める（図2－カ）。
実験キ：Bに体積と質量を無視できる棒を取り付け，手で棒を持ってBがビーカーの底につかないように水中に沈める（図2－キ）。

(1)　実験イで，ばねばかりは何gを指すか，求めなさい。
(2)　実験イで，台ばかりは何gを指すか，求めなさい。
(3)　実験ウ，エ，オ，カで，それぞれ台ばかりが指す値の大小関係を次の例のように等号（=）と不等号（<）を使って表しなさい。例：エ<オ=カ<ウ
(4)　実験カと実験キとで，台ばかりの指す値の大小関係を前問の例のように等号（=），もしくは不等号（<，>）を使って表し，そうなる理由を「浮力」「質量」「密度」「作用反作用」という言葉の内，2つを用いて説明しなさい。

(1)　　　g	(2)　　　g	(3)	(4) カ（　）キ
(4)理由			

7　次の問い(1)，(2)に答えなさい。
(1)　次の発電方式の中から，タービンを回さずに発電するものを次のア～キから**すべて選び**，記号で答えなさい。
ア．火力発電　イ．水力発電　ウ．太陽光発電　エ．原子力発電　オ．風力発電
カ．地熱発電　キ．燃料電池発電
(2)　放射性物質によってがんが発生する可能性が高くなると指摘されている。その仕組みについて説明した以下の文章の空欄A，Bにそれぞれ下の語群から最も適当な言葉を選んで書きなさい。
放射性物質は（　A　）を出して，別の物質に変わる。この（　A　）が細胞内の（　B　）を傷つけてがんが発生しやすくなる。
語群：ウラン，プルトニウム，二酸化炭素，オゾン，紫外線，活性酸素，フロン，窒素酸化物，小胞体，細胞質，養分，遺伝子，免疫，水分，塩分，陰極線，ニュートリノ，放射能，放射性同位体，放射線

(1)	(2)（A）	（B）

8　次のⅠ・Ⅱの問いに答えなさい。
Ⅰ　名古屋のある地点で，日の出の位置と，日の出の時刻の月の位置と形を肉眼で観察した。さらに3日後の日の出の時刻に，同様の観察を行った。この2回の観察結果の一部を記録したものを図3に示す。

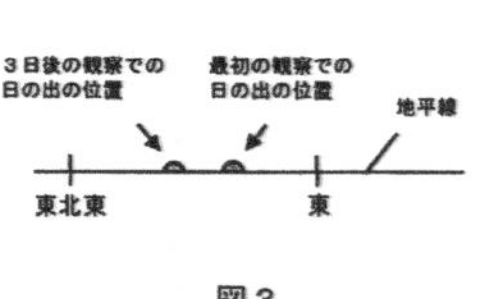

図3

(1)　2回の観察を行った時期として最も適当なものを，次のア～エの中から1つ選びなさい。
ア．春分～夏至の間　イ．夏至～秋分の間　ウ．秋分～冬至の間
エ．冬至～春分の間
(2)　3日後の日の出の時刻における月の位置と形は，最初の観察での月の位置と形と比べてどのように変わったか。最も適当な選択肢を○で囲み，文を完成させなさい。

月の位置は図3の（ア｜ a・b・c・d ）の方向にあり，形はかがやいて見える部分が（イ｜小さくなった・大きくなった）。

Ⅱ　図4はある日の地球の北極側から見た太陽・金星・地球の位置関係と，それぞれの惑星の公転軌道を示している。どちらの惑星も太陽の周りを円運動しており，公転軌道面は同一であるものとする。なお金星の公転周期は0.62年である。

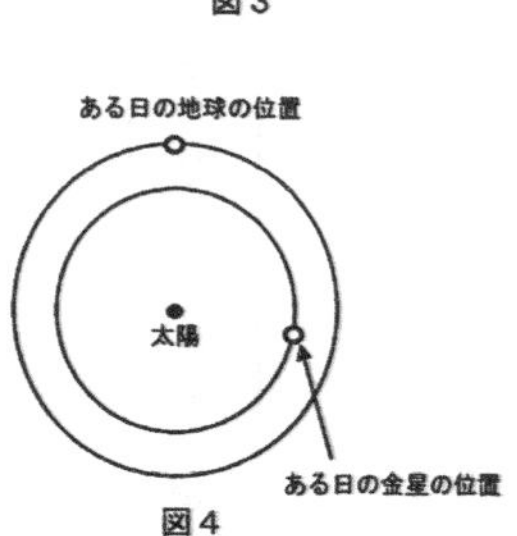

図4

(1)　今後，金星と地球は，内合（一直線上に地球－金星－太陽の順に並ぶ）と外合（一直線上に地球－太陽－金星の順に並ぶ）のどちらが先におこるか。
(2)　太陽と地球の距離を1とすると，太陽と金星の距離は0.72となる。金星と地球が最も離れた時の距離は，最も近づいたときの距離の何倍か。小数第2位を四捨五入して小数第1位まで表しなさい。
(3)　1.5年後の金星を名古屋で観測したとすると，いつごろどの方角の空に見えると考えられるか。次のア～エから最も適当なものを1つ選びなさい。
ア．明け方の東の空　イ．明け方の西の空　ウ．よいの東の空　エ．よいの西の空
(4)　(3)の金星は屈折式天体望遠鏡でどのような形で観察できるか。その見え方を解答欄に記しなさい。ただし，太陽の光が当たっている部分を白で，当たってない部分を黒で表しなさい。点線はすべて見えた時の金星の形であり，大きさの変化は考慮しなくてよい。また屈折式天体望遠鏡下では，肉眼でみる場合と比べて上下左右が逆になって見える。

Ⅰ	(1)	(2)　月の位置は図3の（ア｜ a・b・c・d ）の方向にあり，形はかがやいて見える部分が（イ｜小さくなった・大きくなった）。	
Ⅱ	(1)	(2)　　　倍	(3)

(4)　地面　空

9　紀元前三世紀ごろ，古代ギリシャのエラトステネスは地球の円周を推定した。彼の考え方は，同一子午線上で北半球にある高緯度のA地点と低緯度のB地点において，A地点の南中高度をx〔°〕，B地点の南中高度をy〔°〕，弧ABの距離をs〔km〕，地球の円周をt〔km〕とおくと$s:t=$（　あ　）〔°〕：360°が成り立つというものである。
(1)　上の文中の（　あ　）にあてはまる式を，x，yを用いて表しなさい。
(2)　弧ABの距離900km，A地点の南中高度63.8°，B地点の南中高度71.0°とすると，地球の円周tは何kmとなるか。整数値で答えなさい。
(3)　エラトステネスはシエネとアレキサンドリアという2都市での夏至の日の南中高度の差を用いた。実際の地球の円周は，エラトステネスが推定した地球の円周と比べて15%程度の誤差があった。誤差が生じた理由として**誤っているもの**を，次のア～エから1つ選びなさい。
ア．地球は完全な球体ではない　イ．2都市間の距離が不正確
ウ．地軸が23.4°傾いている　エ．2都市は同一子午線上にない

太陽光　A　B　地球の中心
図5

(1)	(2)　　　km	(3)

12

令和二年度　東海高等学校入学試験問題　社会　その一

受験番号　200

「その１」

※100点満点
（配点非公表）

（50分）

Ⅰ アフリカ大陸と南アメリカ大陸を示した図１と図２（縮尺は同じではない）に関して、下の問い（問１～７）に答えよ。

問１　図１中の緯線①～③、図２中の緯線④～⑥のうち、赤道に該当するものを一つずつ選べ。

問２　図１中の▲は、アフリカ大陸最高峰の位置を示している。この山の名称を答えよ。

問３　アフリカ大陸と南アメリカ大陸における最長の河川について述べた次の文章中の（　１　）と（　２　）にあてはまる語を答えよ。

　アフリカ大陸で最長の（　１　）川の下流域には、砂漠気候が広く分布している。いっぽう、南アメリカ大陸で最長のアマゾン川の中流域は、年中高温多雨であり、（　２　）気候が広く分布している。

問４　図１～２中のＰ～Ｓ国の首都を示した次のア～エのうちから、**誤っているもの**を一つ選べ。

　ア．Ｐ－カイロ　　　　　イ．Ｑ－ナイロビ
　ウ．Ｒ－リオデジャネイロ　エ．Ｓ－ブエノスアイレス

問５　図１中のＰ国、図２中のＳ国の公用語をそれぞれ答えよ。なお、どちらの国も公用語は一つである。

問６　図１中のＱ国、図２中のＲ国の農業について述べた次の(1)と(2)の文章中の（　ａ　）と（　ｂ　）にあてはまる農作物名を答えよ。

(1)　Ｑ国は、かつてイギリスに植民地として支配された影響もあり、また栽培に適した気候と地形を利用して（　ａ　）のプランテーションが発達した。Ｑ国の輸出額１位の品目は（　ａ　）である。

(2)　Ｒ国は、世界一の（　ｂ　）の生産国である。Ｒ国では（　ｂ　）を原料としたバイオ燃料を、自動車の燃料などに利用している。

問７　アフリカと南アメリカを比較した次のア～エから、**適当でないもの**を一つ選べ。

　ア．面積は、アフリカの方が大きい（2017年）。
　イ．羊の頭数では、アフリカの方が多い（2017年）。
　ウ．人口は、南アメリカの方が多い（2019年）。
　エ．鉄鉱石の産出量は、南アメリカの方が多い（2015年）。

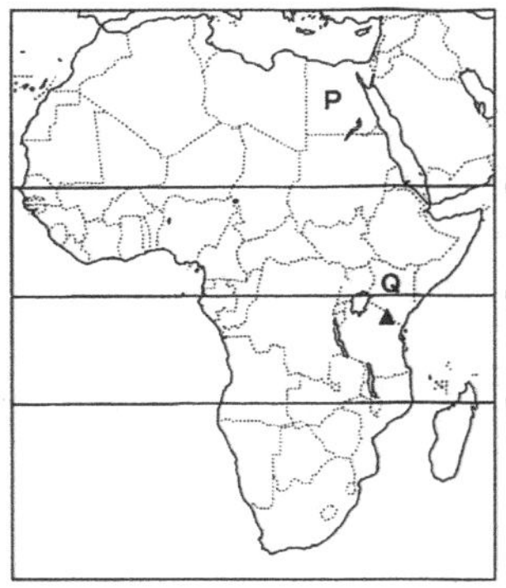

図１

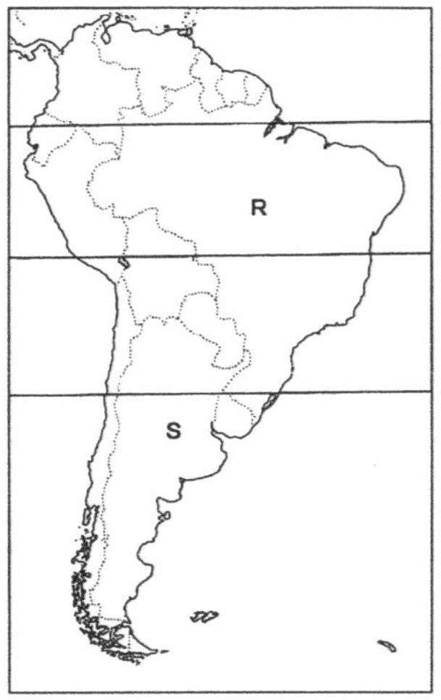

図２

Ⅱ 次のＡ～Ｄの文章は、日本にある半島について述べたものである。それぞれの半島に関して、下の問い（問１～３）に答えよ。

Ａ　北海道にある半島で、貴重な自然環境がみられるこの半島一帯は、2005年にユネスコの世界自然遺産に登録された。

Ｂ　石川県の北部にある半島で、日本海に面する（　１　）市は伝統工芸品の（　１　）塗で有名である。

Ｃ　三重県・奈良県・和歌山県を含む半島で、スギやヒノキなどを伐採する林業がさかんであり、河川などを利用して河口の都市に木材が運ばれた。

Ｄ　鹿児島県にある半島で、桜島と陸続きになっている。半島中央部の笠野原は、火山の噴火によって火山灰が厚く堆積した（　２　）台地である。

問１　ＡとＣに該当する半島名を答えよ。

問２　文章中の空欄（　１　）と（　２　）にあてはまる語を答えよ。

問３　次の表は、文章中に下線を引いた五つの道県の道庁・県庁所在地の人口、農業産出額に占める米の割合、製造品出荷額等を示したものである。表中の**あ**～**お**から、三重県に該当するものを一つ選べ。

	あ	い	う	え	お
道庁・県庁所在地の人口（千人）	1,955	605	454	357	280
農業産出額に占める米の割合	10.0%	4.4%	52.2%	25.1%	24.5%
製造品出荷額等（億円）	62,126	20,990	30,649	21,181	105,552

統計年次は、道庁・県庁所在地の人口は2019年、他は2017年。　データでみる県勢（2019）による。

Ⅰ
問1		問2	山	問3	1　川	2　気候
問4		問5	P　語	S　語		
問6	a	b	問7			

Ⅱ
問1	A　半島	C　半島	
問2	1	2　台地	問3

Ⅲ 2019年のできごとを示した次の表をみて、下の問い（問１～６）に答えよ。

月	できごと
4月	「①働き方改革関連法」が順次施行された。
5月	新②天皇が即位し、元号も「令和」になった。
7月	③参議院議員通常選挙がおこなわれた。
10月	④台風19号が日本に上陸して、記録的な大雨となり、各地に甚大な被害を及ぼした。
10月	⑤沖縄県那覇市にある首里城で火災が発生した。
11月	最高裁判所は、全国の⑥裁判所にあらゆる民事裁判記録の廃棄を一時停止するように指示した。

問１　下線部①に関連して、労働基準法の条文として**正しいもの**を、次のア～エから一つ選べ。

　ア．労働組合の代表者又は労働組合の委任を受けた者は、労働組合又は組合員のために使用者又はその団体と労働協約の締結その他の事項に関して交渉する権限を有する。
　イ．労働者及び使用者は、労働協約、就業規則及び労働契約を遵守し、誠実に各々その義務を履行しなければならない。
　ウ．使用者は、労働者の住所、信条又は社会的身分を理由として、賃金、労働時間その他の労働条件について、差別的取扱は最小限度にとどめなければならない。
　エ．事業主は、労働者の募集及び採用について、その性別にかかわりなく均等な機会を与えなければならない。

問２　下線部②に関して、日本国憲法の条文として**正しいもの**を、次のア～エから一つ選べ。

　ア．皇位は、世襲のものであつて、国会の議決した皇室典範の定めるところにより、これを継承する。
　イ．天皇は、この憲法の定める国事に関する行為を行ひ、国政に関する権能を有する。
　ウ．天皇は、内閣の指名に基いて、内閣総理大臣を任命する。
　エ．天皇は、国会の指名に基いて、最高裁判所の長たる裁判官を任命する。

問３　下線部③に関連して、内閣総理大臣の指名などにおいて衆議院と参議院が異なった場合に開催される会議を何というか、答えよ。

問４　下線部④に関連して、気象庁は何省の外局として存在しているか、次のア～エから一つ選べ。

　ア．総務省　　イ．環境省　　ウ．経済産業省　　エ．国土交通省

問５　下線部⑤に関して、1996年にアメリカの軍隊が日本において使用する施設・区域などを規定した（　　　）協定の見直しなどについて、住民投票が行われた。この協定とは何か、○○○○協定（**漢字４文字**）の形で答えよ。

問６　下線部⑥に関して、日本の司法制度において**正しいもの**を、次のア～エから一つ選べ。

　ア．下級裁判所には、家庭裁判所、簡易裁判所の２種類がある。
　イ．第一審の地方裁判所の判決に納得できない場合は、第二審の高等裁判所に上告することができる。
　ウ．高等裁判所は全国に８ヶ所（札幌・仙台・東京・名古屋・大阪・高松・広島・福岡）にある。
　エ．裁判官は、内閣が設置する弾劾裁判所において辞めさせられる場合がある。

Ⅳ 次の文章を読み、下の問い（問１～４）に答えよ。

　金融機関の中でも、私たちの生活に身近な存在として挙げられるのが銀行である。歴史的には、①資本主義経済の発達により、資本を貸し出す関係上、産業界を支配する存在になった。銀行といってもあくまで会社である。会社の形態は株式会社となることが多いが、これは多くの資金を必要とするためである。②他の会社と同じように、（　１　）が開かれて、経営方針や役員の選任、利益の一部を株主に分配する（　２　）も決定される。③一般の銀行の役割は、企業に資金を融資するだけではなく、決済サービスも重要な役割の一つだ。これにより、④企業や家計の経済活動を円滑に進めることができる。

問１　下線部①に関して、日本経済はいくつもの好況・不況の波を乗り越え発展してきた。日本の第二次世界大戦後のできごととして**正しいもの**を、次のア～エから一つ選べ。

　ア．1964年に開催された東京オリンピックの翌年は不景気となり、経済成長率がマイナス成長となった。
　イ．1973年の石油危機により、他の先進工業国に比べて低い経済成長が続き、工業製品の輸出も伸び悩んだ。
　ウ．国民所得倍増計画が成功した1980年代は高度経済成長期と呼ばれた。
　エ．1991年ころにバブル経済が崩壊して、長い平成不況が続いた。

問２　下線部②に関して、（　１　）は**漢字４文字**、（　２　）は**漢字２文字**であてはまる語句を答えよ。

問３　下線部③に関連して、一般銀行とは別に日本銀行が存在するが、日本銀行の金融政策として、一般銀行への国債などの売買で景気を操作することを何というか、○○○○操作（**漢字４文字**）の形で答えよ。

問４　下線部④に関して、日本経済を支える存在として中小企業があるが、日本の中小企業の現状として**最も適当なもの**を、次のア～エから一つ選べ。（「中小企業白書」2014年度版より）

　ア．日本の事業所数の約70％が中小企業であり、全出荷額（製造業において）の約20％近くを占める。
　イ．日本の事業所数の約99％が中小企業であり、全出荷額（製造業において）の約20％近くを占める。
　ウ．日本の事業所数の約70％が中小企業であり、全出荷額（製造業において）の約50％近くを占める。
　エ．日本の事業所数の約99％が中小企業であり、全出荷額（製造業において）の約50％近くを占める。

Ⅲ
問1		問2		問3		問4		問5	協定	問6	

Ⅳ
問1		問2	(1)	(2)	問3	操作	問4	

13

令和二年度　東海高等学校入学試験問題　社会　その二

「その２」

受験番号　200

Ⅴ 次の文章を読み、下の問い（問1～11）に答えよ。

天皇や上皇は①大和政権を率いた大王の子孫とされているが、歴代の天皇や上皇の政治への関わり方は様々であった。７世紀初め、推古天皇を補佐した聖徳太子（厩戸皇子）は、豪族の（　②　）とともに中国にならった政治をめざした。７世紀後半の（　③　）の乱に勝利して即位した天武天皇は、豪族を抑えて律令国家建設のための政治改革をすすめた。奈良時代には④律令政治が実行されたが、貴族や僧の抗争が激しく、⑤桓武天皇は都を移して、律令政治の再建に取り組んだ。しかし、９世紀から10世紀にかけて藤原氏が力を伸ばし、⑥11世紀前半に藤原氏による摂関政治が全盛期を迎えた。11世紀末になると、白河天皇が退位して上皇となった後も政治の実権を握り続けて院政が始まり、12世紀末ころまでが院政の全盛期であったが、⑦摂関政治期に続いて武士が台頭し、⑧源平の争いを経て鎌倉幕府が成立した。源頼朝の死後、鎌倉幕府の内部では、陰惨な権力抗争を経て北条氏が（　⑨　）という地位について実権を握った。これに対して⑩院政を行う後鳥羽上皇が挙兵したが幕府軍が勝利し、幕府が朝廷に対して優位に立った。しかし、14世紀初めに即位した（　⑪　）天皇が院政を廃止して倒幕をめざし、最後は幕府を倒すことに成功した。

問１　下線部①の「大和政権を率いた大王」の墓と**関係の無いもの**を、次のア～エから一つ選べ。
　ア．前方後円墳　　イ．埴輪　　ウ．石室　　エ．銅鐸

問２　空欄（　②　）に入る人名を答えよ。

問３　空欄（　③　）に入る語句を答えよ。

問４　下線部④に関して述べた文として**誤っているもの**を、次のア～エから一つ選べ。
　ア．都の中央政府には、太政官の下に８つの省が置かれた。
　イ．地方は国・郡に分けられ、国を治める国司は国内の有力な豪族が任命された。
　ウ．人民は６年ごとに作成される戸籍に登録され、班田収授法に従って６歳以上の男女に口分田が与えられた。
　エ．成年男子を中心に、租庸調や兵役などの重い負担が課された。

問５　下線部⑤に関して、都はどのように移されたか。**正しいもの**を、次のア～エから一つ選べ。
　ア．平安京　⇒　長岡京　⇒　平城京　　イ．平城京　⇒　長岡京　⇒　平安京
　ウ．平安京　⇒　平城京　　　　　　　　エ．平城京　⇒　藤原京　⇒　平安京

問６　下線部⑥の時期に建てられた建物とそこに納められた仏像の**正しい組み合わせ**を、次のア～エから一つ選べ。
　ア．平等院鳳凰堂－釈迦如来像　　イ．平等院鳳凰堂－阿弥陀如来像
　ウ．中尊寺金色堂－釈迦如来像　　エ．中尊寺金色堂－阿弥陀如来像

問７　下線部⑦に関して述べた文として**誤っているもの**を、次のア～エから一つ選べ。
　ア．地方では有力農民や豪族が武装を強化して武士となり、荘園や公領の現地の管理者として力を伸ばした。
　イ．天皇の子孫に始まる源氏と平氏は、地方の武士を率いて反乱を鎮圧するなどして勢力を強めた。
　ウ．平清盛は、院政の主導権をめぐる前九年合戦や後三年合戦に勝利し、源頼朝を伊豆に流して優位に立った。
　エ．平清盛は太政大臣となり、一族は高位高官を独占した。また、中国の宋と貿易を行った。

問８　下線部⑧に関して述べた文として**誤っているもの**を、次のア～エから一つ選べ。
　ア．源頼朝の命令を受けた弟の源義経らは、壇の浦で平氏を滅ぼした。
　イ．源頼朝は鎌倉を拠点として武家政治を開始し、奥州藤原氏を滅ぼして朝廷から征夷大将軍に任命された。
　ウ．源頼朝は朝廷から国ごとに守護を置くことを認められたので、国司は置かれなくなった。
　エ．将軍の家来となった武士は、将軍から先祖伝来の土地の支配を守ってもらい、将軍の命令を受けて戦った。

問９　空欄（　⑨　）に入る語句を答えよ。

問10　下線部⑩に関して述べた文として**誤っているもの**を、次のア～エから一つ選べ。
　ア．後鳥羽上皇の挙兵に始まる戦乱を「承久の乱」と呼ぶ。
　イ．戦乱の終了後、領地をめぐる裁判が増えたので、北条泰時は裁判の基準として御成敗式目を定めた。
　ウ．勝利した幕府は、朝廷を監視するため、京都に六波羅探題を置いた。
　エ．勝利した幕府は、上皇方から没収した領地の地頭に西国の武士を任命し、西国に勢力を伸ばした。

問11　空欄（　⑪　）に入る天皇名を答えよ。

Ⅵ 問１～４の文中の下線部①～④のうち１カ所が**誤っている**ので、その記号を答えよ。

問１　鎌倉時代に、栄西や道元によって中国の①宋から禅宗が伝えられ、鎌倉幕府に保護された。室町幕府も禅宗を保護し、禅僧は②政治や外交でも活躍した。また、③足利義満が建てた銀閣に見られる書院造、雪舟が描いた④水墨画など、禅宗は文化に大きな影響を与えた。

問２　江戸幕府の政治・財政を立て直すため、①８代将軍徳川吉宗は享保の改革、老中松平定信は②寛政の改革、③大老水野忠邦は天保の改革を行った。これらの改革の共通点は、④ぜいたくを禁じ倹約を命じたことである。

問３　1920年代後半、①蔣介石が率いる国民政府軍は共産党を弾圧して②中国統一を進め、北京に近づいた。一方、満州に派遣されていた日本軍（関東軍）は軍閥の指導者③張作霖を爆殺し、④これをきっかけに満州事変が始まった。

問４　明治政府は財政の安定のため①地租改正を行い、年貢に代わって地租を②現金で土地所有者に納めさせることとした。しかし、自分の土地を持たず地主から土地を借りて高い小作料を納める小作人も多かった。第二次世界大戦後、ＧＨＱの指令によって③農地改革が行われ、④地主から無償で没収した土地が小作人に分け与えられた。

Ⅶ 次の文章を読み、下の問い（問１～10）に答えよ。

この国の領域に、フェニキア人が最初に都市建設を行ったのは紀元前1200年頃とされる。紀元前8世紀には①ギリシャ人がリスボンに植民した。紀元前２世紀末頃、リスボンは②ローマの支配下に入った。５世紀にはゲルマン人が侵入し、（　a　）教が拡大していく。711年にムーア人と呼ばれる北アフリカの（　b　）教徒によって占領されて以降、400年近くにわたって（　b　）王朝に支配されることになった。しかし、この地に住んでいた（　a　）教徒たちは、「レコンキスタ」（国土回復運動）と呼ばれる（　b　）勢力との戦いを続け、徐々に国土を奪還していった。そして、1143年、再び（　a　）教徒による王国が建国された。

③この王国は、15世紀末に始まる大航海時代に「７つの海を制した」と言われるほど繁栄を極め、首都リスボンは世界最大級の都市にまで発展した。しかし、同じ時期に商機を求めて新大陸に船を出したスペイン、④イギリス、オランダなどとの植民地争奪戦は次第に激しくなった。当時の経済は南米の植民地ブラジルに大きく支えられていたが、19世紀に入るとブラジルの独立や国内の混乱が続き、さらには⑤産業革命の出遅れもあって、国勢は次第に縮小していった。

1910年に共和制に移行したが、1932年にはサラザールによる独裁体制が確立され、⑥第二次世界大戦をはさんで40年以上も続いた。東西冷戦が深刻になる中、その反共産主義の姿勢が、アメリカなど⑦西側陣営の一員として認められたからであった。ようやく、この国に民主化の風が吹いたのは、1974年、左翼軍人らによる無血クーデター（カーネーション革命）が成功してからである。この後、「最後の植民地帝国」はすべての⑧植民地を手放すことになる。

問１　下線部①の地域に前８世紀頃に成立した都市国家を何と呼ぶか答えよ。

問２　下線部②のローマで帝政がはじまったのは前１世紀末である。この頃、中国に存在していた王朝として**適当なものを一つ選べ。**
　ア．漢（前漢）　　イ．隋　　ウ．唐　　エ．清

問３　下線部③に関して、この国が関与した次のア～エのできごとを起きた**年代の古いものから順に並べよ。**
　ア．インドのカリカットに到着　　イ．喜望峰に到達　　ウ．マラッカを占領　　エ．種子島に漂着

問４　下線部④の国の商人は、大西洋三角貿易で西アフリカからアメリカやカリブ海の植民地に主に何を運んだか答えよ。

問５　下線部⑤を推進する動力でワットにより改良された装置を答えよ。

問６　下線部⑥について、次のア～カのうちこの期間に起こったできごととして、**適当でないものをすべて選べ。**
　ア．サラエボ事件　　イ．真珠湾攻撃　　ウ．世界恐慌　　エ．日独伊三国同盟
　オ．ヤルタ会談　　カ．ロシア革命

問７　下線部⑦に関して、アメリカ合衆国を中心として1949年に成立し、この国も参加した軍事同盟の名称を、**アルファベット４文字の略称で答えよ。**

問８　下線部⑧に関して、1999年に中国に返還され特別行政区となった地名を答えよ。

問９　空欄（　a　）と（　b　）に適当な語句を、次のア～エから一つずつ選べ。
　ア．イスラム　　イ．キリスト　　ウ．ヒンドゥー　　エ．ユダヤ

問10　この文章で述べられている国名を答えよ。

Ⅴ

問1		問2		問3	の乱	問4		問5		問6	
問7		問8		問9		問10		問11	天皇		

Ⅵ

問1		問2		問3		問4	

Ⅶ

問1		問2		問3	(古→新)　→　→　→	問4	
問5		問6		問7		問8	
問9	a / b	問10					